Dr.STONE

AF641338

Story: Riichiro Inagaki

Art: Boichi

21

STEIN-SANKTUARIUM

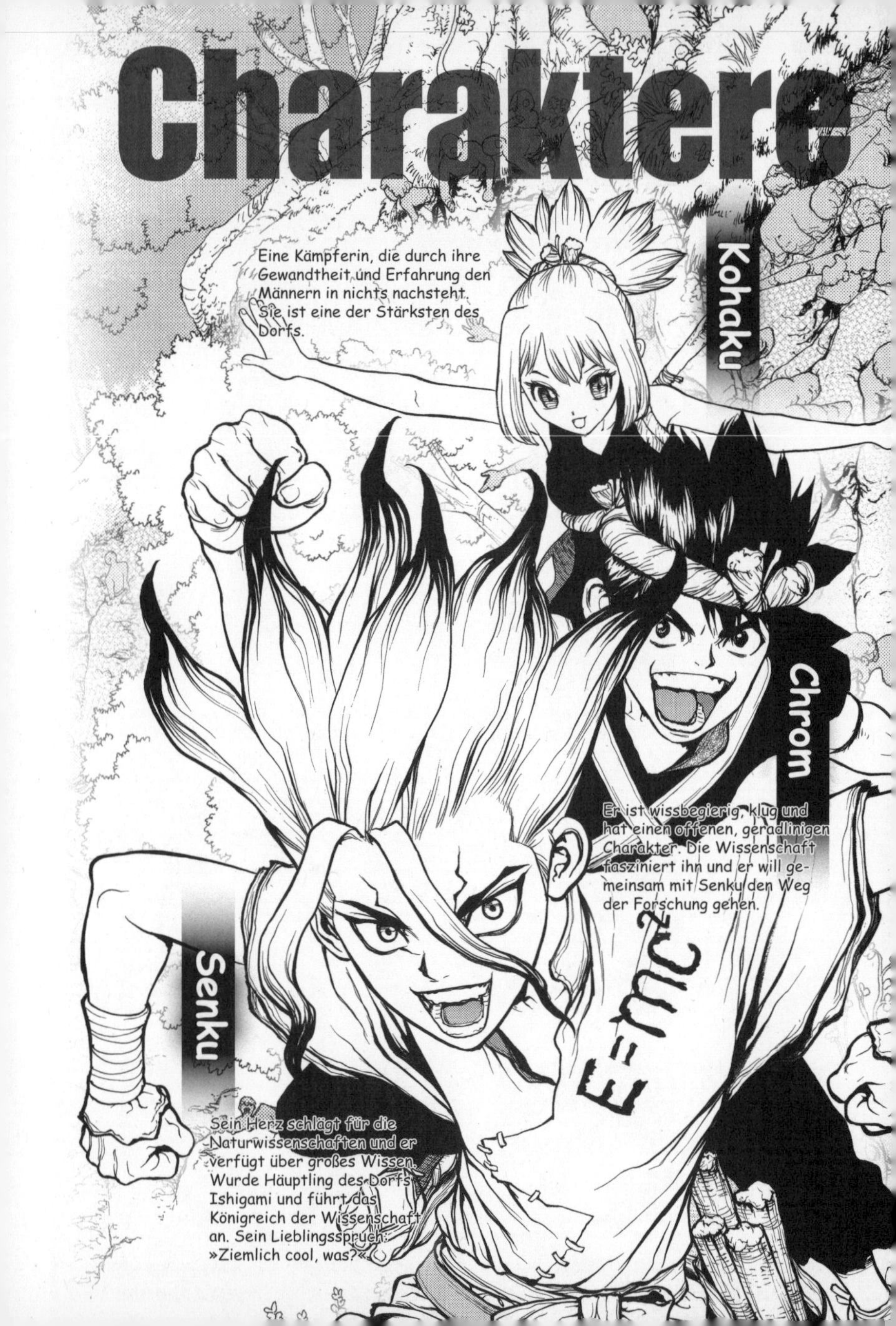
Charaktere
Kohaku
Eine Kämpferin, die durch ihre Gewandtheit und Erfahrung den Männern in nichts nachsteht. Sie ist eine der Stärksten des Dorfs.
Chrom
Er ist wissbegierig, klug und hat einen offenen, geradlinigen Charakter. Die Wissenschaft fasziniert ihn und er will gemeinsam mit Senku den Weg der Forschung gehen.
Senku
Sein Herz schlägt für die Naturwissenschaften und er verfügt über großes Wissen. Wurde Häuptling des Dorfs Ishigami und führt das Königreich der Wissenschaft an. Sein Lieblingsspruch: »Ziemlich cool, was?«
E=mc²

Dr. STONE

STORY

Eines Tages wird die gesamte Menschheit durch ein rätselhaftes Licht versteinert. Mehrere tausend Jahre später durchbrechen die Highschool-Schüler Senku und Taiju ihre Versteinerung und erwachen wieder zum Leben. Die beiden beschließen, Wissenschaft und Zivilisation von Grund auf neu aufzubauen und die Menschheit zu retten. Doch dann wird Senku von Tsukasa, dem stärksten Highschool-Schüler aller Zeiten, der die Wissenschaft verneint, beinahe umgebracht.

Senku überlebt im Geheimen und baut im Dorf Ishigami das Königreich der Wissenschaft auf, gerät dabei aber in einen Kampf gegen das Tsukasa-Imperium. Die beiden Lager können schließlich Frieden schließen, doch durch Hyogas Verrat wird Tsukasa schwer verletzt. Senku versetzt Tsukasa in einen Kälteschlaf, bis er eine Möglichkeit gefunden hat, ihn zu heilen. Er findet auf der Schatzinsel die Versteinerungsvorrichtung und schafft es schließlich, Tsukasa wiederzuerwecken.

In Zusammenarbeit mit Dr. Xeno gelingt es Senku, den Ursprungsort der Versteinerungsstrahlen zu bestimmen. Während sie von Stanley hartnäckig verfolgt werden, schaffen sie es mithilfe der Geografin Chelsea, in den Besitz von Gummi zu gelangen, und donnern bald darauf auf Motorrädern über den südamerikanischen Kontinent! Den Leuten in Corn City in Amerika gelingt es unterdessen, den Versteinerungsapparat künstlich wieder zum Laufen zu bringen...

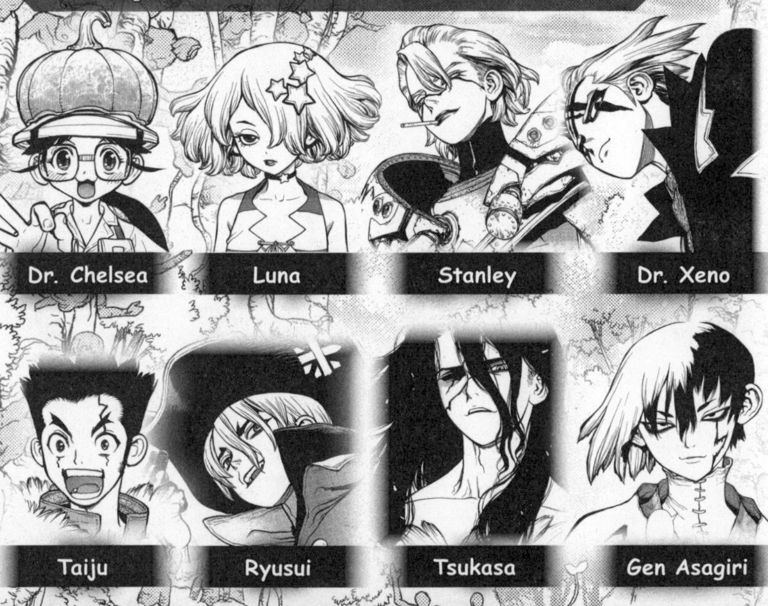

INHALT

21

STEIN-SANKTUARIUM

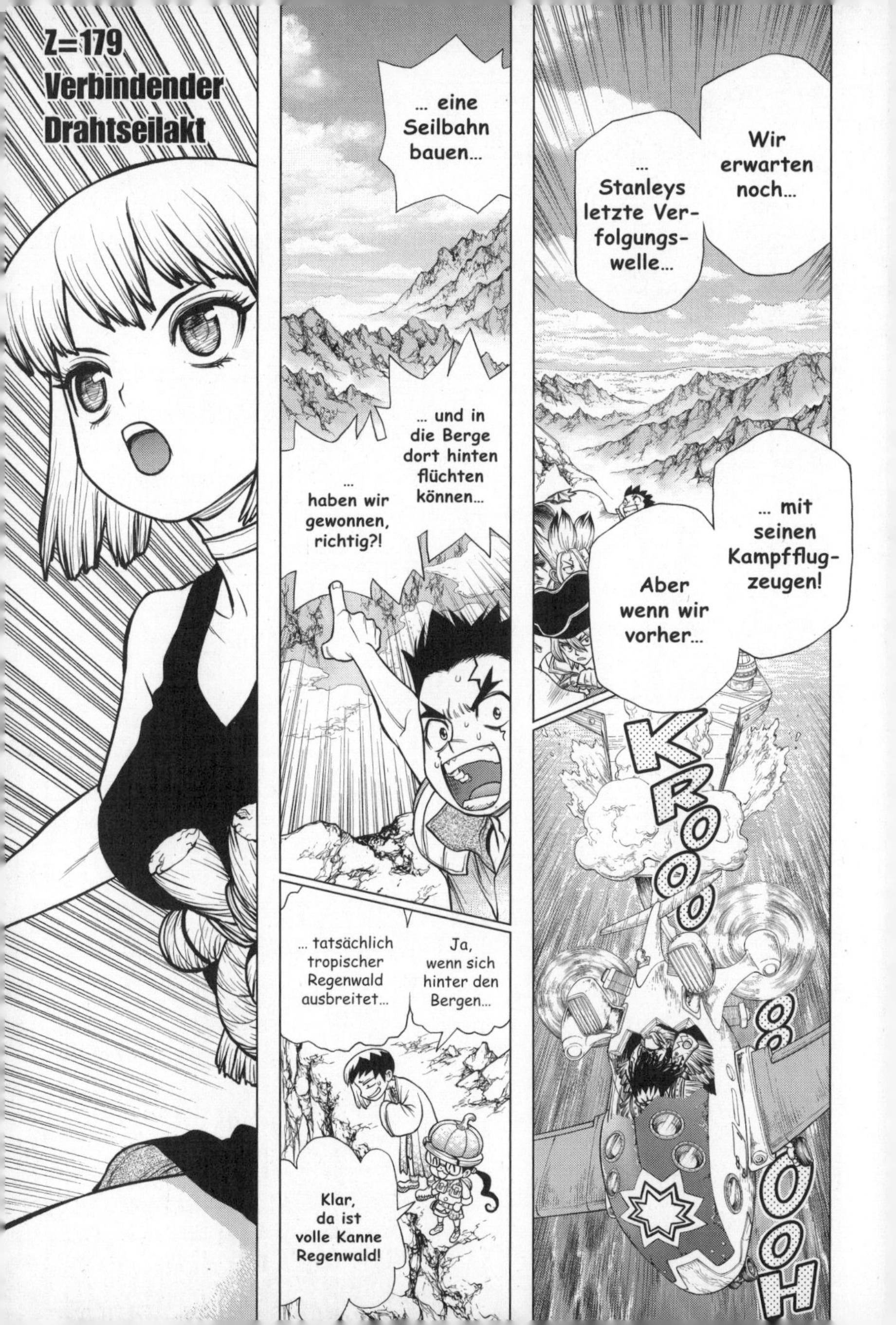

Z=179
Verbindender Drahtseilakt
Wir erwarten noch…
… Stanleys letzte Verfolgungswelle…
… mit seinen Kampfflugzeugen!
Aber wenn wir vorher…
KROOOOOOOH
… eine Seilbahn bauen…
… und in die Berge dort hinten flüchten können…
… haben wir gewonnen, richtig?!
Ja, wenn sich hinter den Bergen…
… tatsächlich tropischer Regenwald ausbreitet…
Klar, da ist volle Kanne Regenwald!

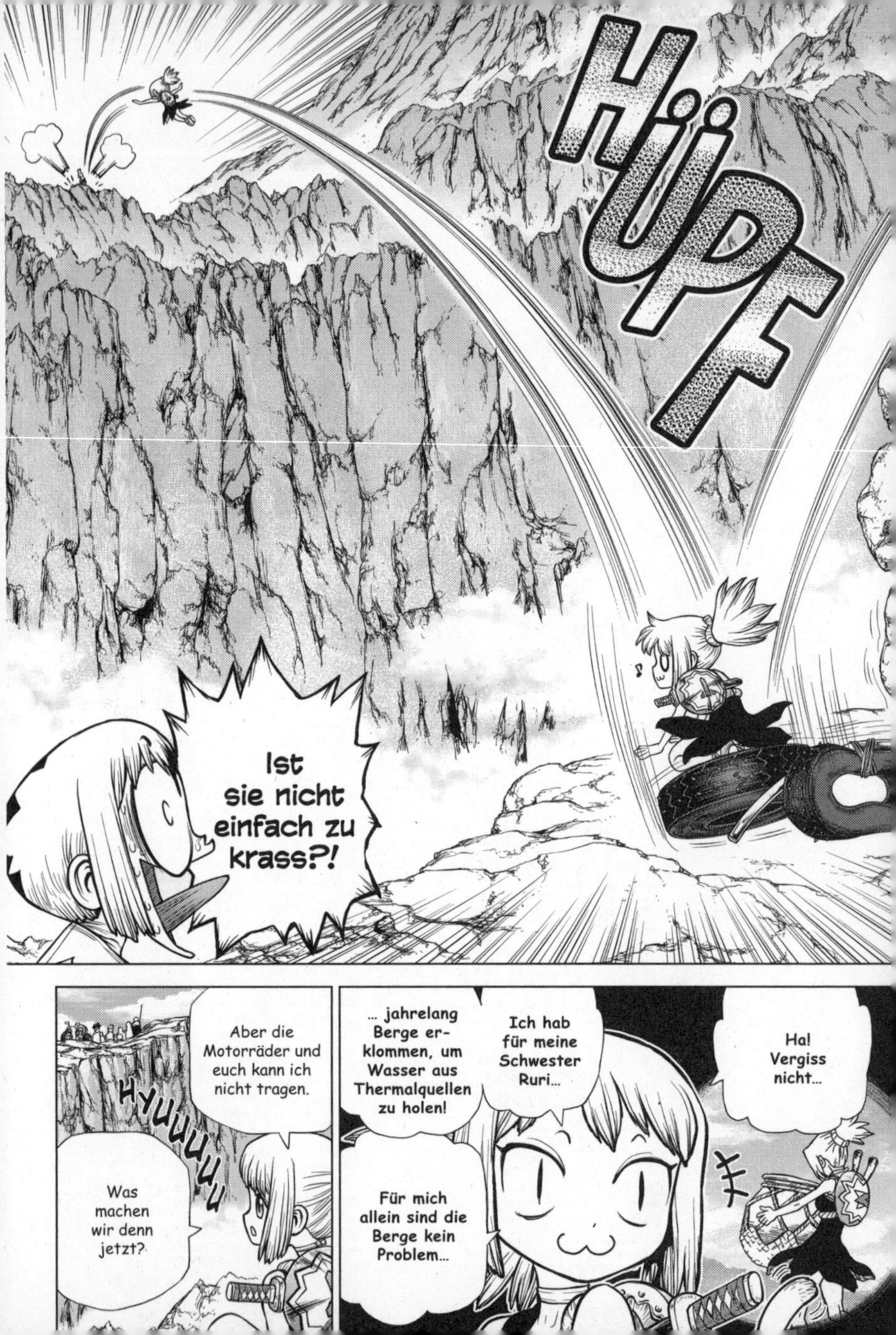
HÜPF
Ist sie nicht einfach zu krass?!
Ha! Vergiss nicht...
Ich hab für meine Schwester Ruri...
... jahrelang Berge erklommen, um Wasser aus Thermalquellen zu holen!
Für mich allein sind die Berge kein Problem...
Aber die Motorräder und euch kann ich nicht tragen.
HYUUUUUU
Was machen wir denn jetzt?

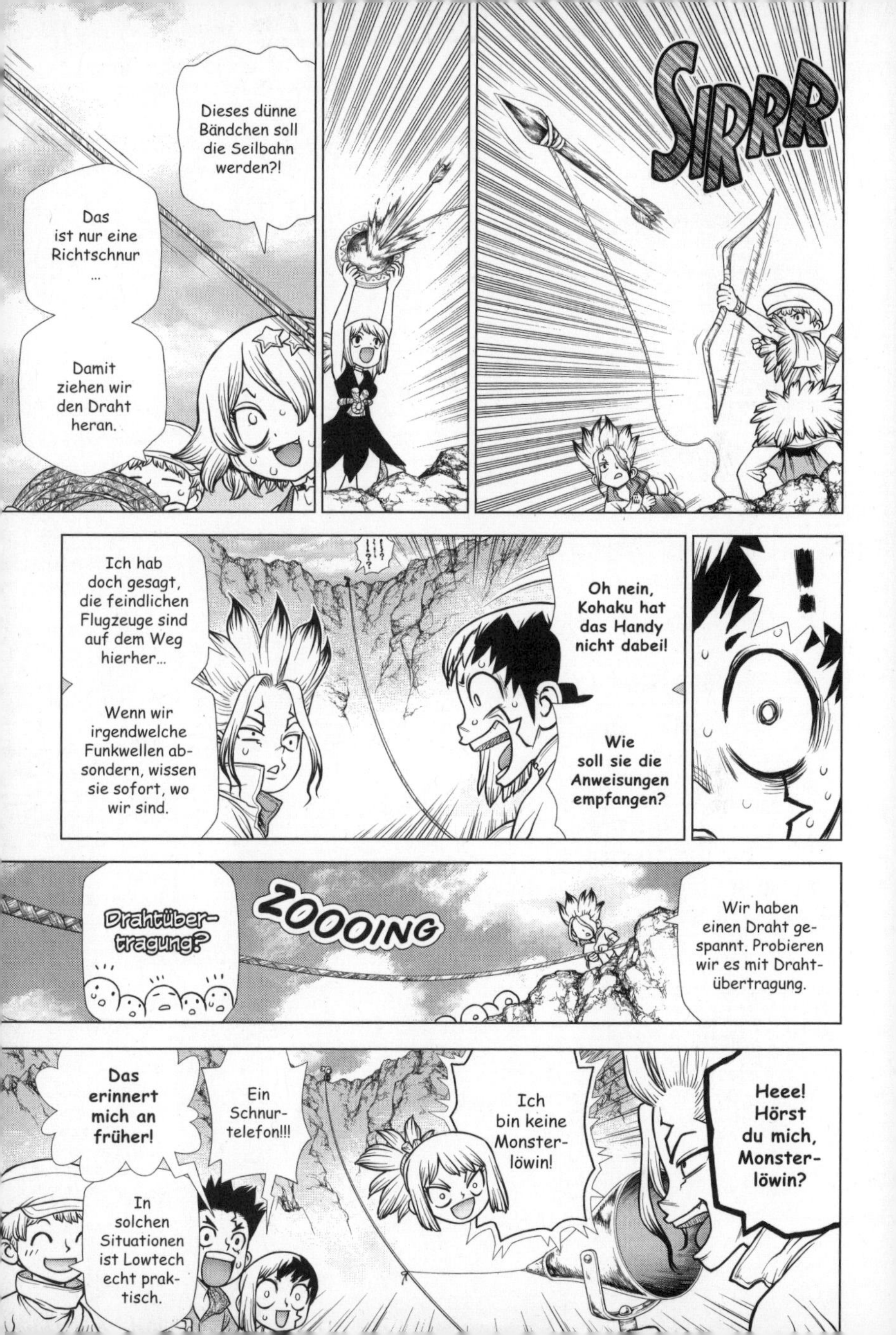
SIRRR
Dieses dünne Bändchen soll die Seilbahn werden?!
Das ist nur eine Richtschnur ...
Damit ziehen wir den Draht heran.
!
Oh nein, Kohaku hat das Handy nicht dabei!
Wie soll sie die Anweisungen empfangen?
Ich hab doch gesagt, die feindlichen Flugzeuge sind auf dem Weg hierher...
Wenn wir irgendwelche Funkwellen absondern, wissen sie sofort, wo wir sind.
Wir haben einen Draht gespannt. Probieren wir es mit Drahtübertragung.
ZOOOING
Drahtübertragung?
Heee! Hörst du mich, Monsterlöwin?
Ich bin keine Monsterlöwin!
Ein Schnurtelefon!!!
Das erinnert mich an früher!
In solchen Situationen ist Lowtech echt praktisch.

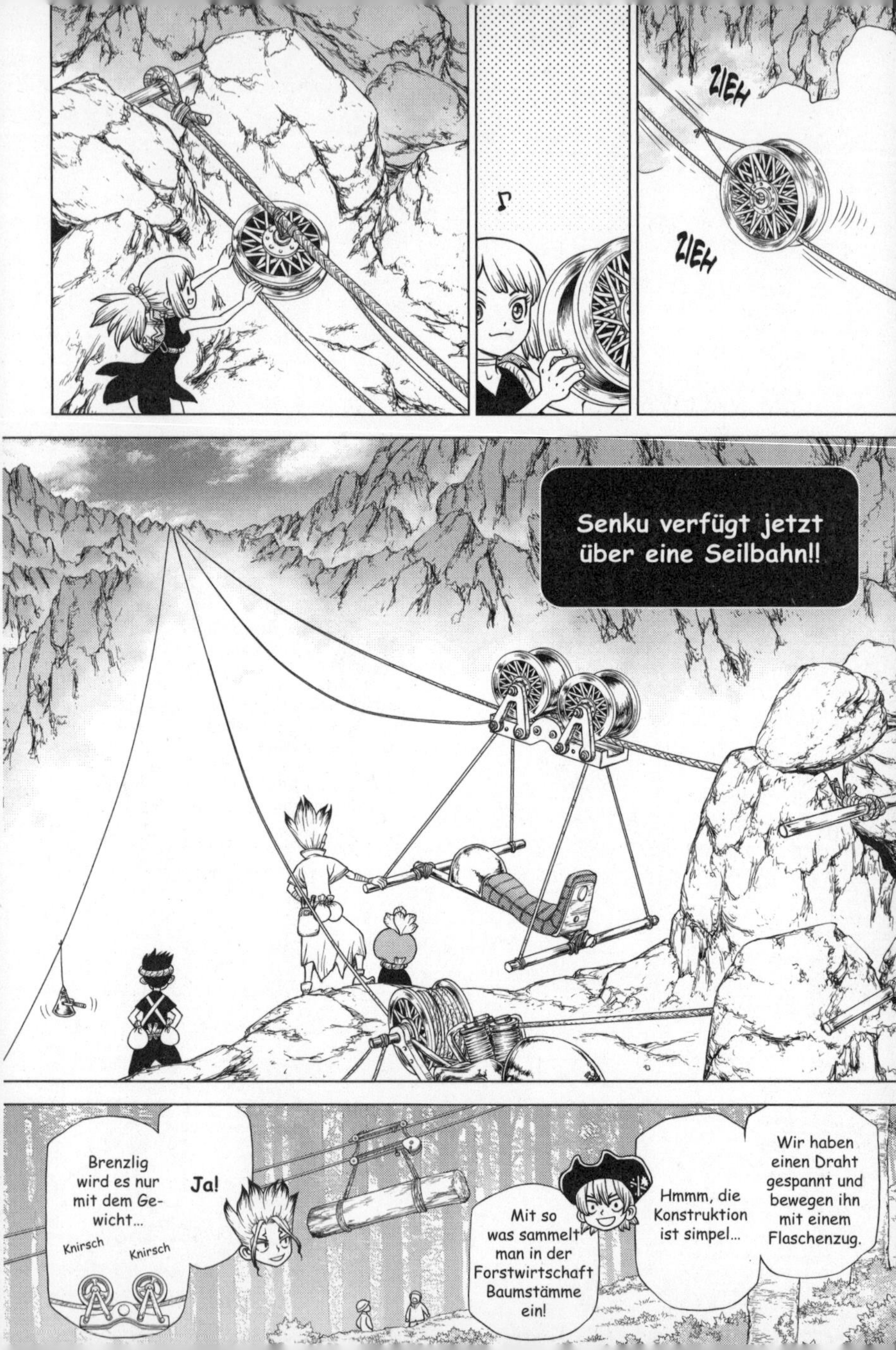

ZIEH
ZIEH
Senku verfügt jetzt über eine Seilbahn!!
Wir haben einen Draht gespannt und bewegen ihn mit einem Flaschenzug.
Hmmm, die Konstruktion ist simpel...
Mit so was sammelt man in der Forstwirtschaft Baumstämme ein!
Ja!
Brenzlig wird es nur mit dem Gewicht...
Knirsch
Knirsch

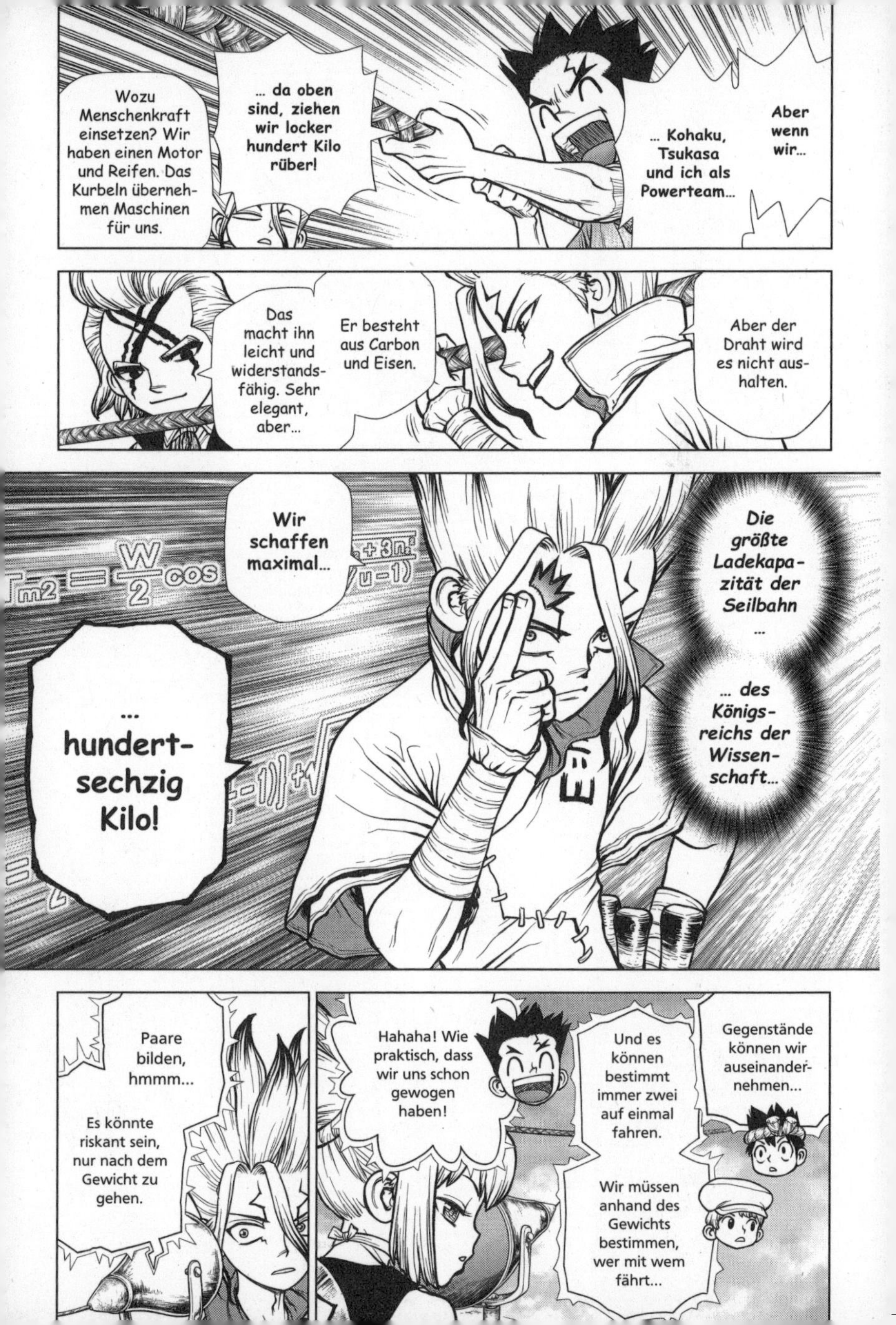
Aber wenn wir…
… Kohaku, Tsukasa und ich als Powerteam…
… da oben sind, ziehen wir locker hundert Kilo rüber!
Wozu Menschenkraft einsetzen? Wir haben einen Motor und Reifen. Das Kurbeln übernehmen Maschinen für uns.
Aber der Draht wird es nicht aushalten.
Er besteht aus Carbon und Eisen.
Das macht ihn leicht und widerstandsfähig. Sehr elegant, aber…
Die größte Ladekapazität der Seilbahn …
… des Königsreichs der Wissenschaft…
Wir schaffen maximal…
… hundertsechzig Kilo!
Gegenstände können wir auseinandernehmen…
Und es können bestimmt immer zwei auf einmal fahren.
Wir müssen anhand des Gewichts bestimmen, wer mit wem fährt…
Hahaha! Wie praktisch, dass wir uns schon gewogen haben!
Paare bilden, hmmm…
Es könnte riskant sein, nur nach dem Gewicht zu gehen.

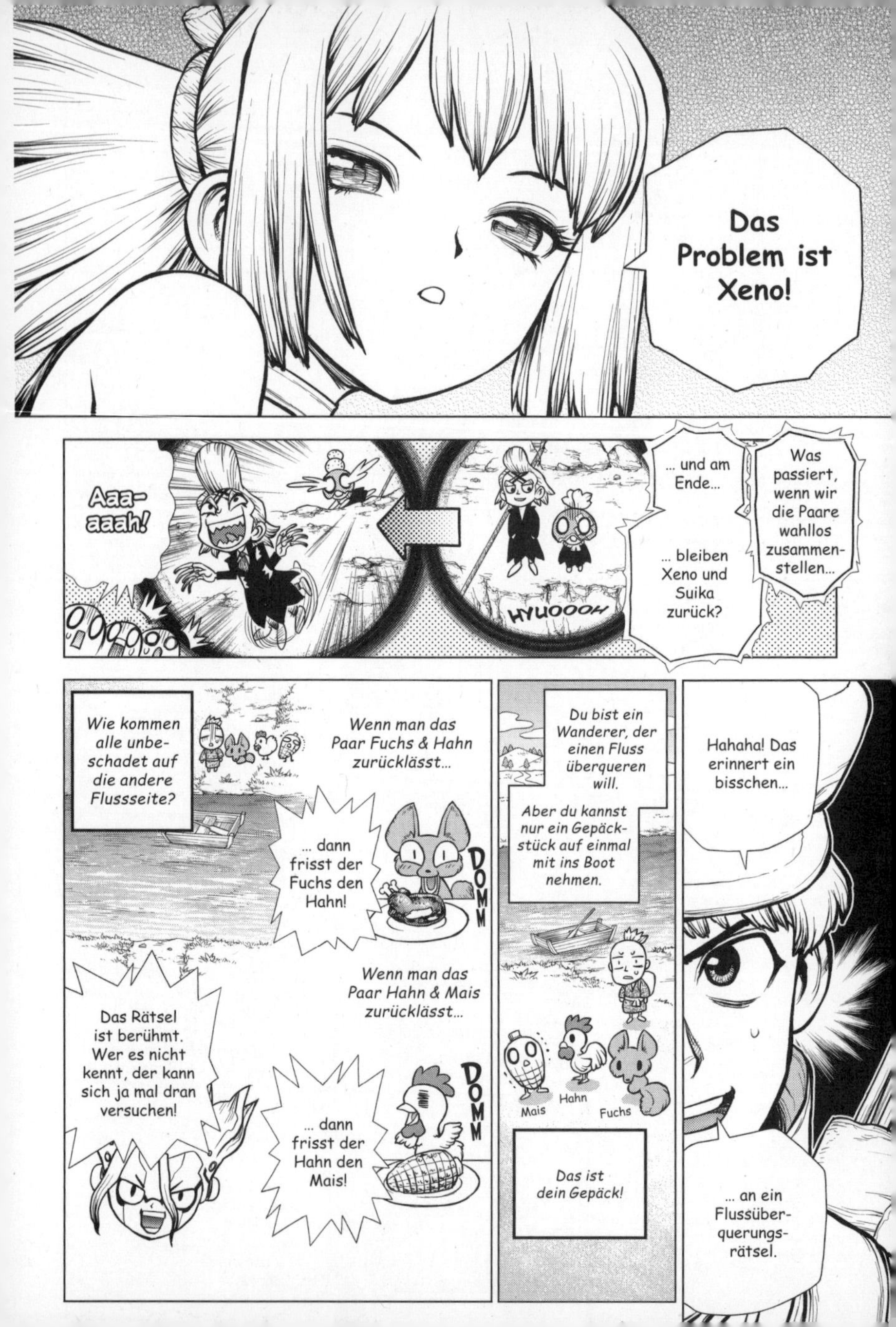

Das Problem ist Xeno!
Was passiert, wenn wir die Paare wahllos zusammenstellen...
... und am Ende...
... bleiben Xeno und Suika zurück?
HYUOOOH
Aaa-aaah!
Hahaha! Das erinnert ein bisschen...
... an ein Flussüberquerungsrätsel.
Du bist ein Wanderer, der einen Fluss überqueren will.
Aber du kannst nur ein Gepäckstück auf einmal mit ins Boot nehmen.
Mais
Hahn
Fuchs
Das ist dein Gepäck!
Wie kommen alle unbeschadet auf die andere Flussseite?
Wenn man das Paar Fuchs & Hahn zurücklässt...
... dann frisst der Fuchs den Hahn!
DOMM
Wenn man das Paar Hahn & Mais zurücklässt...
... dann frisst der Hahn den Mais!
DOMM
Das Rätsel ist berühmt. Wer es nicht kennt, der kann sich ja mal dran versuchen!

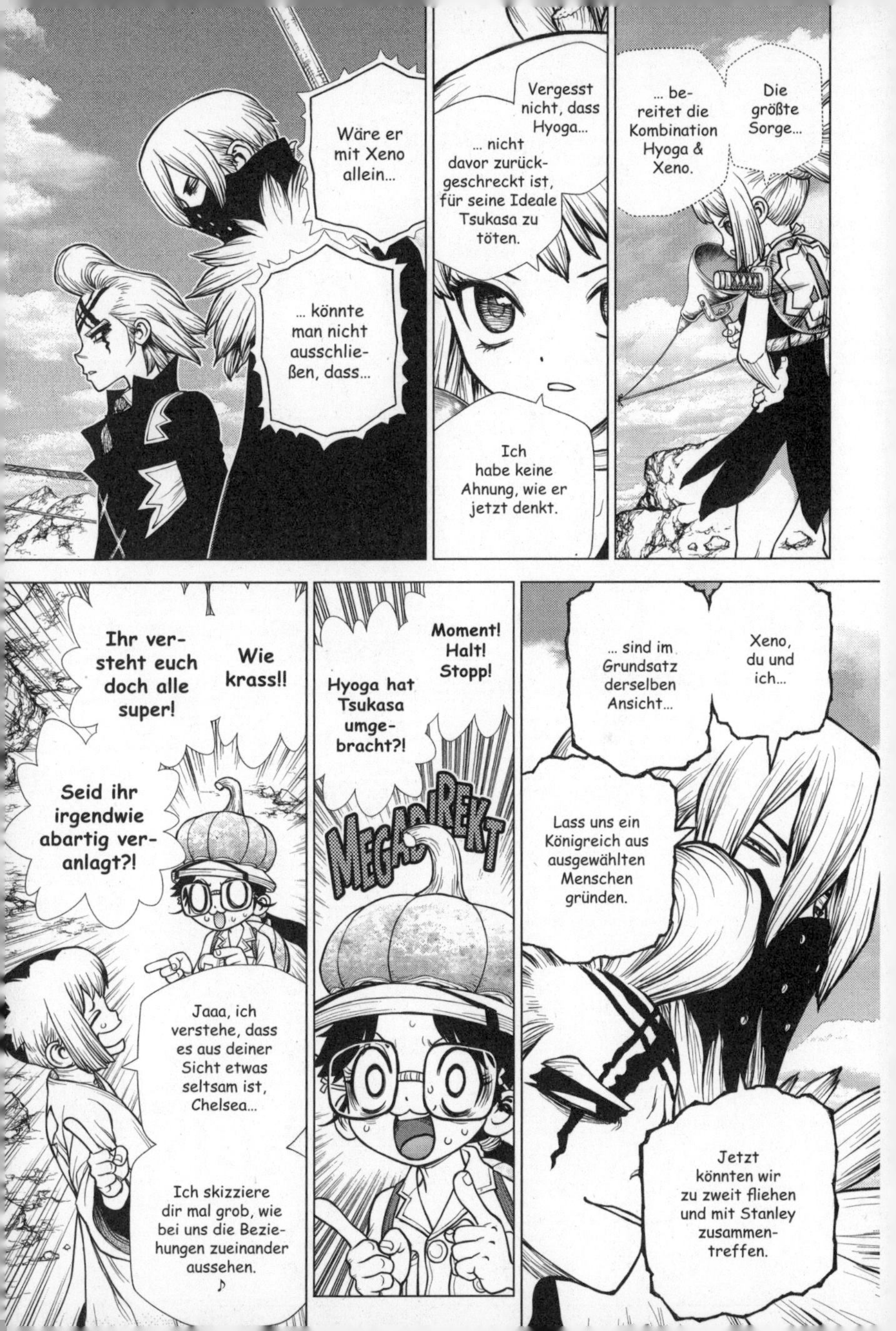
Die größte Sorge...
... bereitet die Kombination Hyoga & Xeno.
Vergesst nicht, dass Hyoga...
... nicht davor zurückgeschreckt ist, für seine Ideale Tsukasa zu töten.
Ich habe keine Ahnung, wie er jetzt denkt.
Wäre er mit Xeno allein...
... könnte man nicht ausschließen, dass...
Xeno, du und ich...
... sind im Grundsatz derselben Ansicht...
Lass uns ein Königreich aus ausgewählten Menschen gründen.
Jetzt könnten wir zu zweit fliehen und mit Stanley zusammentreffen.
Moment! Halt! Stopp!
Hyoga hat Tsukasa umgebracht?!
MEGADIREKT
Wie krass!!
Ihr versteht euch doch alle super!
Seid ihr irgendwie abartig veranlagt?!
Jaaa, ich verstehe, dass es aus deiner Sicht etwas seltsam ist, Chelsea...
Ich skizziere dir mal grob, wie bei uns die Beziehungen zueinander aussehen. ♪

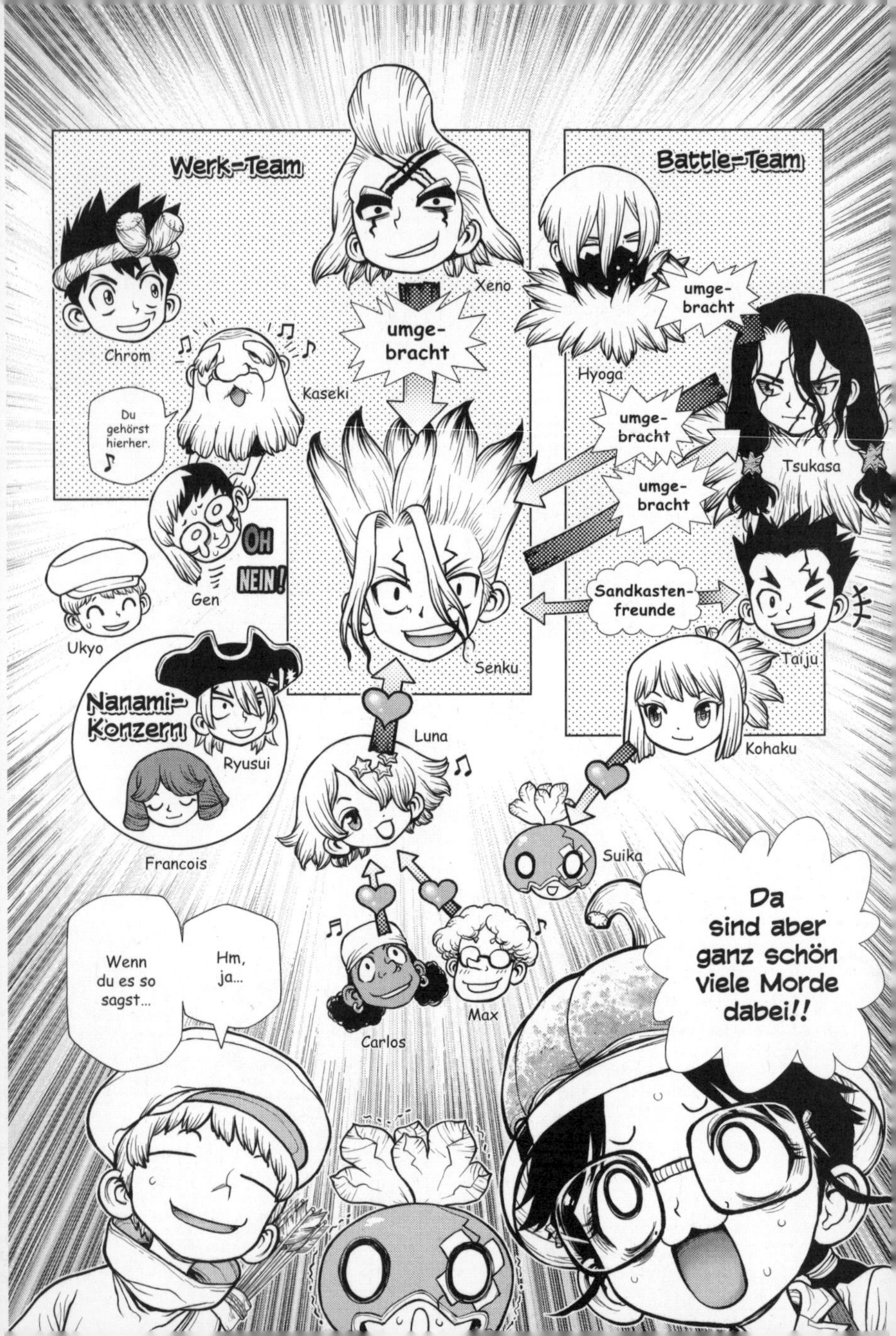

Werk-Team
Battle-Team
Xeno
umge-
bracht
Hyoga
umge-
bracht
Chrom
Kaseki
Du gehörst hierher.
umge-
bracht
umge-
bracht
Tsukasa
OH NEIN!
Gen
Sandkasten-
freunde
Ukyo
Senku
Taiju
Nanami-
Konzern
Ryusui
Luna
Kohaku
Francois
Suika
Carlos
Max
Hm, ja...
Wenn du es so sagst...
Da sind aber ganz schön viele Morde dabei!!

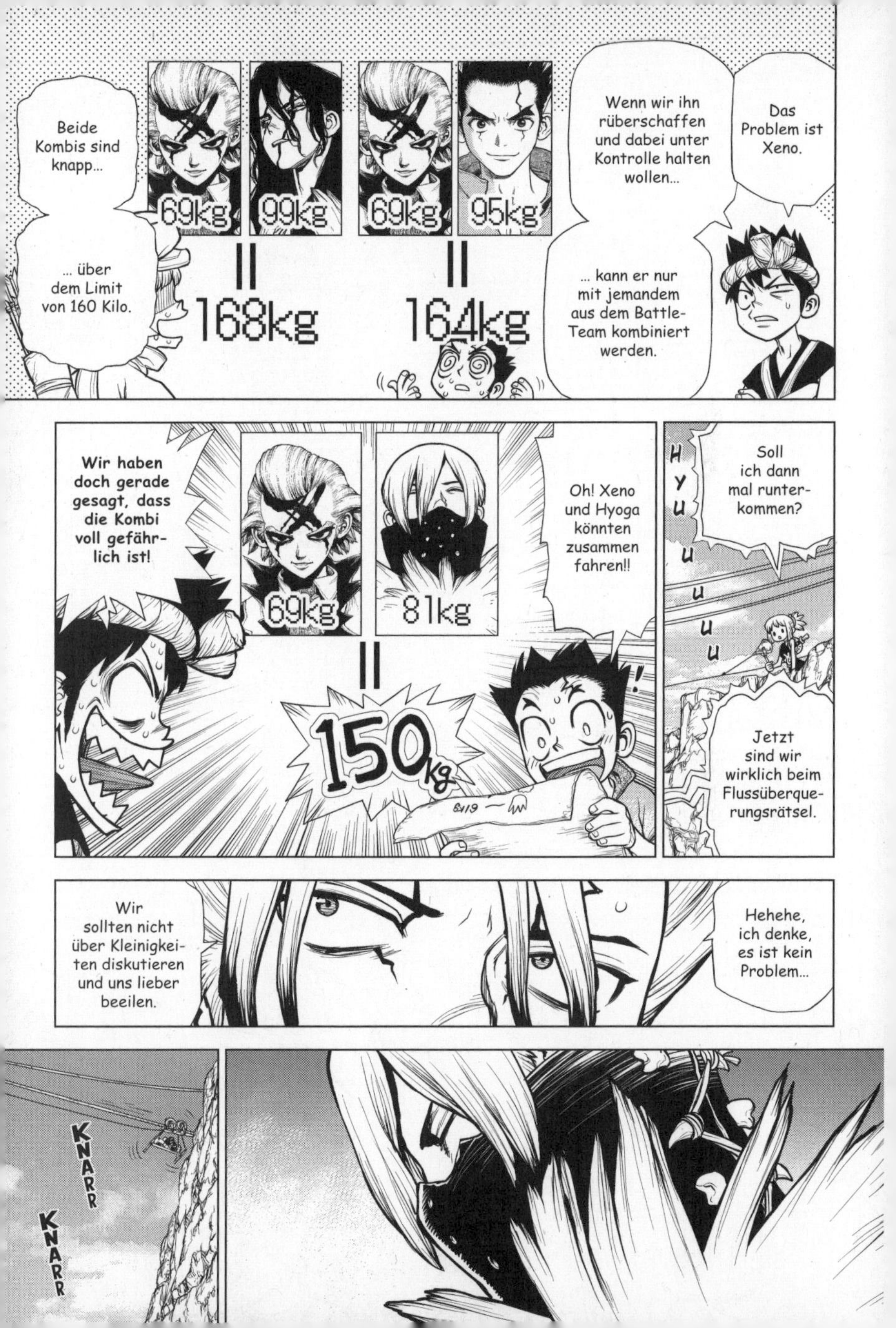

Das Problem ist Xeno.
Wenn wir ihn rüberschaffen und dabei unter Kontrolle halten wollen...
... kann er nur mit jemandem aus dem Battle-Team kombiniert werden.
69kg
95kg
164kg
69kg
99kg
168kg
Beide Kombis sind knapp...
... über dem Limit von 160 Kilo.
Soll ich dann mal runter-kommen?
Hyuuuuu
Jetzt sind wir wirklich beim Flussüberquerungsrätsel.
Oh! Xeno und Hyoga könnten zusammen fahren!!
69kg
81kg
150kg
Wir haben doch gerade gesagt, dass die Kombi voll gefährlich ist!
Hehehe, ich denke, es ist kein Problem...
Wir sollten nicht über Kleinigkeiten diskutieren und uns lieber beeilen.
KNARR
KNARR

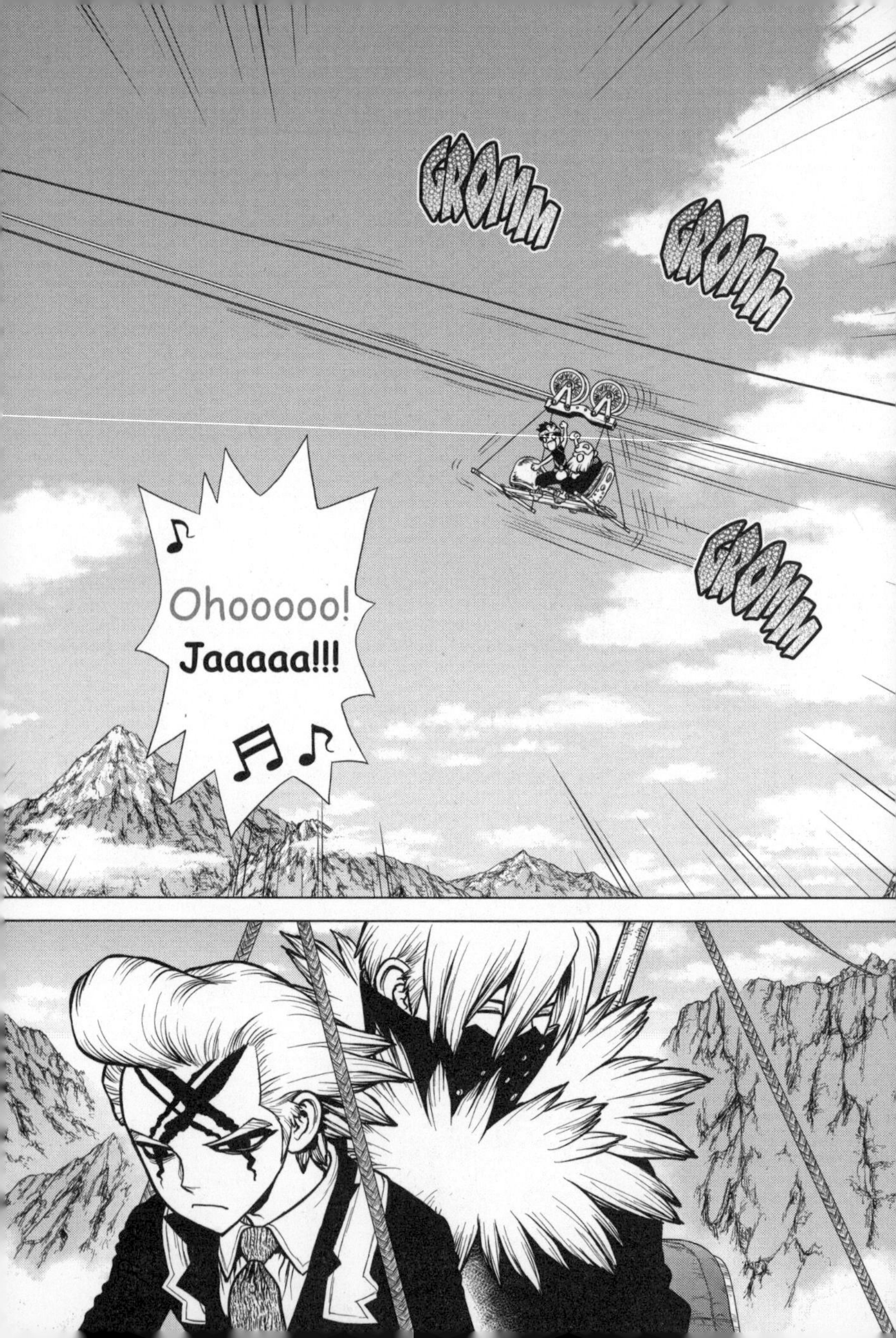
GROMM
GROMM
Ohooooo!
Jaaaaa!!!
GROMM

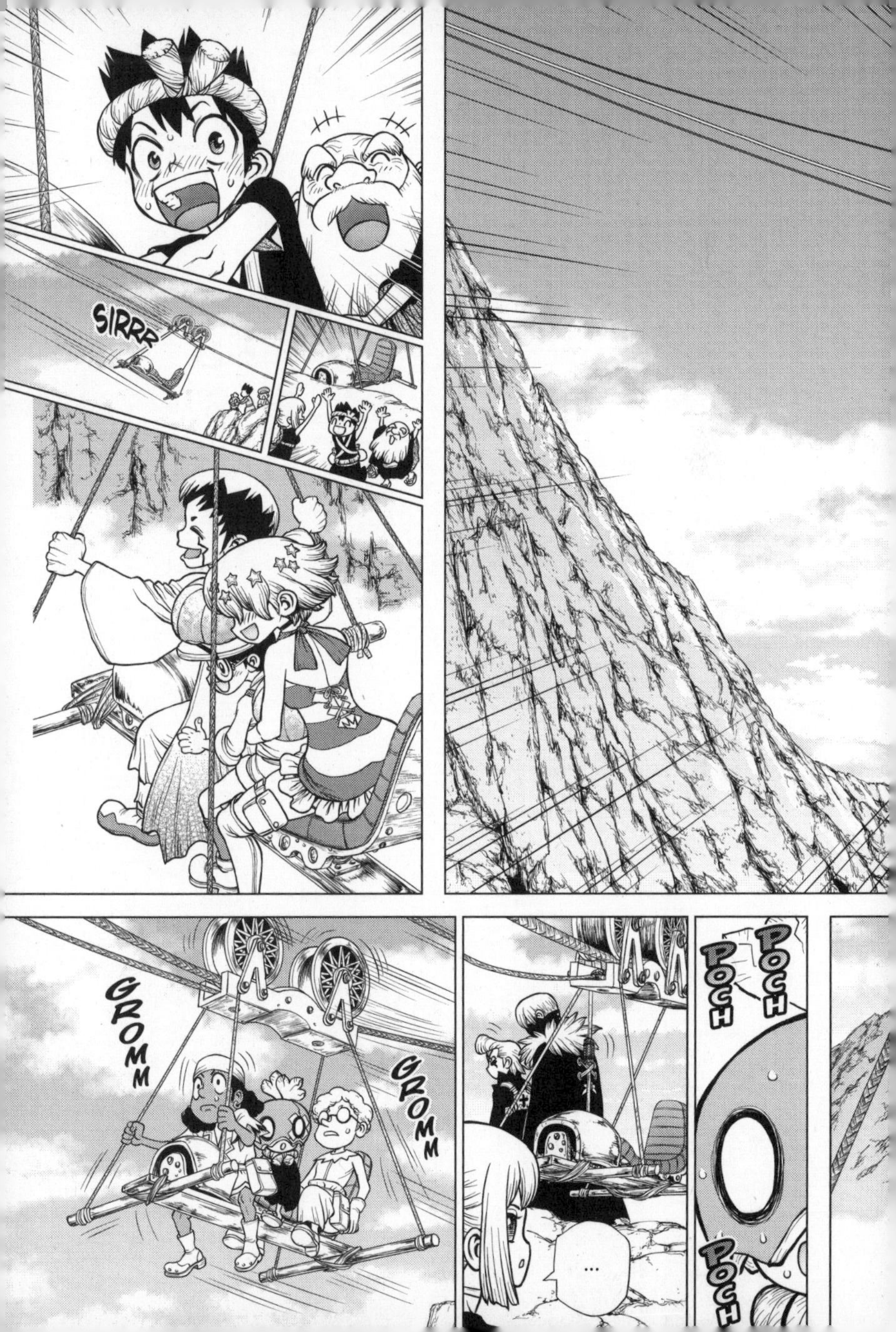
SIRRR
GROMM
GROMM
POCH
POCH
POCH
...

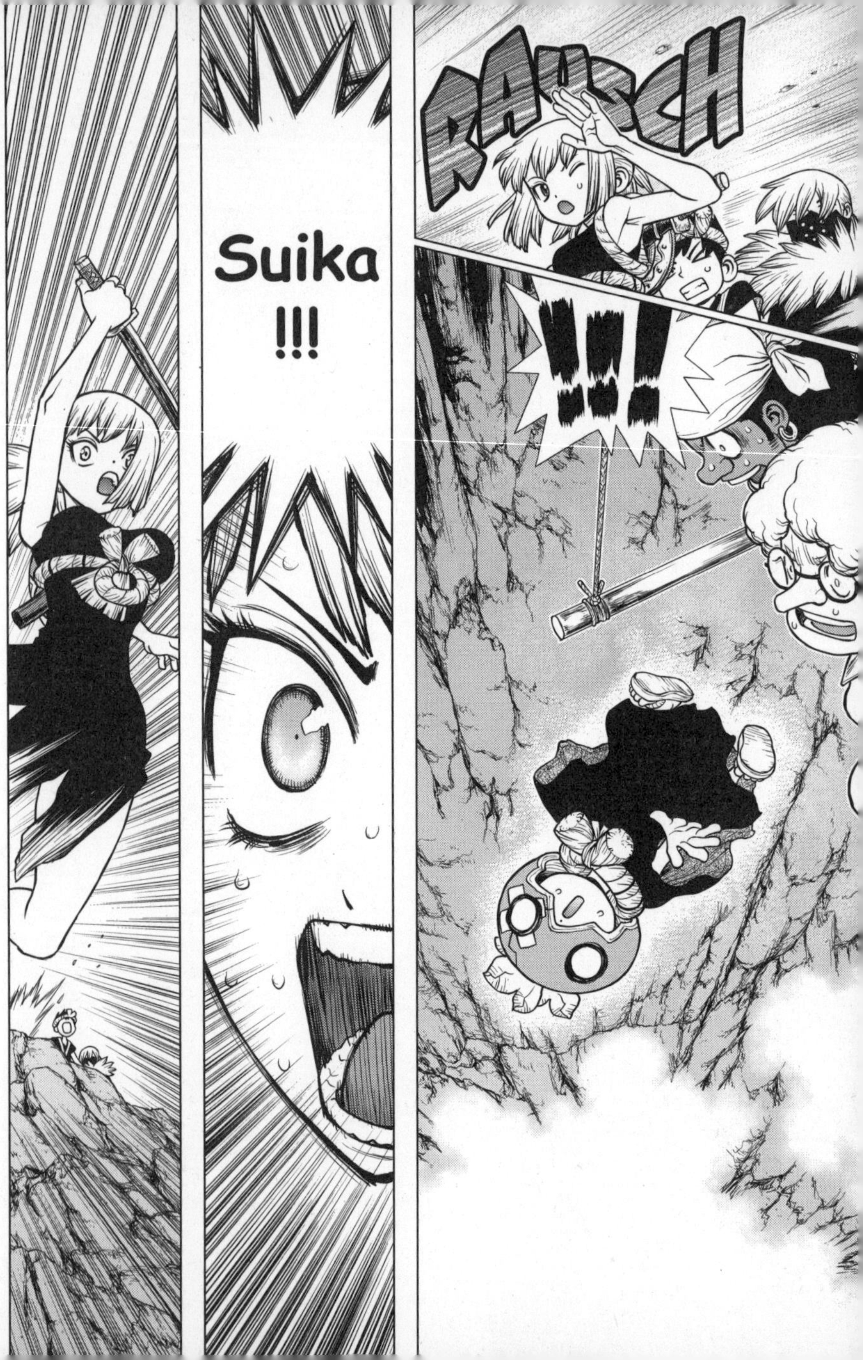
RAUSCH
Suika !!!
!!!

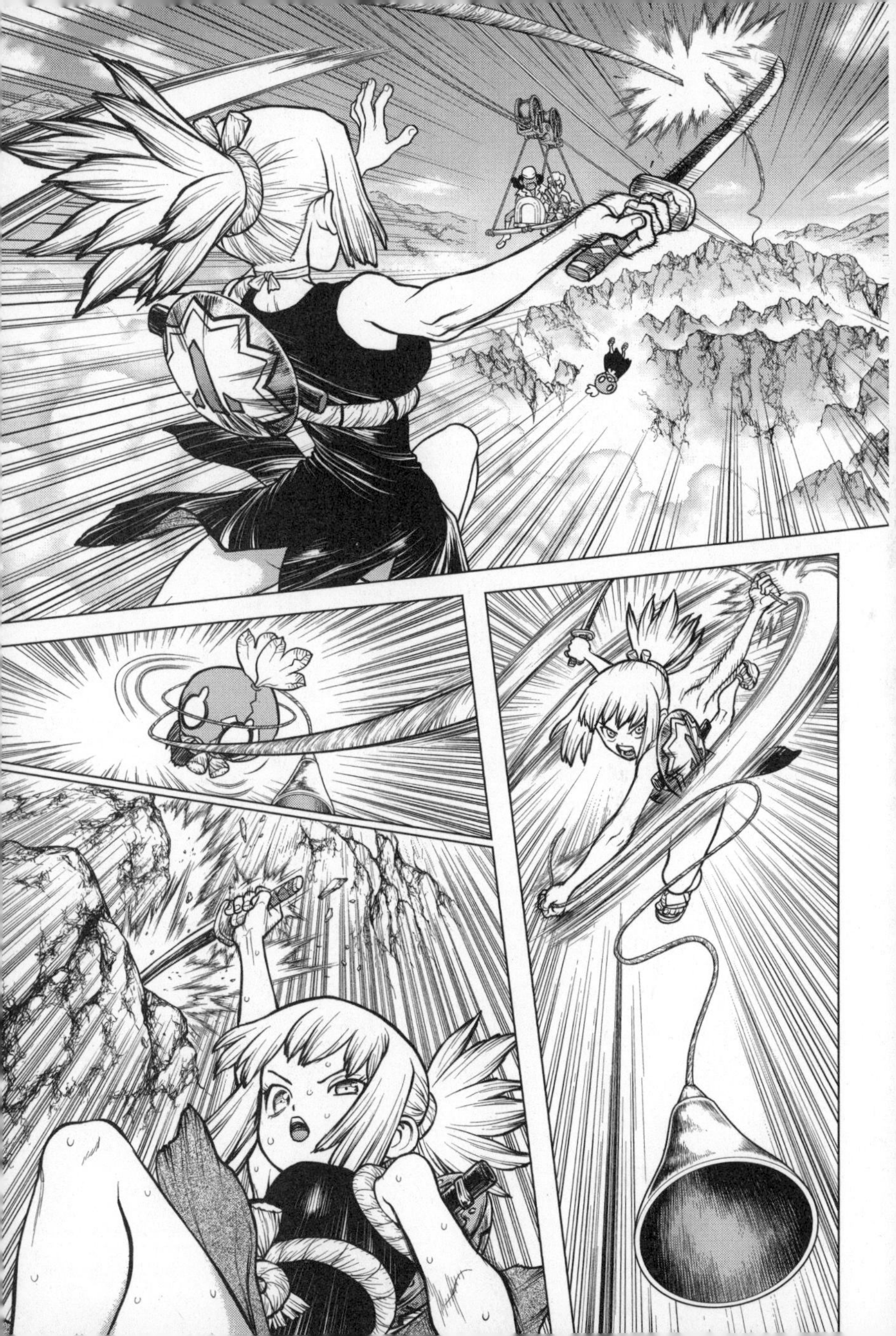

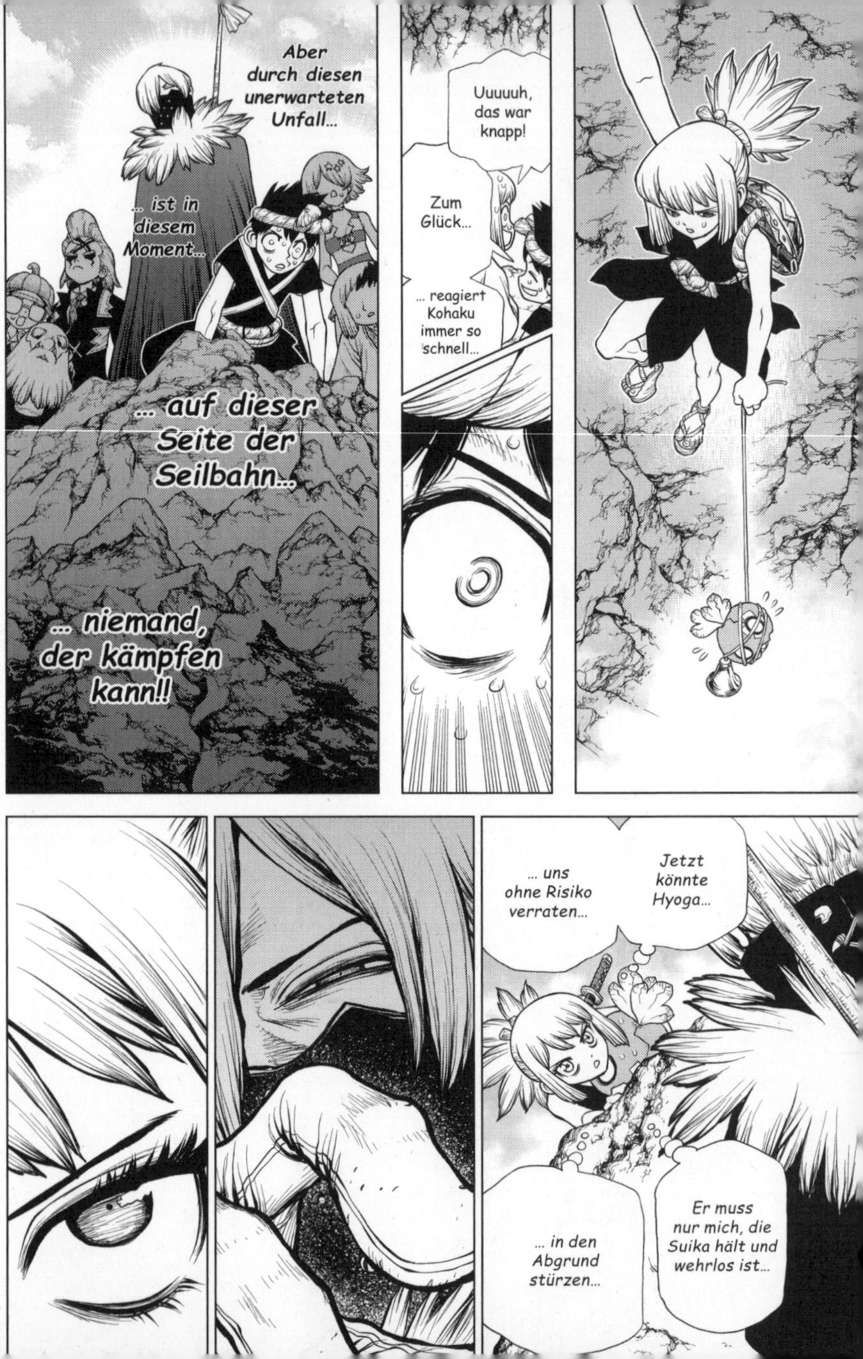

Uuuuuh, das war knapp!
Zum Glück...
... reagiert Kohaku immer so schnell...
Aber durch diesen unerwarteten Unfall...
... ist in diesem Moment...
... auf dieser Seite der Seilbahn...
... niemand, der kämpfen kann!!
Jetzt könnte Hyoga...
... uns ohne Risiko verraten...
Er muss nur mich, die Suika hält und wehrlos ist...
... in den Abgrund stürzen...

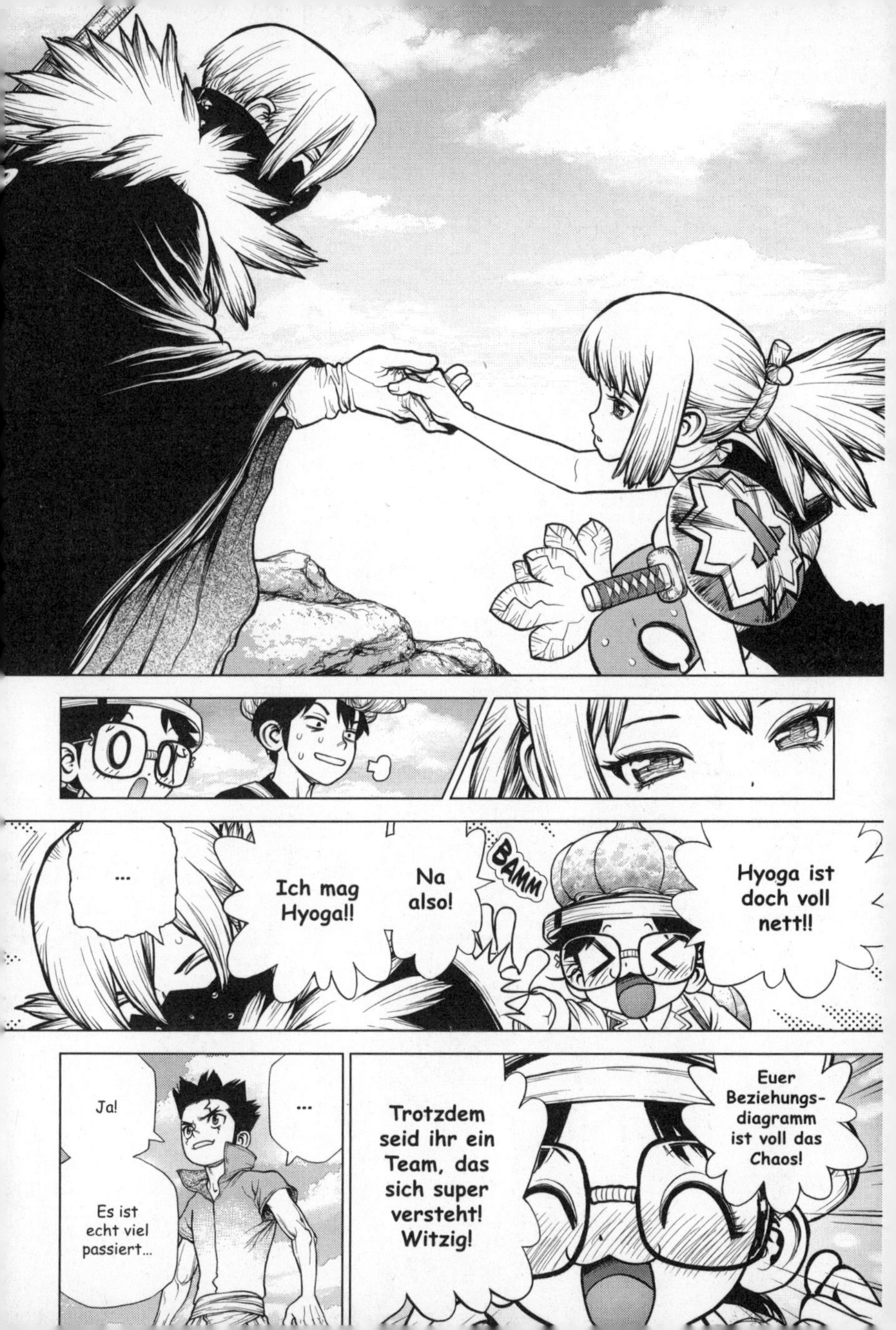
Hyoga ist doch voll nett!!
BAMM
Na also!
Ich mag Hyoga!!
...
Euer Beziehungs-diagramm ist voll das Chaos!
Trotzdem seid ihr ein Team, das sich super versteht! Witzig!
...
Ja!
Es ist echt viel passiert...

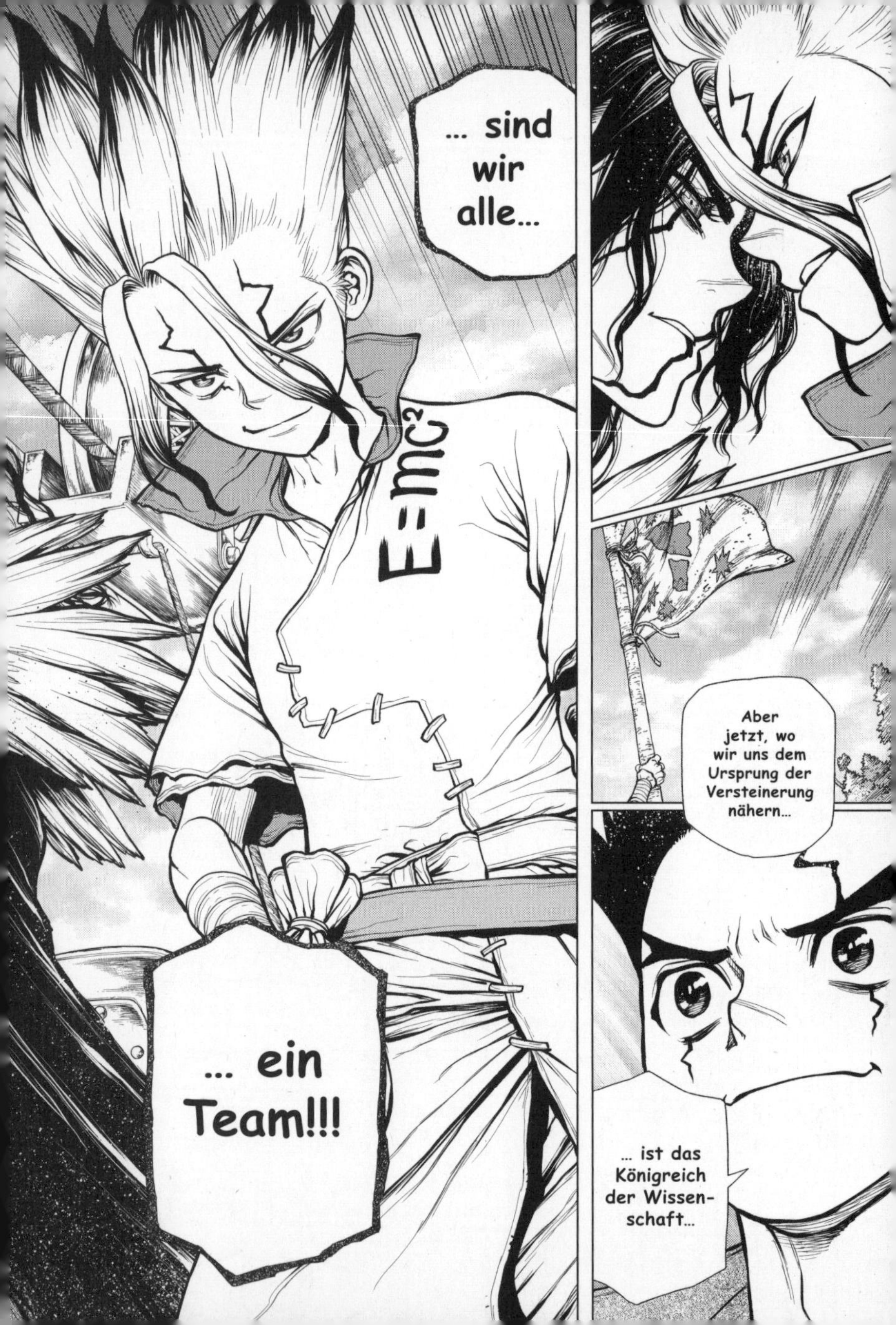
Aber jetzt, wo wir uns dem Ursprung der Versteinerung nähern...
... ist das Königreich der Wissen-schaft...
... sind wir alle...
E=mc²
... ein Team!!!

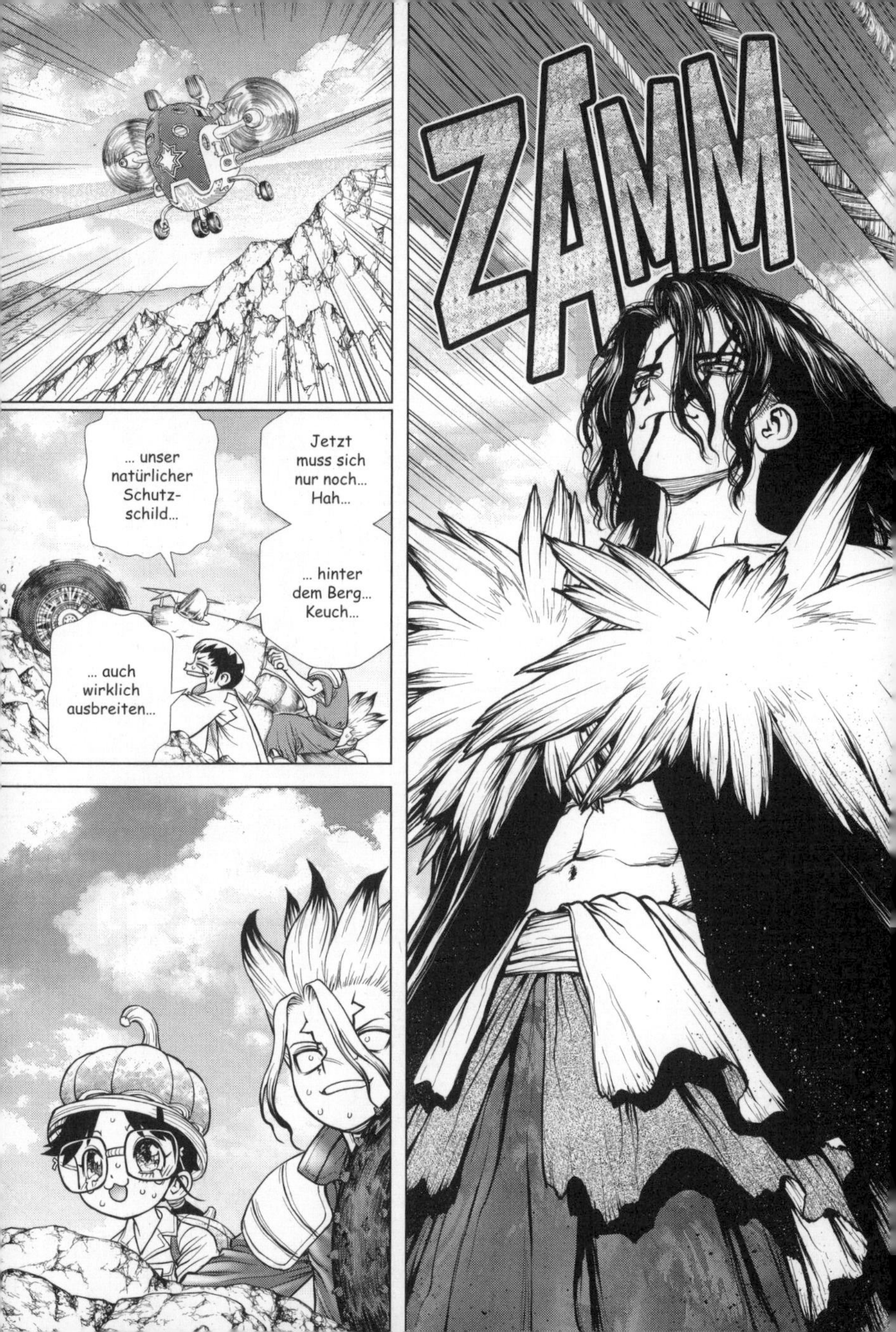
ZAMM
Jetzt muss sich nur noch... Hah...
... hinter dem Berg... Keuch...
... unser natürlicher Schutzschild...
... auch wirklich ausbreiten...

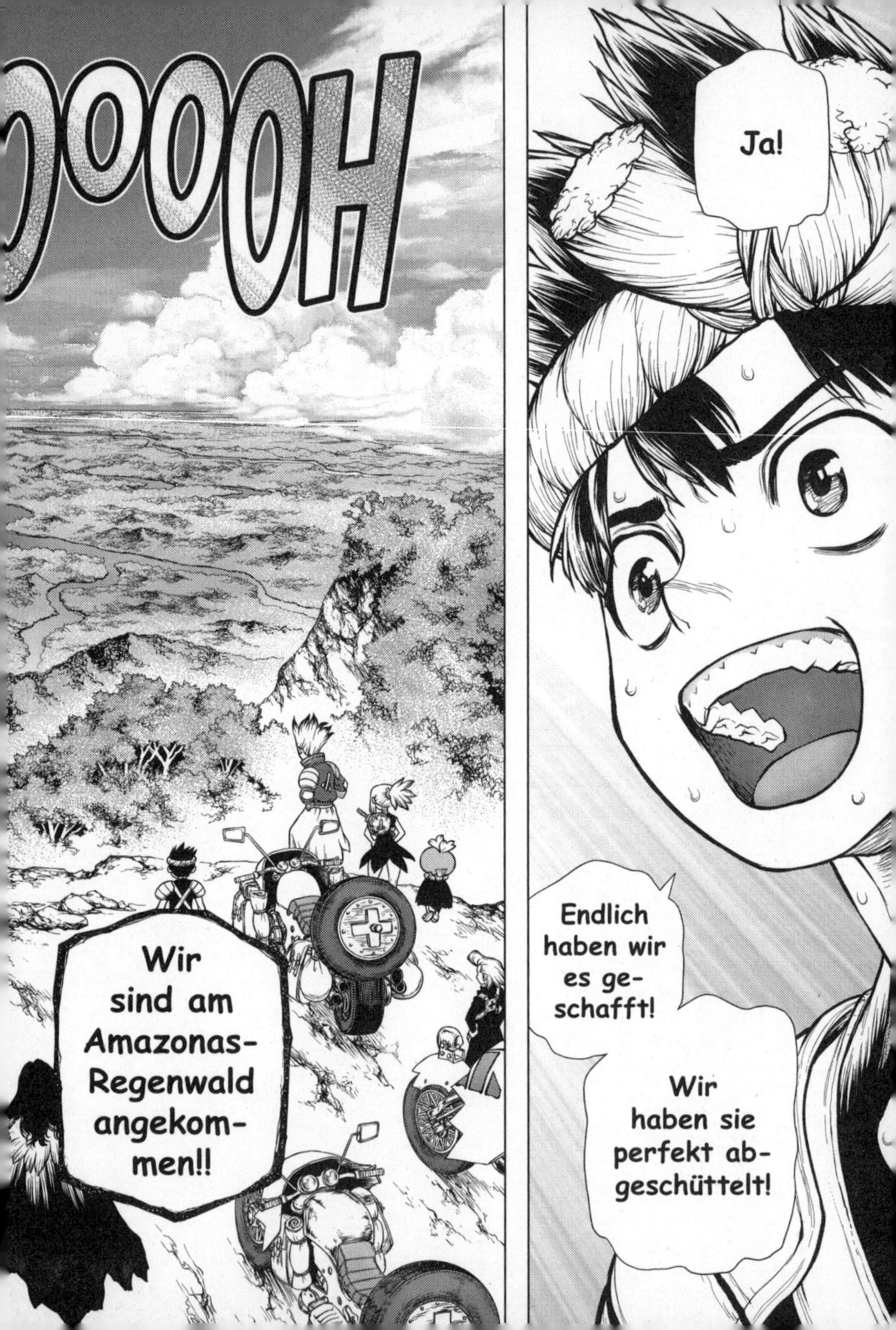
Ja!
Endlich haben wir es geschafft!
Wir haben sie perfekt abgeschüttelt!
OOOOH
Wir sind am Amazonas-Regenwald angekommen!!

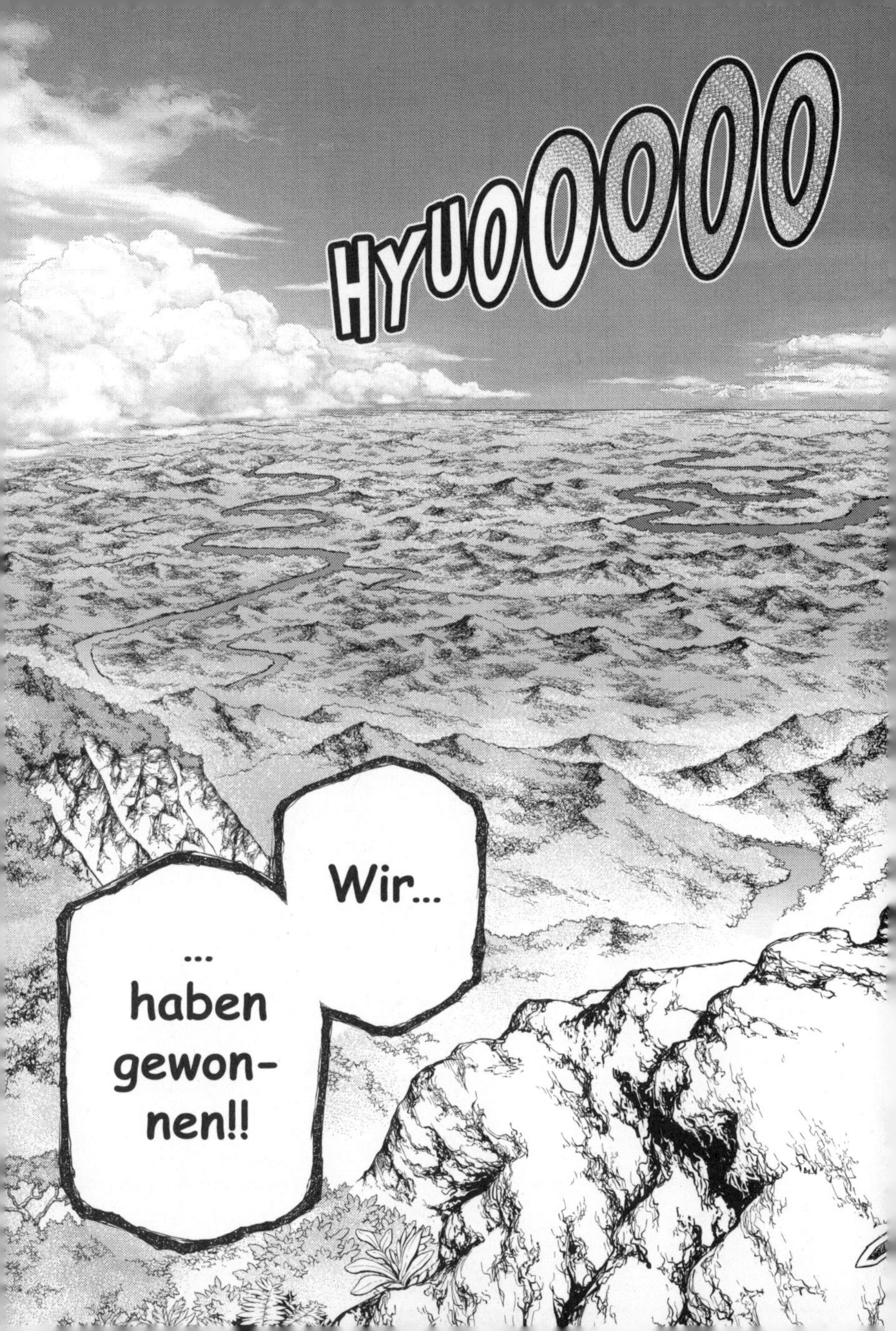
HYUOOOOOO
Wir...
... haben gewonnen!!

Mögliche Antwort zum Flussüberquerungsrätsel

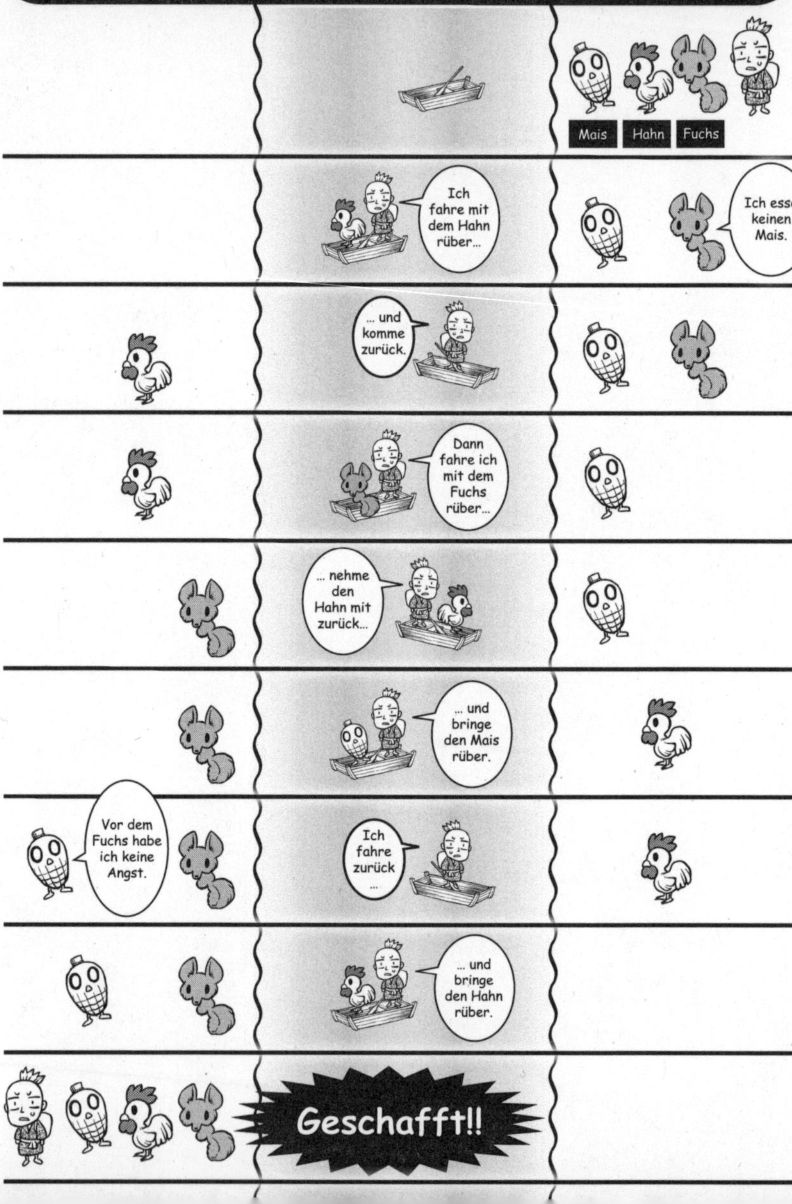

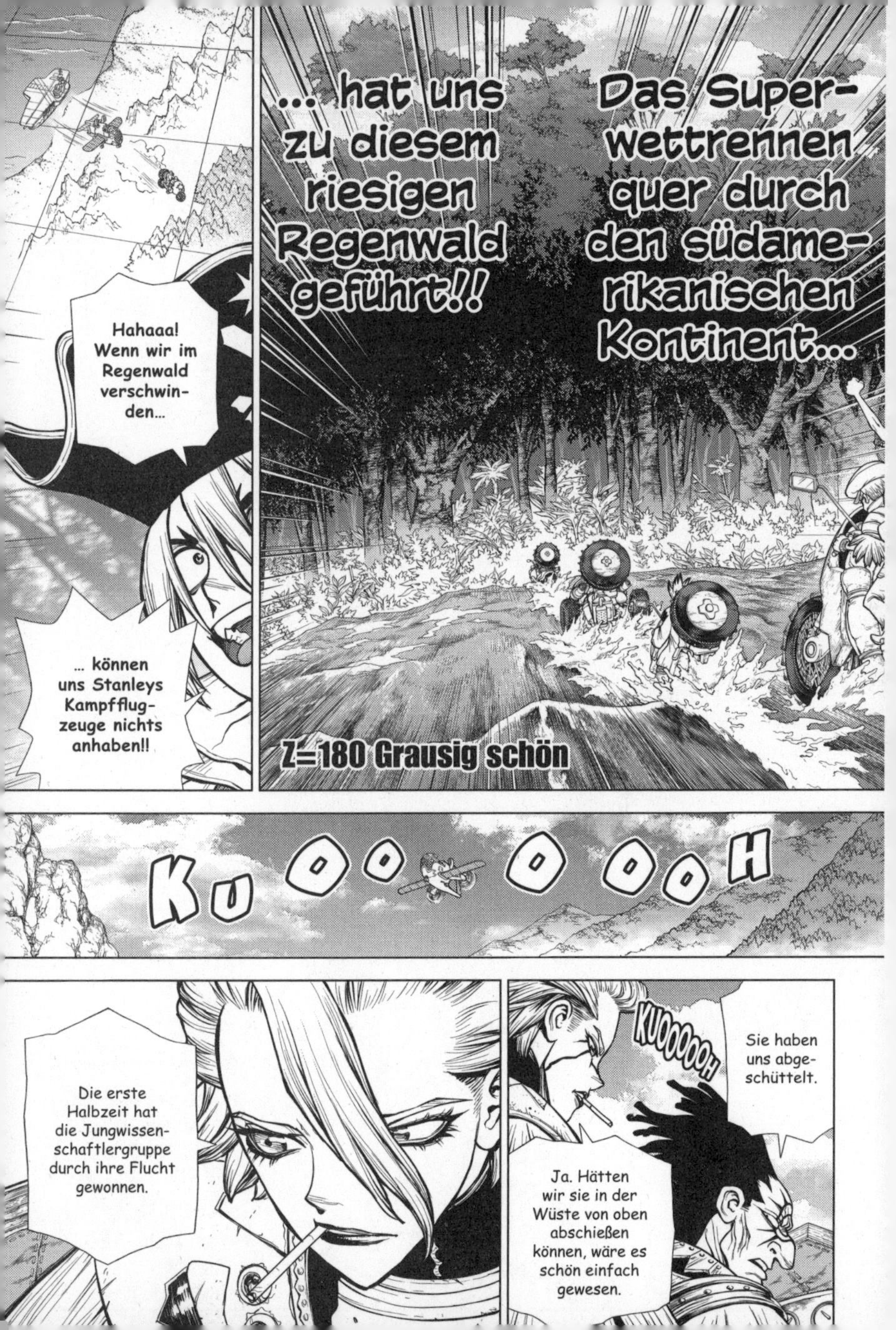

Das Super-wettrennen quer durch den südame-rikanischen Kontinent...
... hat uns zu diesem riesigen Regenwald geführt!!
Z=180 Grausig schön
Hahaaa! Wenn wir im Regenwald verschwin-den...
... können uns Stanleys Kampfflug-zeuge nichts anhaben!!
KUOOOOOH
KUOOOOOH
Sie haben uns abge-schüttelt.
Ja. Hätten wir sie in der Wüste von oben abschießen können, wäre es schön einfach gewesen.
Die erste Halbzeit hat die Jungwissen-schaftlergruppe durch ihre Flucht gewonnen.

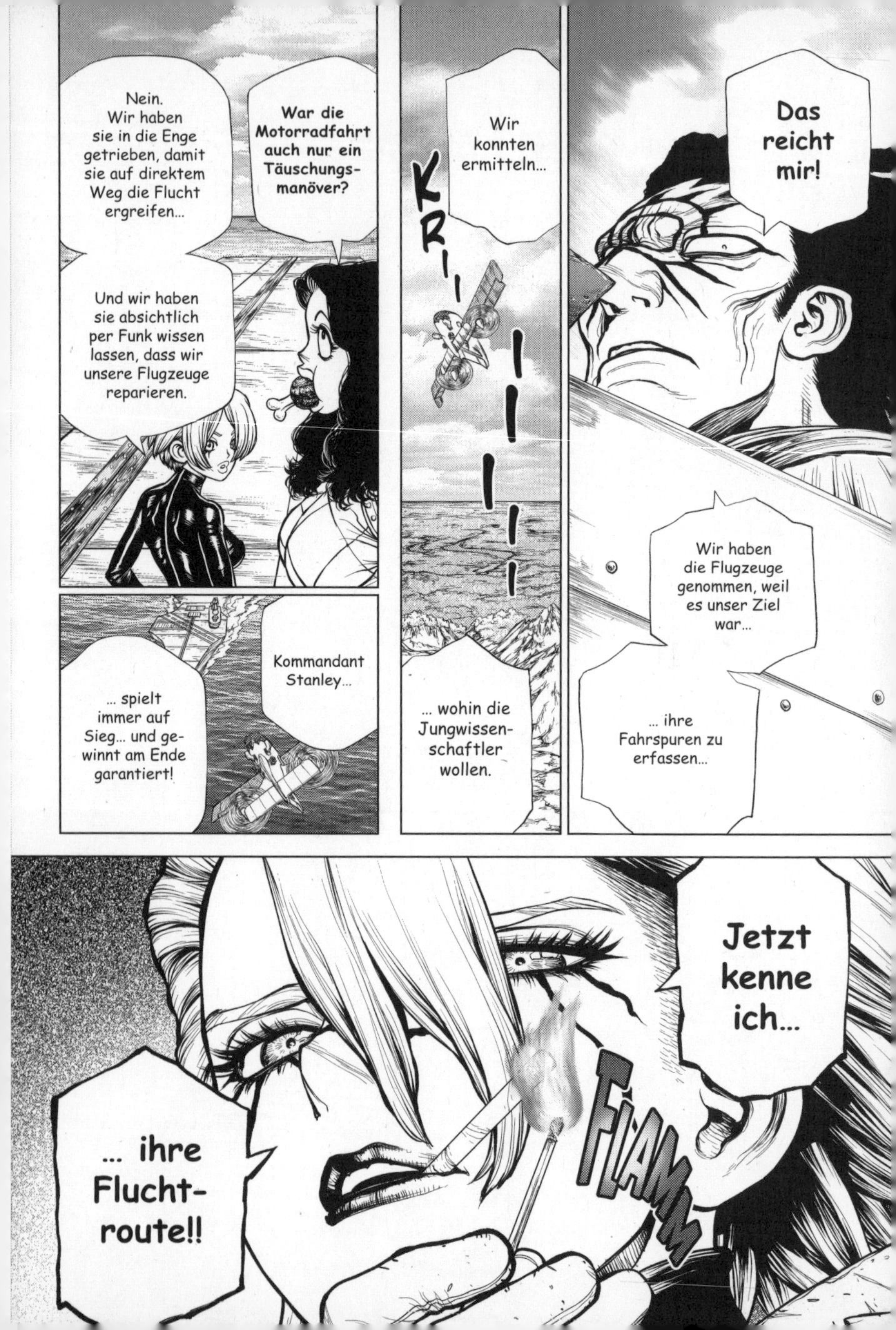
Das reicht mir!
Wir haben die Flugzeuge genommen, weil es unser Ziel war...
... ihre Fahrspuren zu erfassen...
Wir konnten ermitteln...
KRIIIII
... wohin die Jungwissen-schaftler wollen.
War die Motorradfahrt auch nur ein Täuschungs-manöver?
Nein. Wir haben sie in die Enge getrieben, damit sie auf direktem Weg die Flucht ergreifen...
Und wir haben sie absichtlich per Funk wissen lassen, dass wir unsere Flugzeuge reparieren.
Kommandant Stanley...
... spielt immer auf Sieg... und ge-winnt am Ende garantiert!
Jetzt kenne ich...
FLAMM
... ihre Flucht-route!!

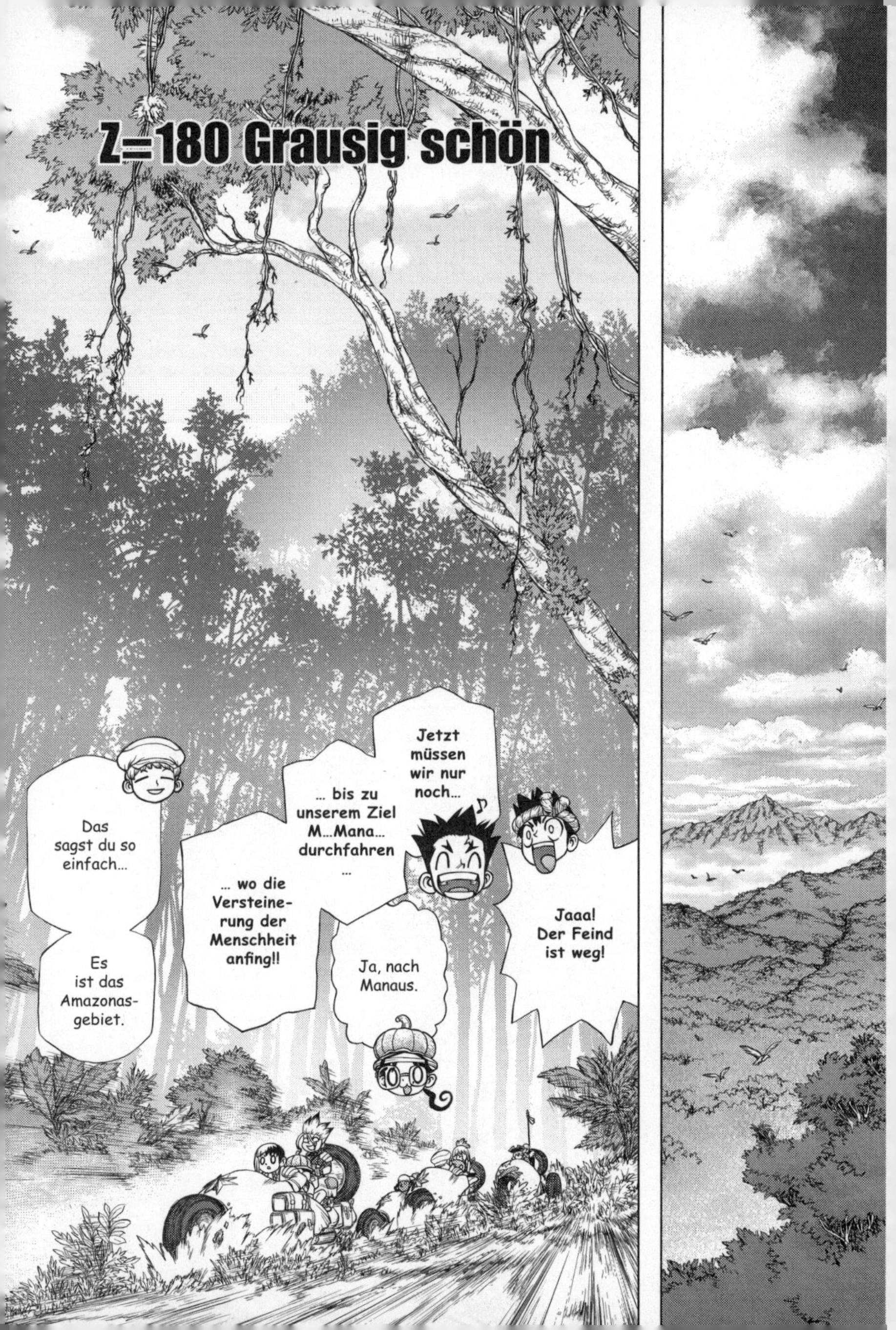
Z=180 Grausig schön
Jaaa! Der Feind ist weg!
Jetzt müssen wir nur noch...
... bis zu unserem Ziel M...Mana... durchfahren ...
Ja, nach Manaus.
... wo die Versteine-rung der Menschheit anfing!!
Das sagst du so einfach...
Es ist das Amazonas-gebiet.

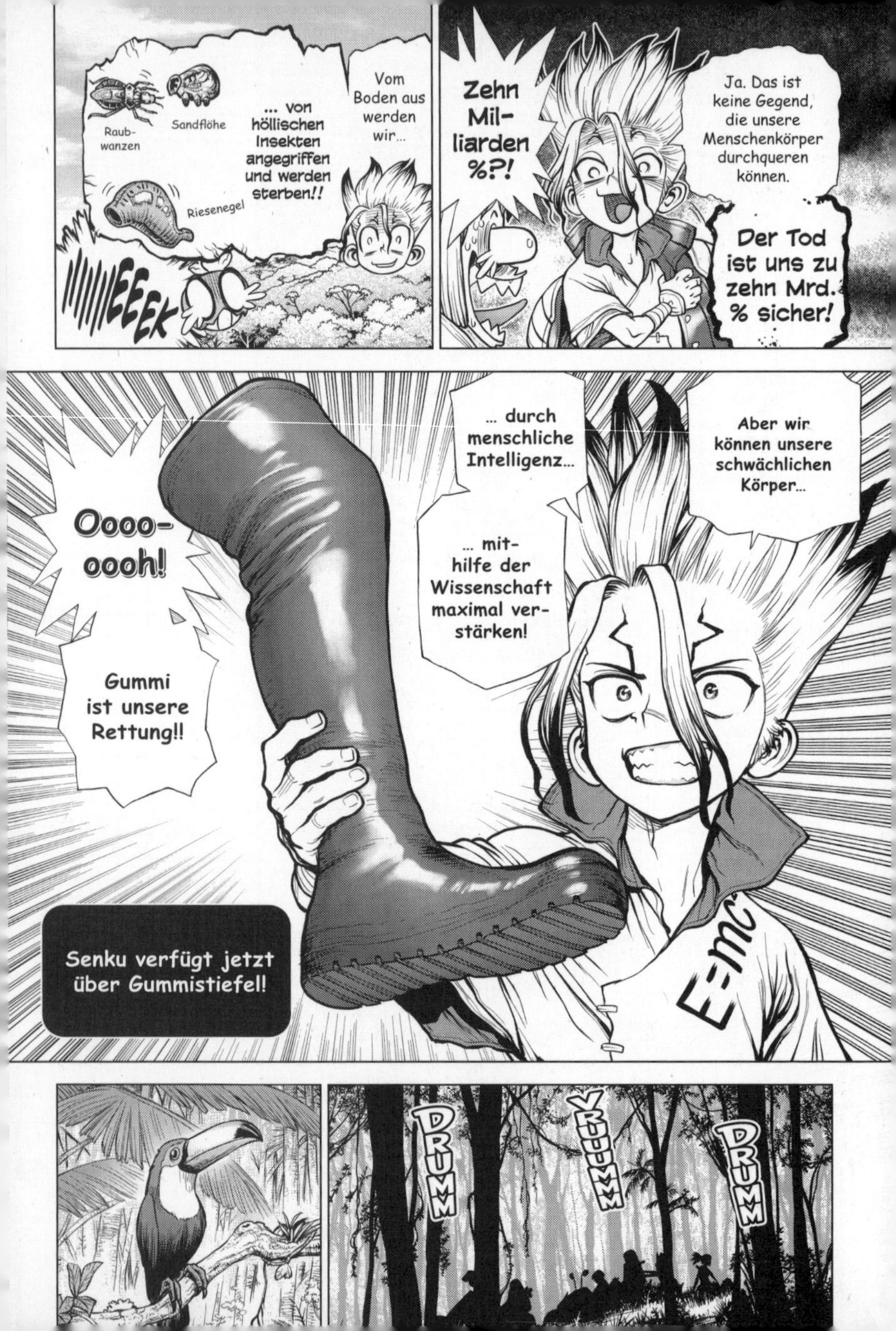
Ja. Das ist keine Gegend, die unsere Menschenkörper durchqueren können.
Der Tod ist uns zu zehn Mrd. % sicher!
Zehn Milliarden %?!
Vom Boden aus werden wir...
... von höllischen Insekten angegriffen und werden sterben!!
Raubwanzen
Sandflöhe
Riesenegel
IIIIIIEEEEK
Aber wir können unsere schwächlichen Körper...
... durch menschliche Intelligenz...
... mithilfe der Wissenschaft maximal verstärken!
Oooo-oooh!
Gummi ist unsere Rettung!!
Senku verfügt jetzt über Gummistiefel!
E=mc
DRUMM
VRUUMM
DRUMM

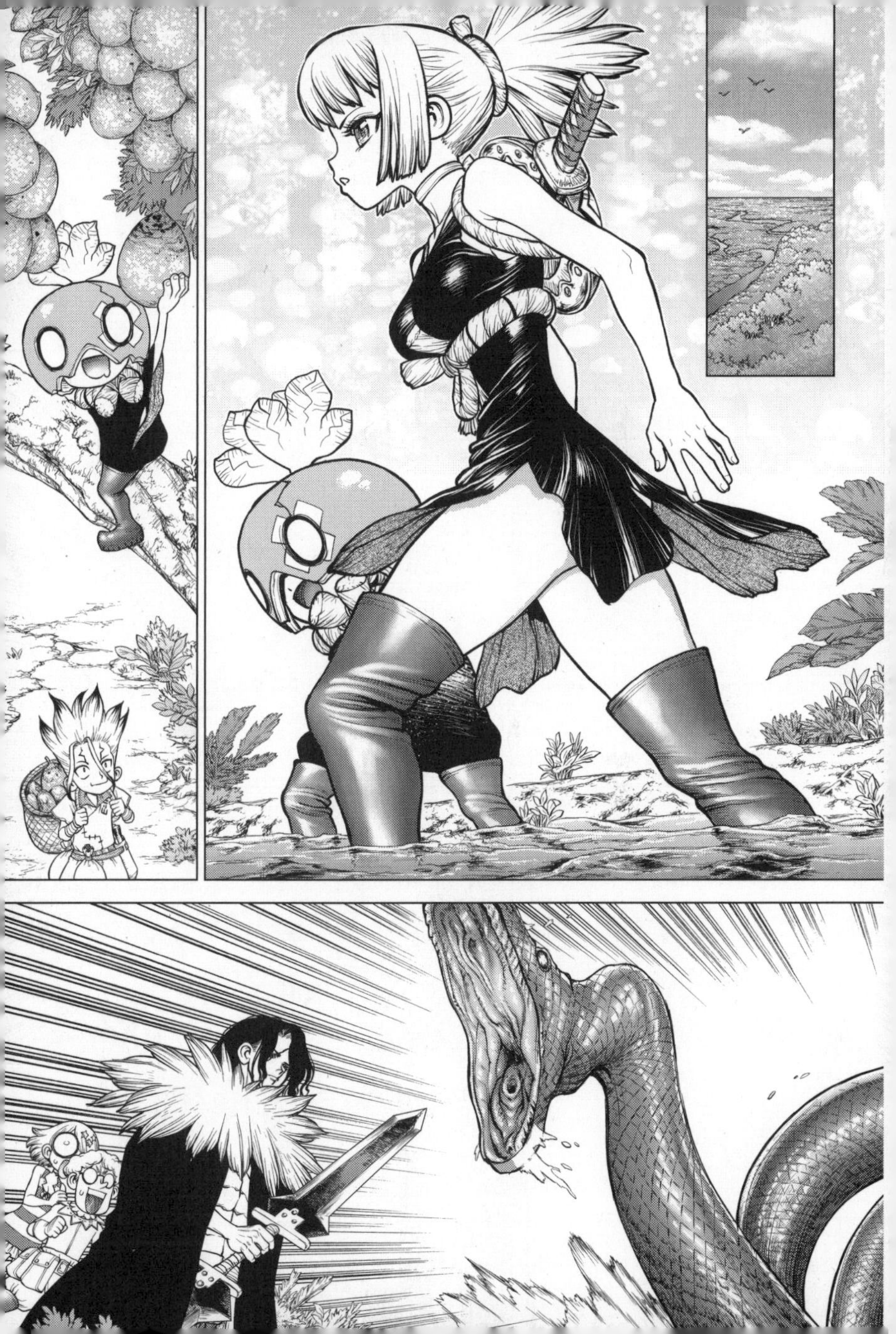

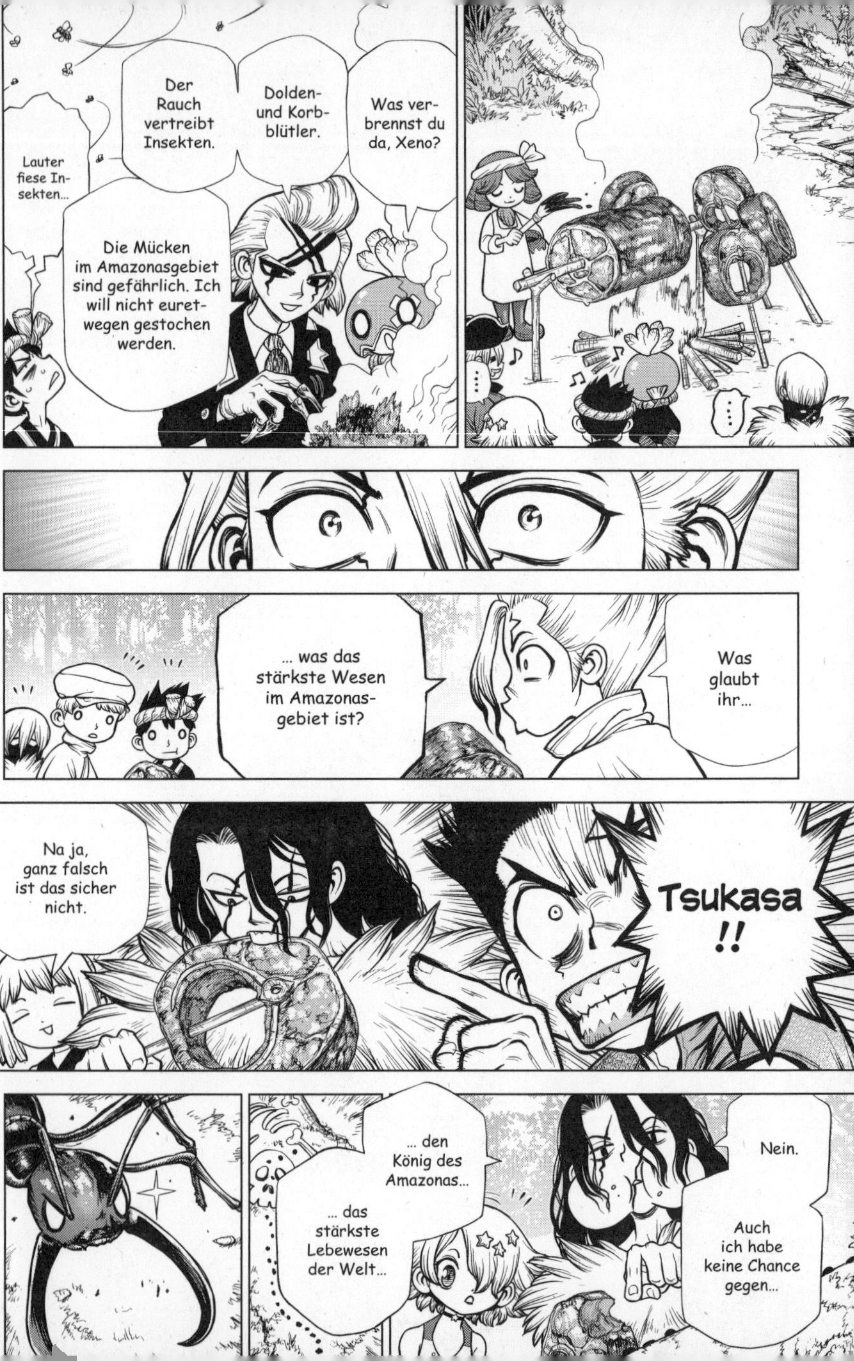
Was verbrennst du da, Xeno?
Dolden- und Korbblütler.
Der Rauch vertreibt Insekten.
Lauter fiese Insekten...
Die Mücken im Amazonasgebiet sind gefährlich. Ich will nicht euretwegen gestochen werden.
Was glaubt ihr...
... was das stärkste Wesen im Amazonasgebiet ist?
Tsukasa !!
Na ja, ganz falsch ist das sicher nicht.
Nein.
Auch ich habe keine Chance gegen...
... den König des Amazonas...
... das stärkste Lebewesen der Welt...

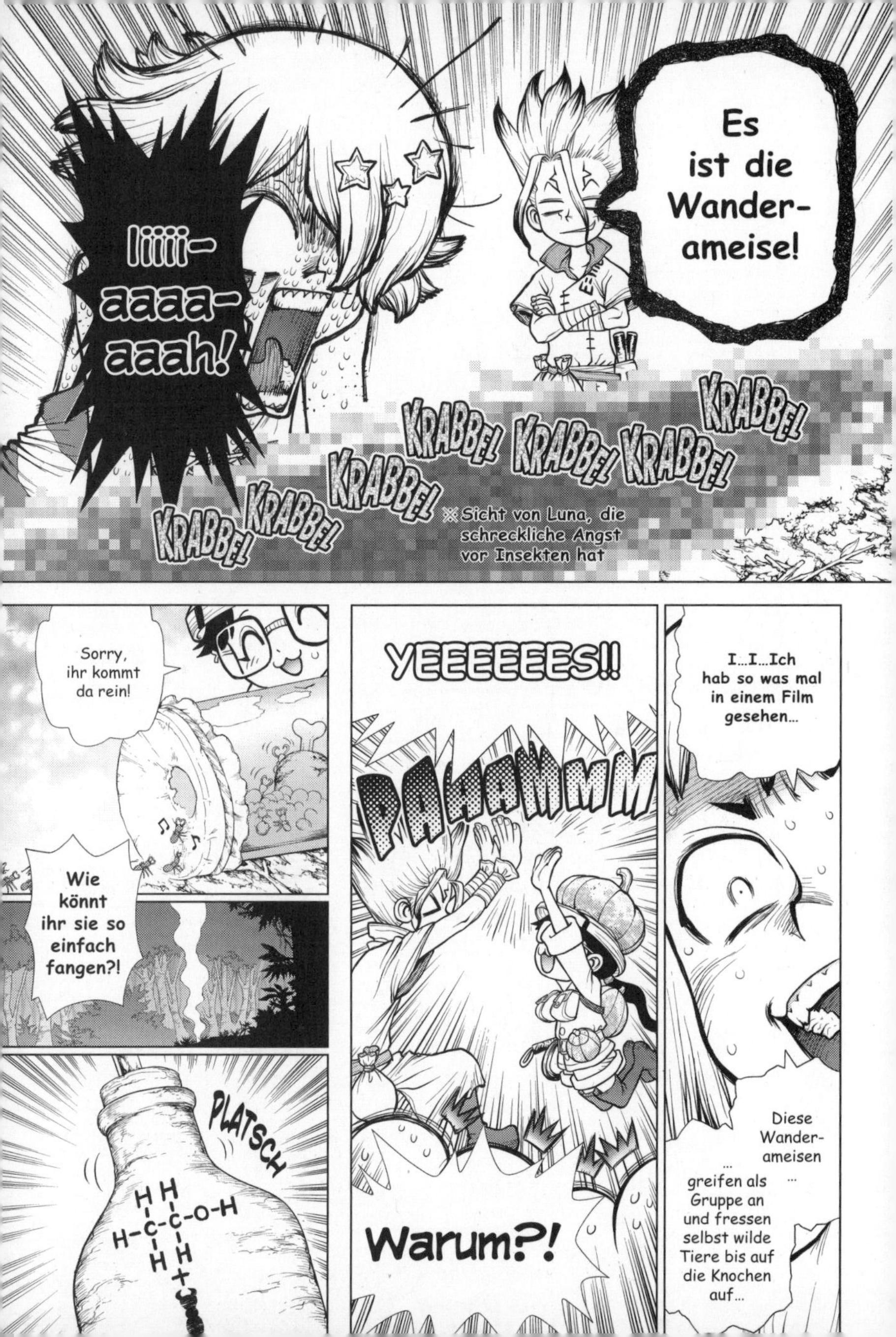
Es ist die Wander-ameise!
Iiiii-aaaa-aaah!
KRABBEL KRABBEL KRABBEL KRABBEL KRABBEL KRABBEL
※Sicht von Luna, die schreckliche Angst vor Insekten hat
I…I…Ich hab so was mal in einem Film gesehen…
Diese Wander-ameisen …
… greifen als Gruppe an und fressen selbst wilde Tiere bis auf die Knochen auf…
YEEEEEEES!!
PAHAMMM
Warum?!
Sorry, ihr kommt da rein!
Wie könnt ihr sie so einfach fangen?!
PLATSCH

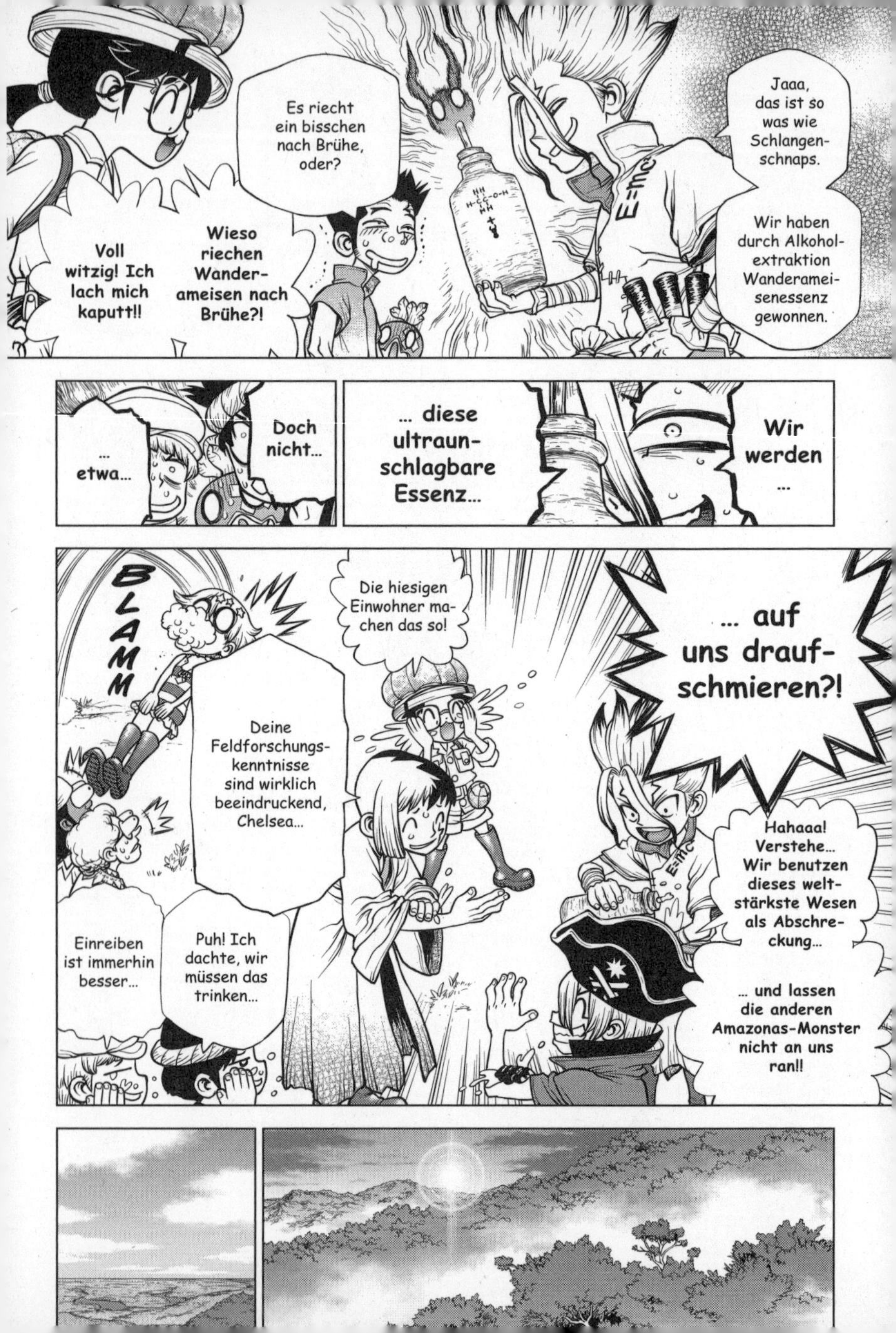
Jaaa, das ist so was wie Schlangenschnaps.
Wir haben durch Alkoholextraktion Wanderameisenessenz gewonnen.
Es riecht ein bisschen nach Brühe, oder?
Wieso riechen Wanderameisen nach Brühe?!
Voll witzig! Ich lach mich kaputt!!
Wir werden ...
... diese ultraunschlagbare Essenz...
Doch nicht...
... etwa...
... auf uns draufschmieren?!
Hahaaa! Verstehe... Wir benutzen dieses weltstärkste Wesen als Abschreckung...
... und lassen die anderen Amazonas-Monster nicht an uns ran!!
Die hiesigen Einwohner machen das so!
Deine Feldforschungskenntnisse sind wirklich beeindruckend, Chelsea...
BLAMM
Puh! Ich dachte, wir müssen das trinken...
Einreiben ist immerhin besser...

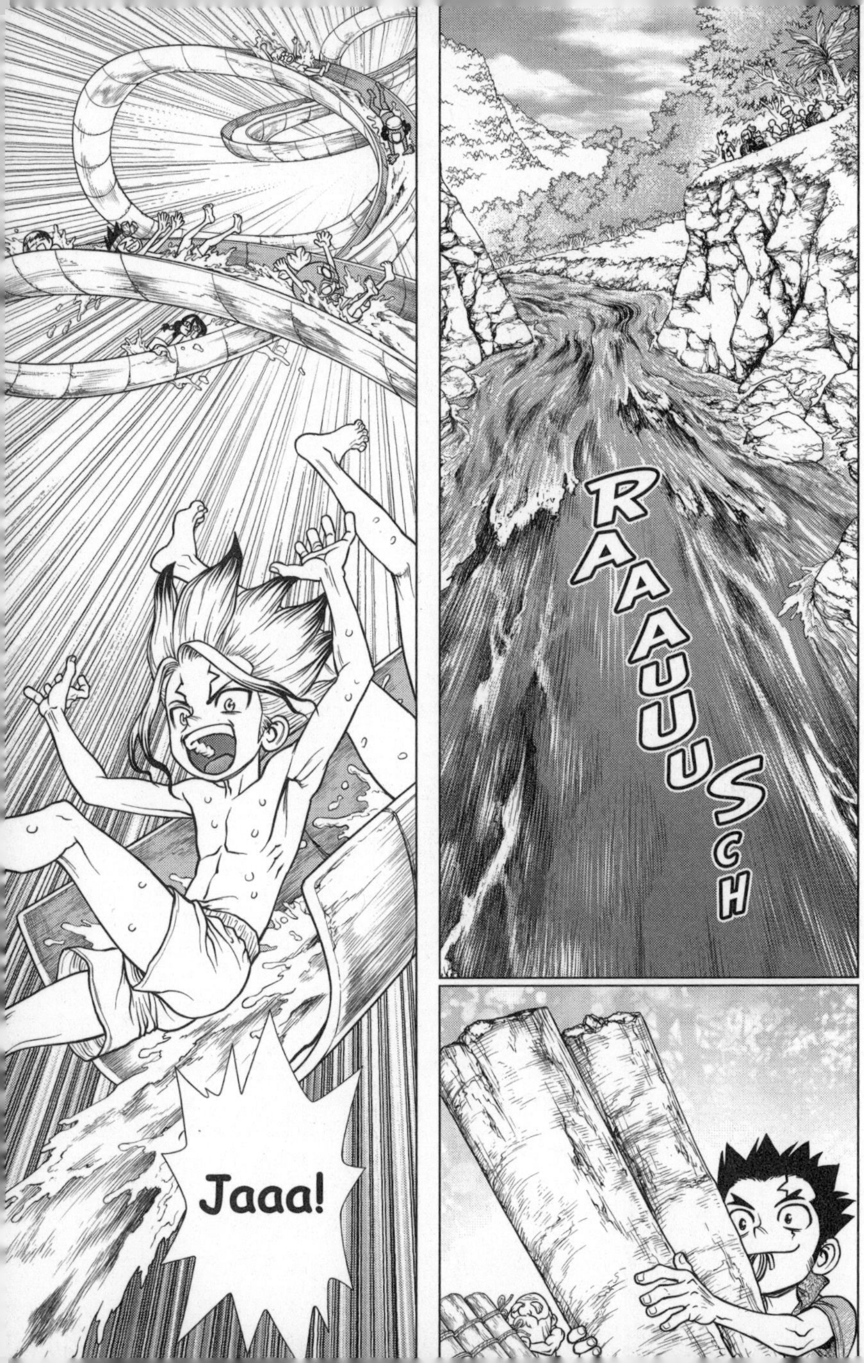
RAAAUUUSCH
Jaaa!

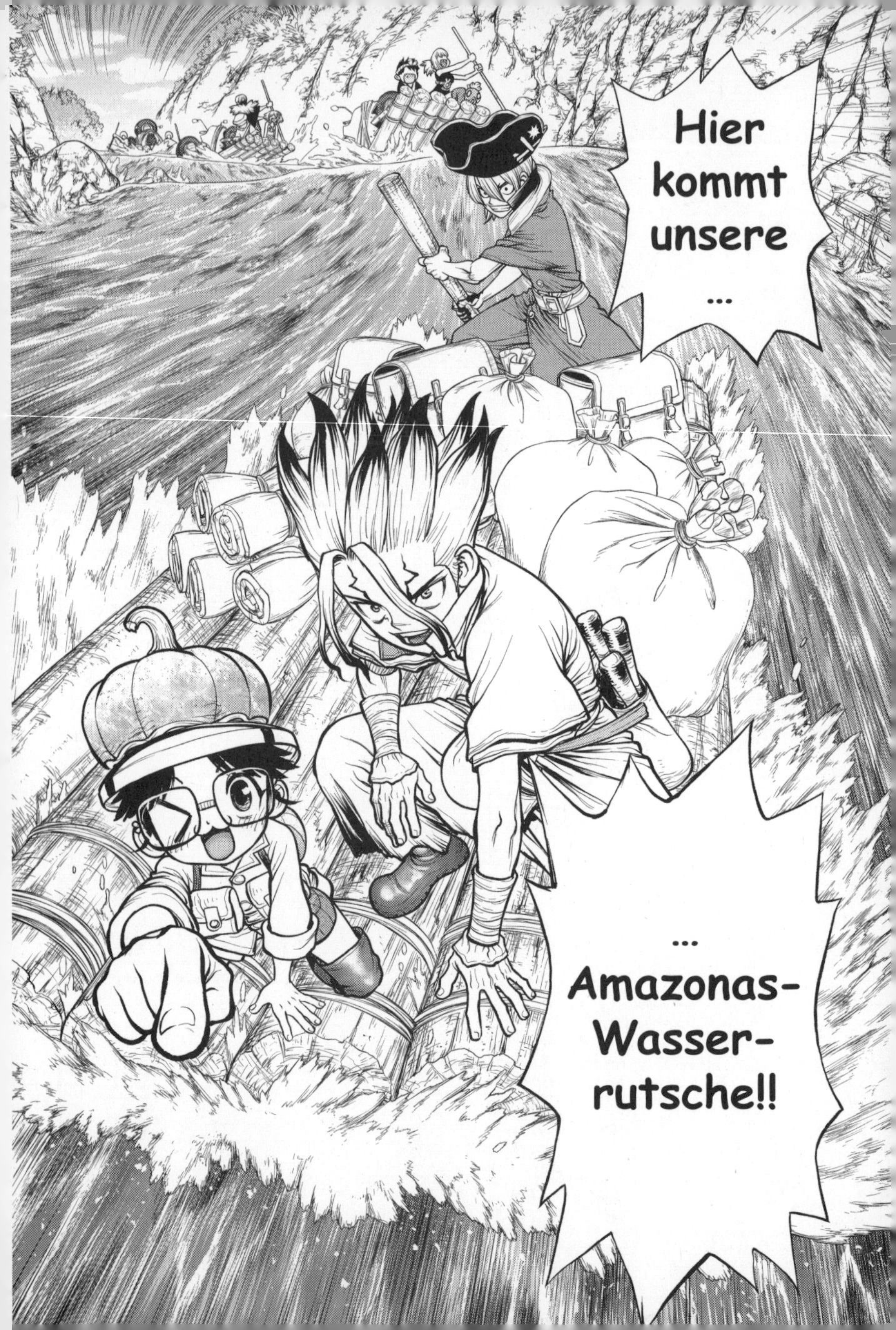
Hier kommt unsere ...
... Amazonas-Wasser-rutsche!!

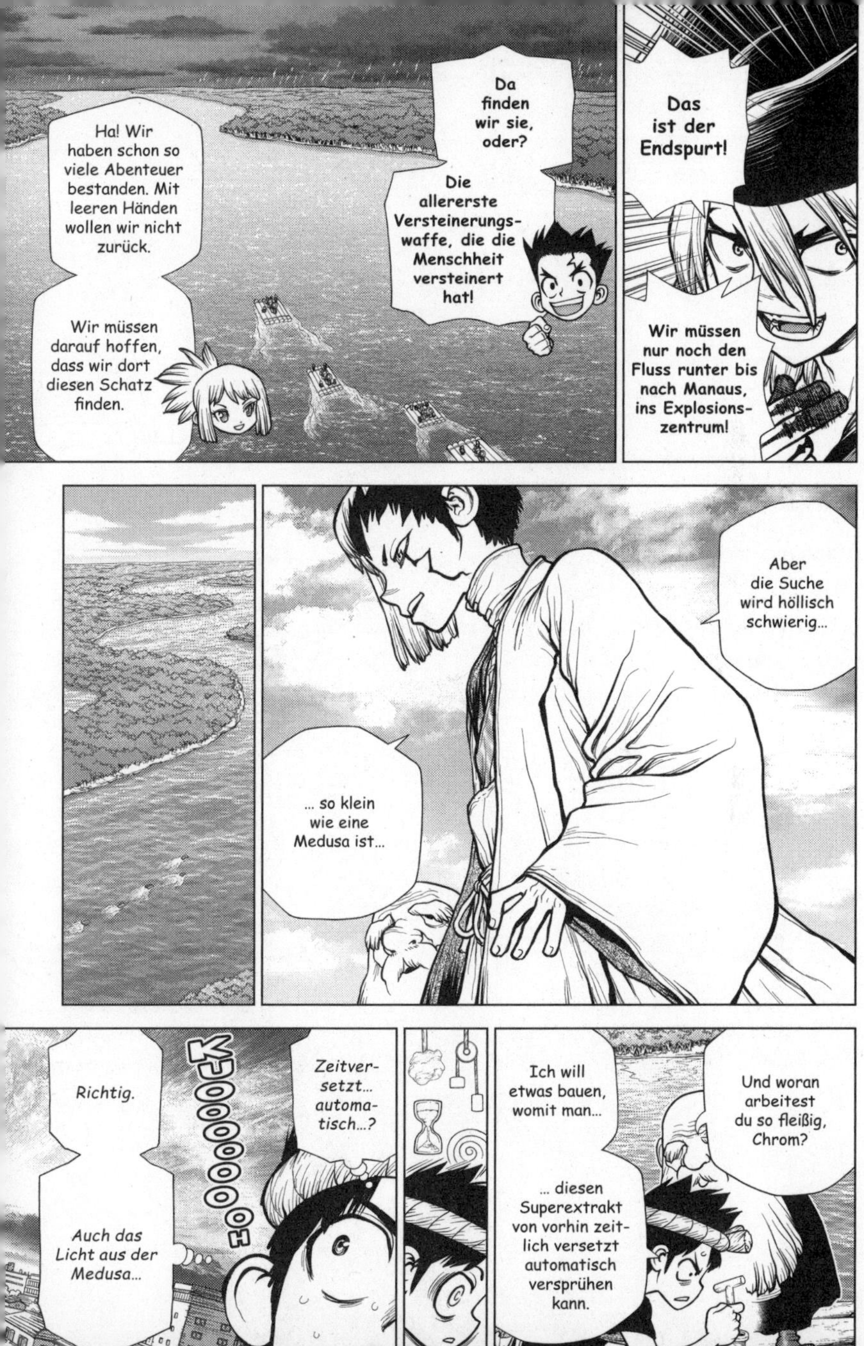

Das ist der Endspurt!
Wir müssen nur noch den Fluss runter bis nach Manaus, ins Explosionszentrum!
Da finden wir sie, oder?
Die allererste Versteinerungswaffe, die die Menschheit versteinert hat!
Ha! Wir haben schon so viele Abenteuer bestanden. Mit leeren Händen wollen wir nicht zurück.
Wir müssen darauf hoffen, dass wir dort diesen Schatz finden.
Aber die Suche wird höllisch schwierig…
… so klein wie eine Medusa ist…
Und woran arbeitest du so fleißig, Chrom?
Ich will etwas bauen, womit man…
… diesen Superextrakt von vorhin zeitlich versetzt automatisch versprühen kann.
Zeitversetzt… automatisch…?
KUOOOOOOOH
Richtig.
Auch das Licht aus der Medusa…

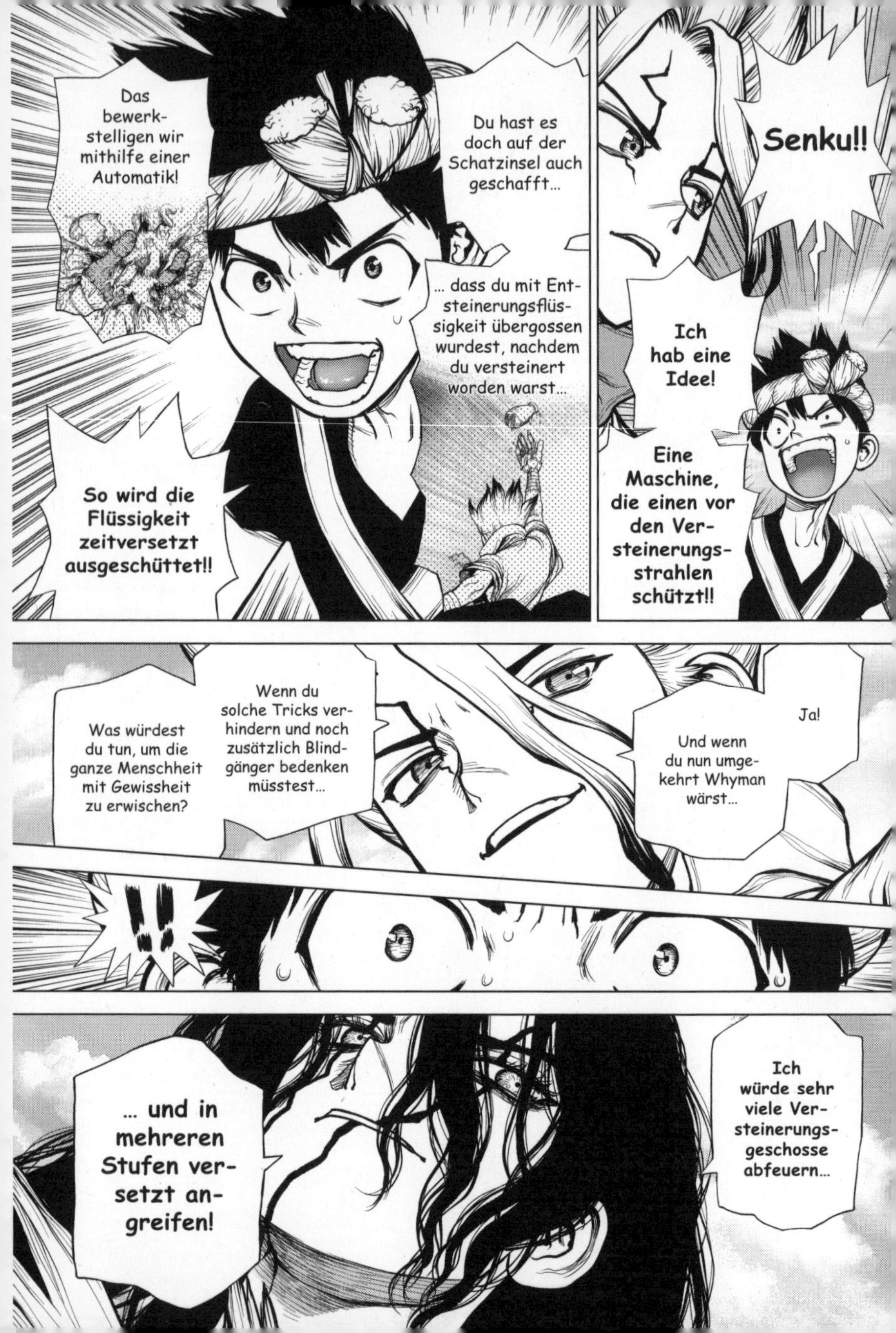
Senku!!
Ich hab eine Idee!
Eine Maschine, die einen vor den Versteinerungsstrahlen schützt!!
Du hast es doch auf der Schatzinsel auch geschafft...
... dass du mit Entsteinerungsflüssigkeit übergossen wurdest, nachdem du versteinert worden warst...
Das bewerkstelligen wir mithilfe einer Automatik!
So wird die Flüssigkeit zeitversetzt ausgeschüttet!!
Ja!
Und wenn du nun umgekehrt Whyman wärst...
Wenn du solche Tricks verhindern und noch zusätzlich Blindgänger bedenken müsstest...
Was würdest du tun, um die ganze Menschheit mit Gewissheit zu erwischen?
!!
Ich würde sehr viele Versteinerungsgeschosse abfeuern...
... und in mehreren Stufen versetzt angreifen!

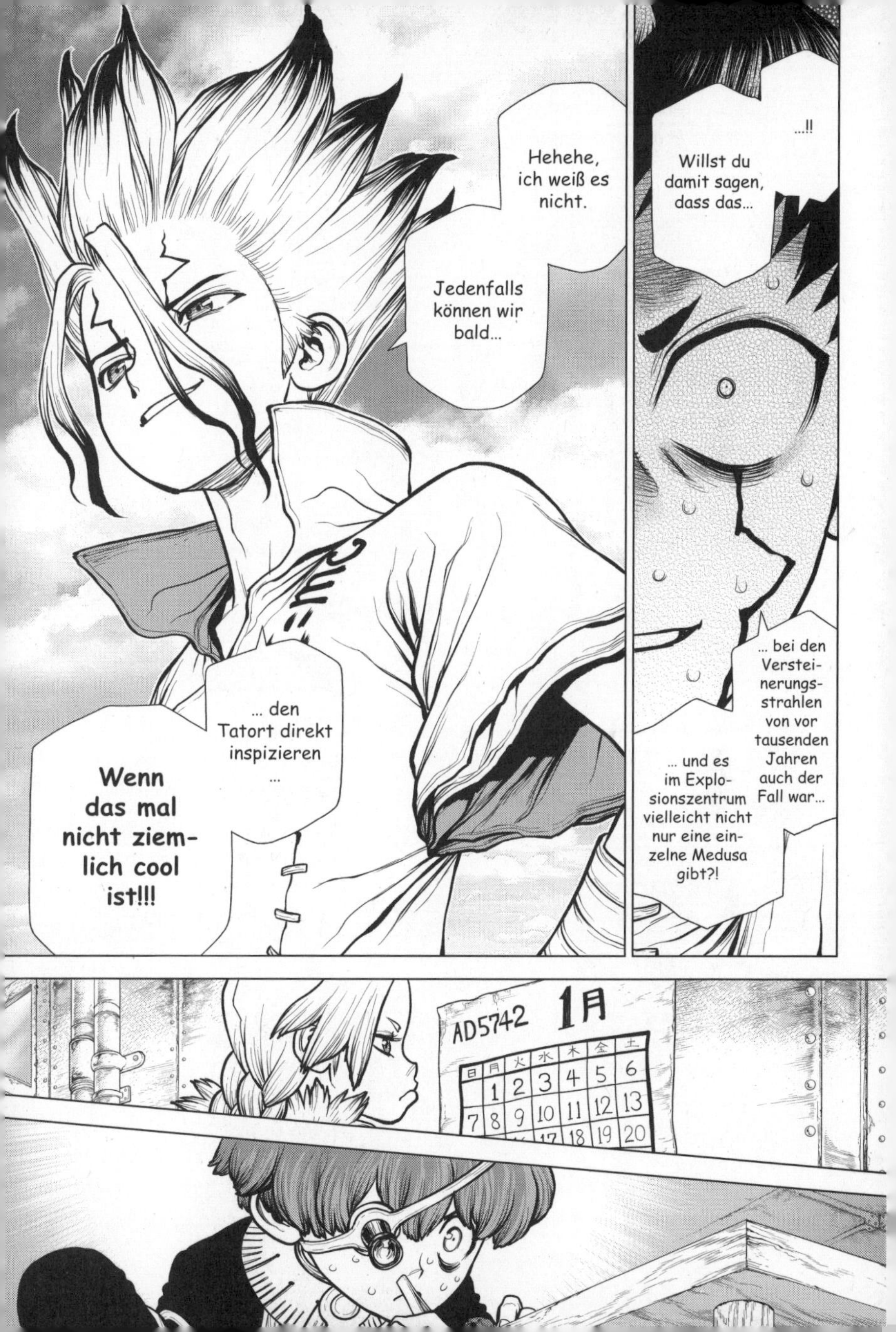
...!!
Willst du damit sagen, dass das...
... bei den Versteinerungsstrahlen von vor tausenden Jahren auch der Fall war...
... und es im Explosionszentrum vielleicht nicht nur eine einzelne Medusa gibt?!
Hehehe, ich weiß es nicht.
Jedenfalls können wir bald...
... den Tatort direkt inspizieren ...
Wenn das mal nicht ziemlich cool ist!!!
AD5742 1月

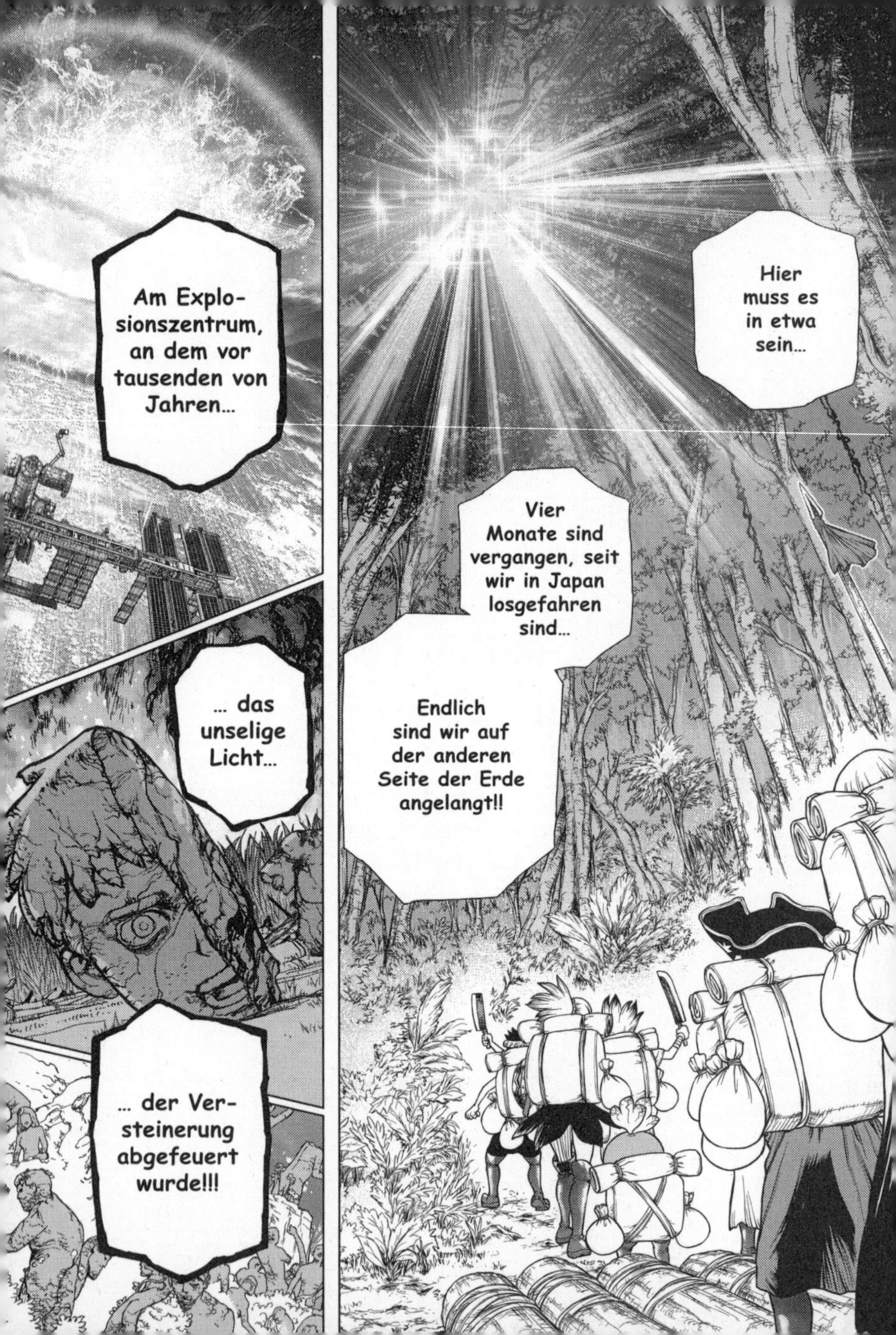
Hier muss es in etwa sein…
Vier Monate sind vergangen, seit wir in Japan losgefahren sind…
Endlich sind wir auf der anderen Seite der Erde angelangt!!
Am Explosionszentrum, an dem vor tausenden von Jahren…
… das unselige Licht…
… der Versteinerung abgefeuert wurde!!!

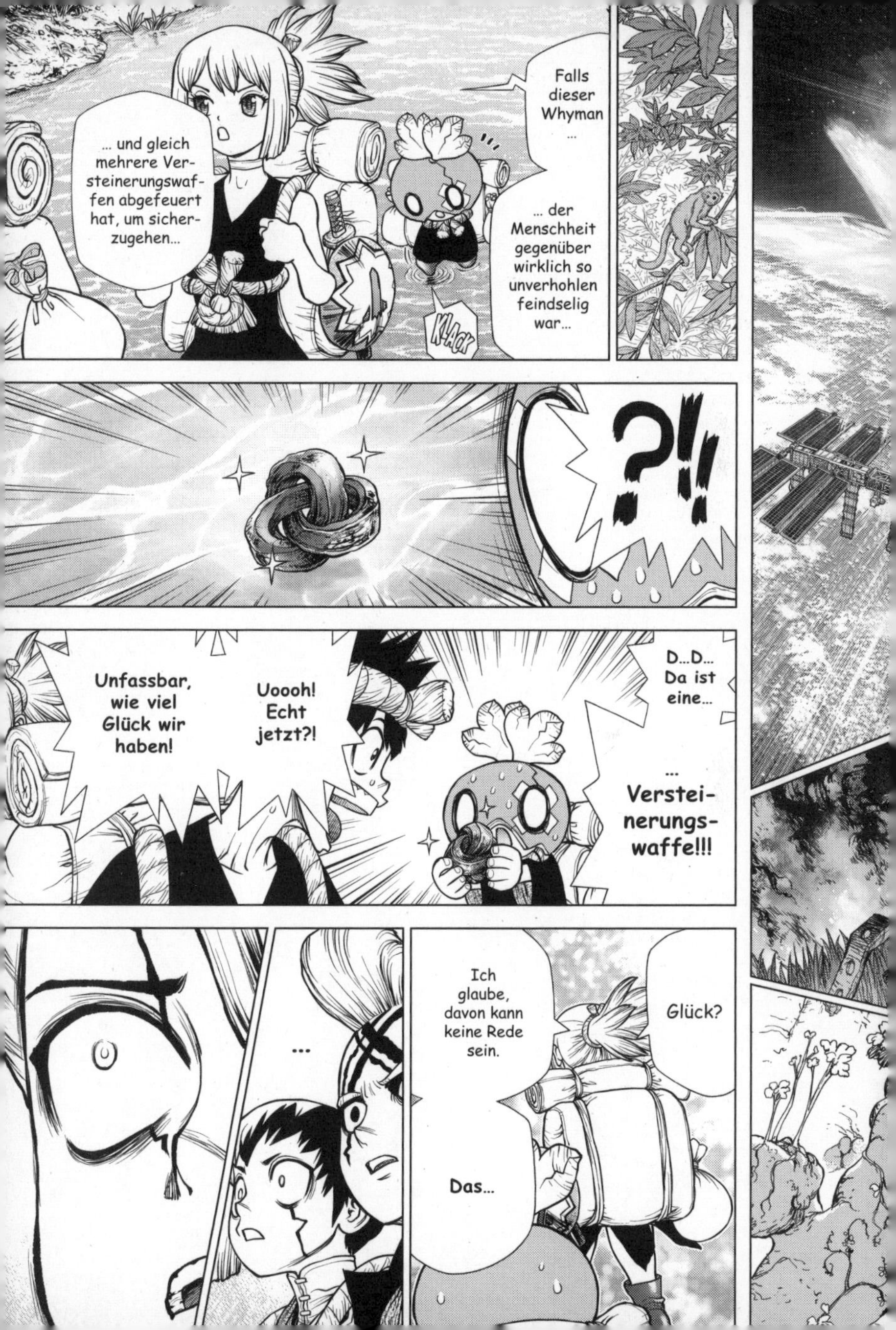
Falls dieser Whyman ...
... der Menschheit gegenüber wirklich so unverhohlen feindselig war...
... und gleich mehrere Versteinerungswaffen abgefeuert hat, um sicherzugehen...
KLACK
?!!
D...D... Da ist eine...
... Versteinerungswaffe!!!
Uoooh! Echt jetzt?!
Unfassbar, wie viel Glück wir haben!
Glück?
Ich glaube, davon kann keine Rede sein.
Das...
...

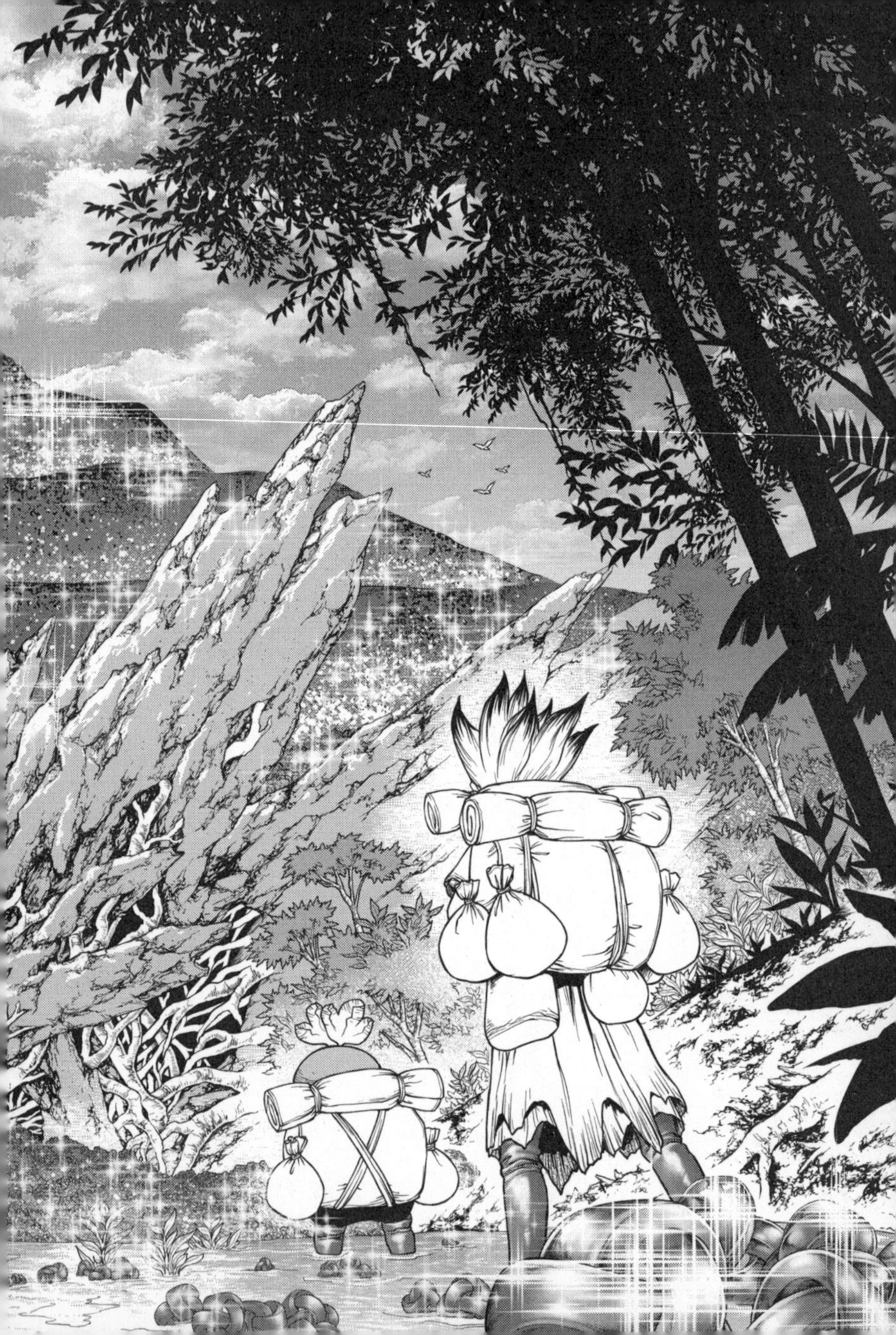

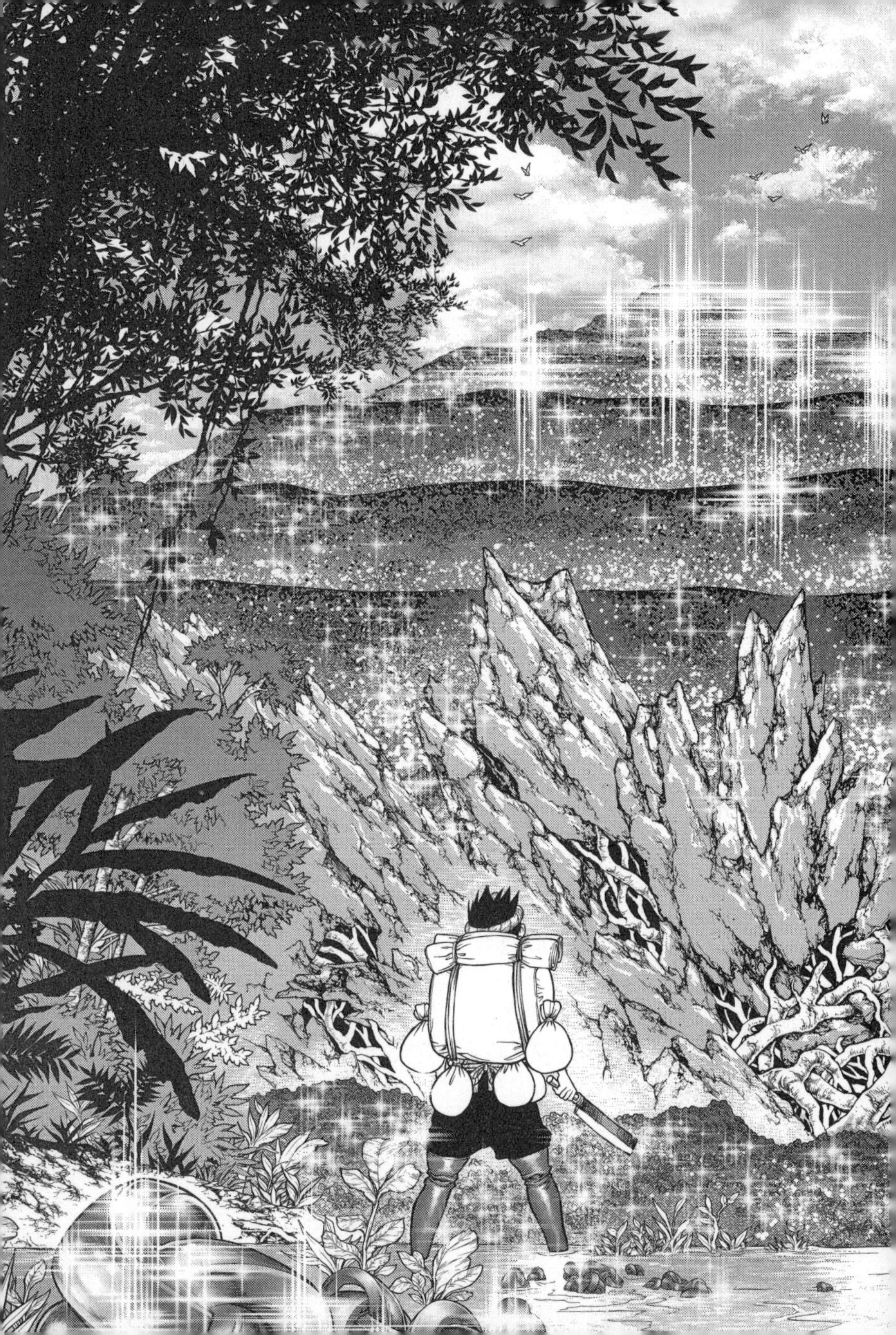

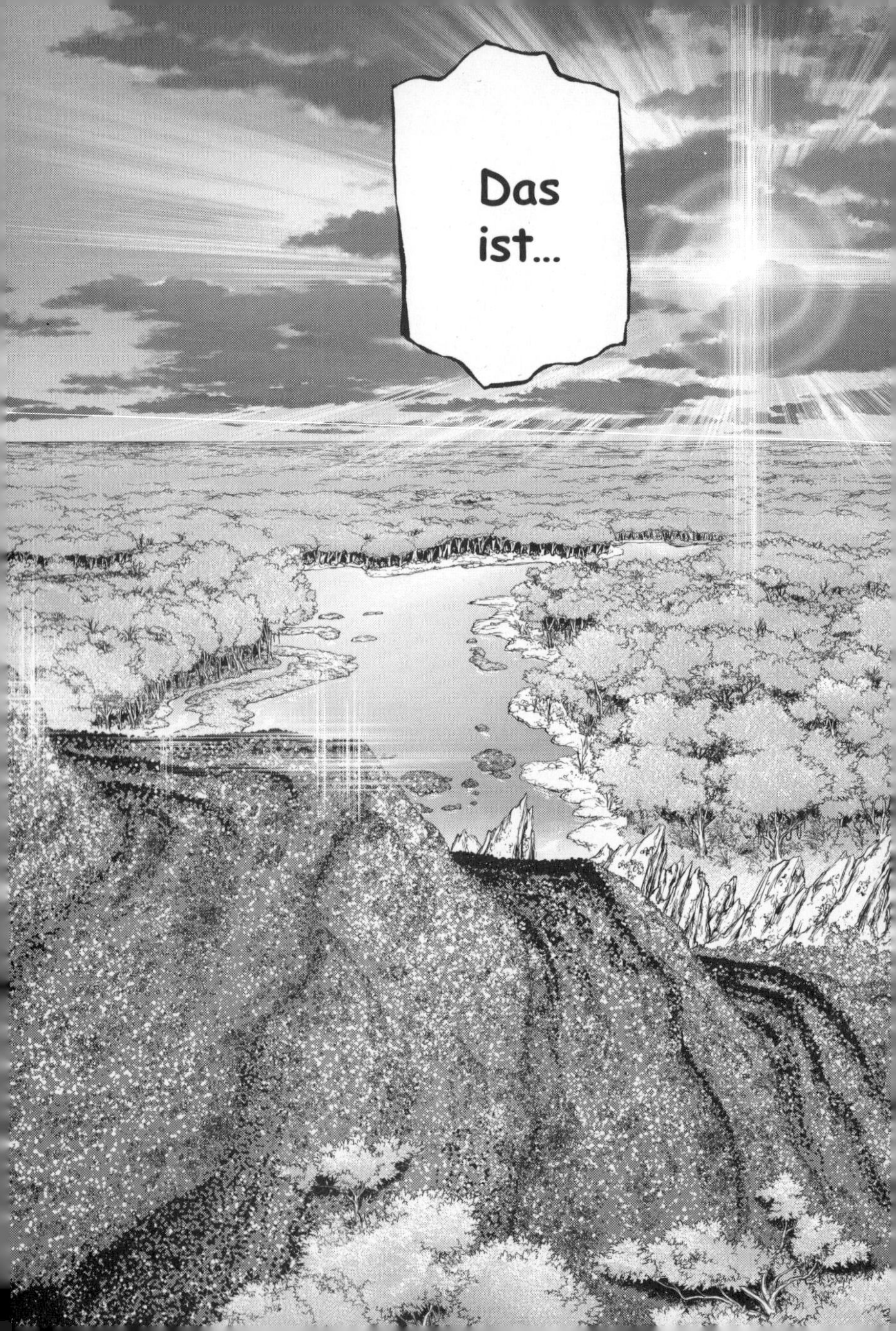
Das ist...

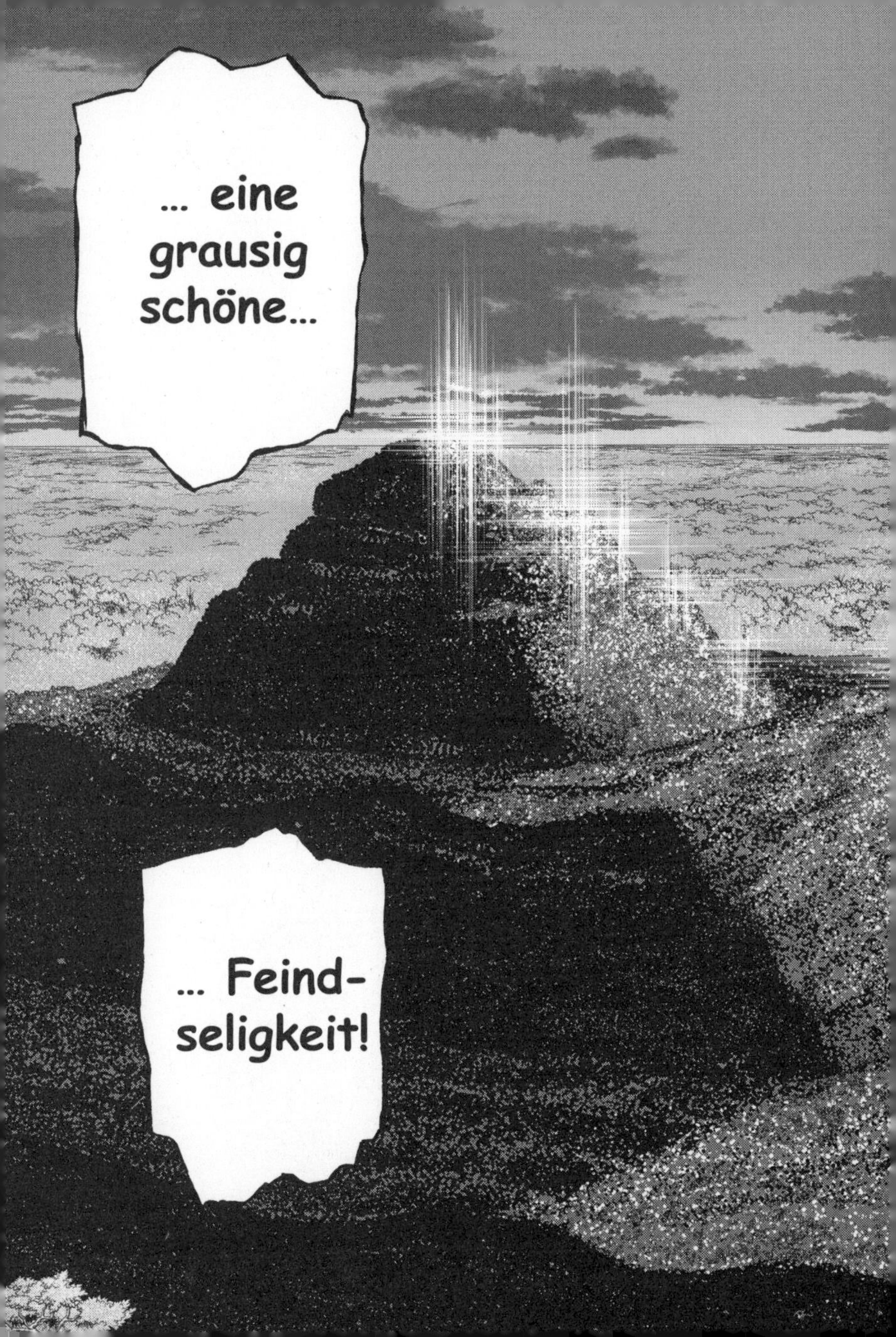
... eine grausig schöne...
... Feind-seligkeit!

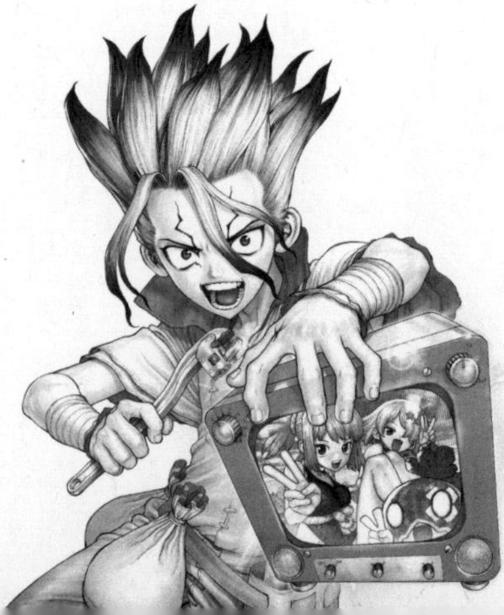

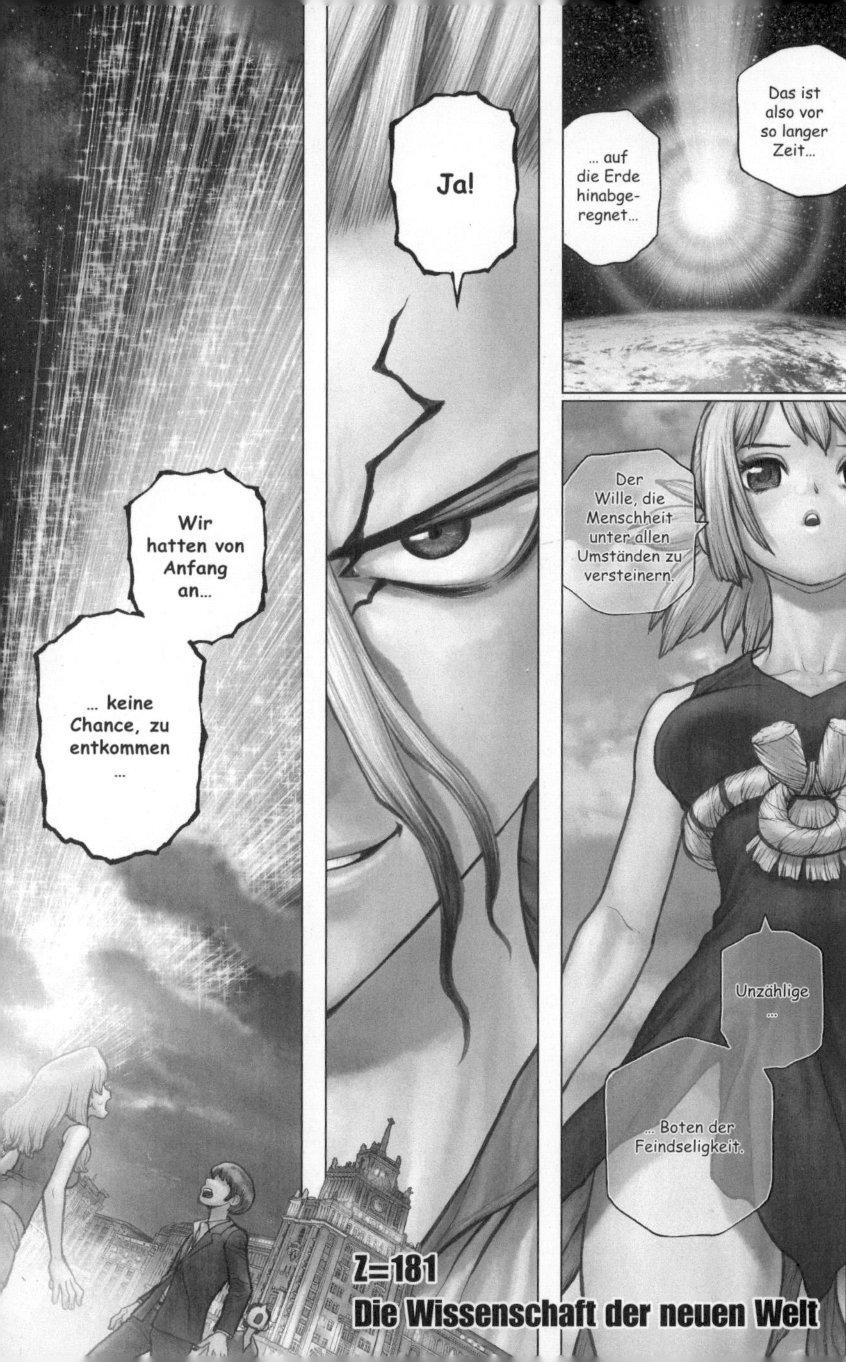
Das ist also vor so langer Zeit...
... auf die Erde hinabge-regnet...
Der Wille, die Menschheit unter allen Umständen zu versteinern.
Unzählige ...
... Boten der Feindseligkeit.
Ja!
Wir hatten von Anfang an...
... keine Chance, zu entkommen ...
Z=181
Die Wissenschaft der neuen Welt

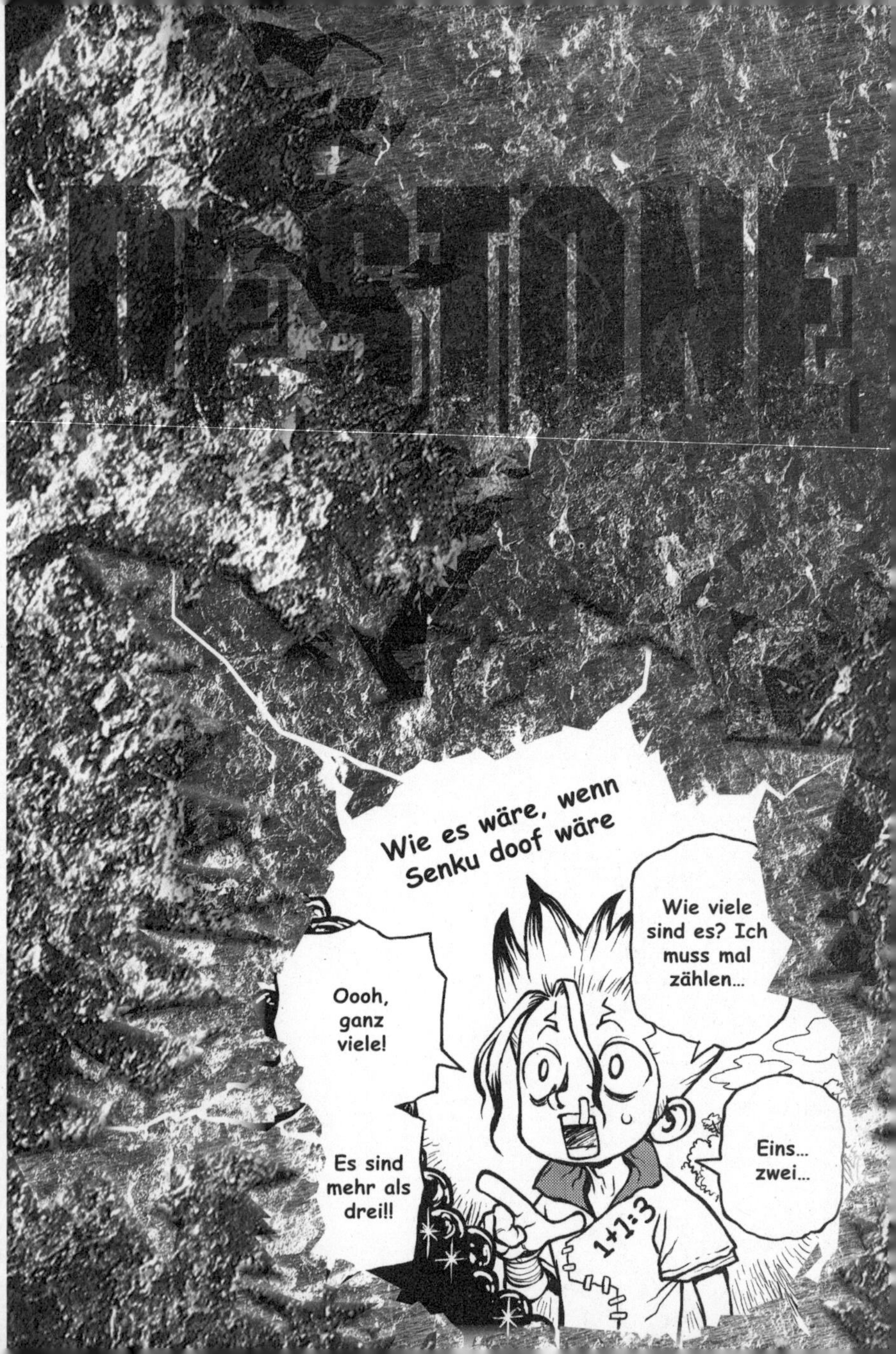
DR.STONE
Wie es wäre, wenn Senku doof wäre
Wie viele sind es? Ich muss mal zählen...
Oooh, ganz viele!
Eins... zwei...
Es sind mehr als drei!!
1+1:3

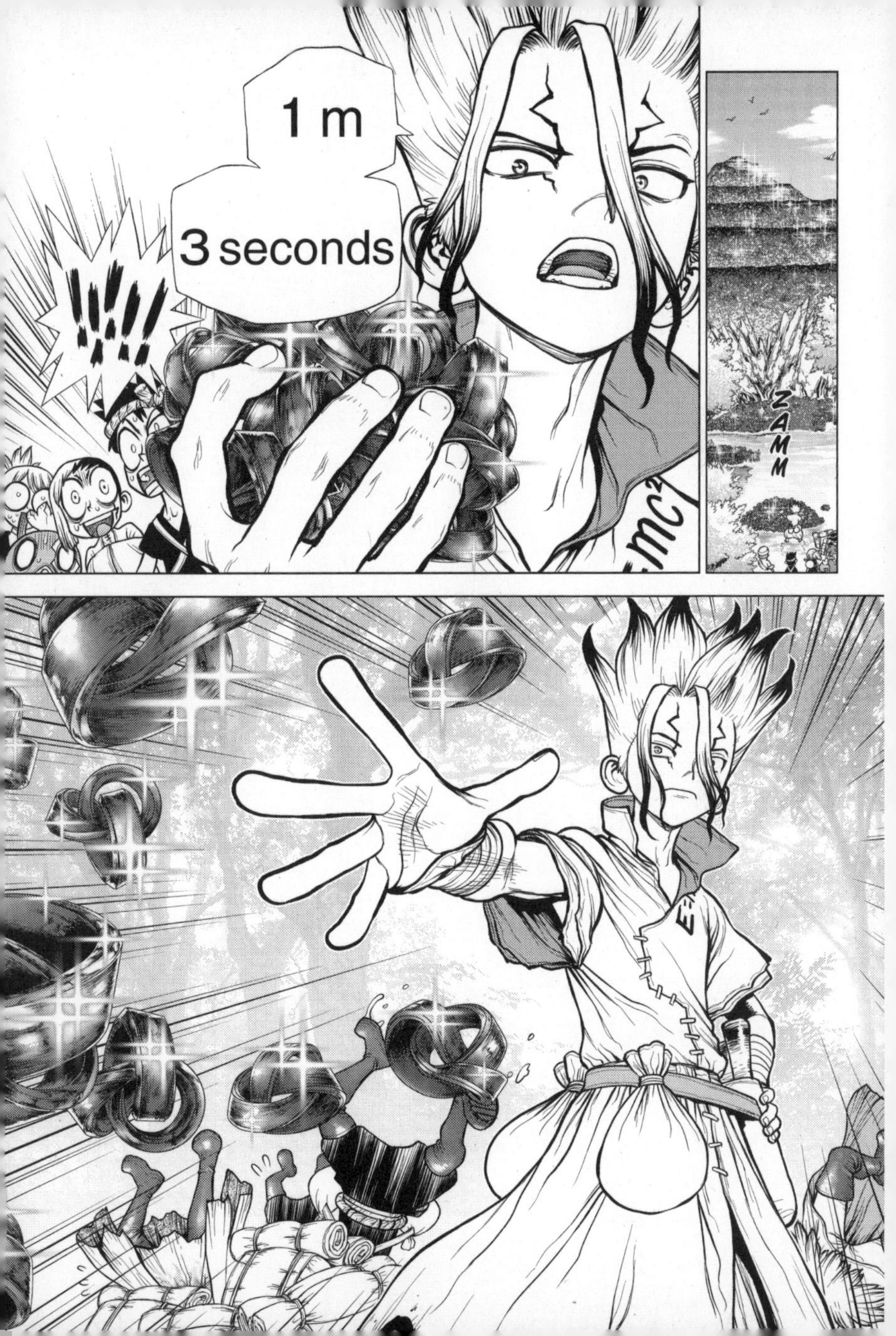
1 m
3 seconds
!!!!
ZAMM

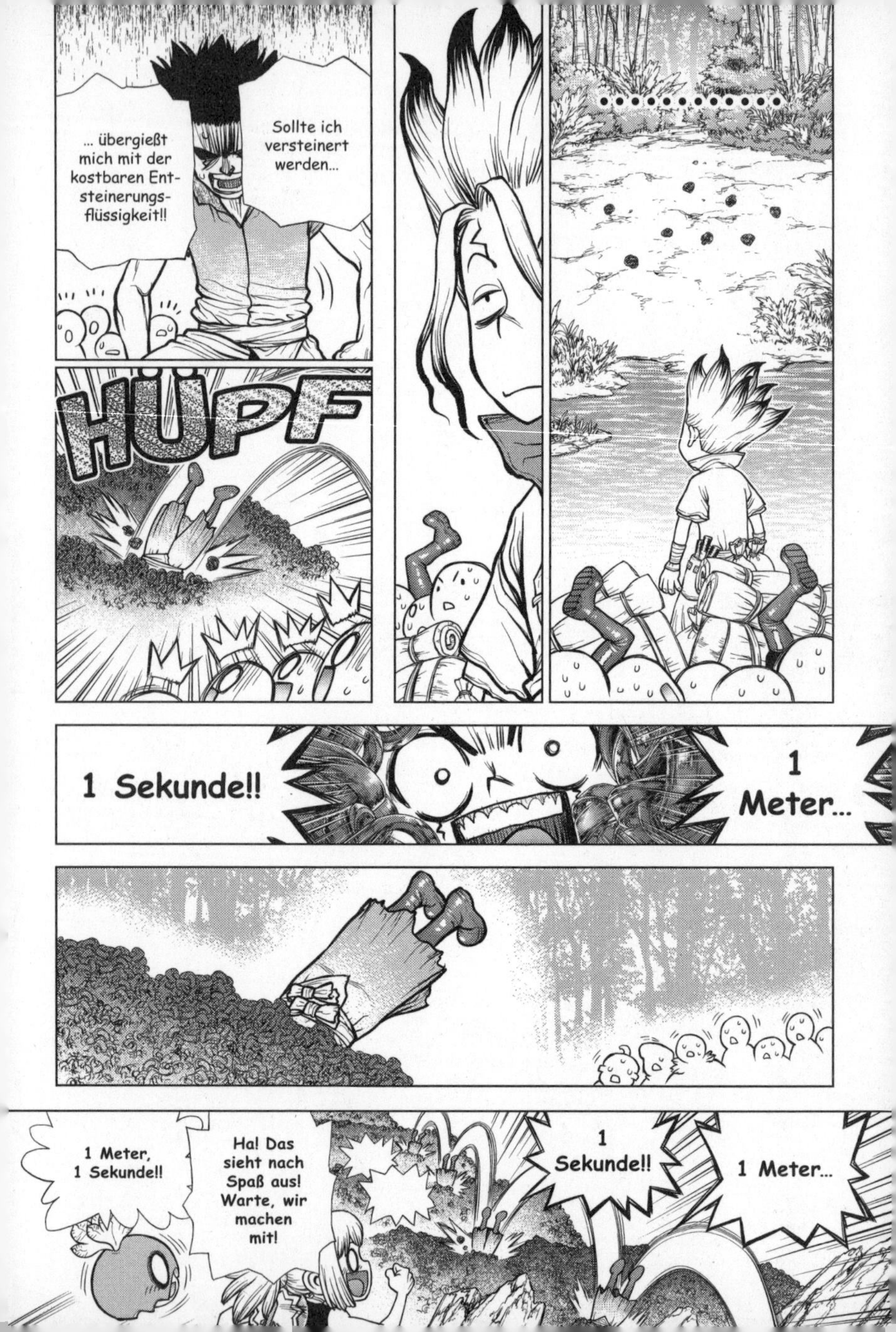

Sollte ich versteinert werden...
... übergießt mich mit der kostbaren Entsteinerungsflüssigkeit!!
HÜPF
1 Meter...
1 Sekunde!!
1 Meter...
1 Sekunde!!
Ha! Das sieht nach Spaß aus! Warte, wir machen mit!
1 Meter, 1 Sekunde!!

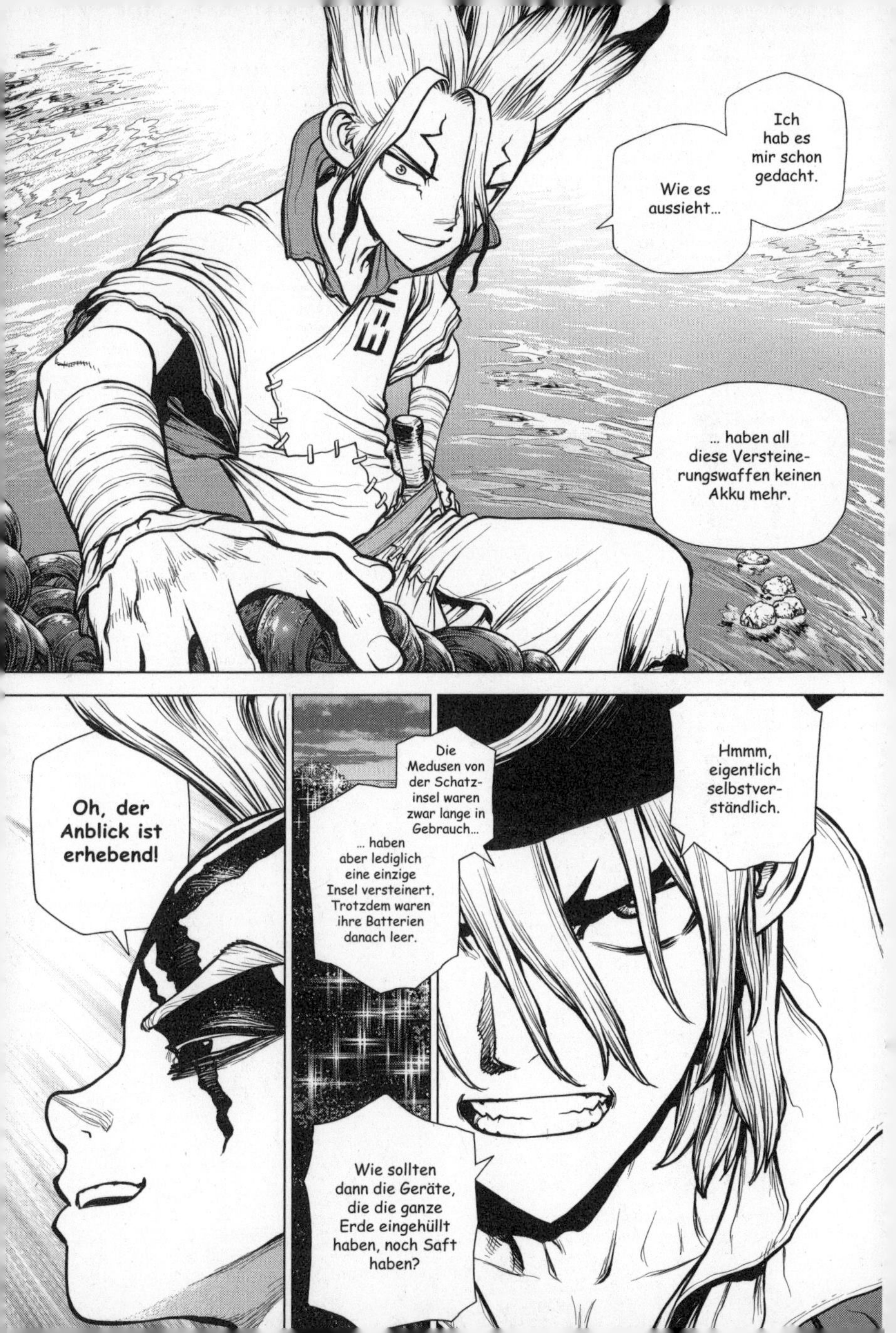

Ich hab es mir schon gedacht.
Wie es aussieht…
… haben all diese Versteinerungswaffen keinen Akku mehr.
Hmmm, eigentlich selbstverständlich.
Die Medusen von der Schatzinsel waren zwar lange in Gebrauch…
… haben aber lediglich eine einzige Insel versteinert. Trotzdem waren ihre Batterien danach leer.
Oh, der Anblick ist erhebend!
Wie sollten dann die Geräte, die die ganze Erde eingehüllt haben, noch Saft haben?

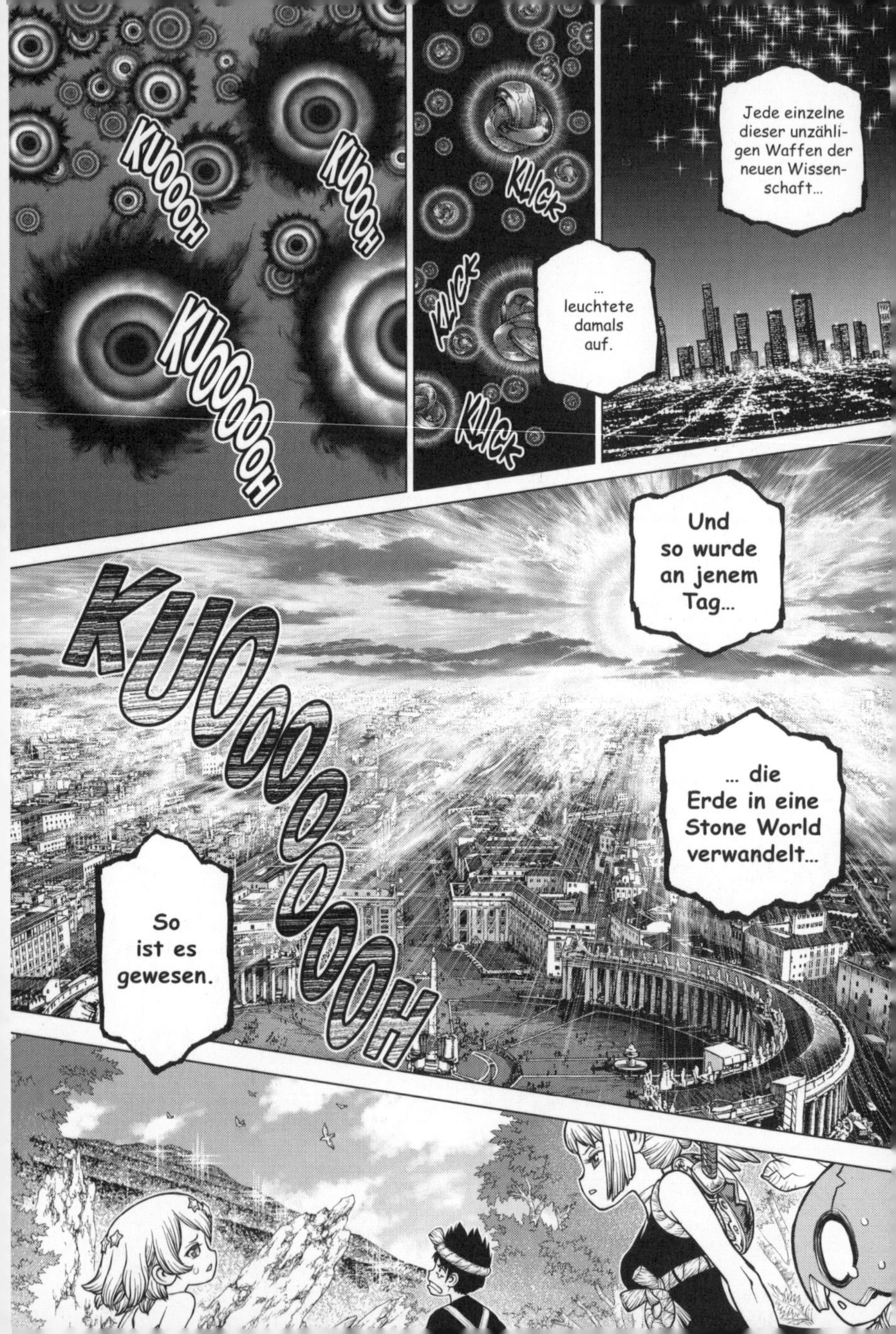

Jede einzelne dieser unzähligen Waffen der neuen Wissenschaft...
KLICK
KLICK
KLICK
... leuchtete damals auf.
KUOOOH
KUOOOH
KUOOOOOOH
Und so wurde an jenem Tag...
... die Erde in eine Stone World verwandelt...
KUOOOOOOOOOH
So ist es gewesen.

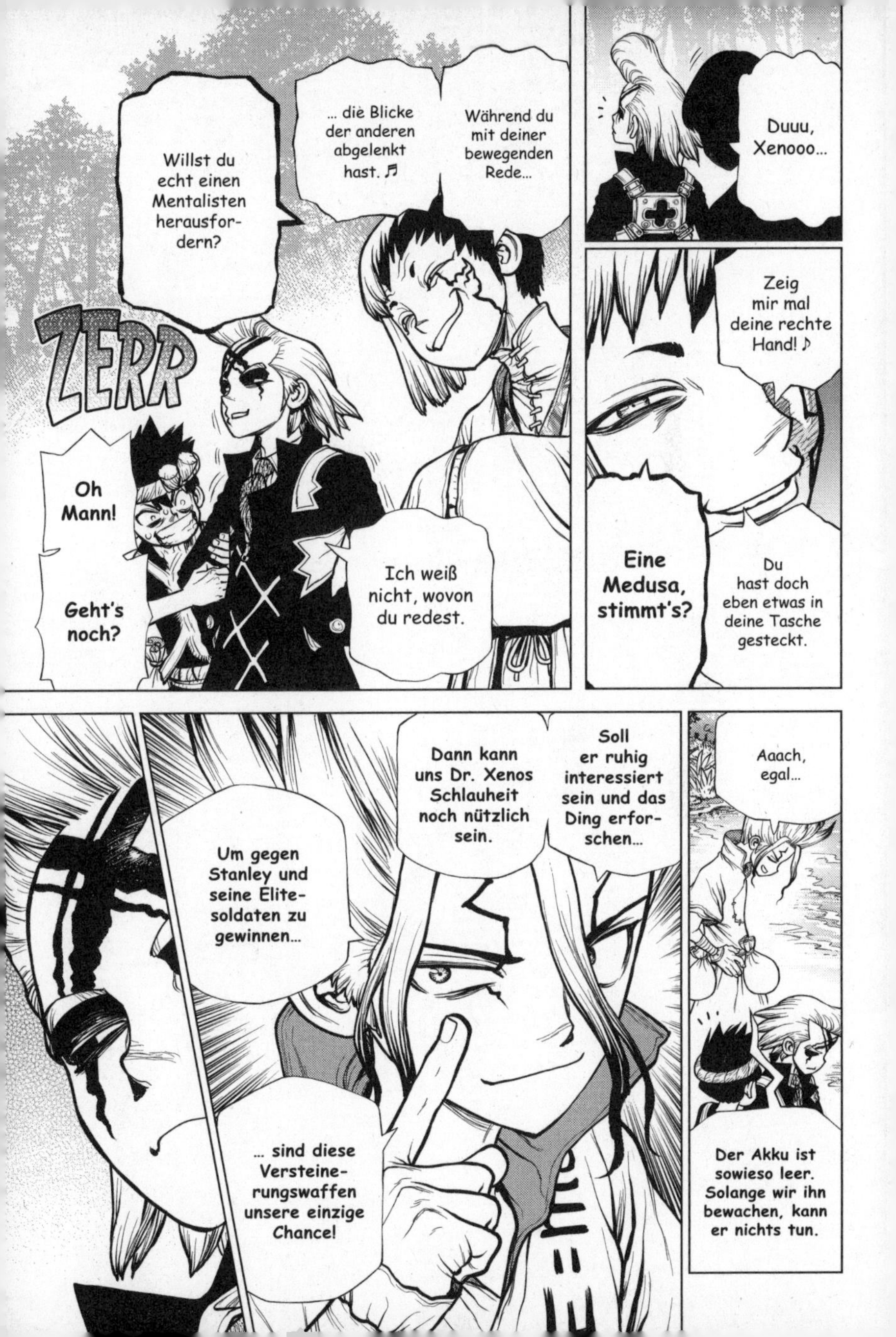
Duuu, Xenooo…
Zeig mir mal deine rechte Hand! ♪
Du hast doch eben etwas in deine Tasche gesteckt.
Eine Medusa, stimmt's?
Während du mit deiner bewegenden Rede…
… die Blicke der anderen abgelenkt hast. ♬
Willst du echt einen Mentalisten herausfordern?
ZERR
Ich weiß nicht, wovon du redest.
Oh Mann!
Geht's noch?
Aaach, egal…
Der Akku ist sowieso leer. Solange wir ihn bewachen, kann er nichts tun.
Soll er ruhig interessiert sein und das Ding erforschen…
Dann kann uns Dr. Xenos Schlauheit noch nützlich sein.
Um gegen Stanley und seine Elitesoldaten zu gewinnen…
… sind diese Versteinerungswaffen unsere einzige Chance!

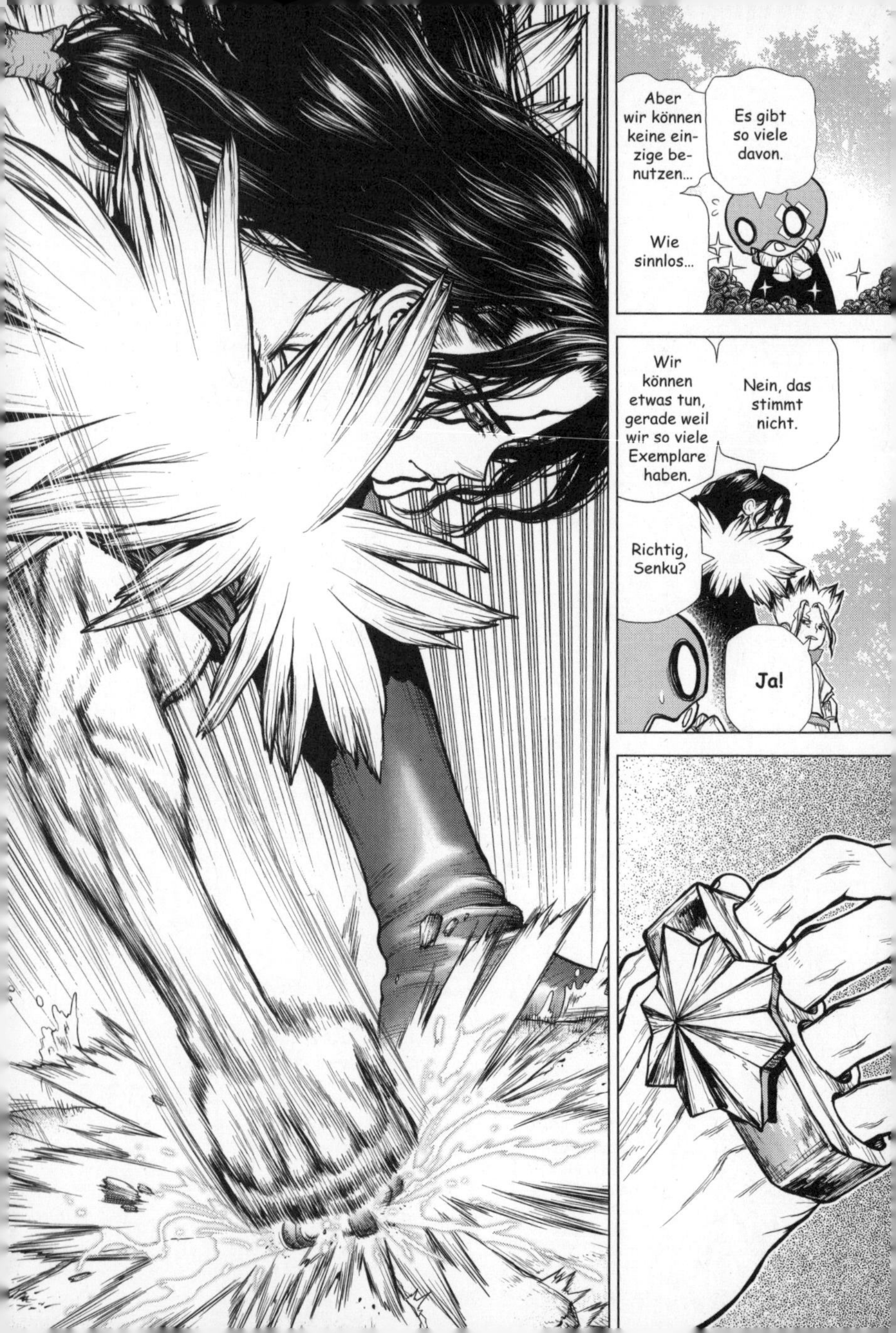
Es gibt so viele davon.
Aber wir können keine einzige benutzen...
Wie sinnlos...
Nein, das stimmt nicht.
Wir können etwas tun, gerade weil wir so viele Exemplare haben.
Richtig, Senku?
Ja!

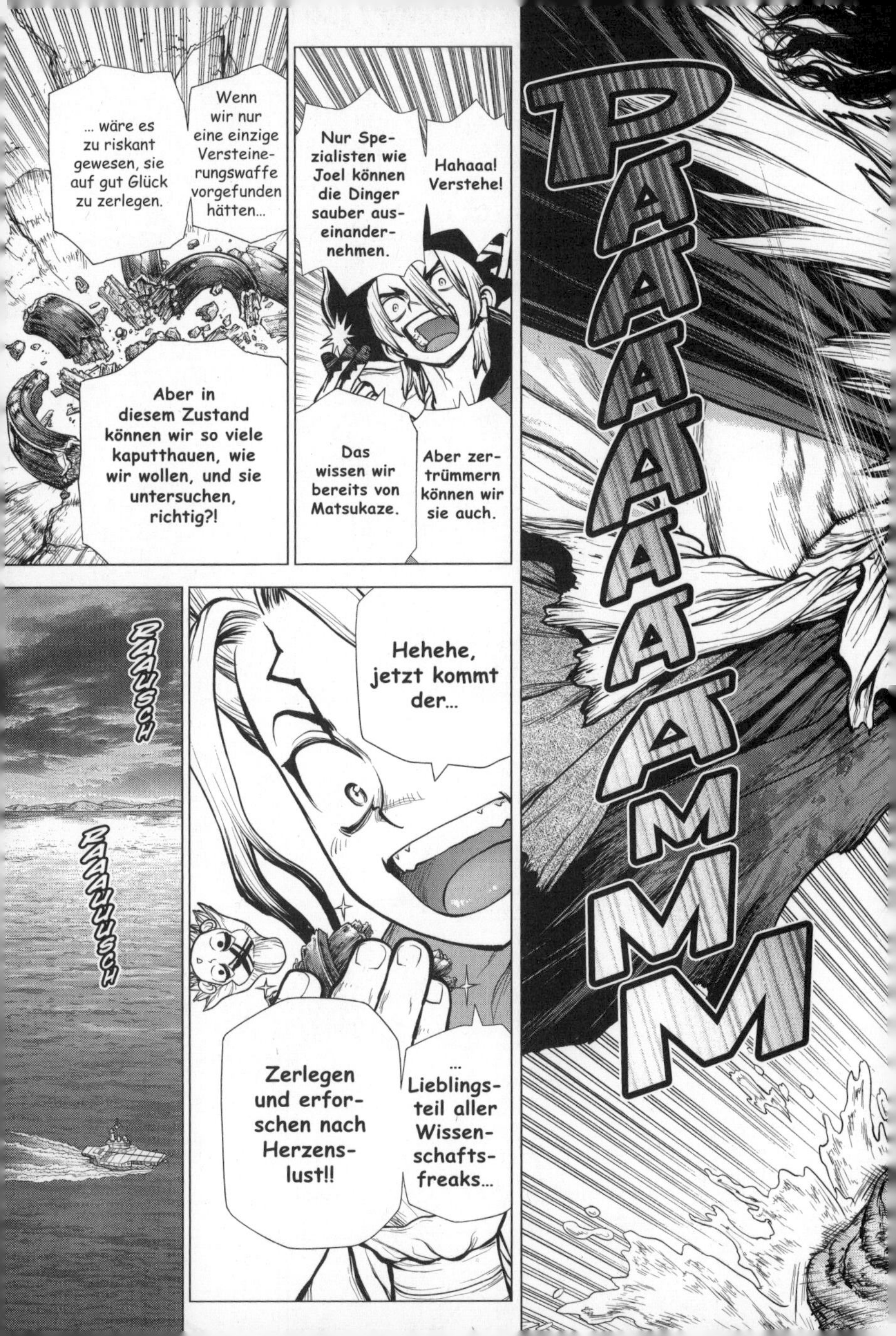
PAAAAAAAAAAMMM
Hahaaa! Verstehe!
Nur Spezialisten wie Joel können die Dinger sauber auseinandernehmen.
Aber zertrümmern können wir sie auch.
Das wissen wir bereits von Matsukaze.
Wenn wir nur eine einzige Versteinerungswaffe vorgefunden hätten...
... wäre es zu riskant gewesen, sie auf gut Glück zu zerlegen.
Aber in diesem Zustand können wir so viele kaputthauen, wie wir wollen, und sie untersuchen, richtig?!
Hehehe, jetzt kommt der...
... Lieblingsteil aller Wissenschaftsfreaks...
Zerlegen und erforschen nach Herzenslust!!
RAAUSCH
RAAAUUSCH

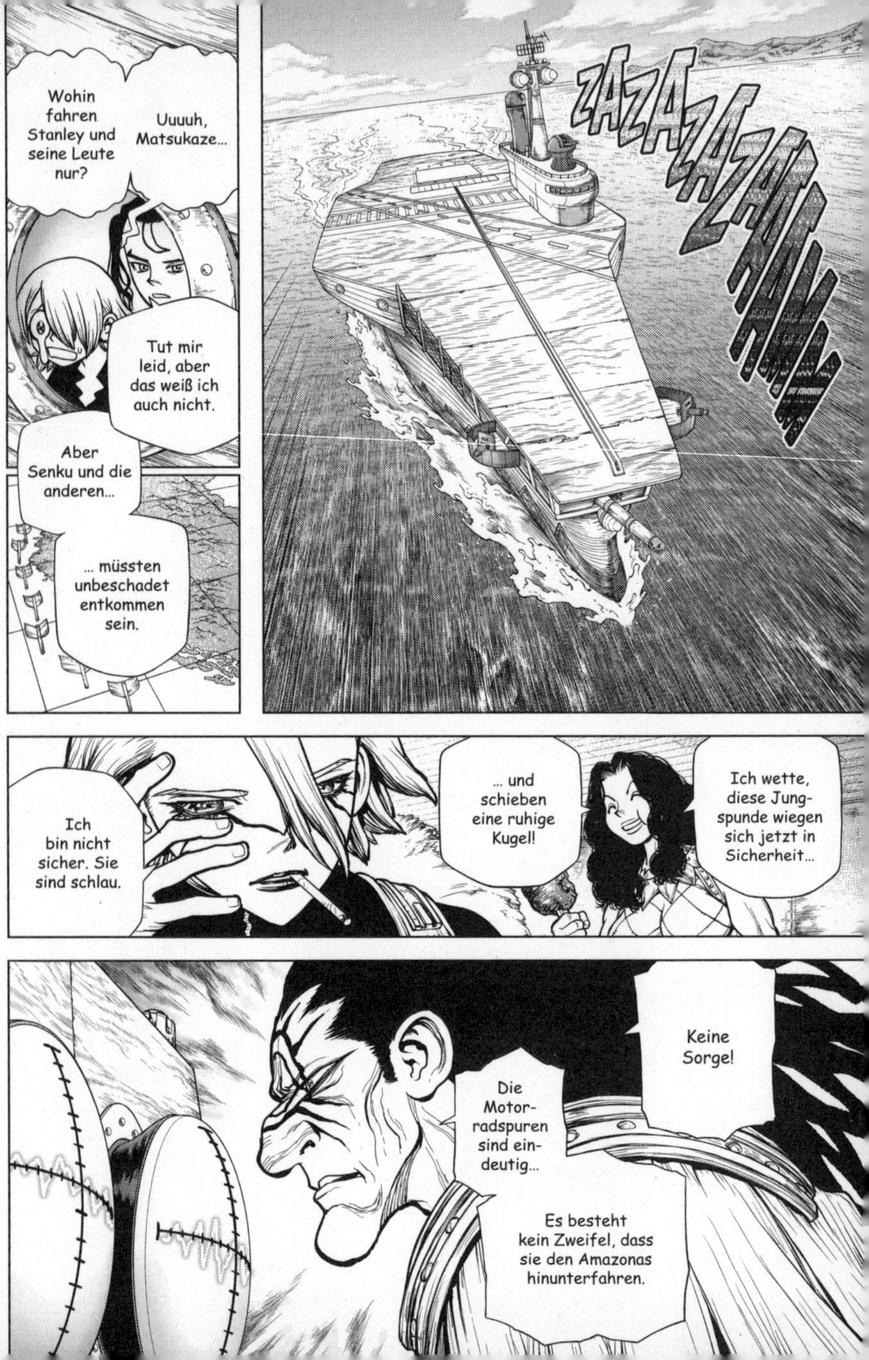

Uuuuh, Matsukaze...
Wohin fahren Stanley und seine Leute nur?
Tut mir leid, aber das weiß ich auch nicht.
Aber Senku und die anderen...
... müssten unbeschadet entkommen sein.
Ich wette, diese Jungspunde wiegen sich jetzt in Sicherheit...
... und schieben eine ruhige Kugel!
Ich bin nicht sicher. Sie sind schlau.
Keine Sorge!
Die Motorradspuren sind eindeutig...
Es besteht kein Zweifel, dass sie den Amazonas hinunterfahren.

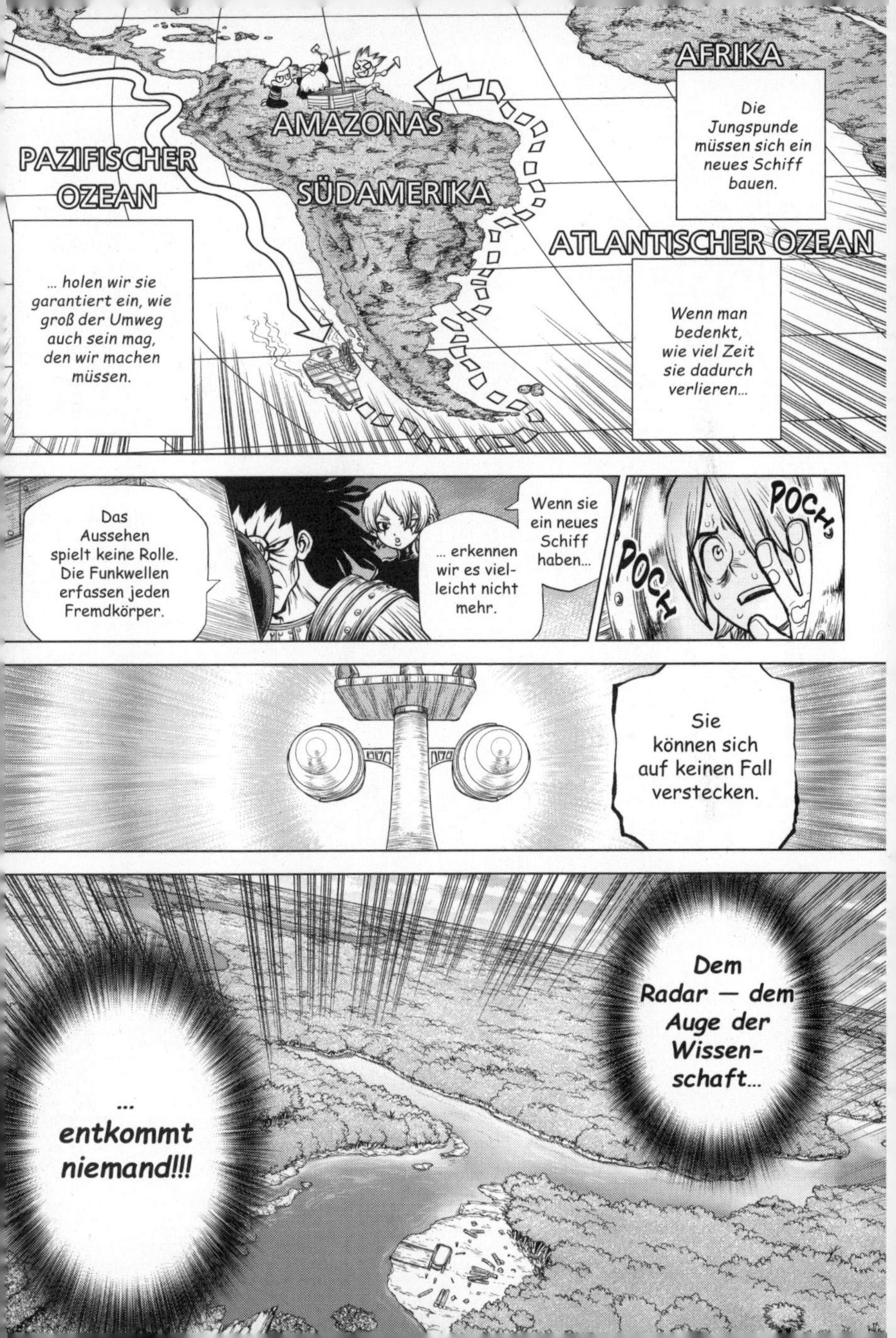
AFRIKA
AMAZONAS
PAZIFISCHER OZEAN
SÜDAMERIKA
ATLANTISCHER OZEAN
Die Jungspunde müssen sich ein neues Schiff bauen.
Wenn man bedenkt, wie viel Zeit sie dadurch verlieren...
... holen wir sie garantiert ein, wie groß der Umweg auch sein mag, den wir machen müssen.
POCH POCH
Wenn sie ein neues Schiff haben...
... erkennen wir es vielleicht nicht mehr.
Das Aussehen spielt keine Rolle. Die Funkwellen erfassen jeden Fremdkörper.
Sie können sich auf keinen Fall verstecken.
Dem Radar — dem Auge der Wissenschaft...
... entkommt niemand!!!

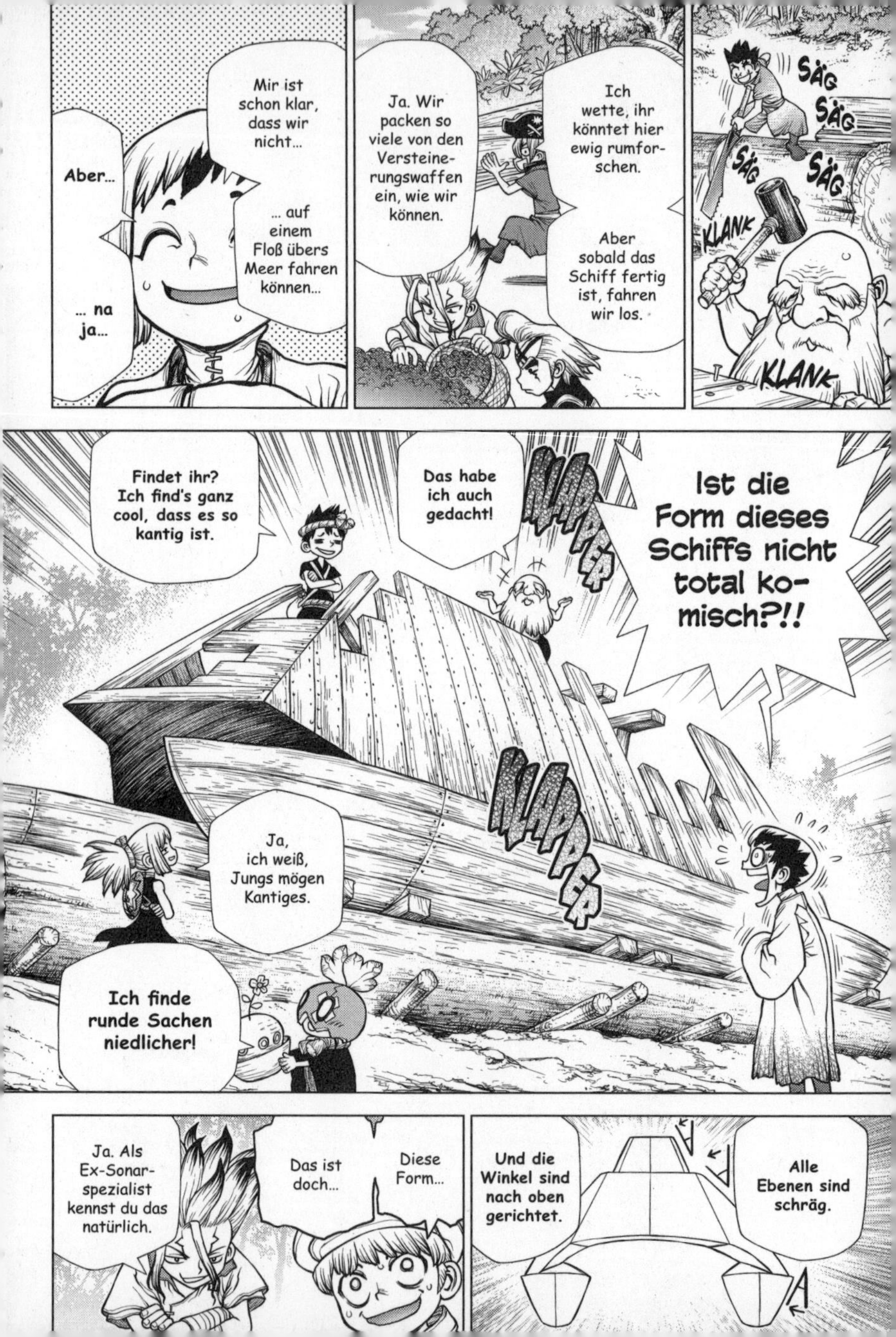
SÄG SÄG SÄG SÄG
KLANK
KLANK
Ich wette, ihr könntet hier ewig rumforschen.
Aber sobald das Schiff fertig ist, fahren wir los.
Ja. Wir packen so viele von den Versteinerungswaffen ein, wie wir können.
Mir ist schon klar, dass wir nicht...
... auf einem Floß übers Meer fahren können...
Aber...
... na ja...
Ist die Form dieses Schiffs nicht total komisch?!!
KLAPPER
KLAPPER
Das habe ich auch gedacht!
Findet ihr? Ich find's ganz cool, dass es so kantig ist.
Ja, ich weiß, Jungs mögen Kantiges.
Ich finde runde Sachen niedlicher!
Alle Ebenen sind schräg.
Und die Winkel sind nach oben gerichtet.
Diese Form...
Das ist doch...
Ja. Als Ex-Sonar-spezialist kennst du das natürlich.

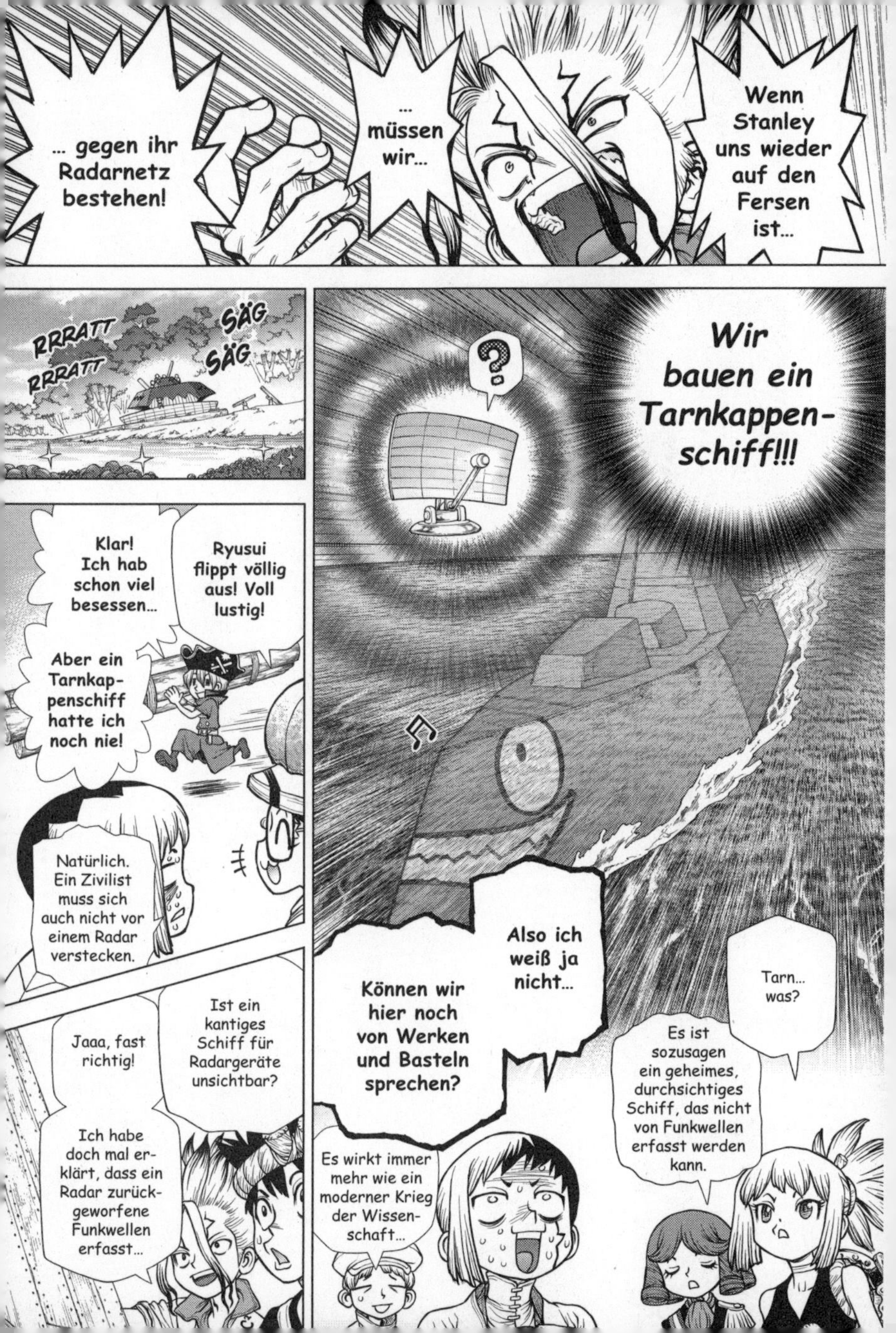
Wenn Stanley uns wieder auf den Fersen ist…
… müssen wir…
… gegen ihr Radarnetz bestehen!
Wir bauen ein Tarnkappenschiff!!!
?
SÄG SÄG
RRRATT RRRATT
Ryusui flippt völlig aus! Voll lustig!
Klar! Ich hab schon viel besessen…
Aber ein Tarnkappenschiff hatte ich noch nie!
Natürlich. Ein Zivilist muss sich auch nicht vor einem Radar verstecken.
Tarn… was?
Es ist sozusagen ein geheimes, durchsichtiges Schiff, das nicht von Funkwellen erfasst werden kann.
Also ich weiß ja nicht…
Können wir hier noch von Werken und Basteln sprechen?
Es wirkt immer mehr wie ein moderner Krieg der Wissenschaft…
Ist ein kantiges Schiff für Radargeräte unsichtbar?
Jaaa, fast richtig!
Ich habe doch mal erklärt, dass ein Radar zurückgeworfene Funkwellen erfasst…

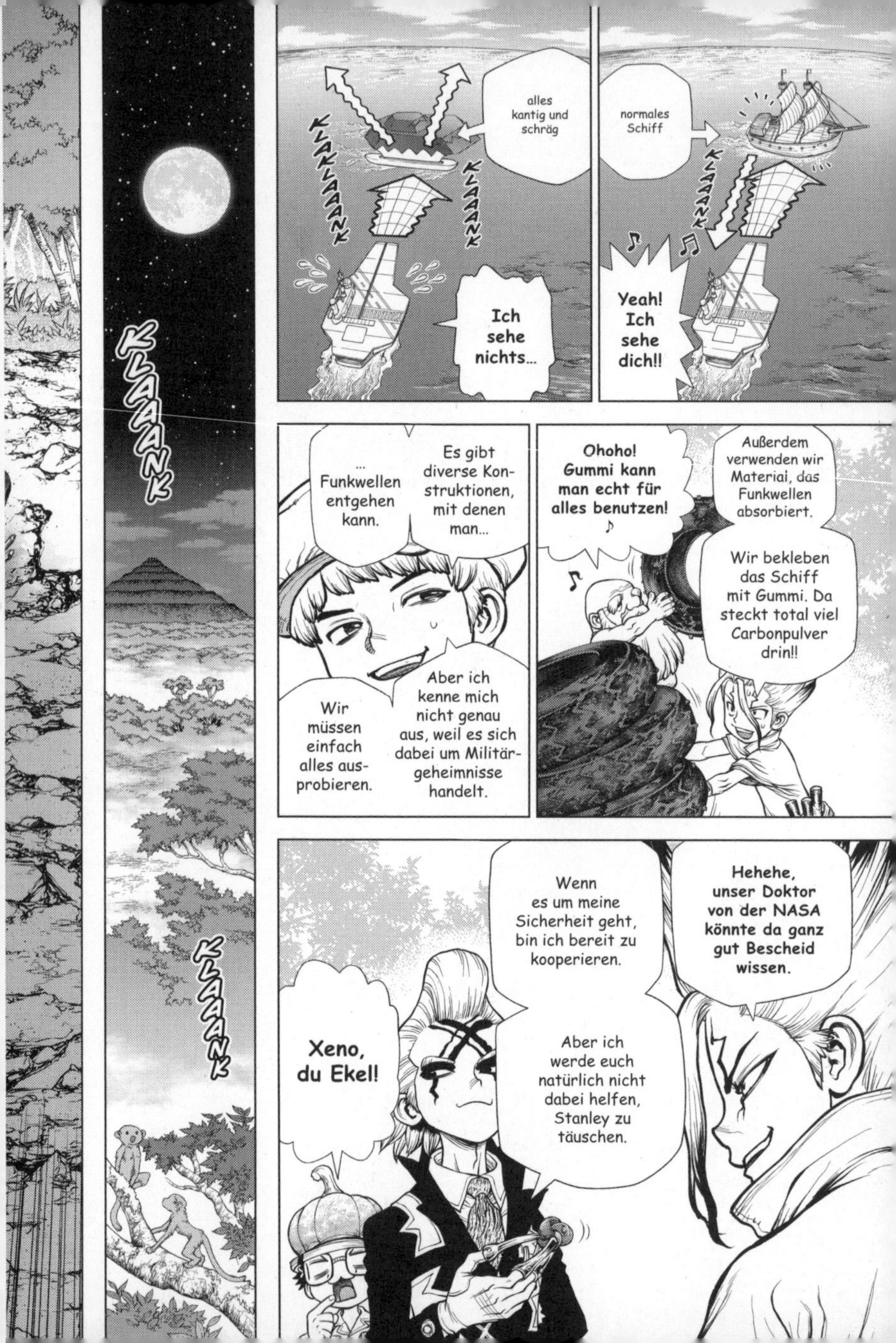
normales Schiff
KLAAAANK
Yeah! Ich sehe dich!!
alles kantig und schräg
KLAKLAAAANK
KLAAAANK
Ich sehe nichts...
Außerdem verwenden wir Materiai, das Funkwellen absorbiert.
Wir bekleben das Schiff mit Gummi. Da steckt total viel Carbonpulver drin!!
Ohoho! Gummi kann man echt für alles benutzen! ♪
Es gibt diverse Konstruktionen, mit denen man...
... Funkwellen entgehen kann.
Aber ich kenne mich nicht genau aus, weil es sich dabei um Militärgeheimnisse handelt.
Wir müssen einfach alles ausprobieren.
Hehehe, unser Doktor von der NASA könnte da ganz gut Bescheid wissen.
Wenn es um meine Sicherheit geht, bin ich bereit zu kooperieren.
Aber ich werde euch natürlich nicht dabei helfen, Stanley zu täuschen.
Xeno, du Ekel!
KLAAAANK
KLAAAANK

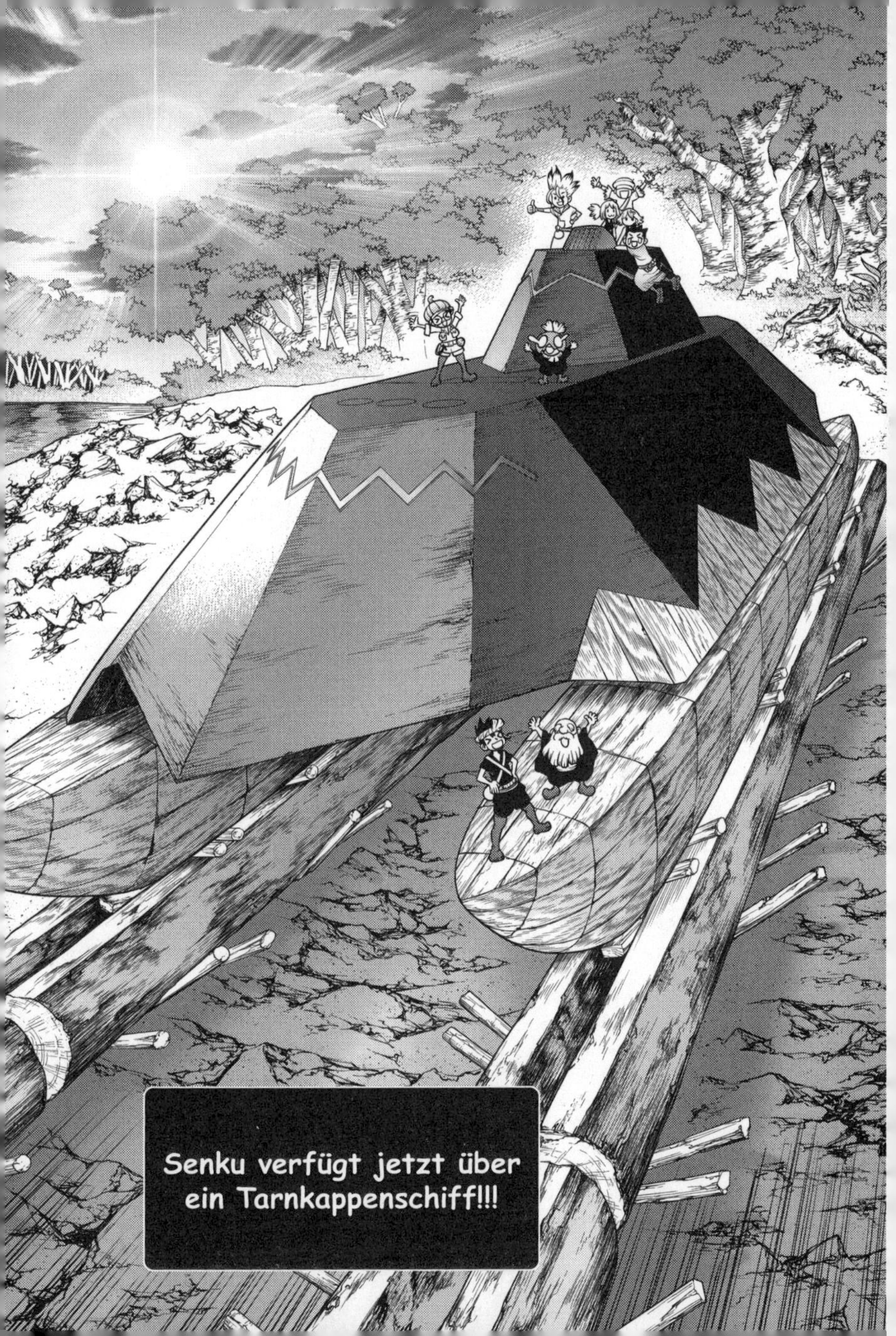
Senku verfügt jetzt über ein Tarnkappenschiff!!!

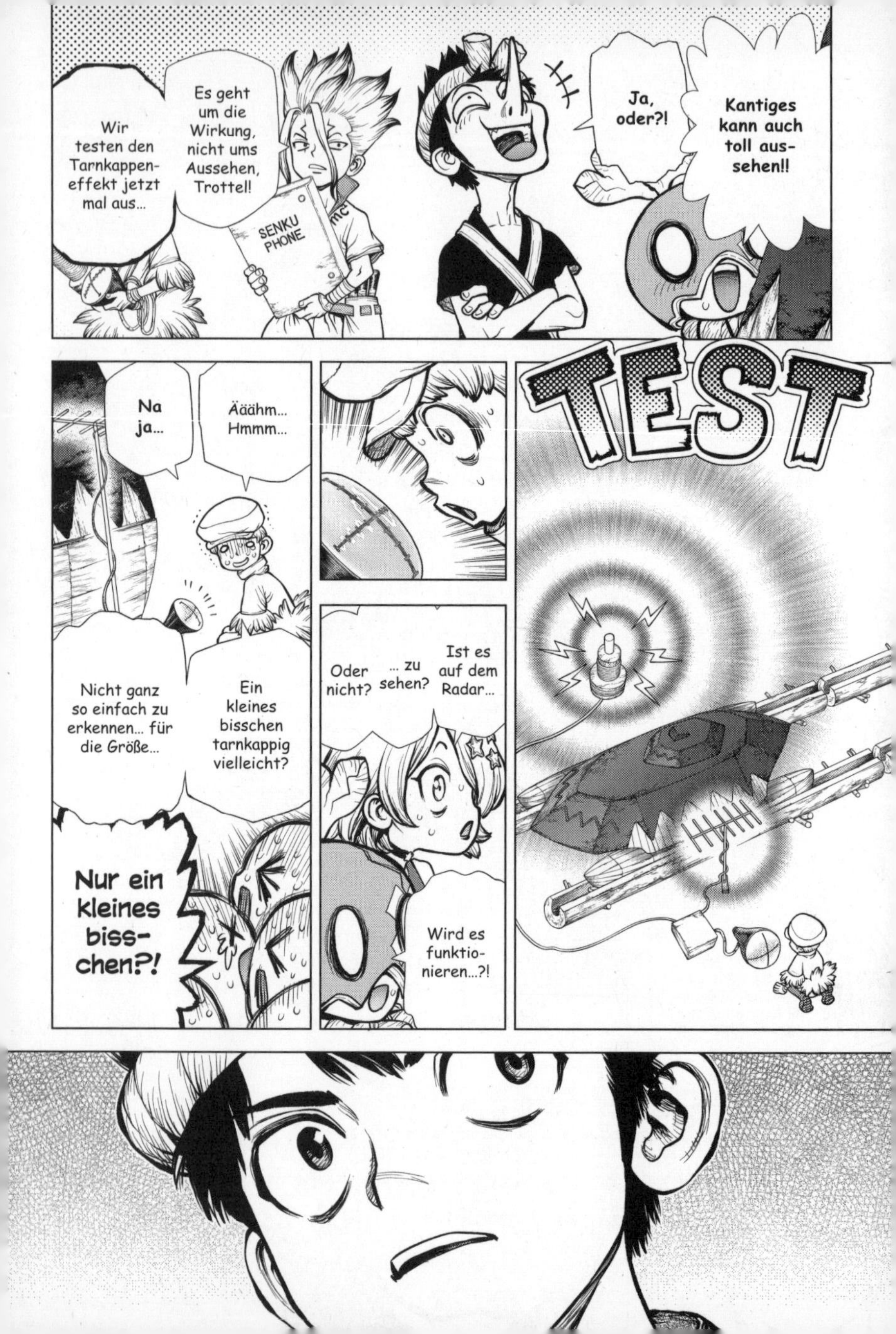
Kantiges kann auch toll aussehen!!
Ja, oder?!
Es geht um die Wirkung, nicht ums Aussehen, Trottel!
Wir testen den Tarnkappeneffekt jetzt mal aus...
SENKU PHONE
TEST
Äääähm... Hmmm...
Na ja...
Ist es auf dem Radar...
... zu sehen?
Oder nicht?
Wird es funktionieren...?!
Ein kleines bisschen tarnkappig vielleicht?
Nicht ganz so einfach zu erkennen... für die Größe...
Nur ein kleines bisschen?!

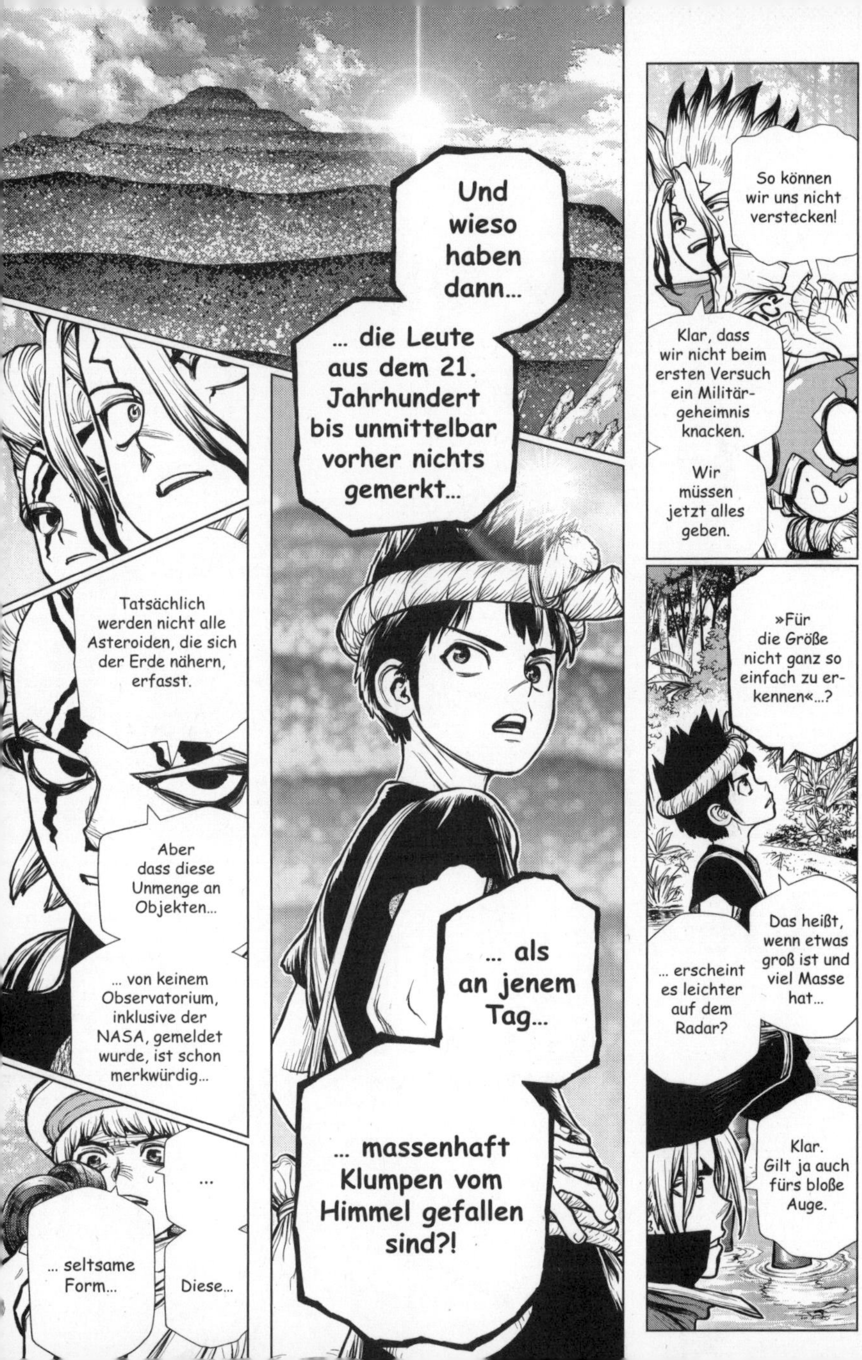

So können wir uns nicht verstecken!
Klar, dass wir nicht beim ersten Versuch ein Militärgeheimnis knacken.
Wir müssen jetzt alles geben.
»Für die Größe nicht ganz so einfach zu erkennen«...?
Das heißt, wenn etwas groß ist und viel Masse hat...
... erscheint es leichter auf dem Radar?
Klar. Gilt ja auch fürs bloße Auge.
Und wieso haben dann...
... die Leute aus dem 21. Jahrhundert bis unmittelbar vorher nichts gemerkt...
... als an jenem Tag...
... massenhaft Klumpen vom Himmel gefallen sind?!
Tatsächlich werden nicht alle Asteroiden, die sich der Erde nähern, erfasst.
Aber dass diese Unmenge an Objekten...
... von keinem Observatorium, inklusive der NASA, gemeldet wurde, ist schon merkwürdig...
...
Diese...
... seltsame Form...

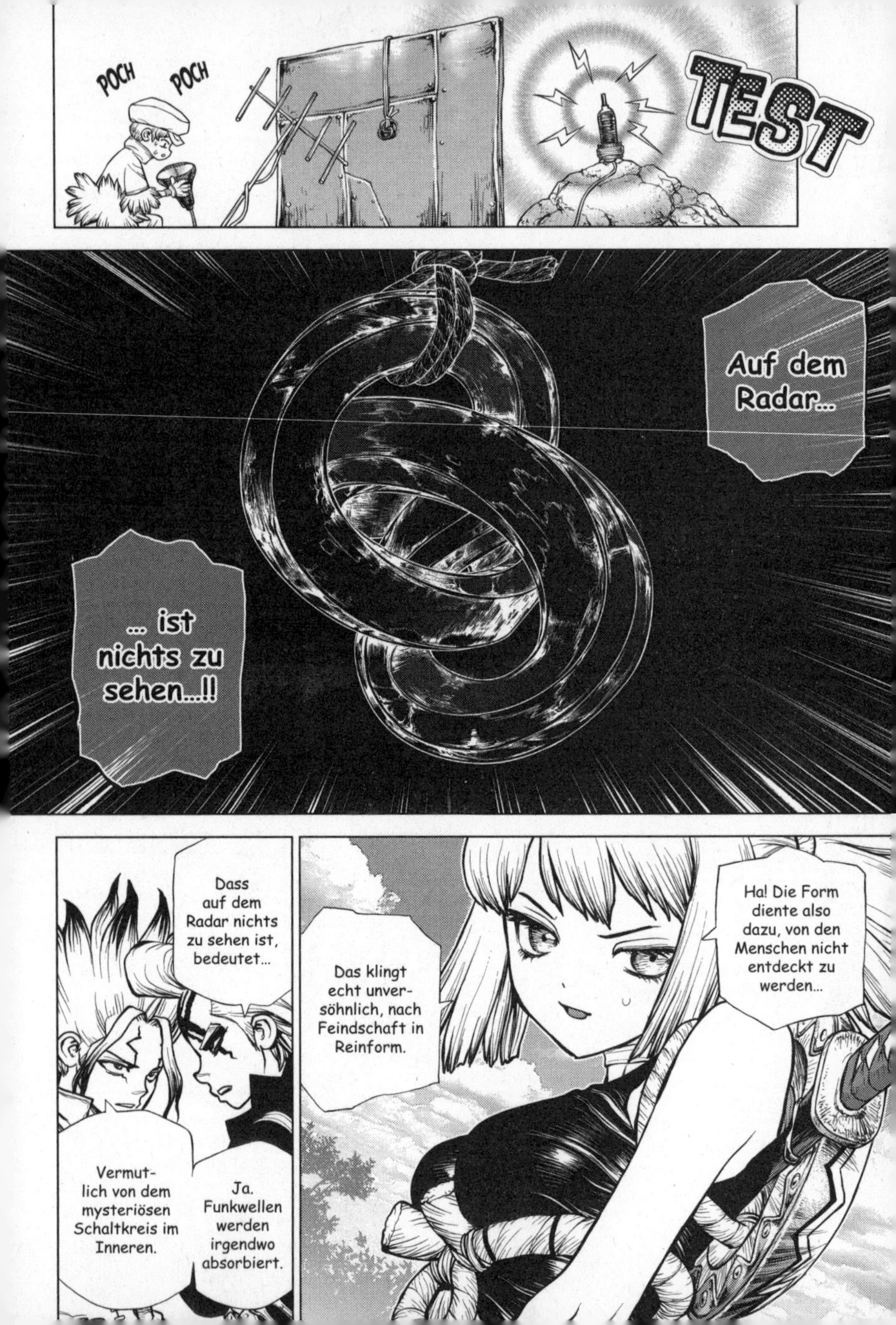
TEST
POCH
POCH
Auf dem Radar...
... ist nichts zu sehen...!!
Ha! Die Form diente also dazu, von den Menschen nicht entdeckt zu werden...
Das klingt echt unversöhnlich, nach Feindschaft in Reinform.
Dass auf dem Radar nichts zu sehen ist, bedeutet...
Ja. Funkwellen werden irgendwo absorbiert.
Vermutlich von dem mysteriösen Schaltkreis im Inneren.

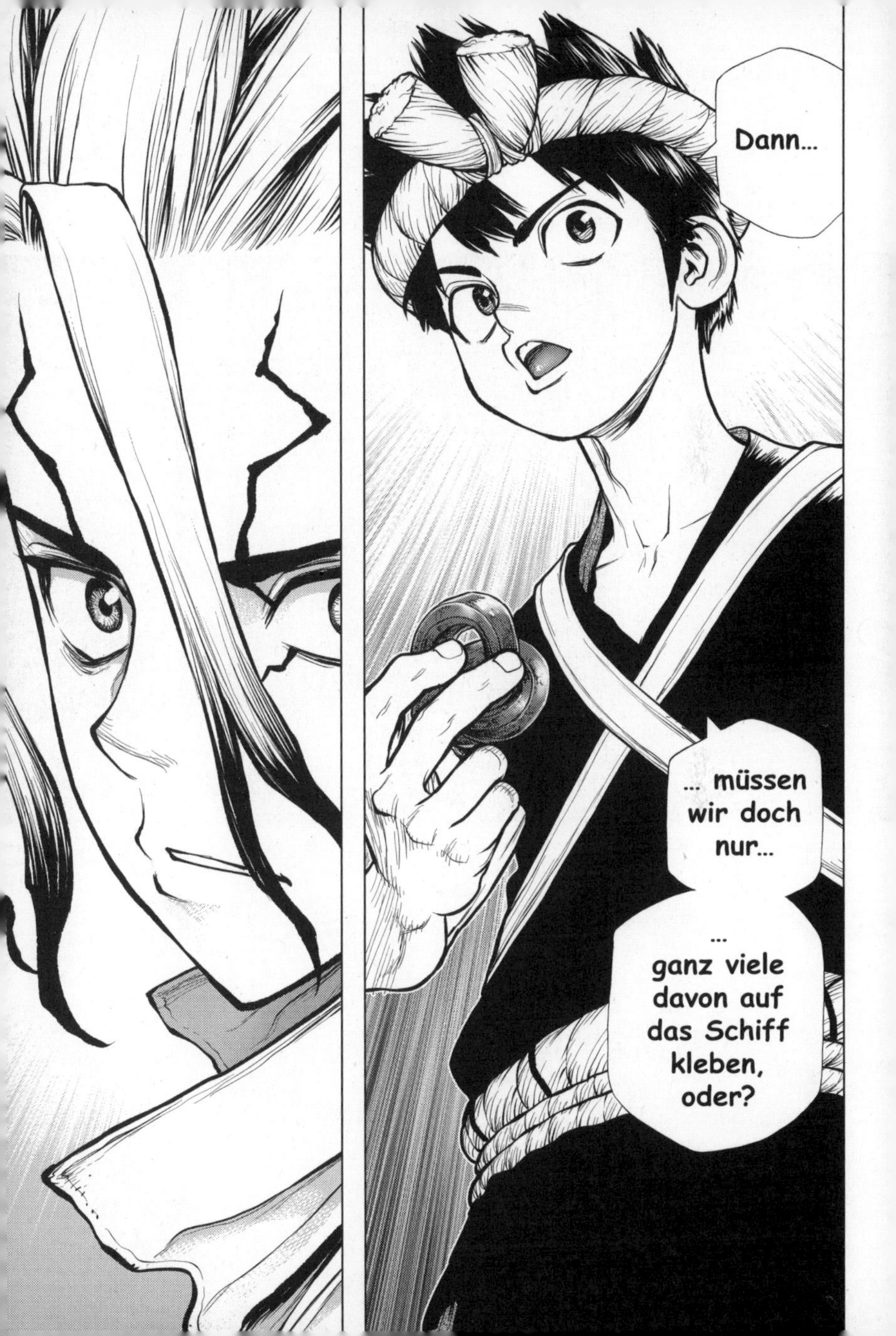
Dann...
... müssen wir doch nur...
... ganz viele davon auf das Schiff kleben, oder?

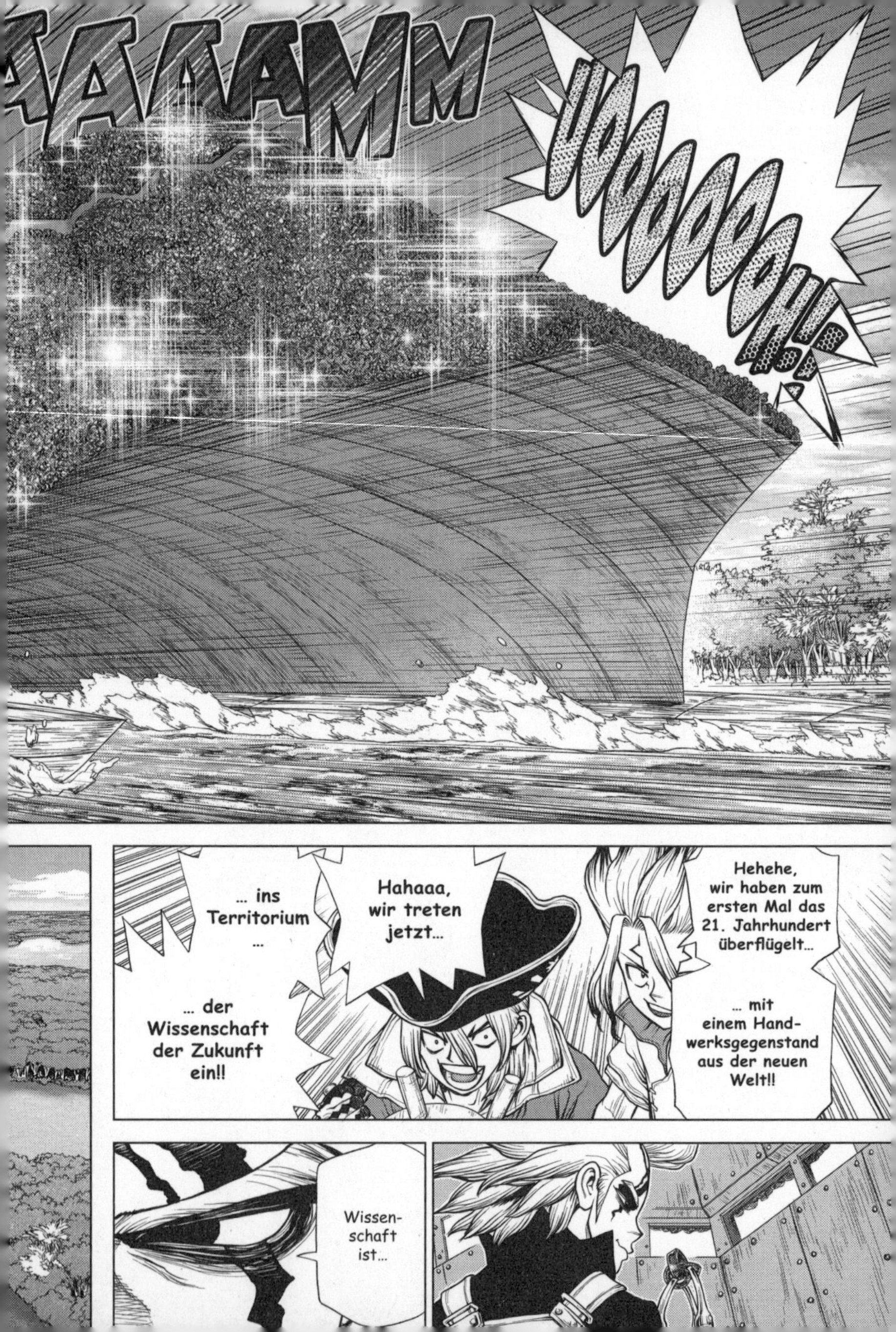
AAAAMM
UOOOOOOH!!
Hehehe, wir haben zum ersten Mal das 21. Jahrhundert überflügelt...
... mit einem Handwerksgegenstand aus der neuen Welt!!
Hahaaa, wir treten jetzt...
... ins Territorium ...
... der Wissenschaft der Zukunft ein!!
Wissen-schaft ist...

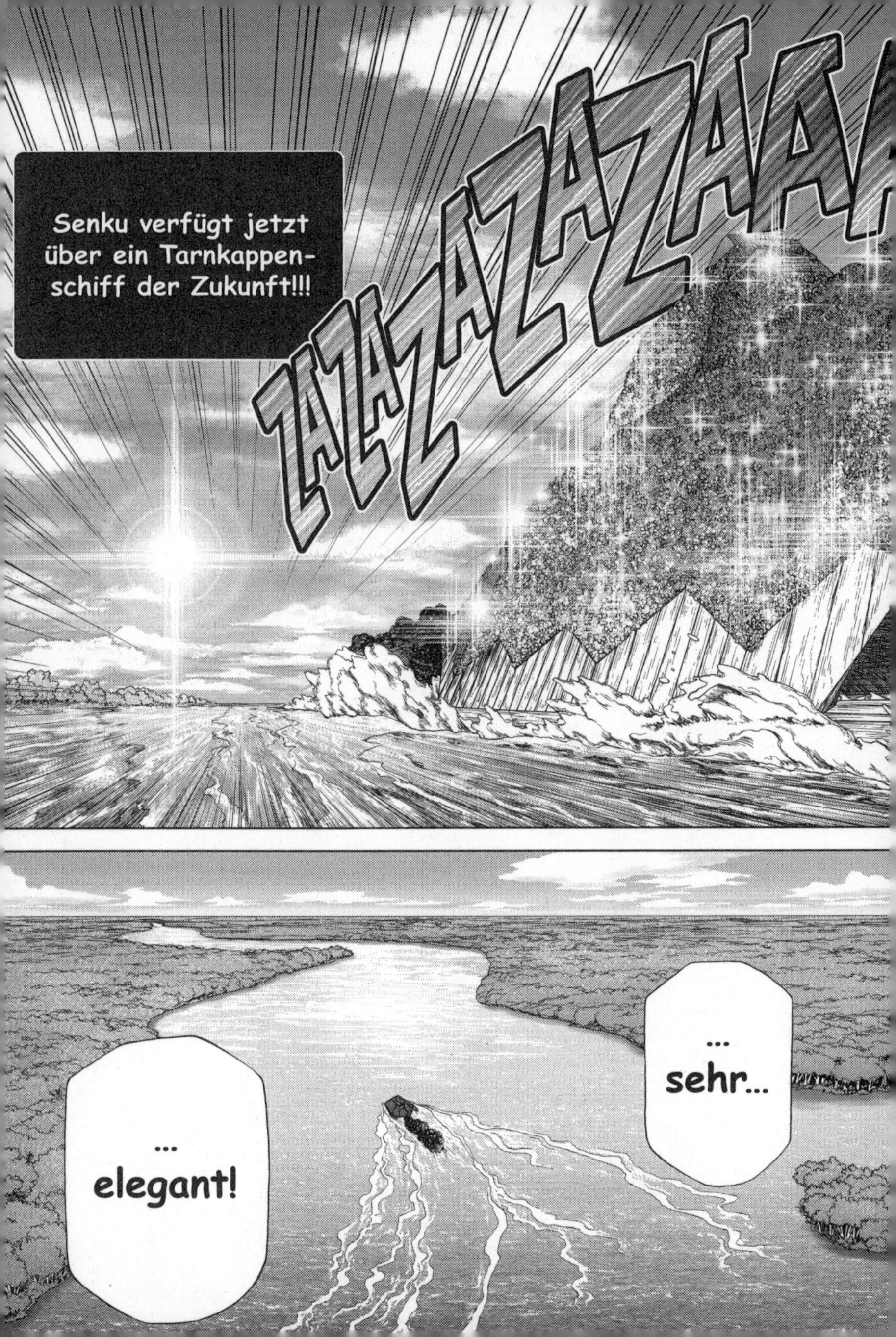
Senku verfügt jetzt über ein Tarnkappen-schiff der Zukunft!!!
ZAZAZAZAZAA
... sehr...
... elegant!

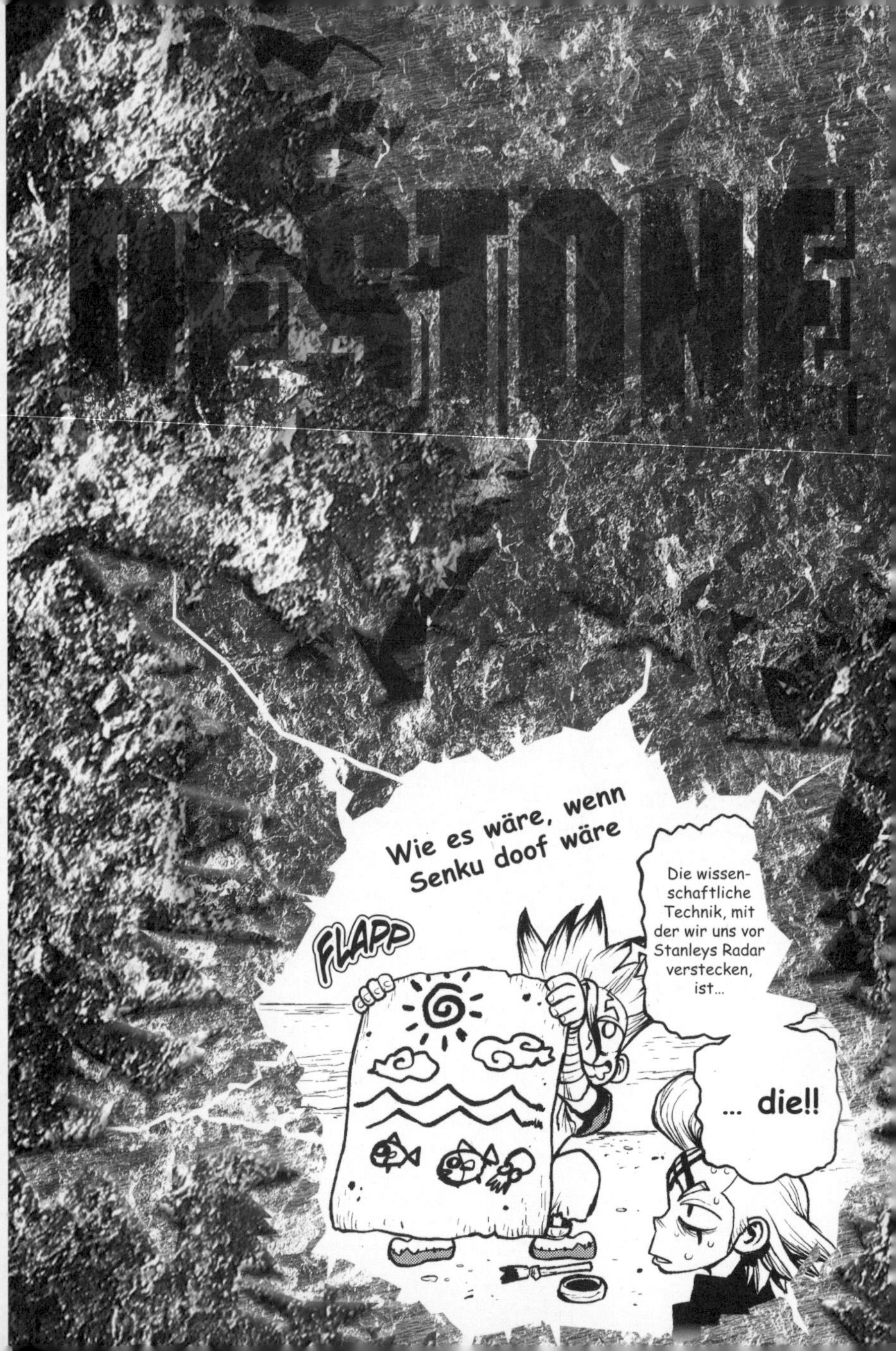
DR.STONE
Wie es wäre, wenn Senku doof wäre
FLAPP
Die wissen-schaftliche Technik, mit der wir uns vor Stanleys Radar verstecken, ist...
... die!!

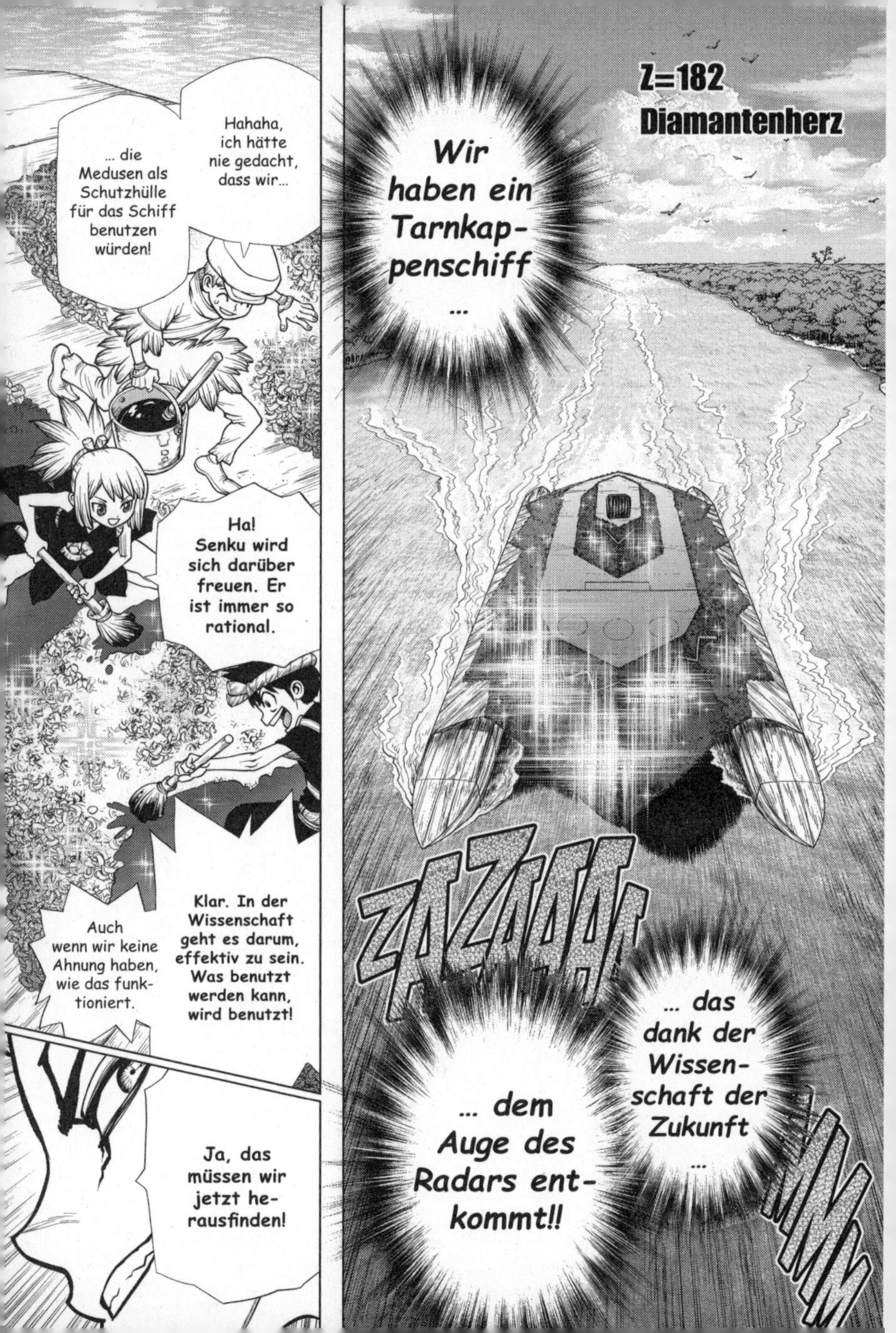
Z=182
Diamantenherz
Wir haben ein Tarnkappenschiff ...
... das dank der Wissenschaft der Zukunft ...
... dem Auge des Radars entkommt!!
Hahaha, ich hätte nie gedacht, dass wir...
... die Medusen als Schutzhülle für das Schiff benutzen würden!
Ha! Senku wird sich darüber freuen. Er ist immer so rational.
Klar. In der Wissenschaft geht es darum, effektiv zu sein. Was benutzt werden kann, wird benutzt!
Auch wenn wir keine Ahnung haben, wie das funktioniert.
Ja, das müssen wir jetzt herausfinden!

Z=182 Diamantenherz

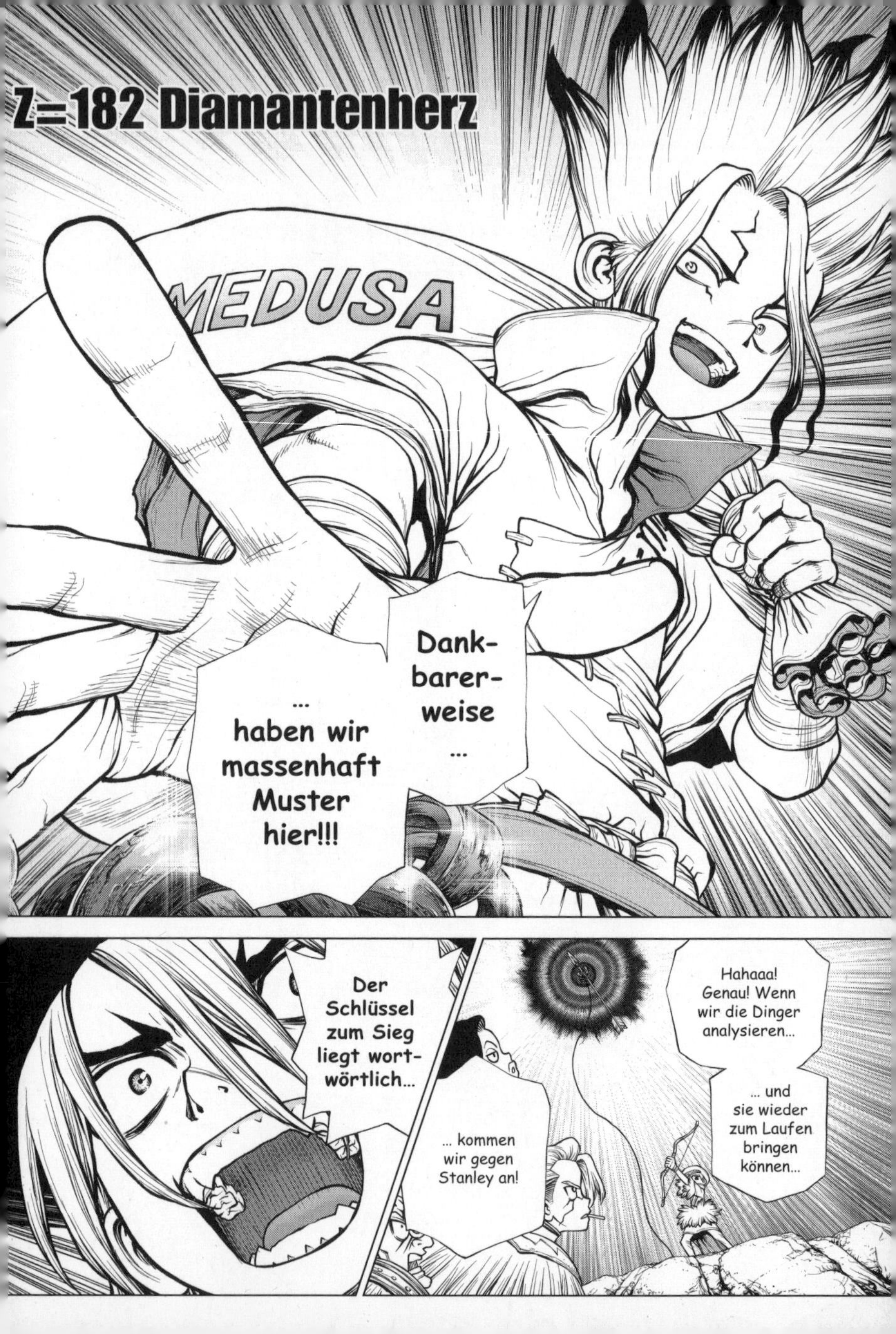

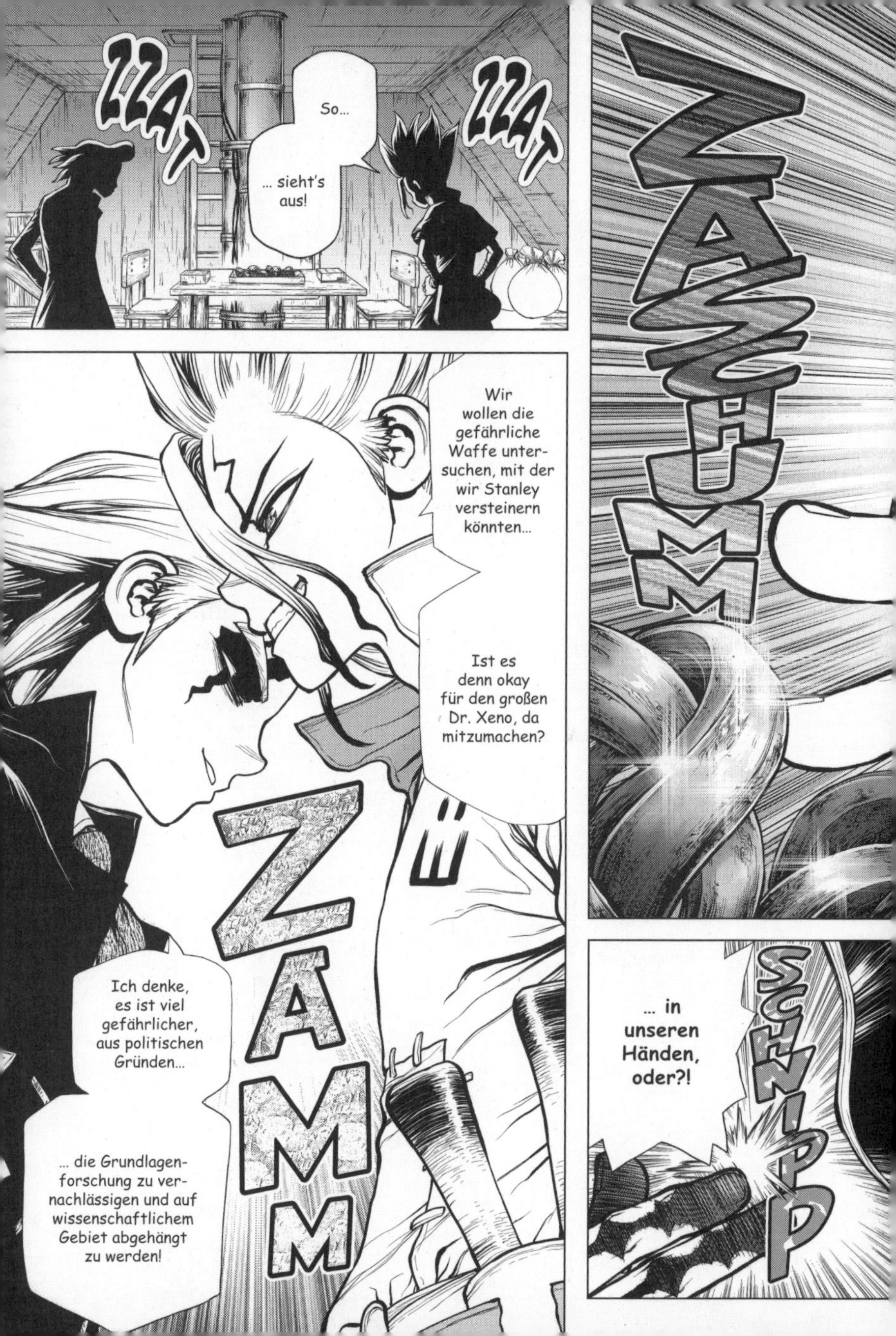

ZZAT
ZZAT
So...
... sieht's aus!
ZASCHUMMM
Wir wollen die gefährliche Waffe unter-suchen, mit der wir Stanley versteinern könnten...
Ist es denn okay für den großen Dr. Xeno, da mitzumachen?
ZAMMM
Ich denke, es ist viel gefährlicher, aus politischen Gründen...
... die Grundlagen-forschung zu ver-nachlässigen und auf wissenschaftlichem Gebiet abgehängt zu werden!
SCHNIPP
... in unseren Händen, oder?!

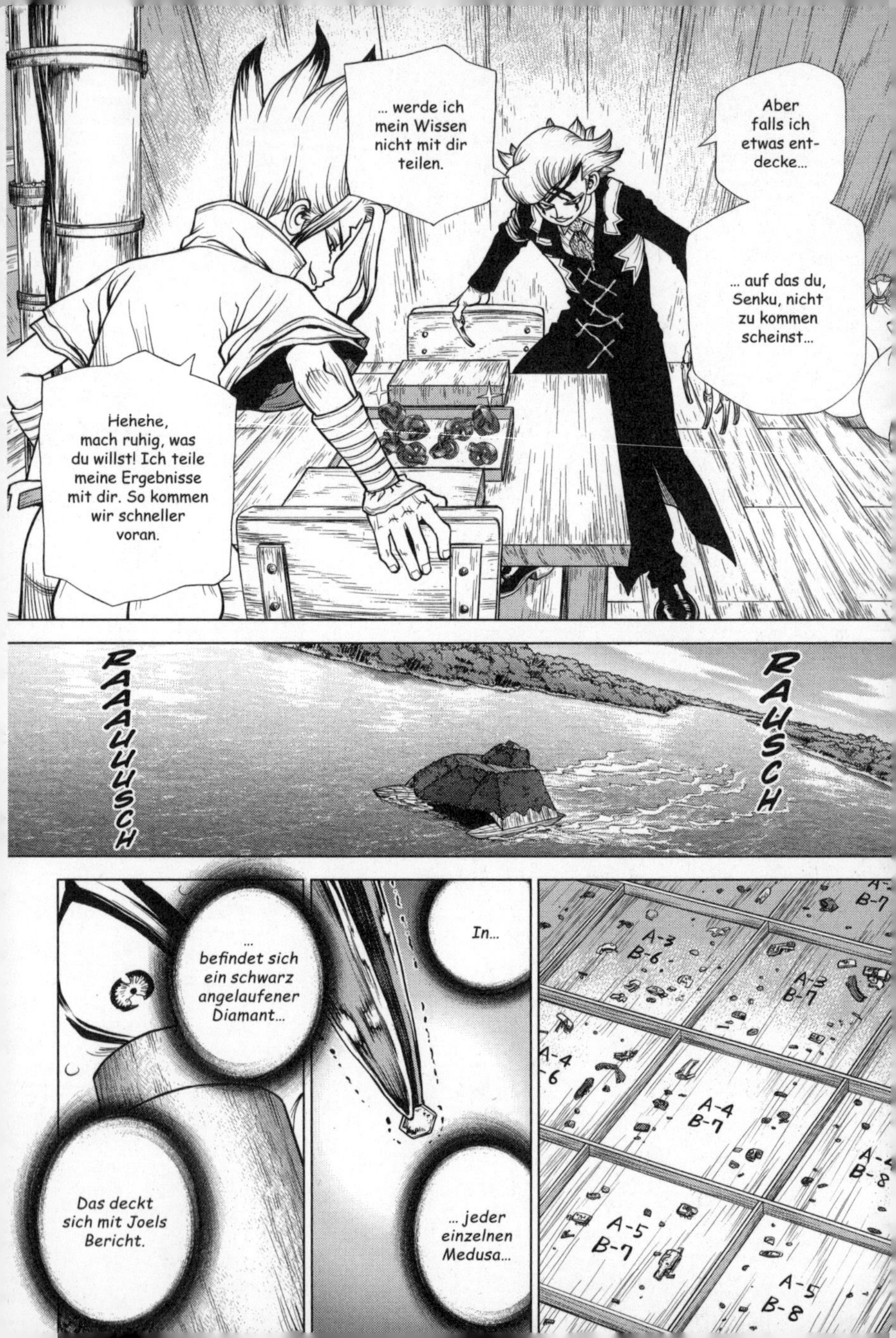
Aber falls ich etwas ent- decke...
... auf das du, Senku, nicht zu kommen scheinst...
... werde ich mein Wissen nicht mit dir teilen.
Hehehe, mach ruhig, was du willst! Ich teile meine Ergebnisse mit dir. So kommen wir schneller voran.
RAUSCH
RAAAUUUSCH
A-3 B-6
A-3 B-7
A-4 B-7
A-5 B-7
A-5 B-8
In...
... jeder einzelnen Medusa...
... befindet sich ein schwarz angelaufener Diamant...
Das deckt sich mit Joels Bericht.

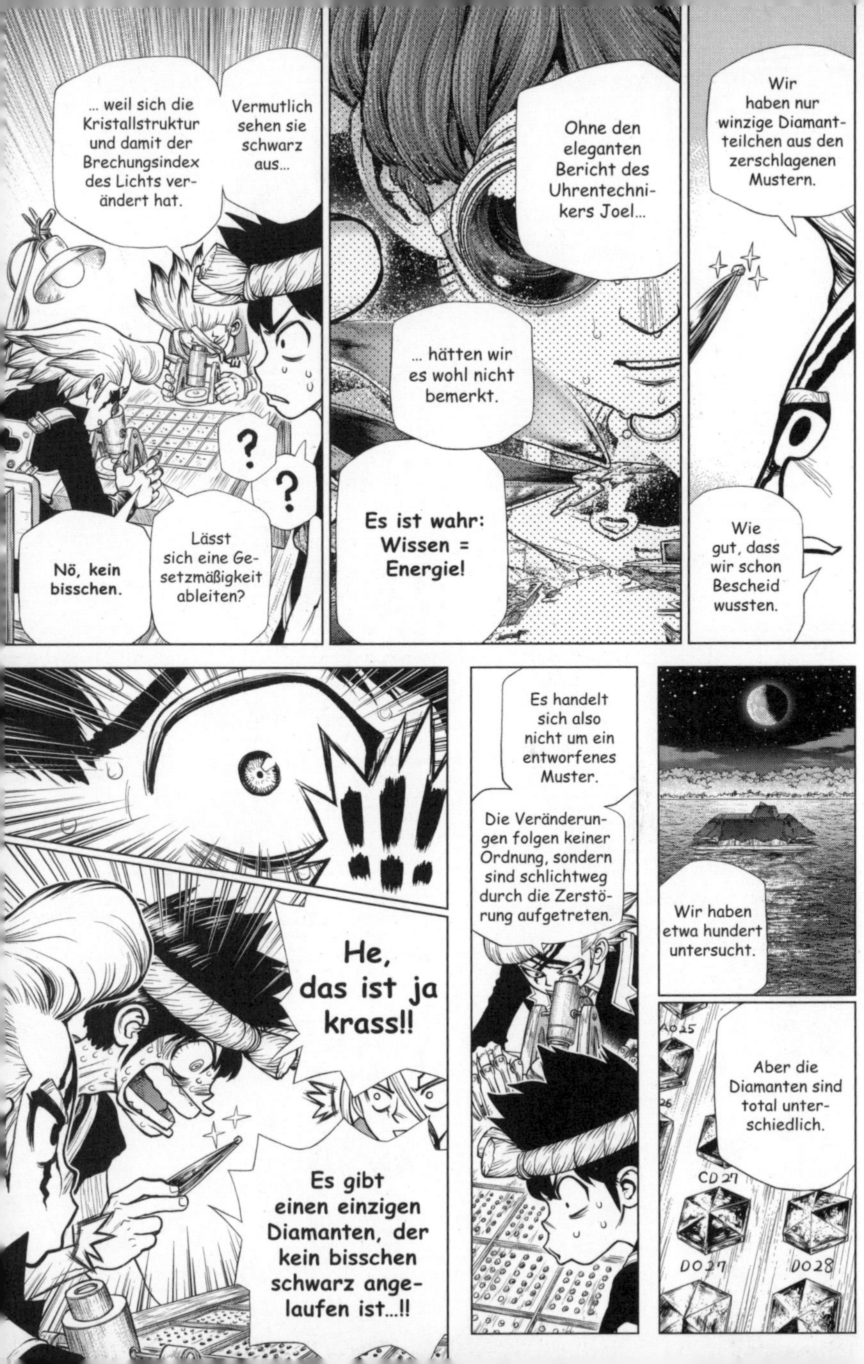
Wir haben nur winzige Diamantteilchen aus den zerschlagenen Mustern.
Wie gut, dass wir schon Bescheid wussten.
Ohne den eleganten Bericht des Uhrentechnikers Joel...
... hätten wir es wohl nicht bemerkt.
Es ist wahr: Wissen = Energie!
Vermutlich sehen sie schwarz aus...
... weil sich die Kristallstruktur und damit der Brechungsindex des Lichts verändert hat.
?
?
Lässt sich eine Gesetzmäßigkeit ableiten?
Nö, kein bisschen.
Wir haben etwa hundert untersucht.
Aber die Diamanten sind total unterschiedlich.
A025
CD27
DO27
DO28
Es handelt sich also nicht um ein entworfenes Muster.
Die Veränderungen folgen keiner Ordnung, sondern sind schlichtweg durch die Zerstörung aufgetreten.
!!!
He, das ist ja krass!!
Es gibt einen einzigen Diamanten, der kein bisschen schwarz angelaufen ist...!!

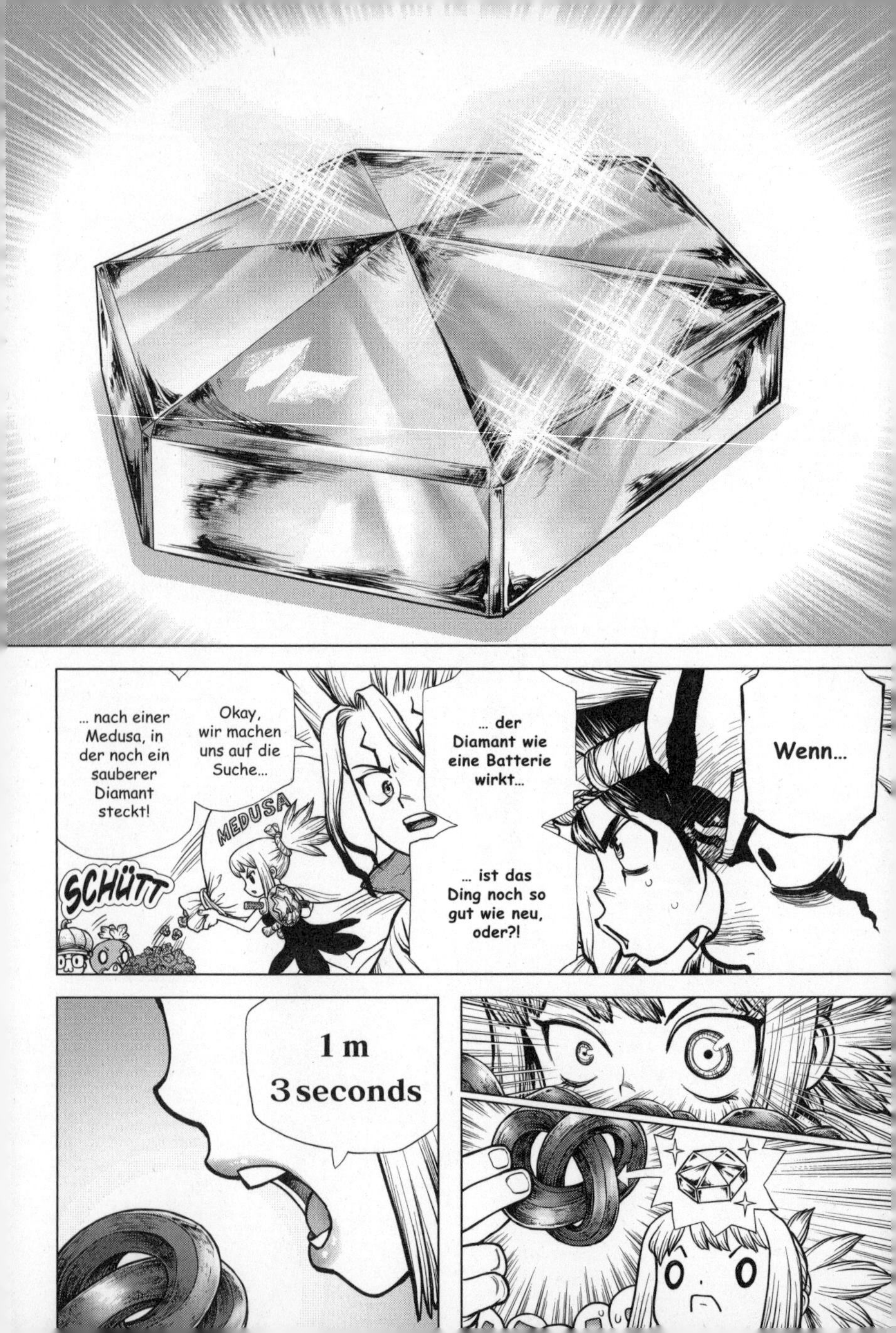
Wenn…
… der Diamant wie eine Batterie wirkt…
… ist das Ding noch so gut wie neu, oder?!
Okay, wir machen uns auf die Suche…
… nach einer Medusa, in der noch ein sauberer Diamant steckt!
MEDUSA
SCHÜTT
1 m 3 seconds

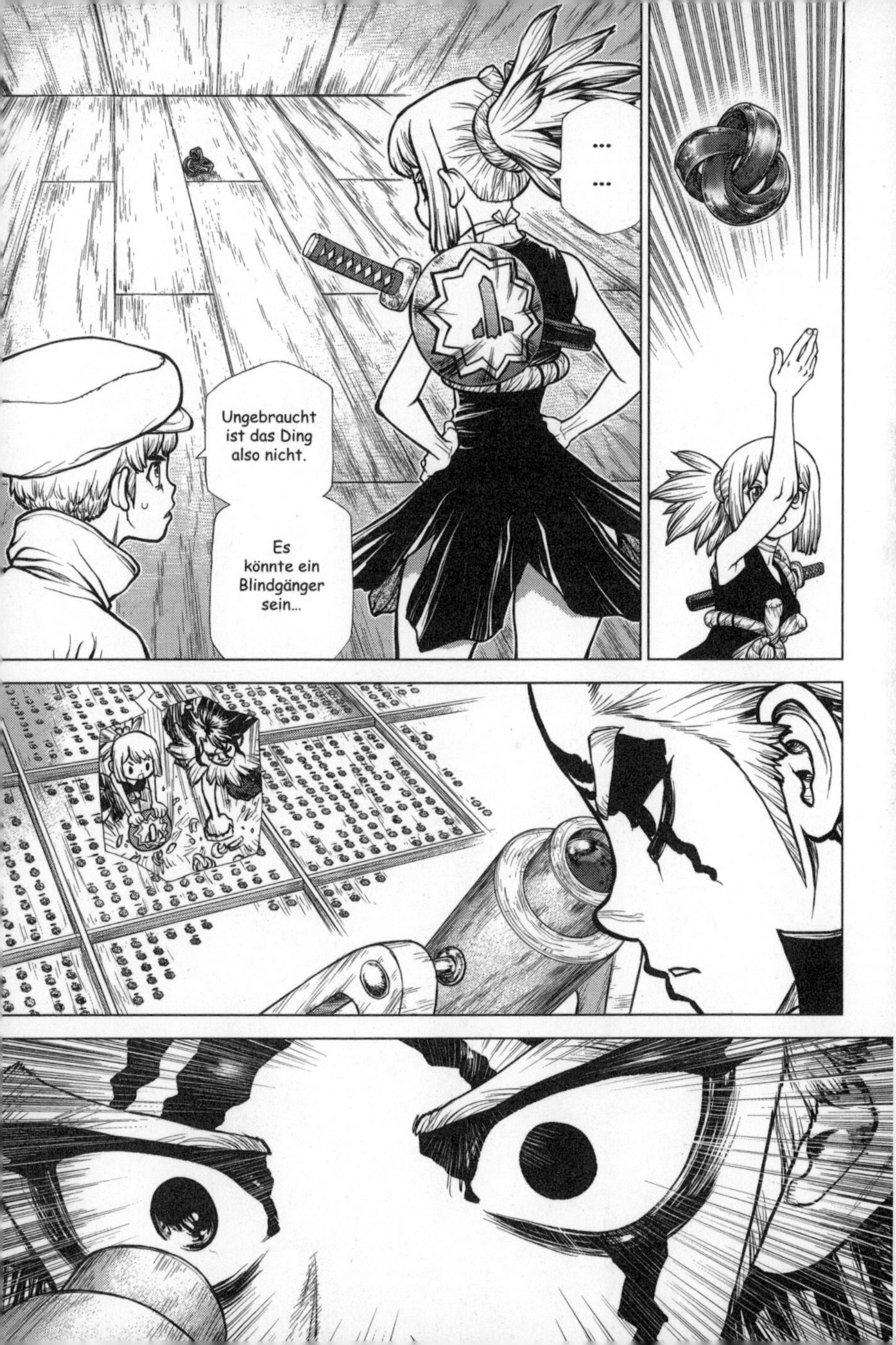
...
...
Ungebraucht ist das Ding also nicht.
Es könnte ein Blindgänger sein...

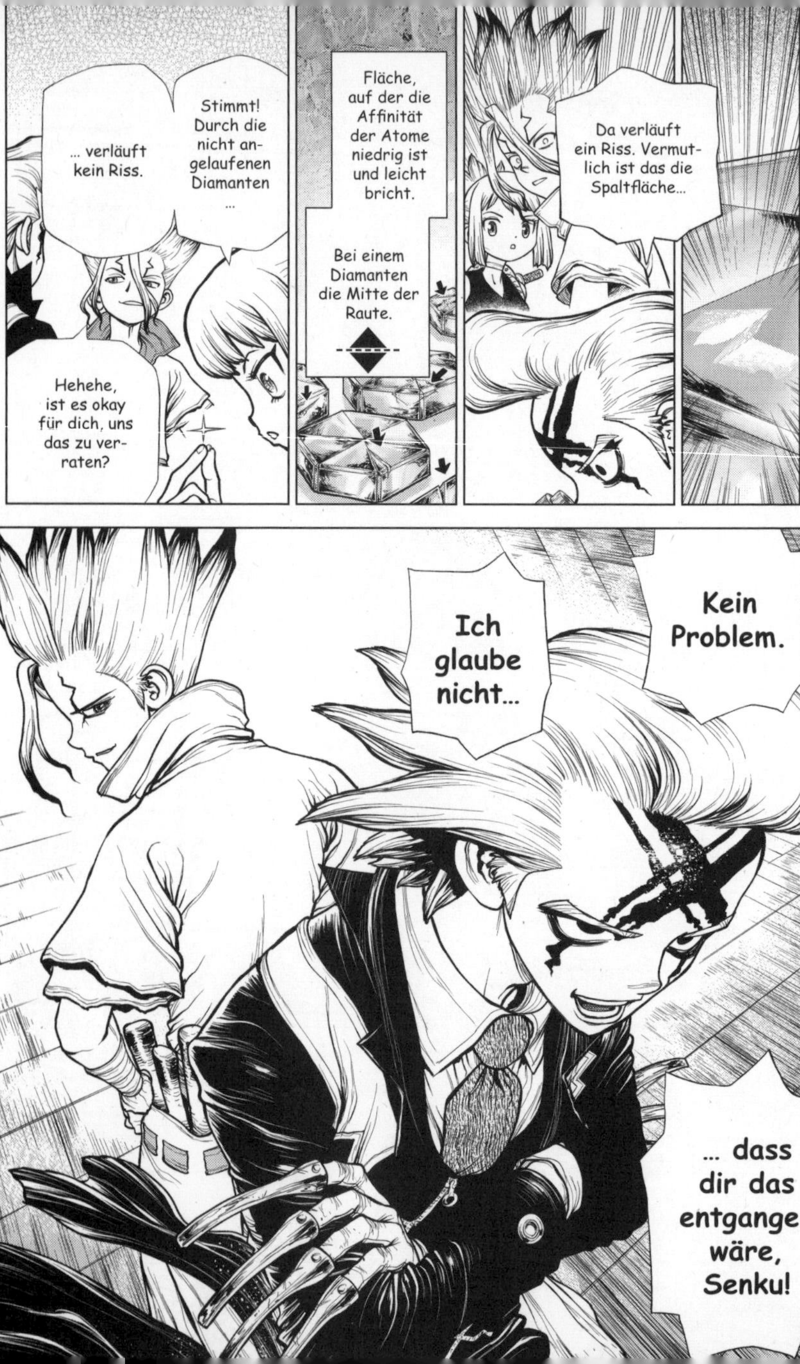
Da verläuft ein Riss. Vermutlich ist das die Spaltfläche...
Fläche, auf der die Affinität der Atome niedrig ist und leicht bricht.
Bei einem Diamanten die Mitte der Raute.
Stimmt! Durch die nicht angelaufenen Diamanten ...
... verläuft kein Riss.
Hehehe, ist es okay für dich, uns das zu verraten?
Kein Problem.
Ich glaube nicht...
... dass dir das entgangen wäre, Senku!

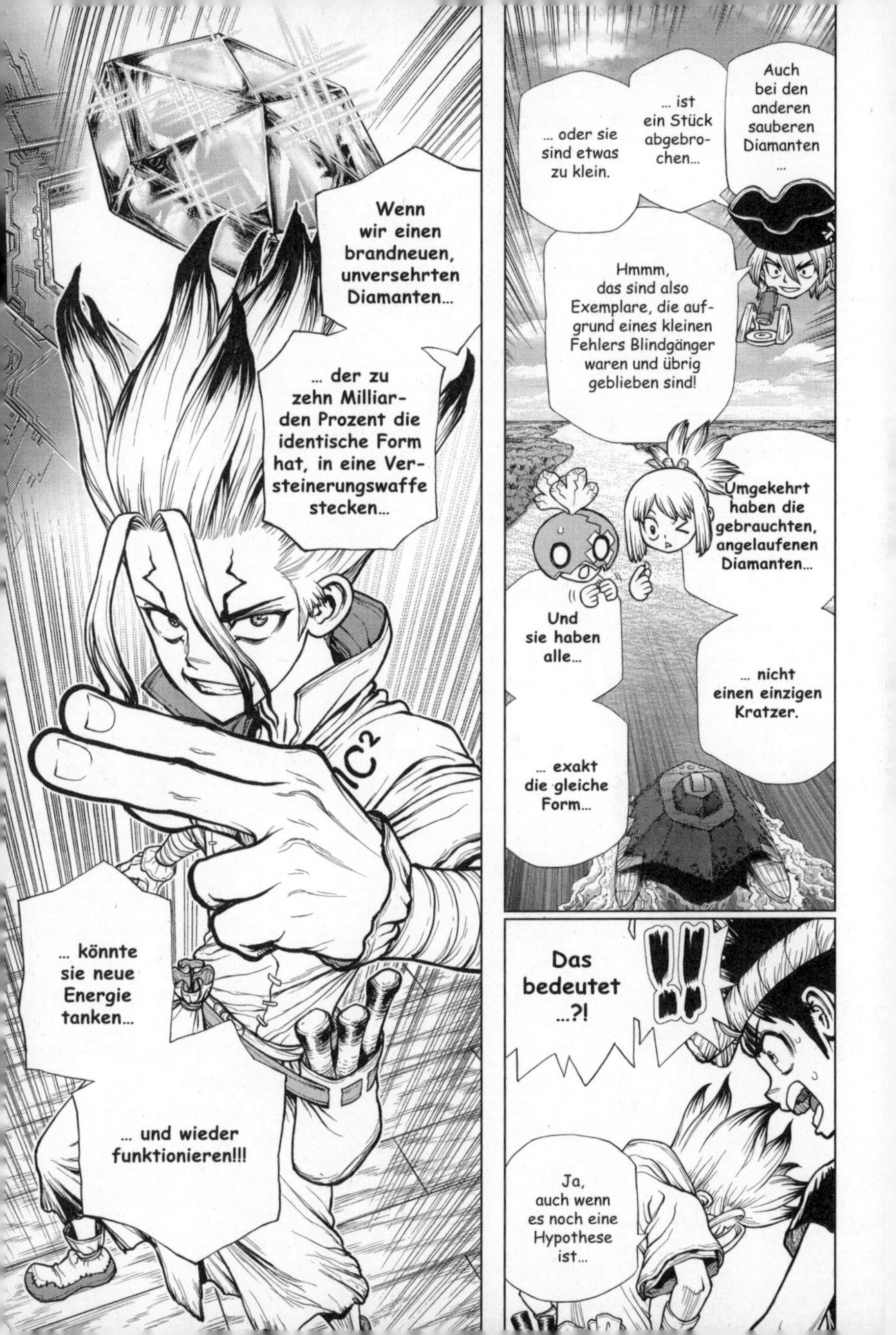
Auch bei den anderen sauberen Diamanten ...
... ist ein Stück abgebrochen...
... oder sie sind etwas zu klein.
Hmmm, das sind also Exemplare, die aufgrund eines kleinen Fehlers Blindgänger waren und übrig geblieben sind!
Umgekehrt haben die gebrauchten, angelaufenen Diamanten...
... nicht einen einzigen Kratzer.
Und sie haben alle...
... exakt die gleiche Form...
Das bedeutet ...?!
Ja, auch wenn es noch eine Hypothese ist...
Wenn wir einen brandneuen, unversehrten Diamanten...
... der zu zehn Milliarden Prozent die identische Form hat, in eine Versteinerungswaffe stecken...
... könnte sie neue Energie tanken...
... und wieder funktionieren!!!

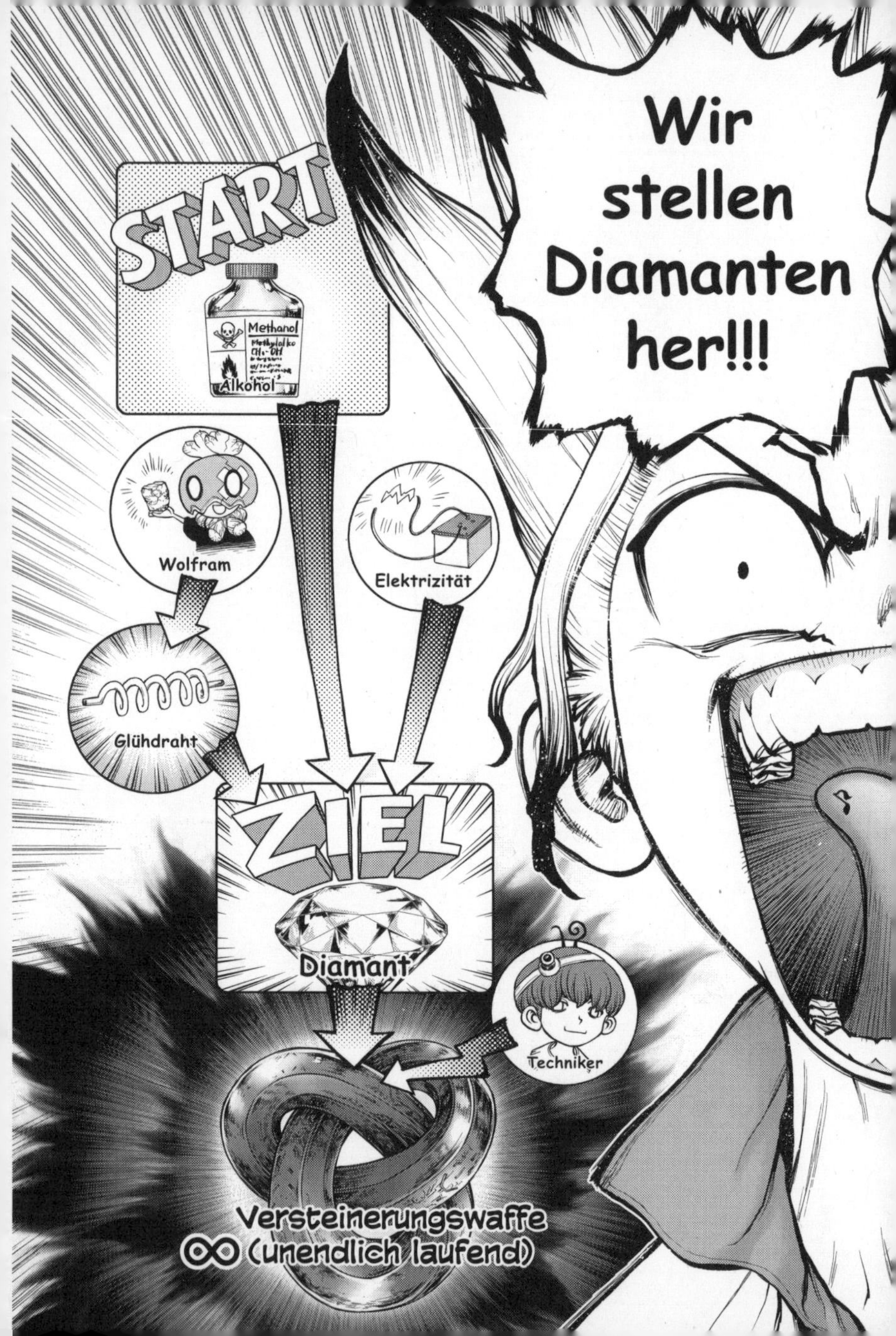
Wir stellen Diamanten her!!!
START
Methanol
Alkohol
Wolfram
Elektrizität
Glühdraht
ZIEL
Diamant
Techniker
Versteinerungswaffe
∞ (unendlich laufend)

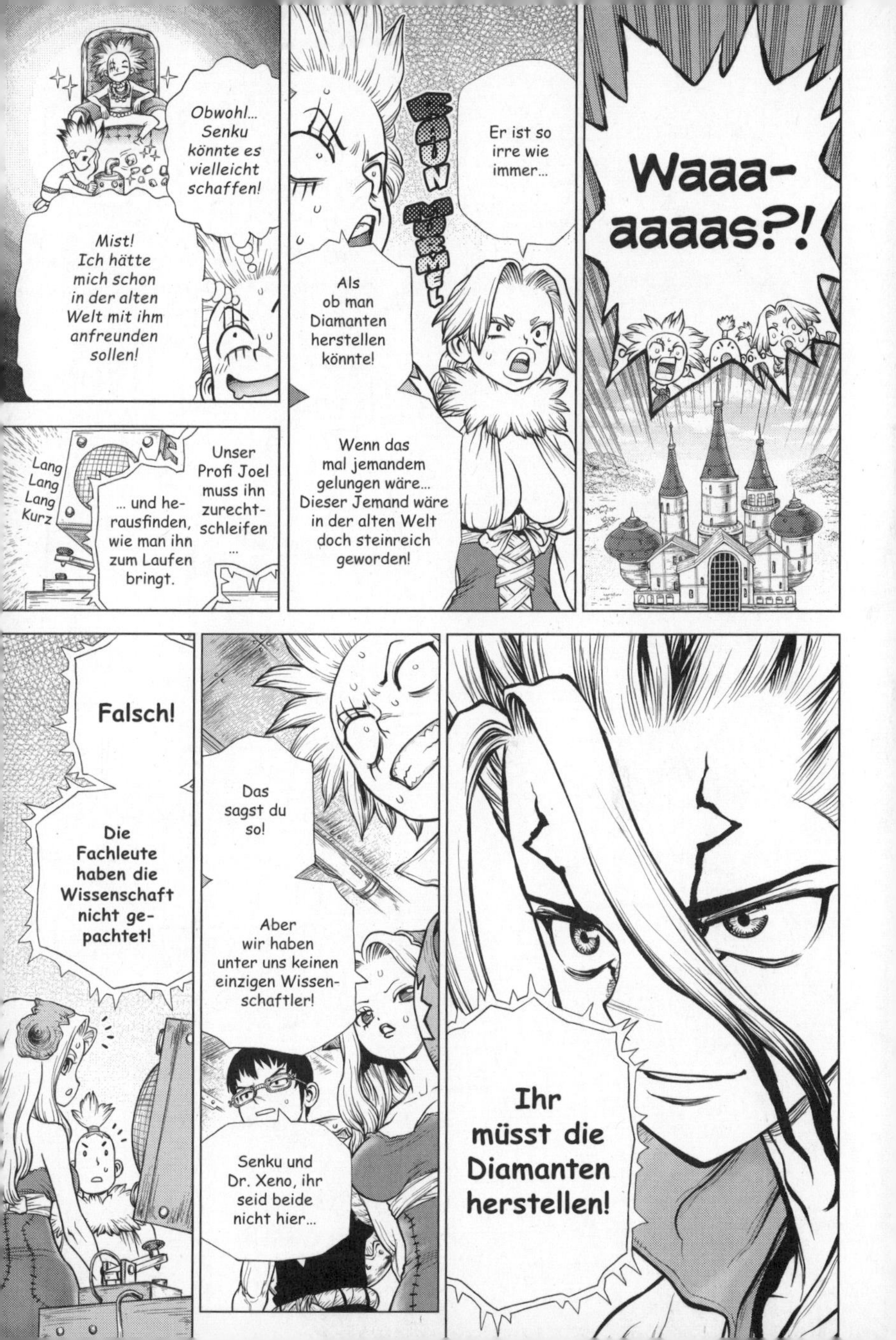
Waaaa-aaaas?!
Er ist so irre wie immer...
Als ob man Diamanten herstellen könnte!
Wenn das mal jemandem gelungen wäre... Dieser Jemand wäre in der alten Welt doch steinreich geworden!
Obwohl... Senku könnte es vielleicht schaffen!
Mist! Ich hätte mich schon in der alten Welt mit ihm anfreunden sollen!
Unser Profi Joel muss ihn zurechtschleifen ...
... und herausfinden, wie man ihn zum Laufen bringt.
Lang Lang Lang Kurz
Ihr müsst die Diamanten herstellen!
Das sagst du so!
Aber wir haben unter uns keinen einzigen Wissenschaftler!
Senku und Dr. Xeno, ihr seid beide nicht hier...
Falsch!
Die Fachleute haben die Wissenschaft nicht gepachtet!

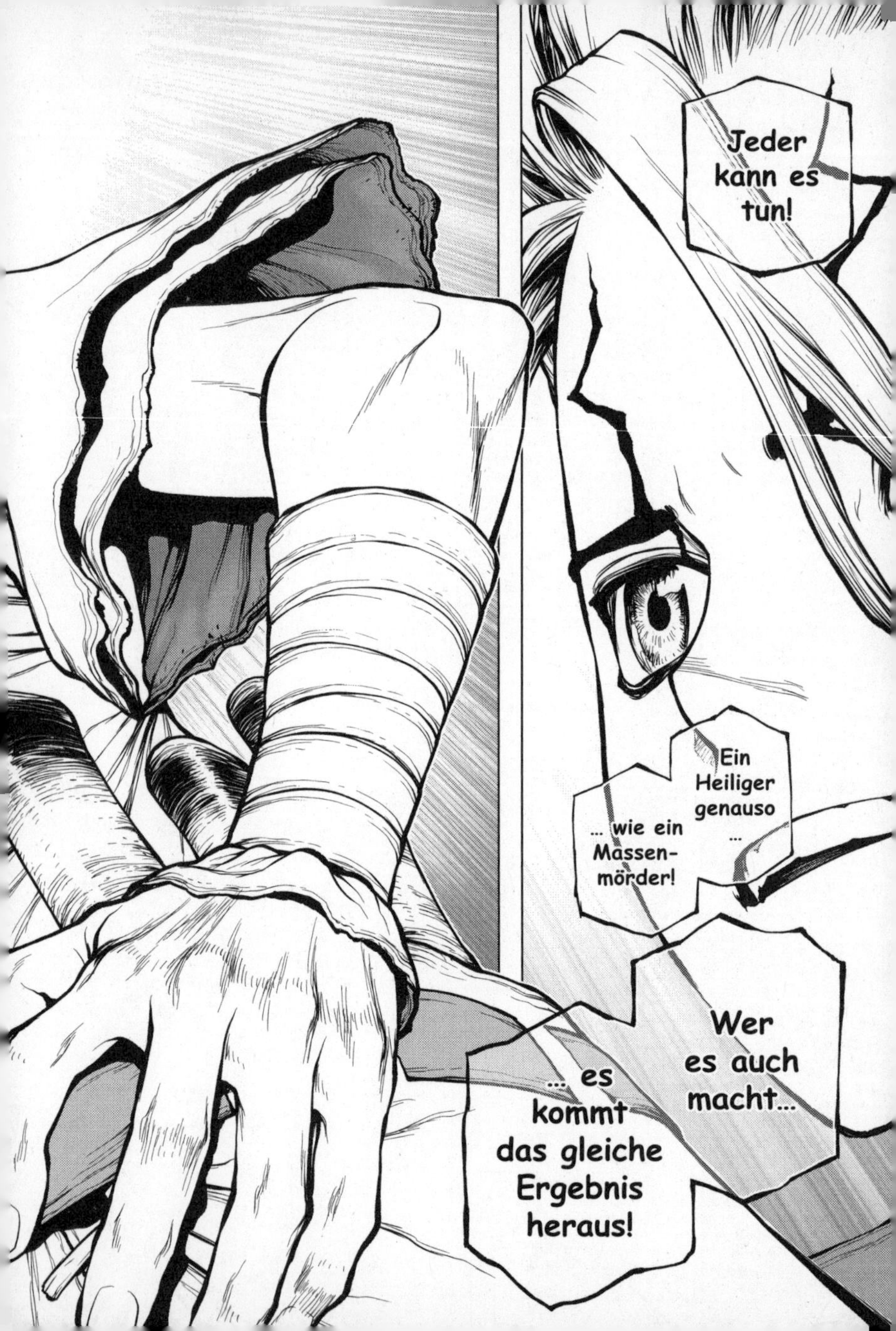
Jeder kann es tun!
Ein Heiliger genauso ...
... wie ein Massen-mörder!
Wer es auch macht...
... es kommt das gleiche Ergebnis heraus!

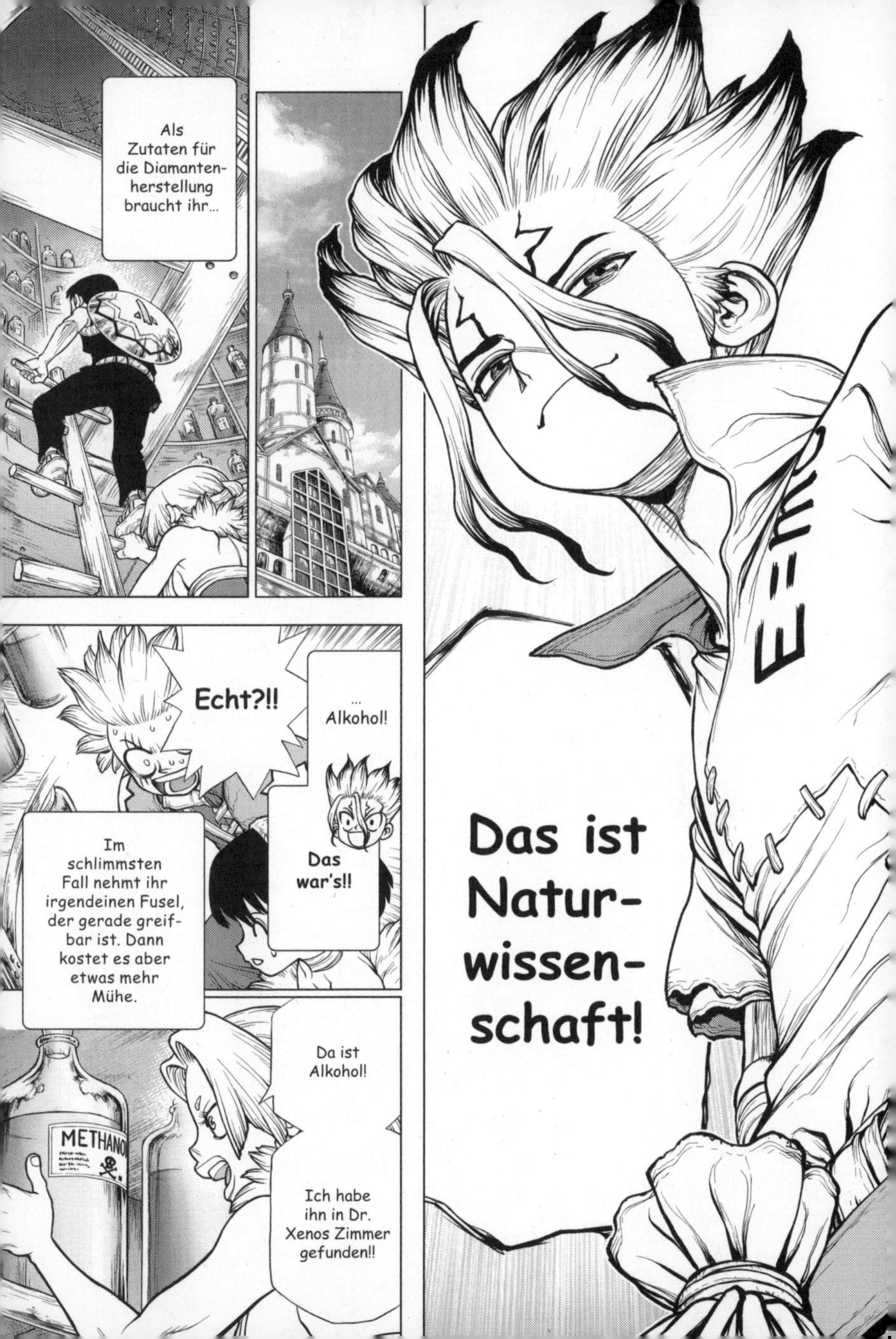

Als Zutaten für die Diamantenherstellung braucht ihr…
… Alkohol!
Echt?!!
Das war's!!
Im schlimmsten Fall nehmt ihr irgendeinen Fusel, der gerade greifbar ist. Dann kostet es aber etwas mehr Mühe.
Da ist Alkohol!
Ich habe ihn in Dr. Xenos Zimmer gefunden!!
METHANO
Das ist Naturwissenschaft!

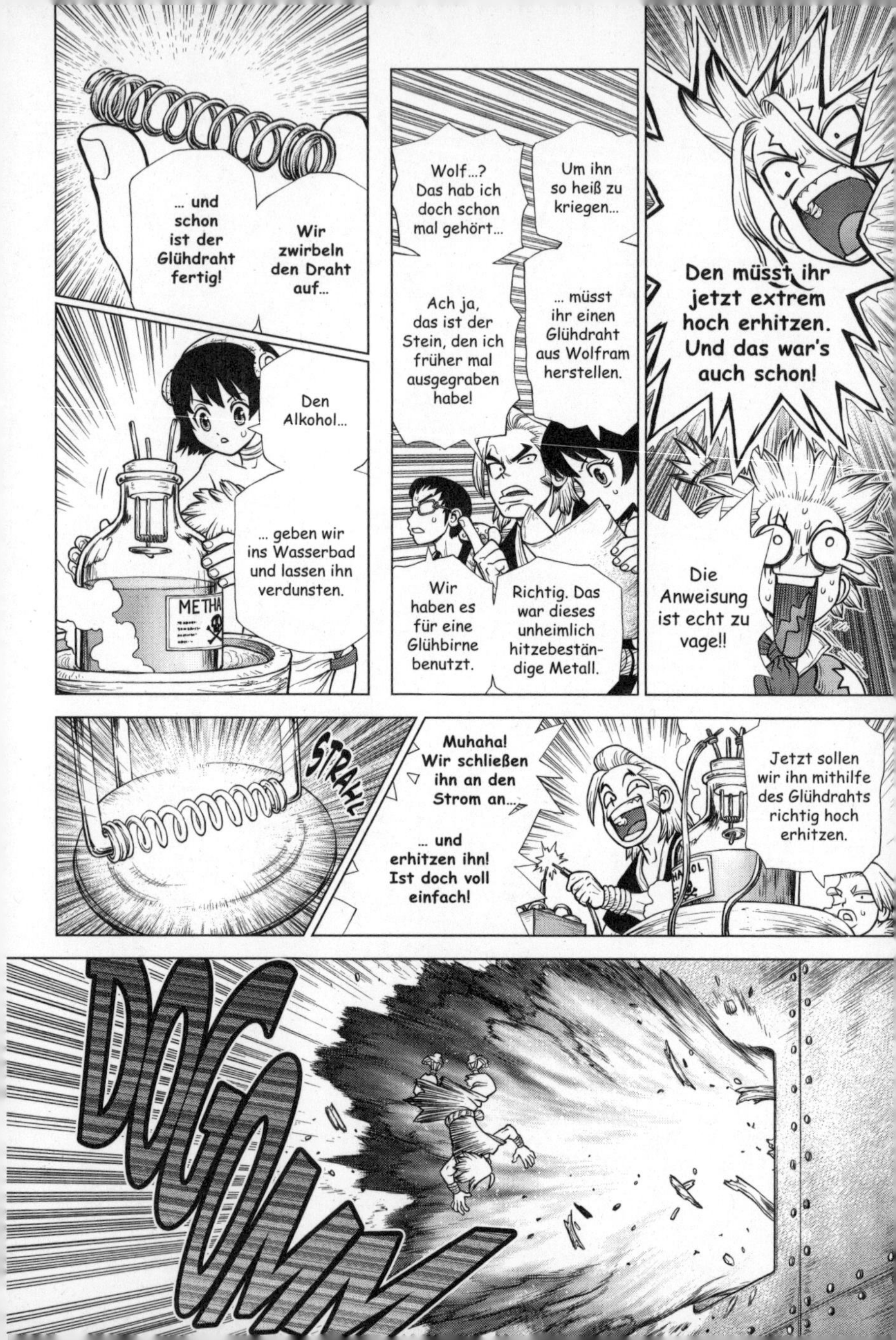
Den müsst ihr jetzt extrem hoch erhitzen. Und das war's auch schon!
Die Anweisung ist echt zu vage!!
Um ihn so heiß zu kriegen...
... müsst ihr einen Glühdraht aus Wolfram herstellen.
Wolf...? Das hab ich doch schon mal gehört...
Ach ja, das ist der Stein, den ich früher mal ausgegraben habe!
Richtig. Das war dieses unheimlich hitzebeständige Metall.
Wir haben es für eine Glühbirne benutzt.
Wir zwirbeln den Draht auf...
... und schon ist der Glühdraht fertig!
Den Alkohol...
... geben wir ins Wasserbad und lassen ihn verdunsten.
METHA
Jetzt sollen wir ihn mithilfe des Glühdrahts richtig hoch erhitzen.
Muhaha! Wir schließen ihn an den Strom an...
... und erhitzen ihn! Ist doch voll einfach!
STRAHL

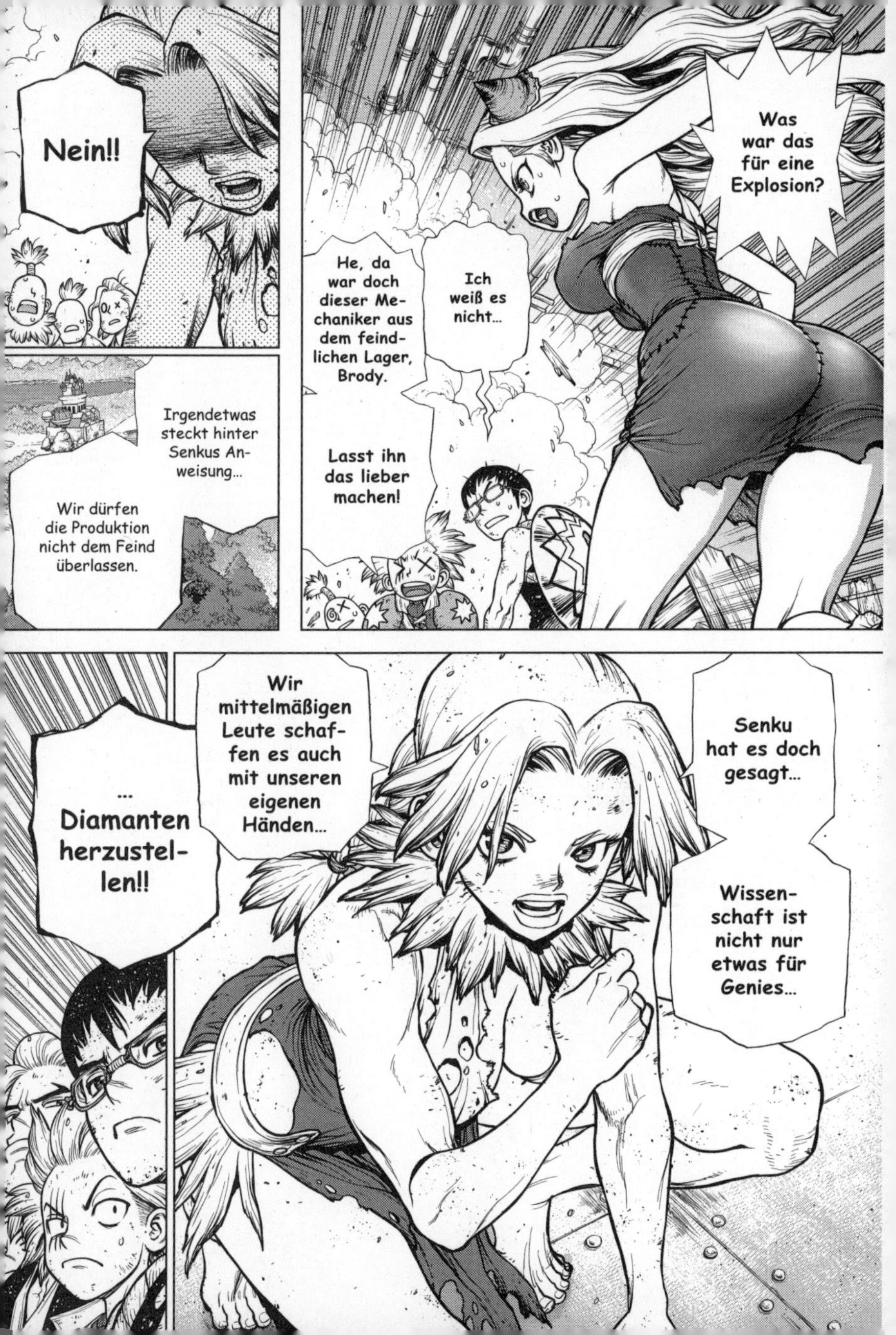
Was war das für eine Explosion?
Ich weiß es nicht…
He, da war doch dieser Mechaniker aus dem feindlichen Lager, Brody.
Lasst ihn das lieber machen!
Nein!!
Irgendetwas steckt hinter Senkus Anweisung…
Wir dürfen die Produktion nicht dem Feind überlassen.
Senku hat es doch gesagt…
Wissenschaft ist nicht nur etwas für Genies…
Wir mittelmäßigen Leute schaffen es auch mit unseren eigenen Händen…
... Diamanten herzustellen!!

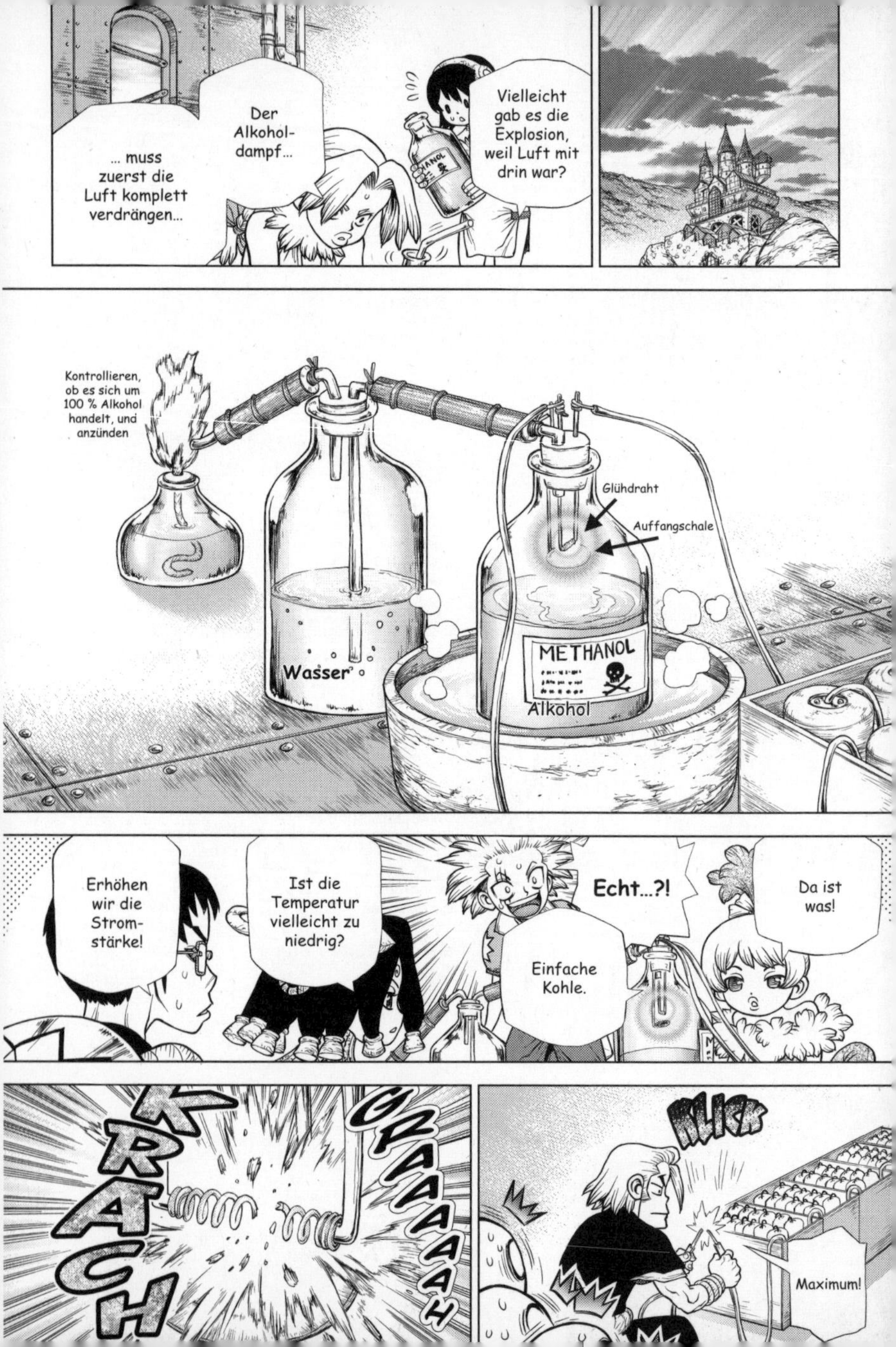

Vielleicht gab es die Explosion, weil Luft mit drin war?
Der Alkohol-dampf…
… muss zuerst die Luft komplett verdrängen…
Kontrollieren, ob es sich um 100 % Alkohol handelt, und anzünden
Glühdraht
Auffangschale
METHANOL
Wasser
Alkohol
Da ist was!
Echt…?!
Einfache Kohle.
Ist die Temperatur vielleicht zu niedrig?
Erhöhen wir die Stromstärke!
KLICK
Maximum!
GRAAAAAH
KRACH

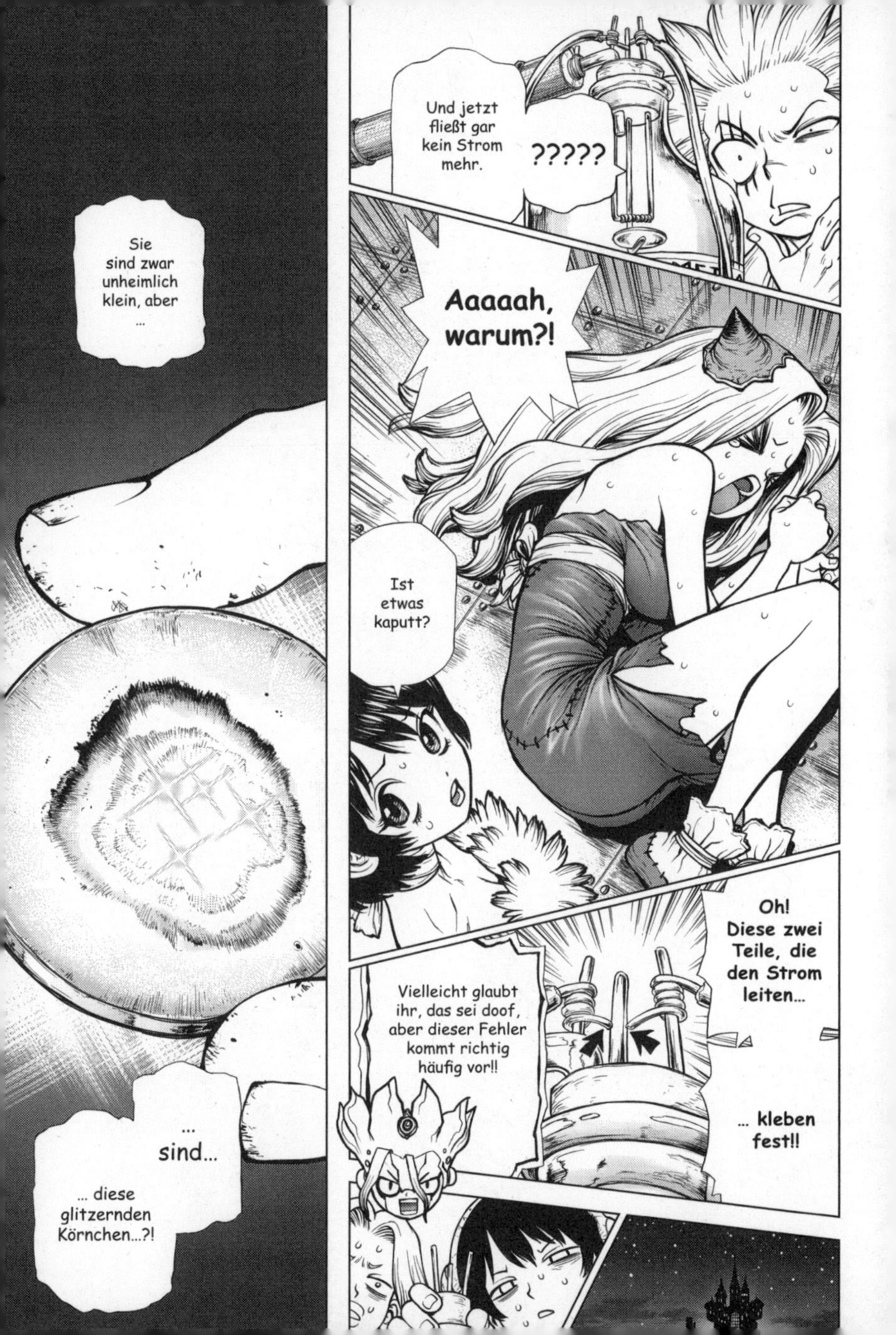
Und jetzt fließt gar kein Strom mehr.
?????
Aaaaah, warum?!
Ist etwas kaputt?
Oh! Diese zwei Teile, die den Strom leiten...
... kleben fest!!
Vielleicht glaubt ihr, das sei doof, aber dieser Fehler kommt richtig häufig vor!!
Sie sind zwar unheimlich klein, aber ...
... sind...
... diese glitzernden Körnchen...?!

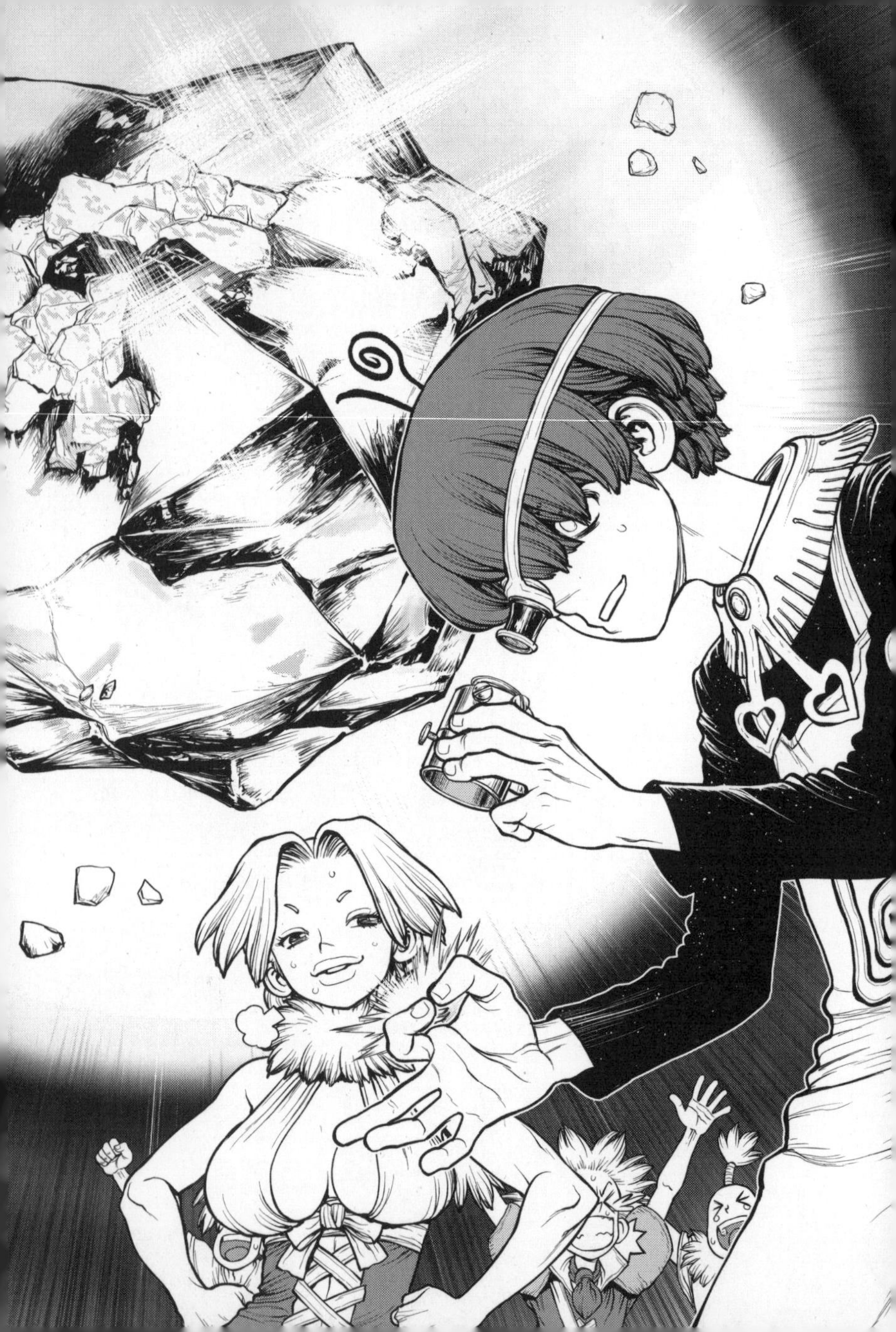

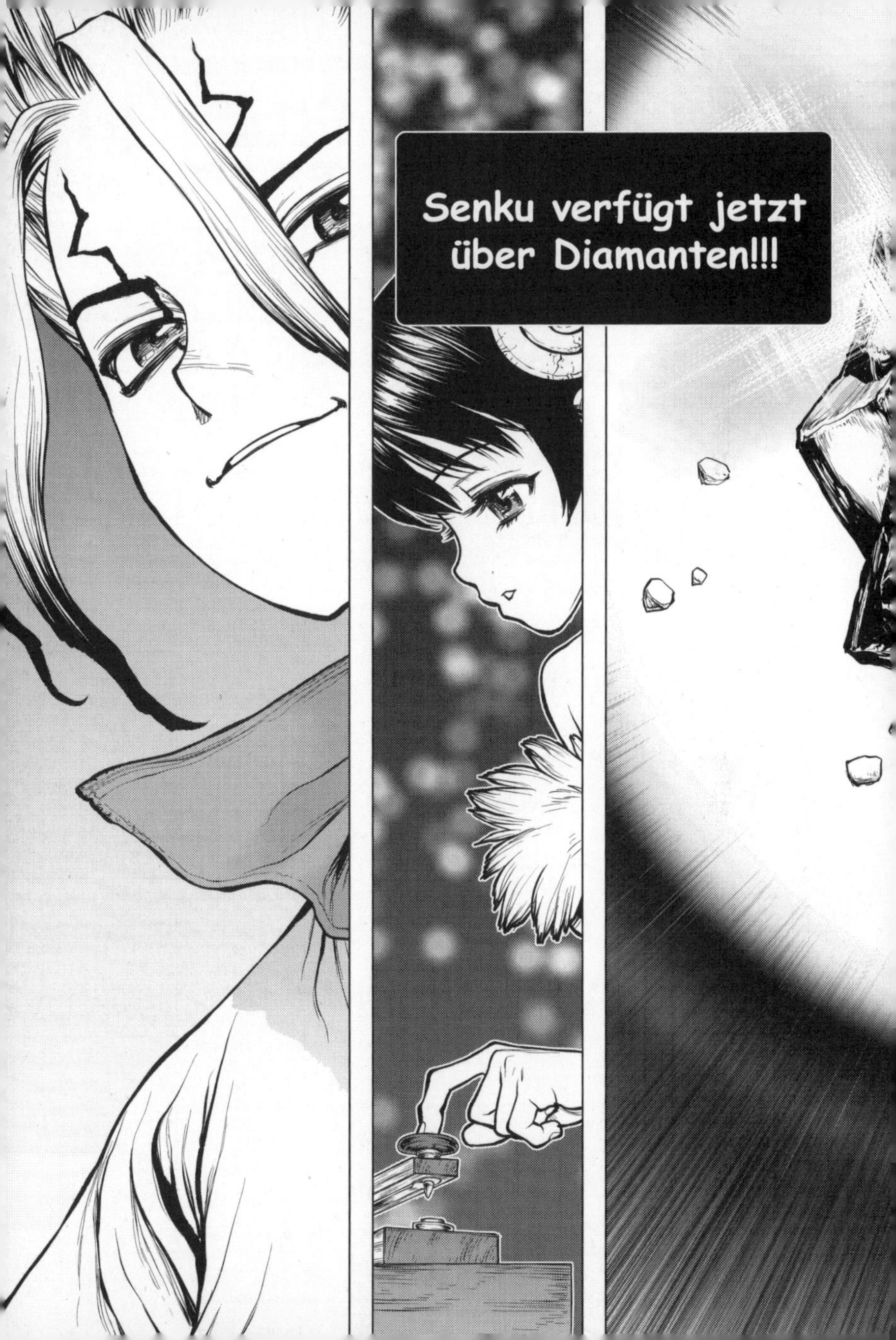
Senku verfügt jetzt über Diamanten!!!

Xenos Königreich der Wissenschaft

RITTER FILE 10

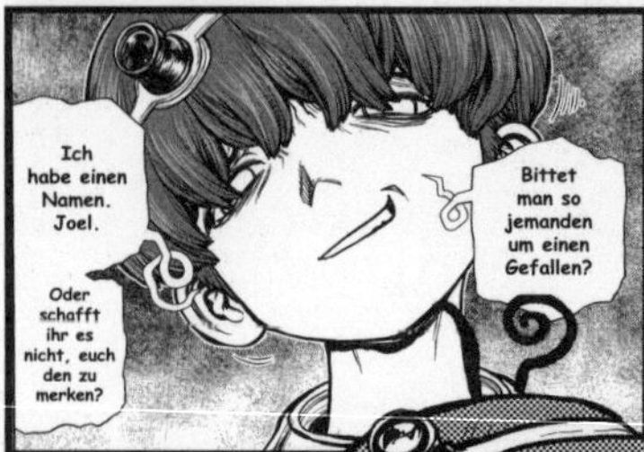

Joel

Handwerksfähigkeiten	★★★★★
Kommunikationsskills	★★
Liebe	★

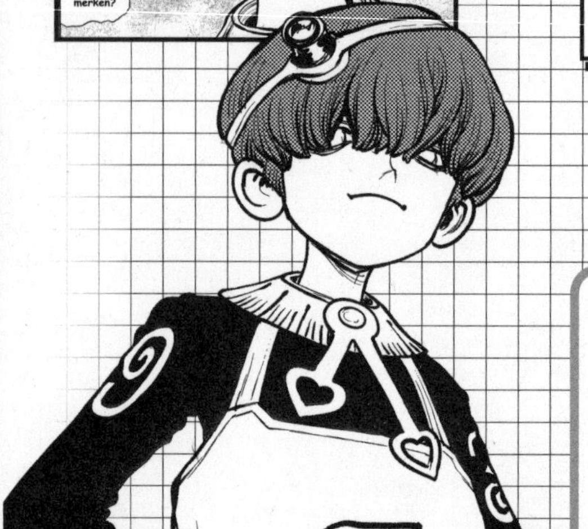

Echter Name: Joel Gear

Größe: 168 cm

Job: Techniker

Die unumstrittene Nummer eins unter den Technikern eines Megaluxus-Uhrenherstellers.

Sein Umgang mit anderen ist ruppig und er glaubt nur an sich und sein Können.

Kommunikationsskills? So ein Schwachsinn ist nur was für unfähige Leute! Er heißt alle Typen willkommen, die etwas können, denn mit ihnen kann er sich nach der Arbeit bei einem Drink über Technik unterhalten.

Frauen, die etwas können, heißt er auch willkommen, nur... muss er sich bei ihnen so hart bemühen, Gleichgültigkeit zu demonstrieren, dass er zu nichts kommt.

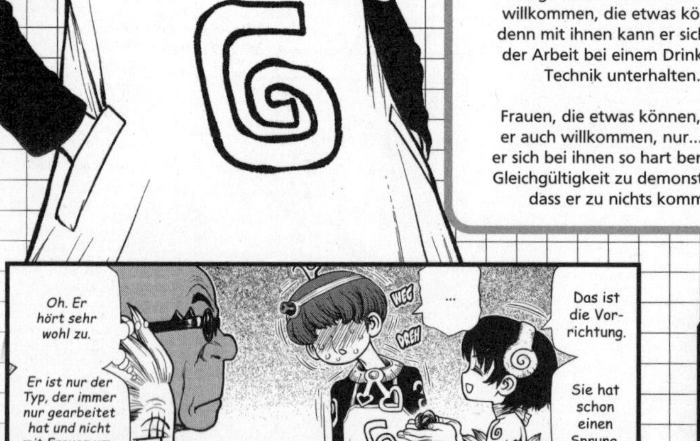

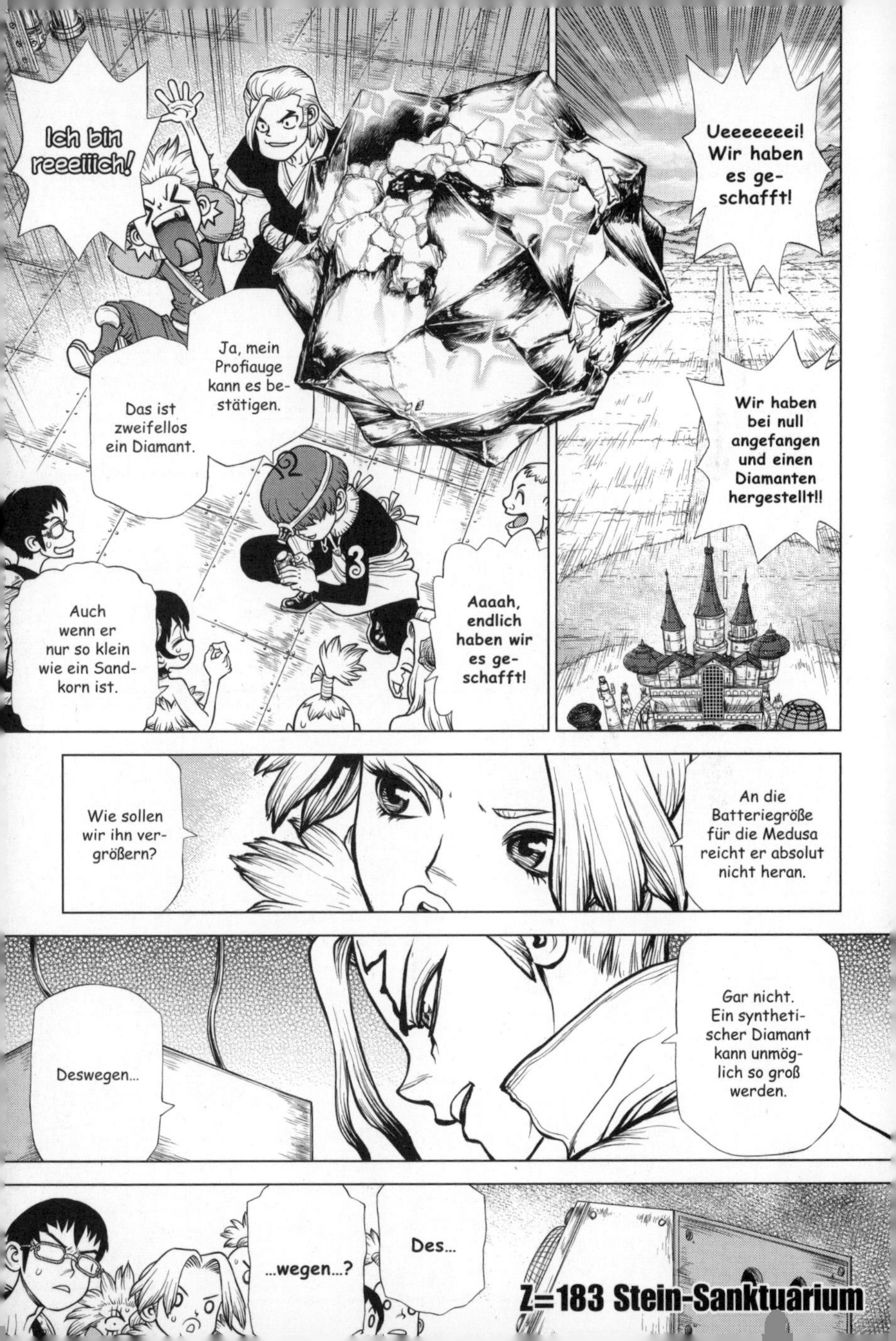
Ueeeeeeei! Wir haben es geschafft!
Wir haben bei null angefangen und einen Diamanten hergestellt!!
Ich bin reeeiiich!
Ja, mein Profiauge kann es bestätigen.
Das ist zweifellos ein Diamant.
Aaaah, endlich haben wir es geschafft!
Auch wenn er nur so klein wie ein Sandkorn ist.
An die Batteriegröße für die Medusa reicht er absolut nicht heran.
Wie sollen wir ihn vergrößern?
Gar nicht. Ein synthetischer Diamant kann unmöglich so groß werden.
Deswegen...
Des...
...wegen...?
Z=183 Stein-Sanktuarium

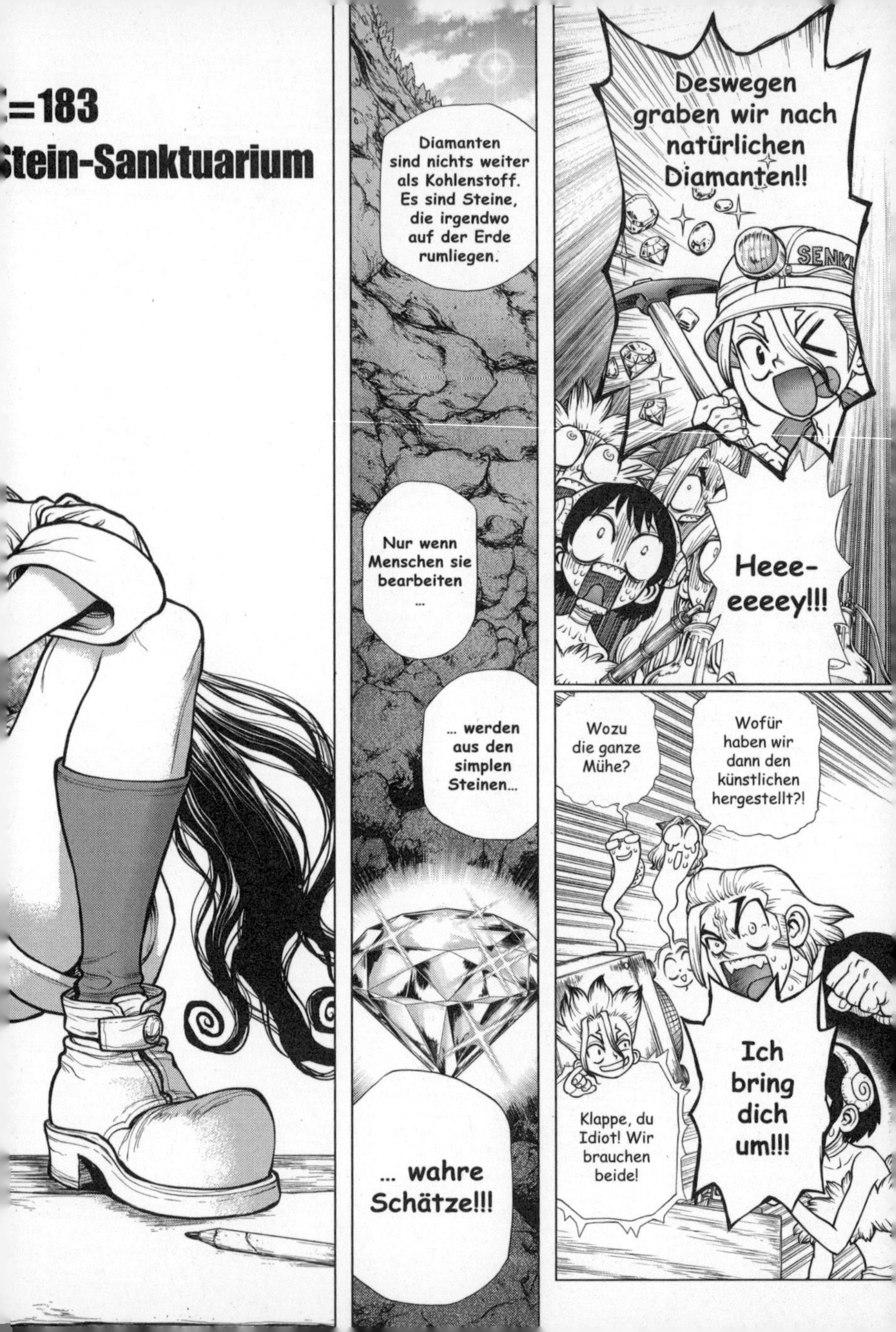

Deswegen graben wir nach natürlichen Diamanten!!
SENKU
Heee-eeeey!!!
Wofür haben wir dann den künstlichen hergestellt?!
Wozu die ganze Mühe?
Ich bring dich um!!!
Klappe, du Idiot! Wir brauchen beide!
Diamanten sind nichts weiter als Kohlenstoff. Es sind Steine, die irgendwo auf der Erde rumliegen.
Nur wenn Menschen sie bearbeiten ...
... werden aus den simplen Steinen...
... wahre Schätze!!!
=183
Stein-Sanktuarium

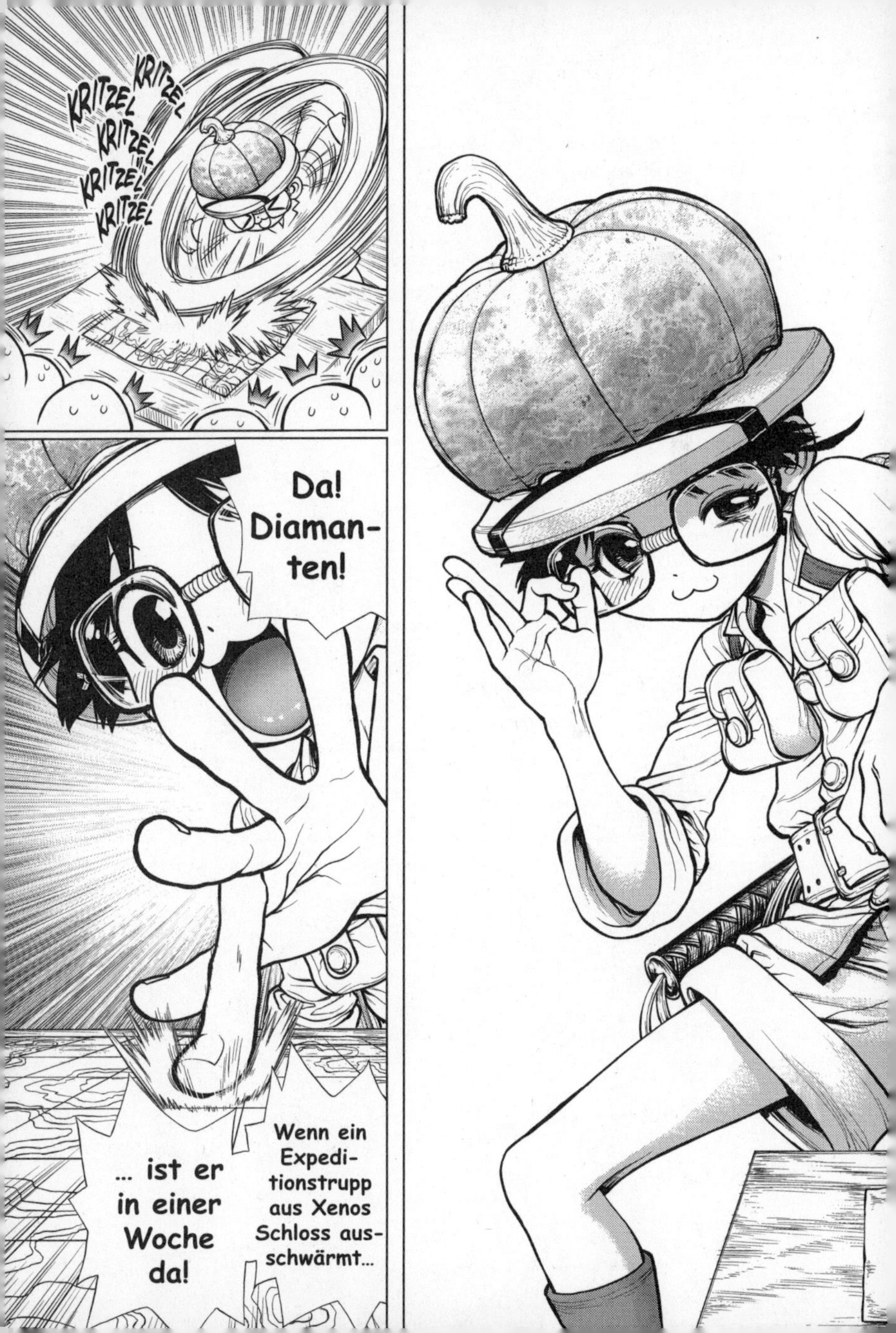
KRITZEL KRITZEL
KRITZEL
KRITZEL
KRITZEL
Da! Diamanten!
Wenn ein Expeditionstrupp aus Xenos Schloss ausschwärmt...
... ist er in einer Woche da!

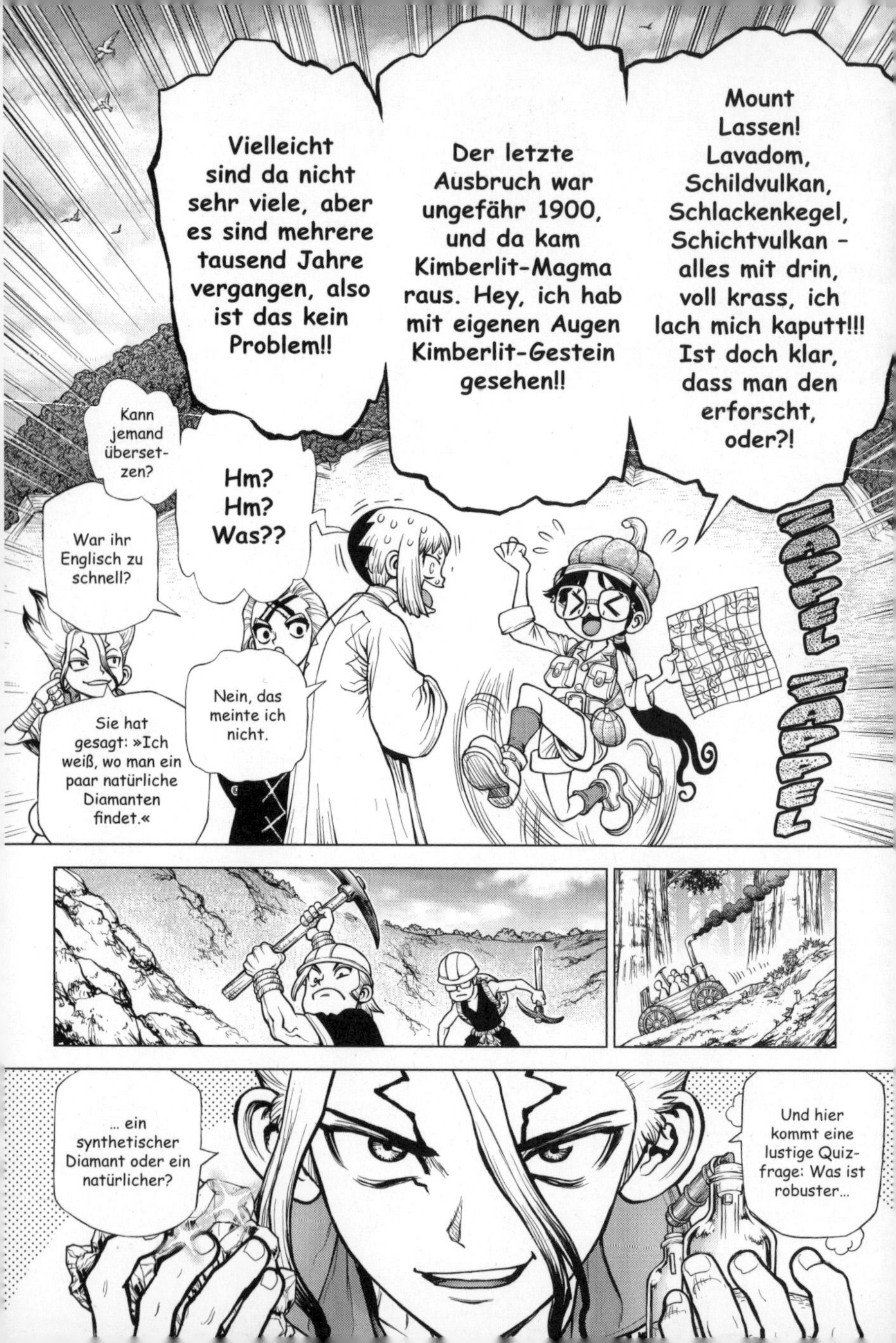
Mount Lassen! Lavadom, Schildvulkan, Schlackenkegel, Schichtvulkan – alles mit drin, voll krass, ich lach mich kaputt!!! Ist doch klar, dass man den erforscht, oder?!
Der letzte Ausbruch war ungefähr 1900, und da kam Kimberlit-Magma raus. Hey, ich hab mit eigenen Augen Kimberlit-Gestein gesehen!!
Vielleicht sind da nicht sehr viele, aber es sind mehrere tausend Jahre vergangen, also ist das kein Problem!!
ZAPPEL ZAPPEL
Hm? Hm? Was??
Kann jemand überset-zen?
War ihr Englisch zu schnell?
Nein, das meinte ich nicht.
Sie hat gesagt: »Ich weiß, wo man ein paar natürliche Diamanten findet.«
Und hier kommt eine lustige Quiz-frage: Was ist robuster...
... ein synthetischer Diamant oder ein natürlicher?

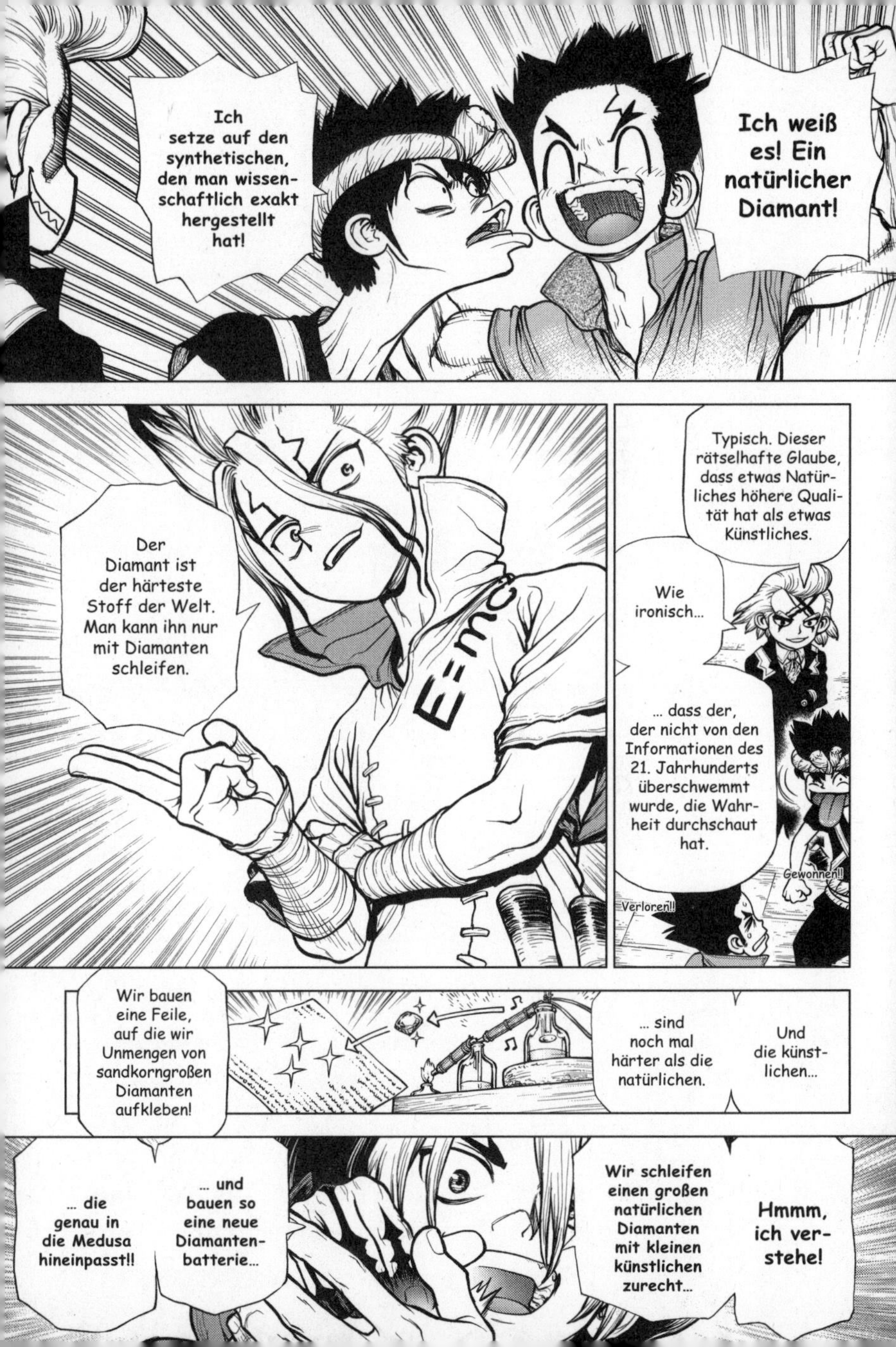
Ich weiß es! Ein natürlicher Diamant!
Ich setze auf den synthetischen, den man wissenschaftlich exakt hergestellt hat!
Typisch. Dieser rätselhafte Glaube, dass etwas Natürliches höhere Qualität hat als etwas Künstliches.
Wie ironisch...
... dass der, der nicht von den Informationen des 21. Jahrhunderts überschwemmt wurde, die Wahrheit durchschaut hat.
Gewonnen!!
Verloren!!
Der Diamant ist der härteste Stoff der Welt. Man kann ihn nur mit Diamanten schleifen.
E=mc
Und die künstlichen...
... sind noch mal härter als die natürlichen.
Wir bauen eine Feile, auf die wir Unmengen von sandkorngroßen Diamanten aufkleben!
Hmmm, ich verstehe!
Wir schleifen einen großen natürlichen Diamanten mit kleinen künstlichen zurecht...
... und bauen so eine neue Diamantenbatterie...
... die genau in die Medusa hineinpasst!!

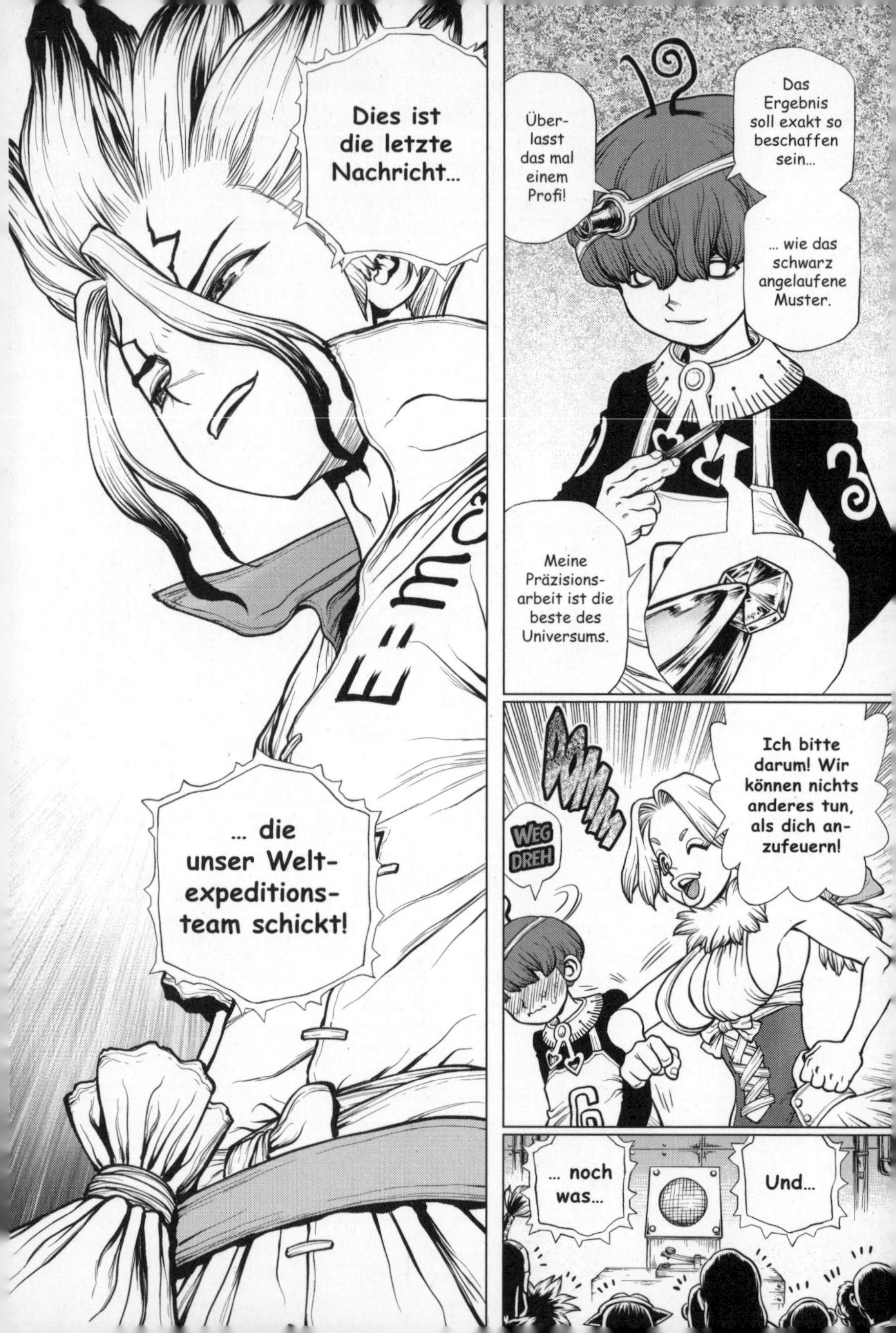
Das Ergebnis soll exakt so beschaffen sein...
... wie das schwarz angelaufene Muster.
Über-lasst das mal einem Profi!
Meine Präzisions-arbeit ist die beste des Universums.
Ich bitte darum! Wir können nichts anderes tun, als dich an-zufeuern!
WEG DREH
Und...
... noch was...
Dies ist die letzte Nachricht...
... die unser Welt-expeditions-team schickt!

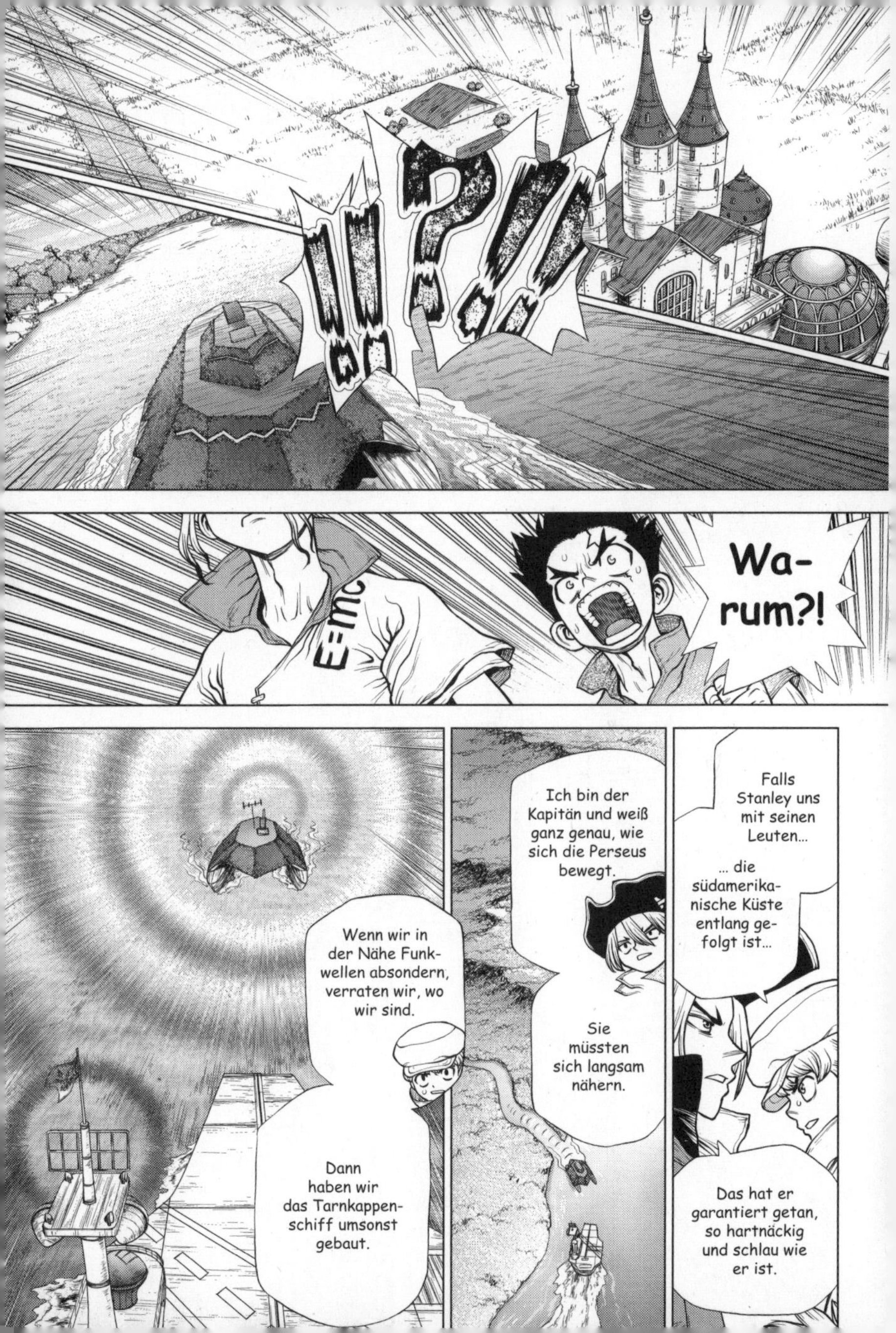
!!?!!
Warum?!
Falls Stanley uns mit seinen Leuten...
... die südamerikanische Küste entlang gefolgt ist...
Das hat er garantiert getan, so hartnäckig und schlau wie er ist.
Ich bin der Kapitän und weiß ganz genau, wie sich die Perseus bewegt.
Sie müssten sich langsam nähern.
Wenn wir in der Nähe Funkwellen absondern, verraten wir, wo wir sind.
Dann haben wir das Tarnkappenschiff umsonst gebaut.

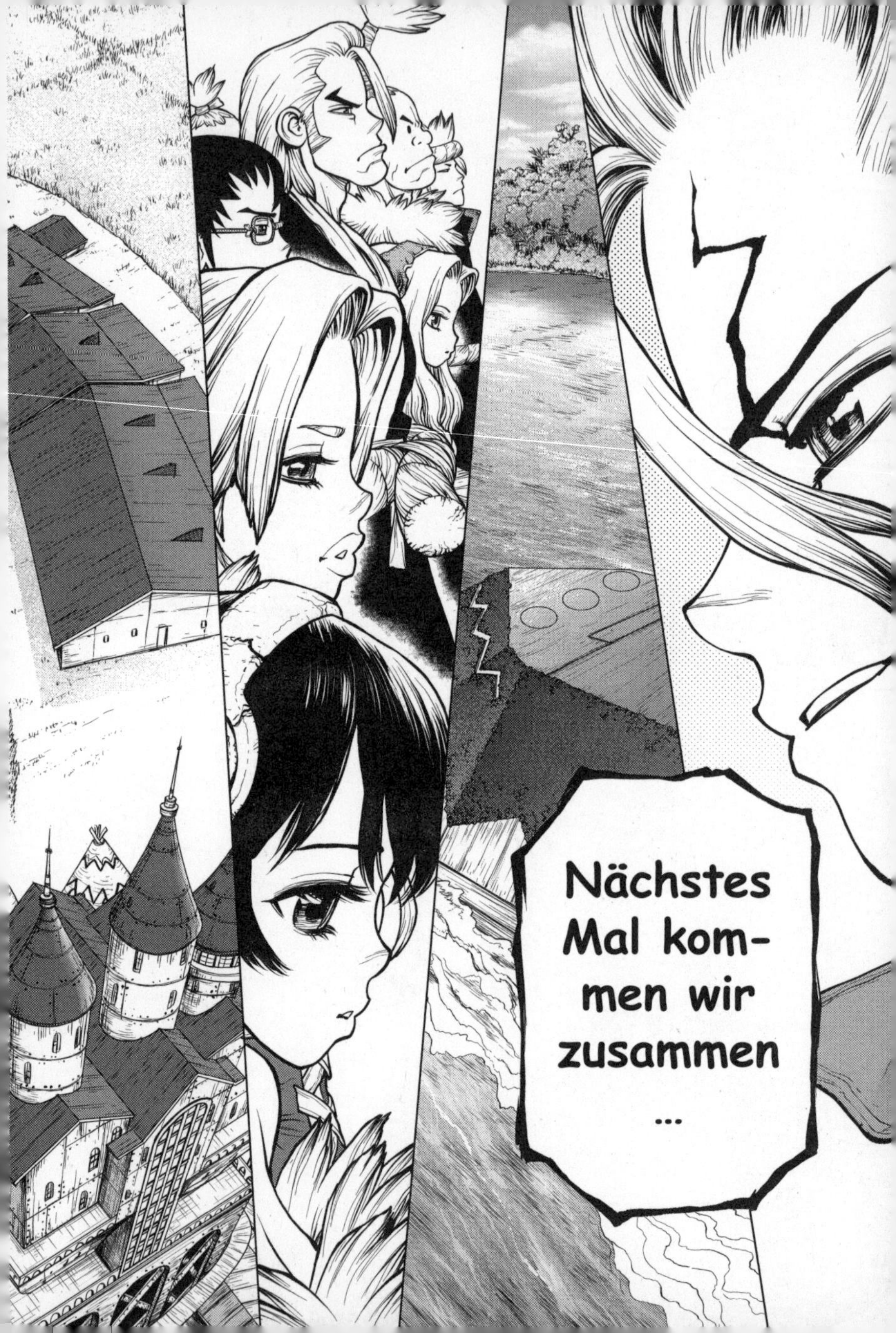
Nächstes Mal kom-men wir zusammen ...

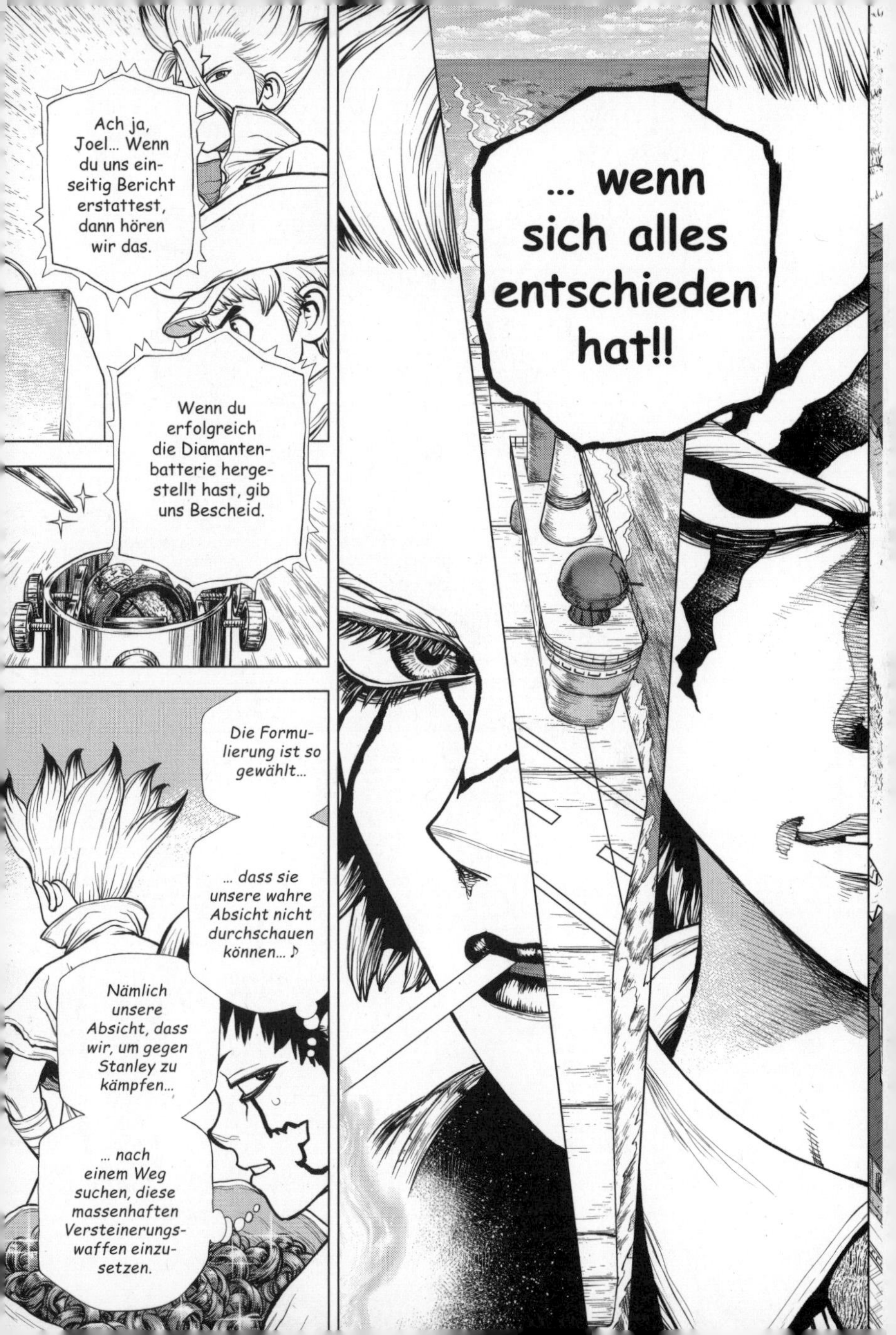

... wenn sich alles entschieden hat!!
Ach ja, Joel... Wenn du uns einseitig Bericht erstattest, dann hören wir das.
Wenn du erfolgreich die Diamantenbatterie hergestellt hast, gib uns Bescheid.
Die Formulierung ist so gewählt...
... dass sie unsere wahre Absicht nicht durchschauen können... ♪
Nämlich unsere Absicht, dass wir, um gegen Stanley zu kämpfen...
... nach einem Weg suchen, diese massenhaften Versteinerungswaffen einzusetzen.

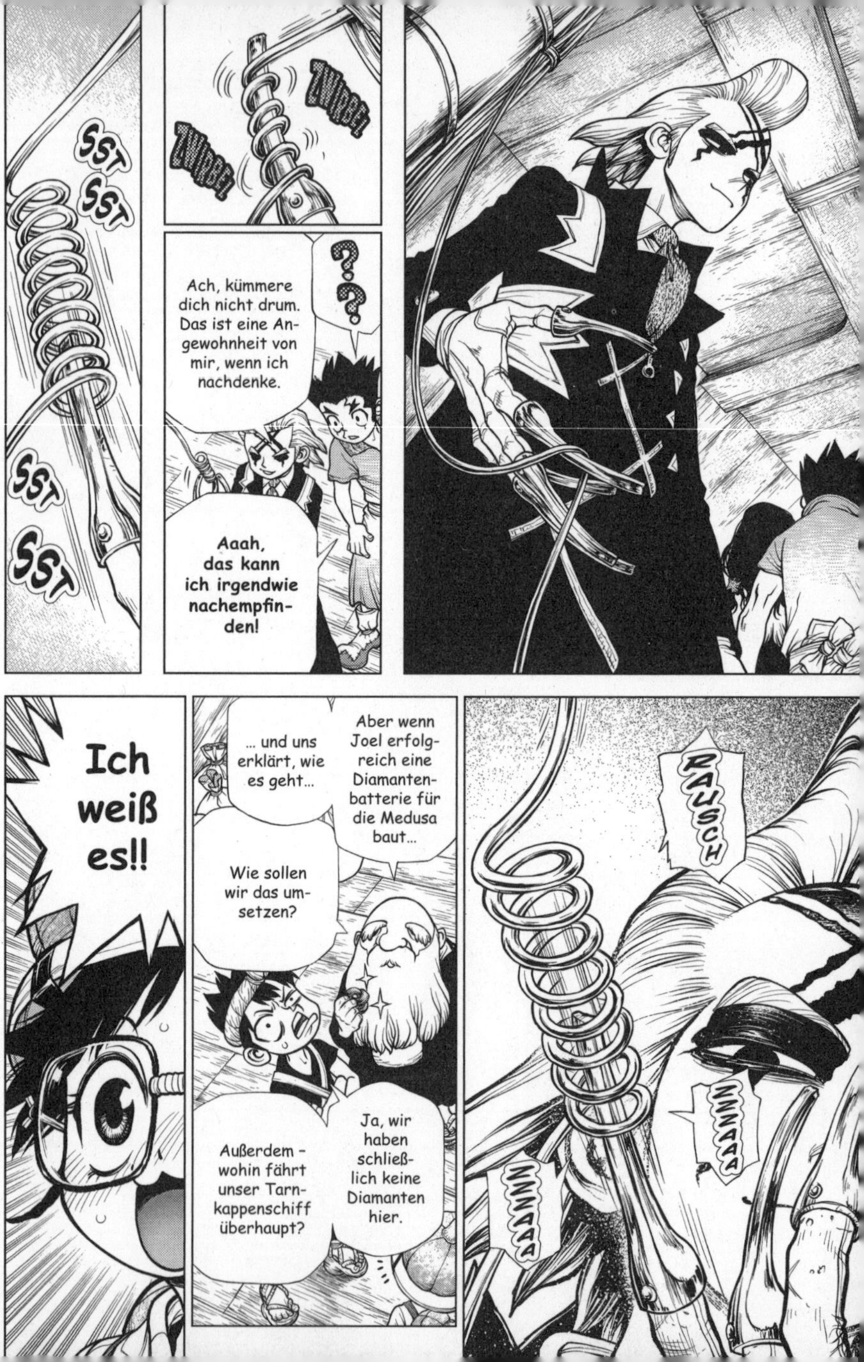
ZWIRBEL
ZWIRBEL
??
Ach, kümmere dich nicht drum. Das ist eine Angewohnheit von mir, wenn ich nachdenke.
Aaah, das kann ich irgendwie nachempfinden!
SST SST
SST SST
RAUSCH
ZZZAAAA
ZZZAAAA
Aber wenn Joel erfolgreich eine Diamantenbatterie für die Medusa baut...
... und uns erklärt, wie es geht...
Wie sollen wir das umsetzen?
Ja, wir haben schließlich keine Diamanten hier.
Außerdem – wohin fährt unser Tarnkappenschiff überhaupt?
Ich weiß es!!

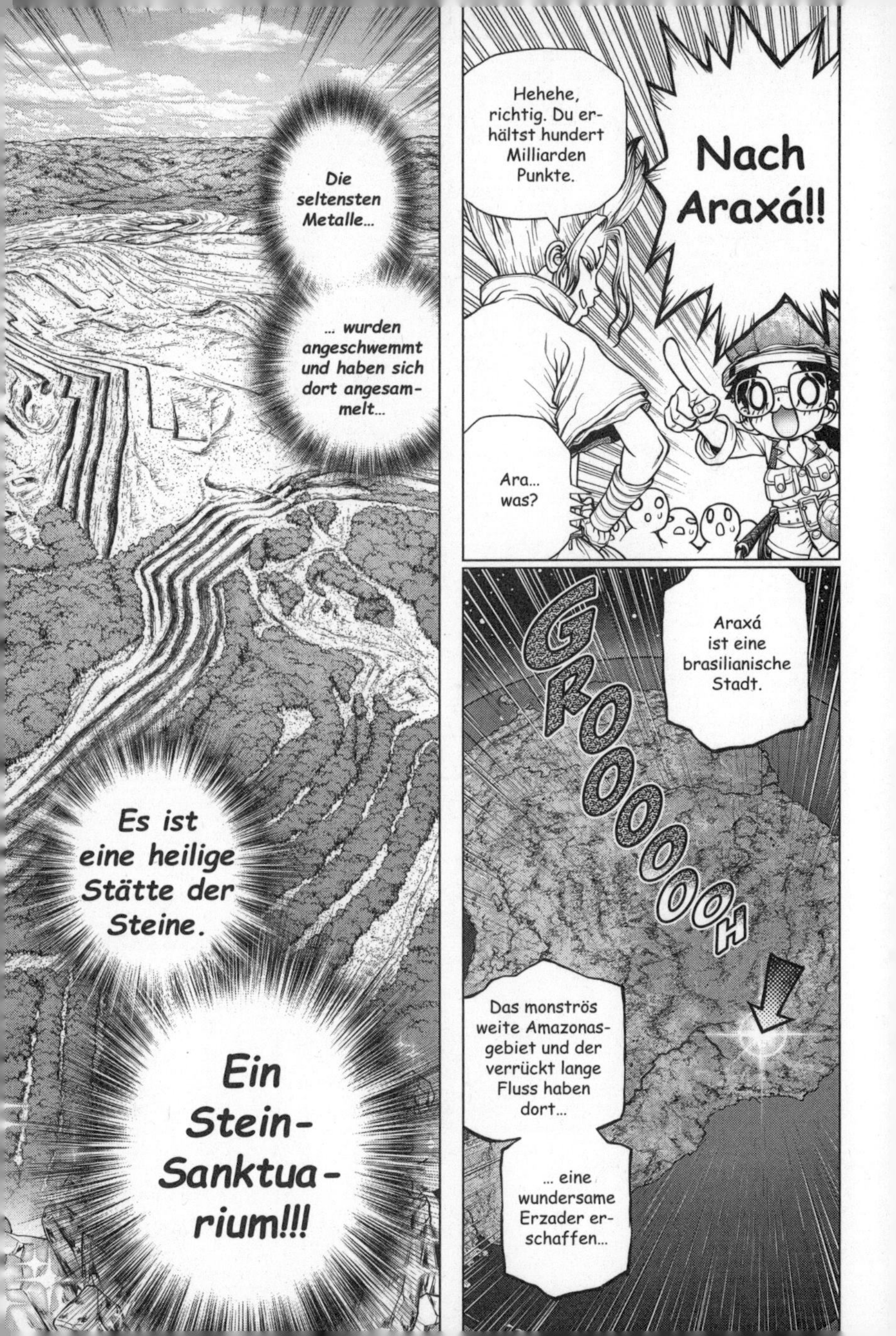
Nach Araxá!!
Hehehe, richtig. Du erhältst hundert Milliarden Punkte.
Ara... was?
Araxá ist eine brasilianische Stadt.
GROOOOOOH
Das monströs weite Amazonasgebiet und der verrückt lange Fluss haben dort...
... eine wundersame Erzader erschaffen...
Die seltensten Metalle...
... wurden angeschwemmt und haben sich dort angesammelt...
Es ist eine heilige Stätte der Steine.
Ein Stein-Sanktuarium!!!

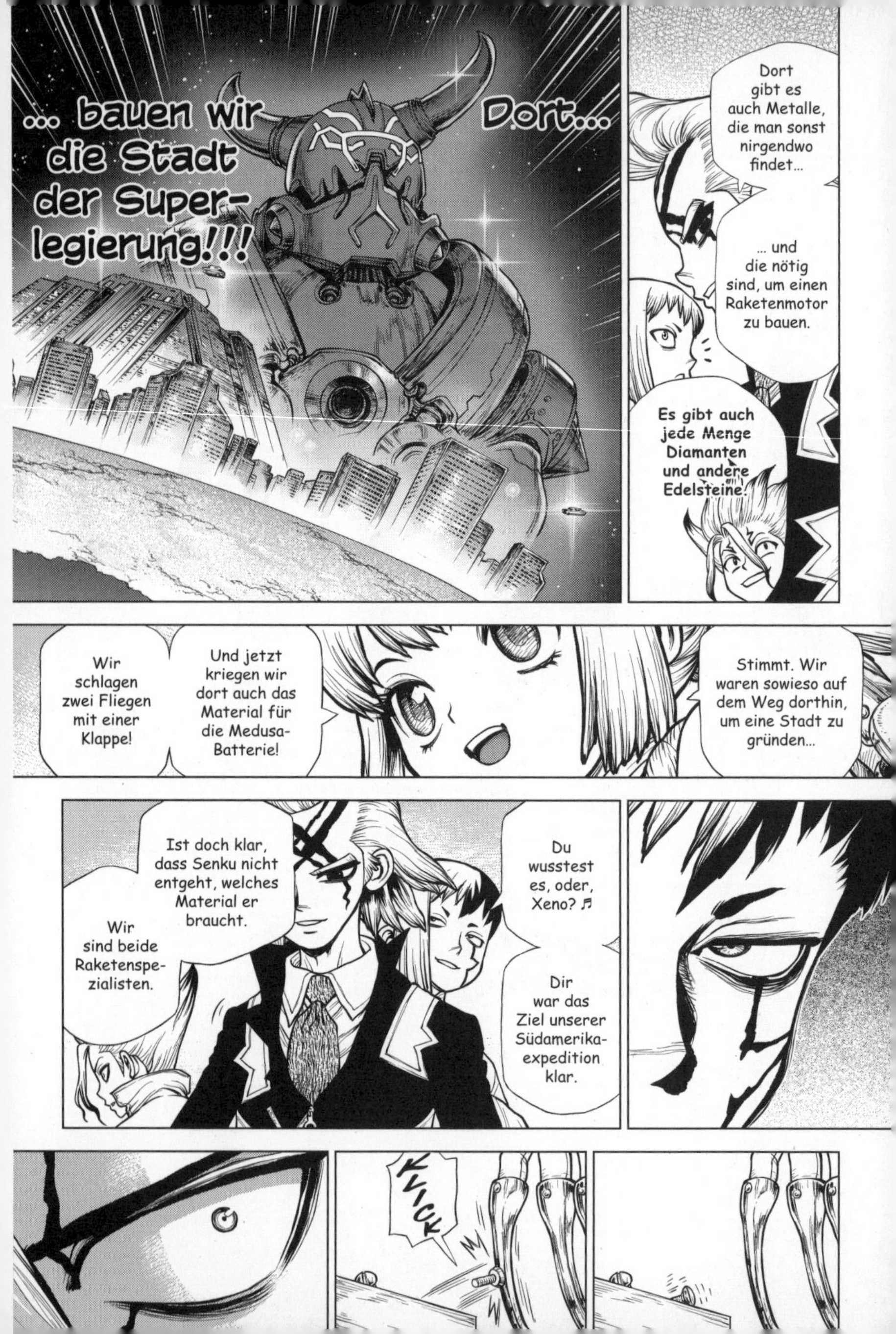

Dort gibt es auch Metalle, die man sonst nirgendwo findet...
... und die nötig sind, um einen Raketenmotor zu bauen.
Es gibt auch jede Menge Diamanten und andere Edelsteine.
Dort...
... bauen wir die Stadt der Superlegierung!!!
Stimmt. Wir waren sowieso auf dem Weg dorthin, um eine Stadt zu gründen...
Und jetzt kriegen wir dort auch das Material für die Medusa-Batterie!
Wir schlagen zwei Fliegen mit einer Klappe!
Du wusstest es, oder, Xeno? ♬
Dir war das Ziel unserer Südamerika-expedition klar.
Ist doch klar, dass Senku nicht entgeht, welches Material er braucht.
Wir sind beide Raketenspe-zialisten.
KNICK

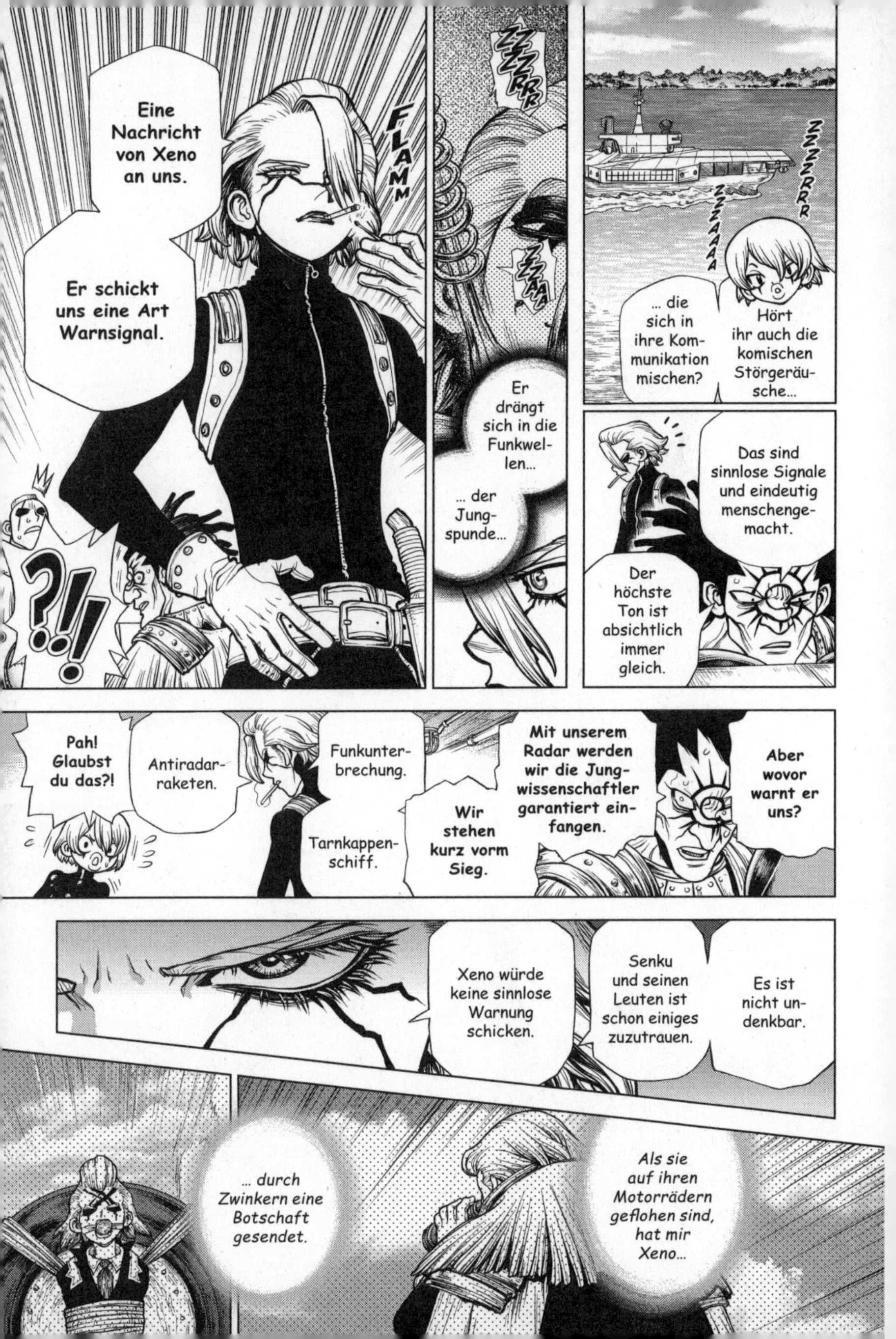
Hört ihr auch die komischen Störgeräusche...
... die sich in ihre Kommunikation mischen?
ZZZZRRR
ZZZAAAA
Das sind sinnlose Signale und eindeutig menschengemacht.
Der höchste Ton ist absichtlich immer gleich.
ZZZZRRR
ZZZAAA
Er drängt sich in die Funkwellen...
... der Jungspunde...
FLAMM
Eine Nachricht von Xeno an uns.
Er schickt uns eine Art Warnsignal.
?!!
Aber wovor warnt er uns?
Mit unserem Radar werden wir die Jungwissenschaftler garantiert einfangen.
Wir stehen kurz vorm Sieg.
Funkunterbrechung.
Tarnkappenschiff.
Antiradarraketen.
Pah! Glaubst du das?!
Es ist nicht undenkbar.
Senku und seinen Leuten ist schon einiges zuzutrauen.
Xeno würde keine sinnlose Warnung schicken.
Als sie auf ihren Motorrädern geflohen sind, hat mir Xeno...
... durch Zwinkern eine Botschaft gesendet.

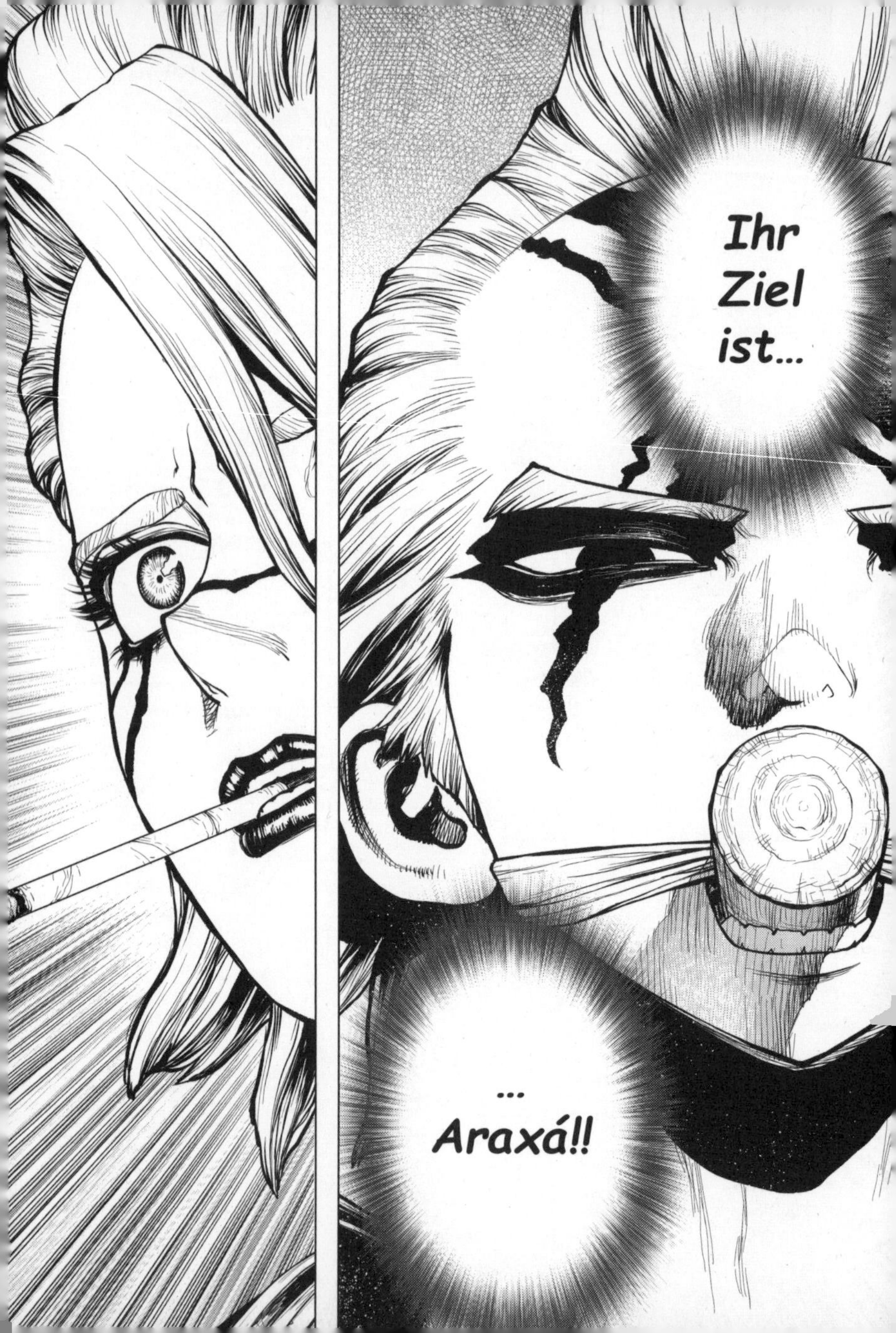
Ihr Ziel ist...
... Araxá!!

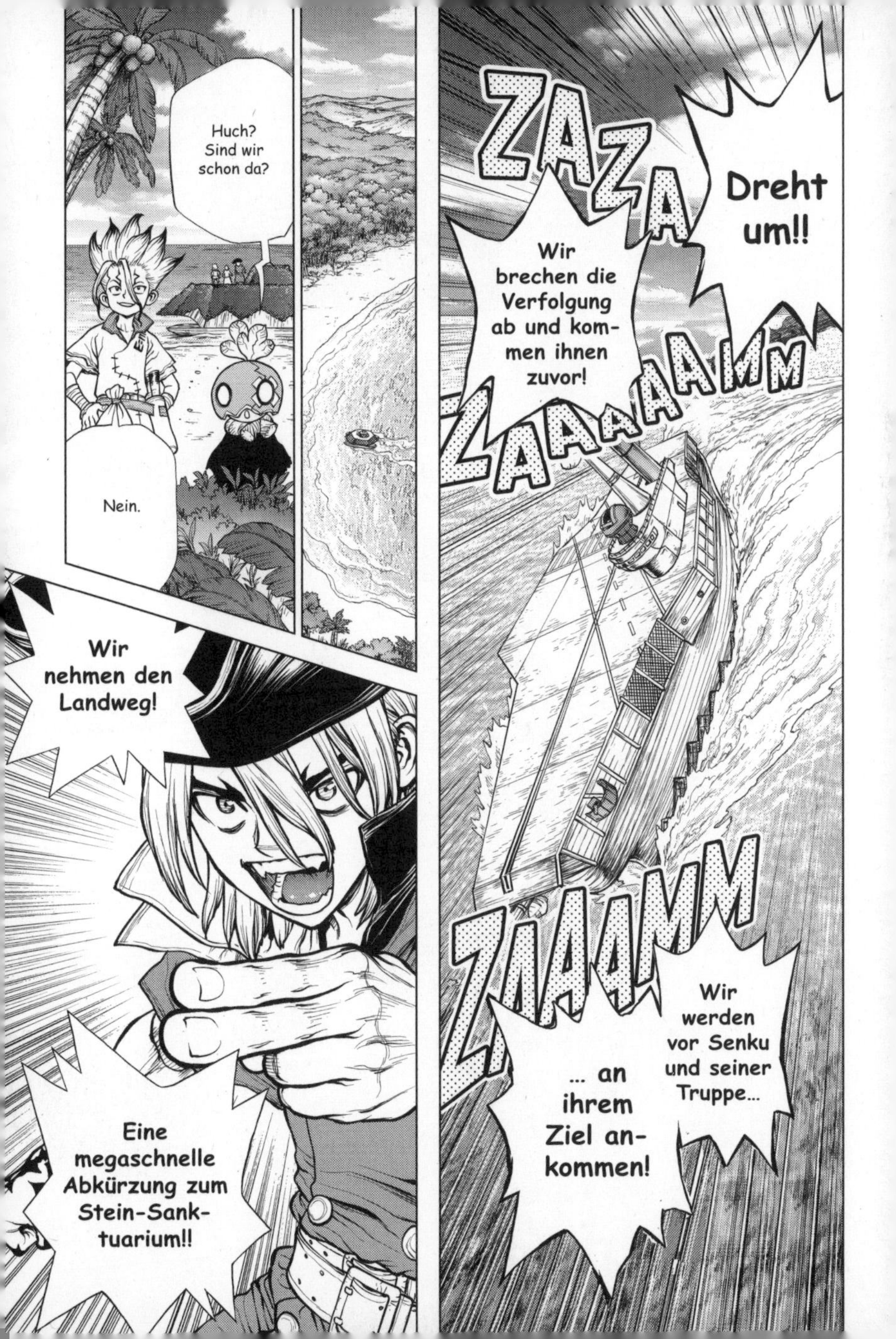
ZAZA
Dreht um!!
Wir brechen die Verfolgung ab und kommen ihnen zuvor!
ZAAAAAAMM
ZAAAMM
Wir werden vor Senku und seiner Truppe...
... an ihrem Ziel ankommen!
Huch? Sind wir schon da?
Nein.
Wir nehmen den Landweg!
Eine megaschnelle Abkürzung zum Stein-Sanktuarium!!

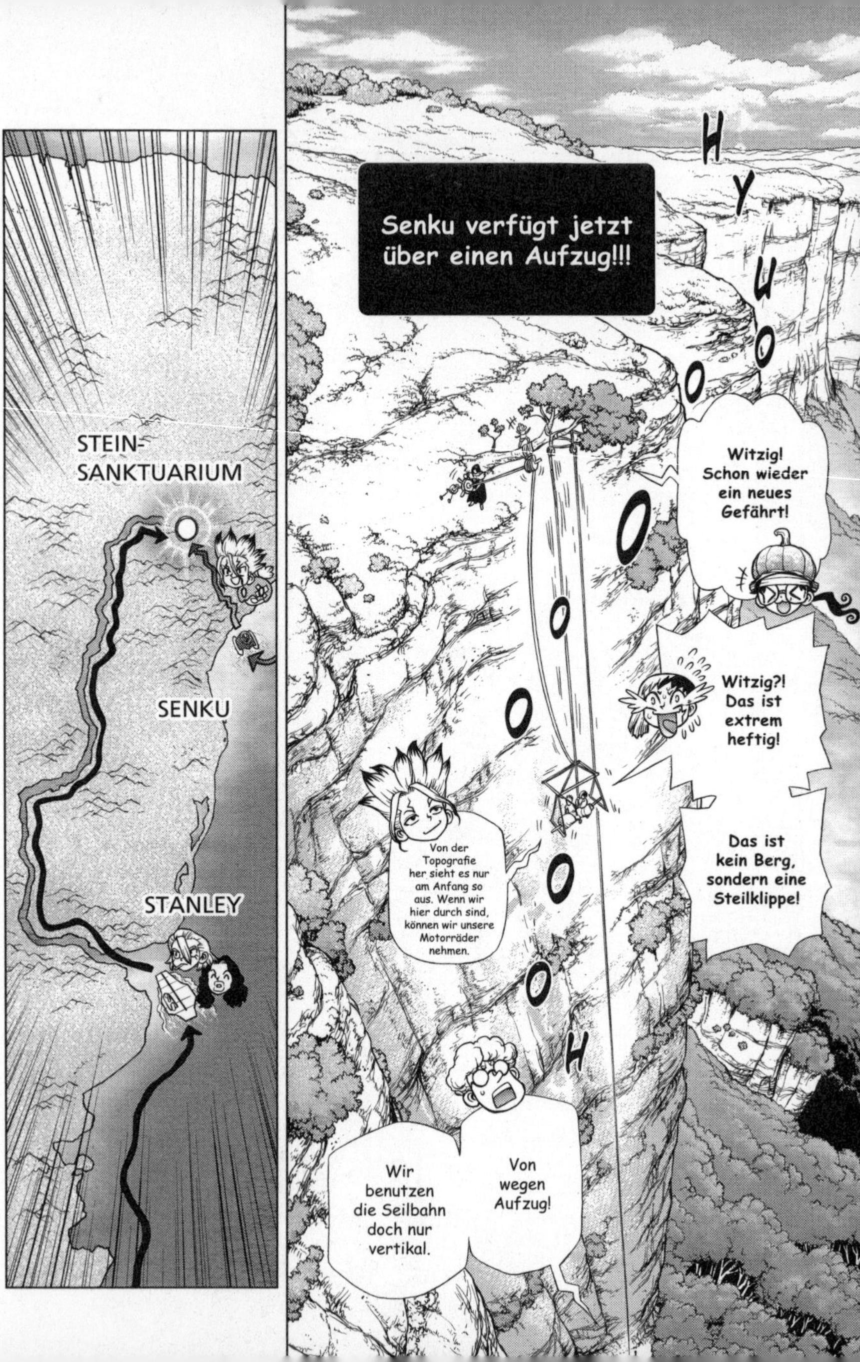

Senku verfügt jetzt über einen Aufzug!!!
HYUOOOOOOOH
Witzig! Schon wieder ein neues Gefährt!
Witzig?! Das ist extrem heftig!
Das ist kein Berg, sondern eine Steilklippe!
Von der Topografie her sieht es nur am Anfang so aus. Wenn wir hier durch sind, können wir unsere Motorräder nehmen.
Von wegen Aufzug!
Wir benutzen die Seilbahn doch nur vertikal.
STEIN-SANKTUARIUM
SENKU
STANLEY

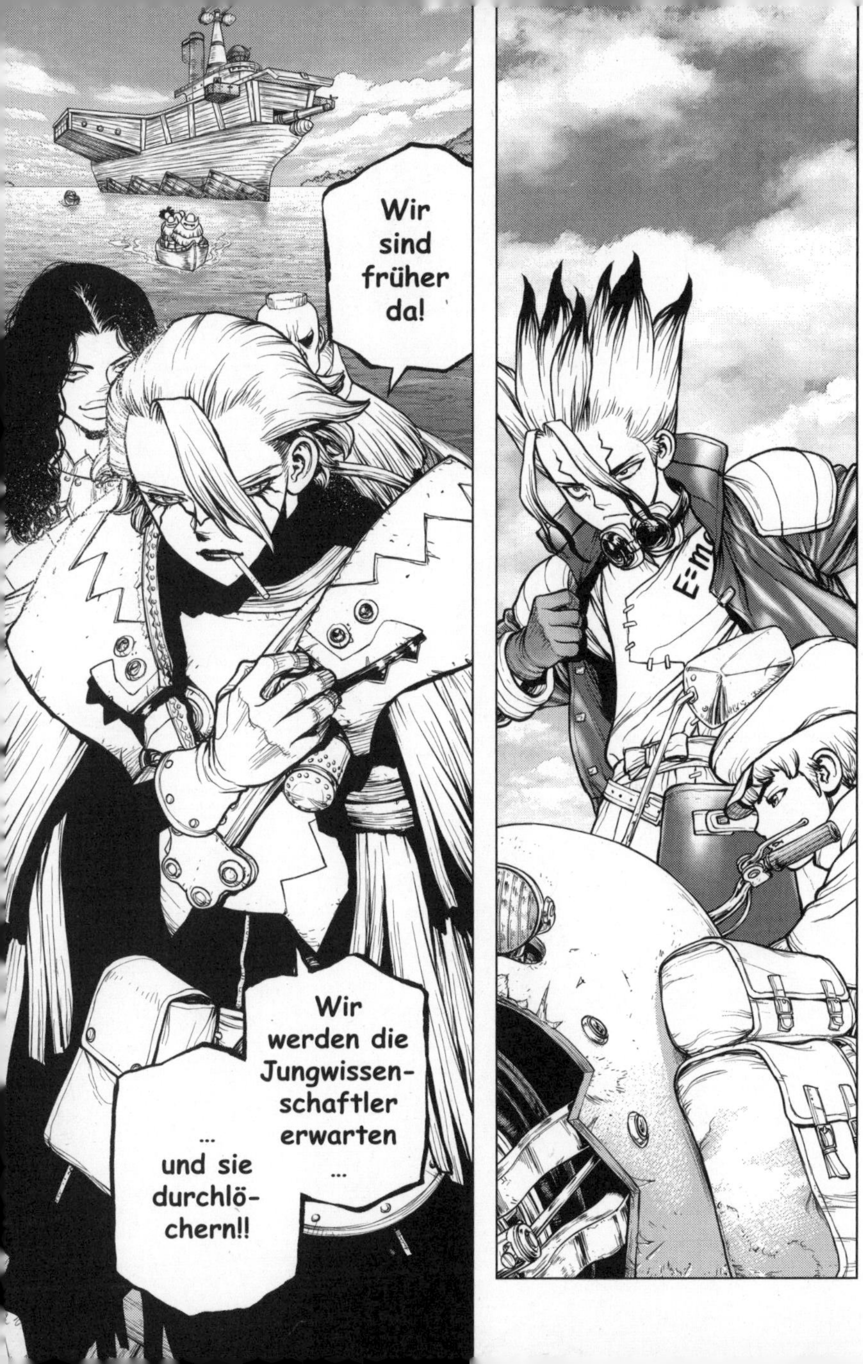
Wir sind früher da!
Wir werden die Jungwissen-schaftler erwarten ...
... und sie durchlö-chern!!

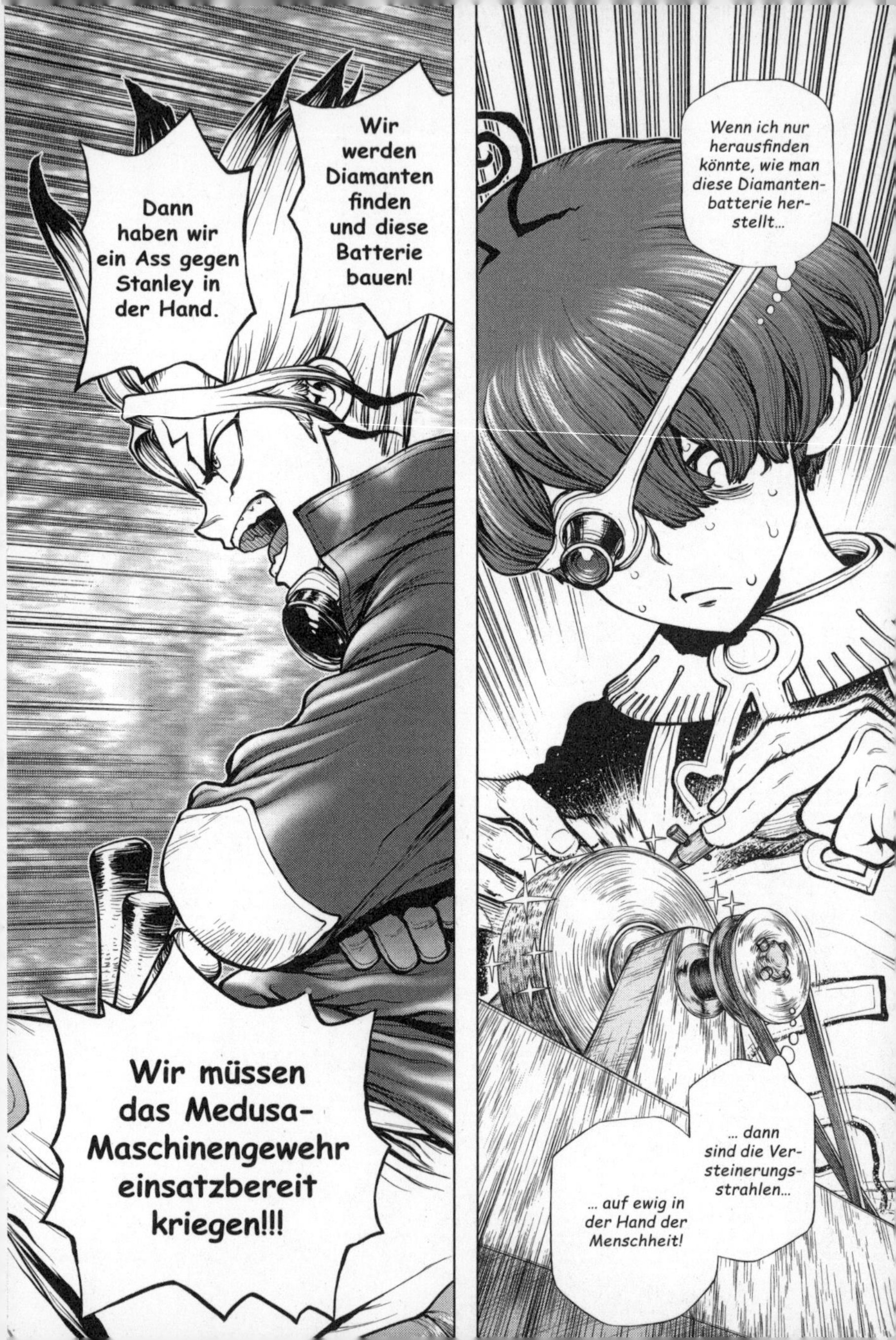
Wenn ich nur herausfinden könnte, wie man diese Diamanten-batterie her-stellt...
... dann sind die Ver-steinerungs-strahlen...
... auf ewig in der Hand der Menschheit!
Wir werden Diamanten finden und diese Batterie bauen!
Dann haben wir ein Ass gegen Stanley in der Hand.
Wir müssen das Medusa-Maschinengewehr einsatzbereit kriegen!!!

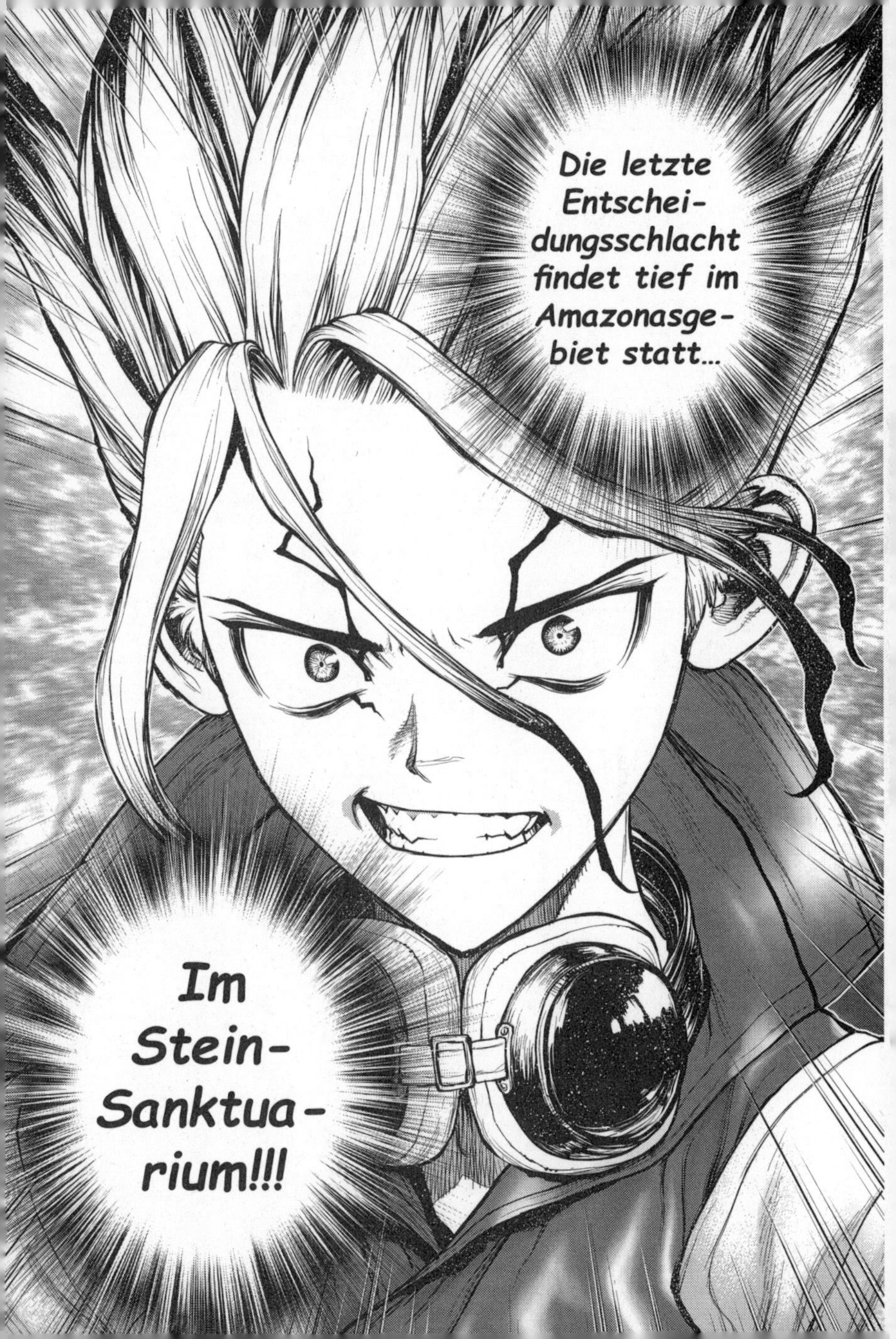
Die letzte Entschei-dungsschlacht findet tief im Amazonasge-biet statt…
Im Stein-Sanktua-rium!!!

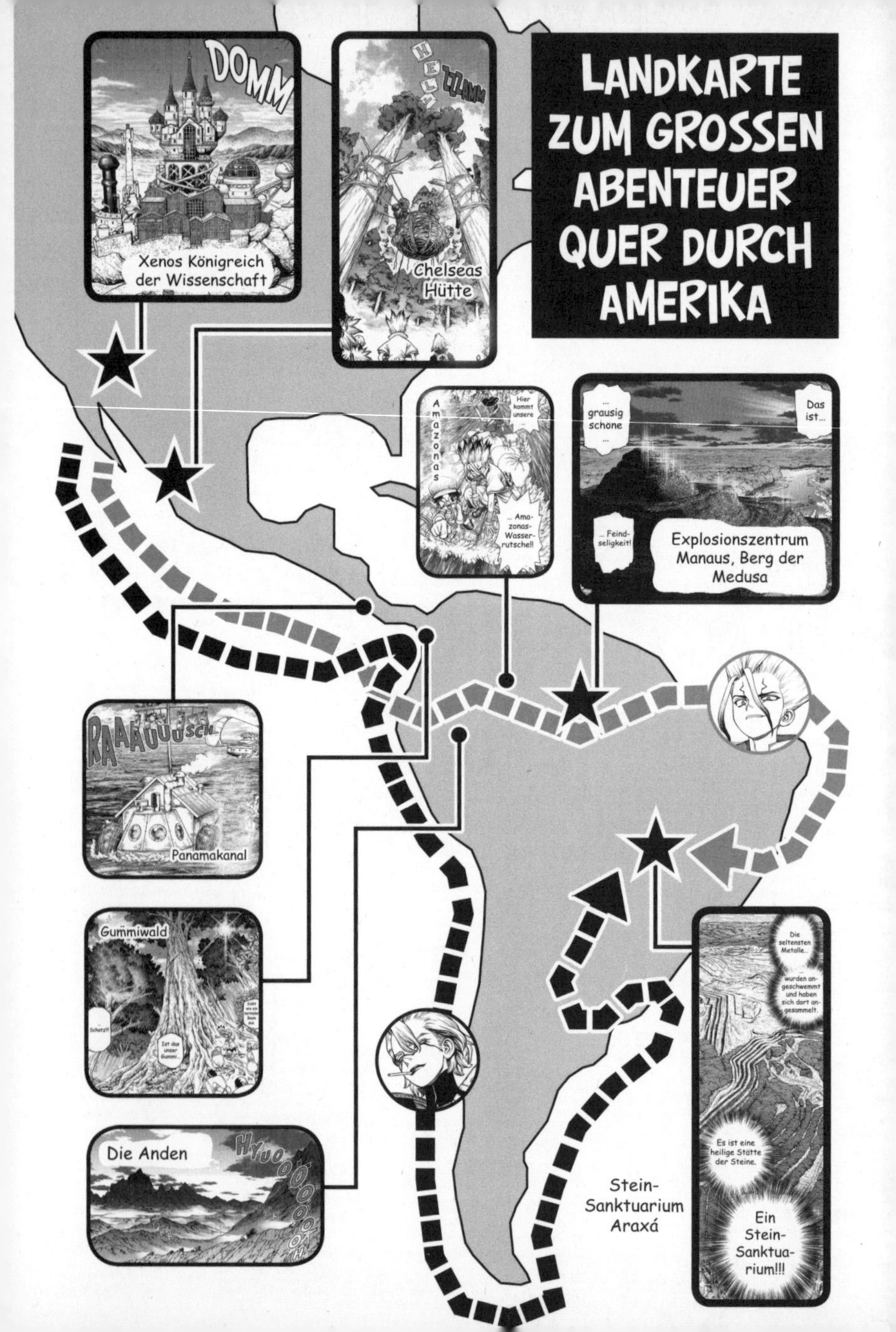

LANDKARTE ZUM GROSSEN ABENTEUER QUER DURCH AMERIKA
DOMM
Xenos Königreich der Wissenschaft
HELY
ZZZAMM
Chelseas Hütte
Amazonas
Hier kommt unsere ...
... Amazonas-Wasserrutsche!!
... grausig schöne ...
Das ist...
... Feindseligkeit!
Explosionszentrum Manaus, Berg der Medusa
RAAAUUUSCH
Panamakanal
Gummiwald
... Schatz?!
Ist das unser Gummi...
Die Anden
HYUOOOOOOH
Die seltensten Metalle...
... wurden angeschwemmt und haben sich dort angesammelt.
Es ist eine heilige Stätte der Steine.
Ein Stein-Sanktuarium!!!
Stein-Sanktuarium Araxá

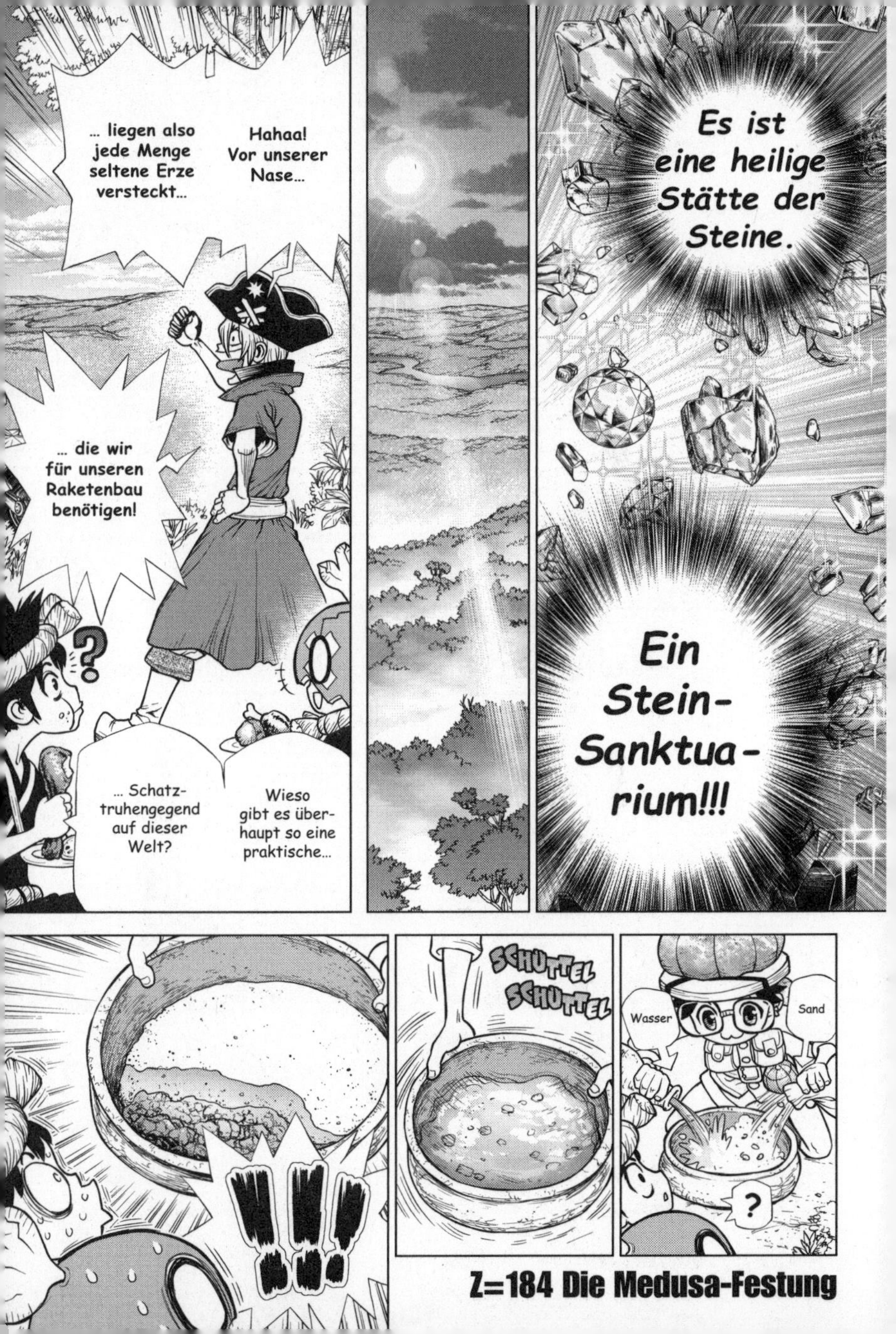

Z=184 Die Medusa-Festung

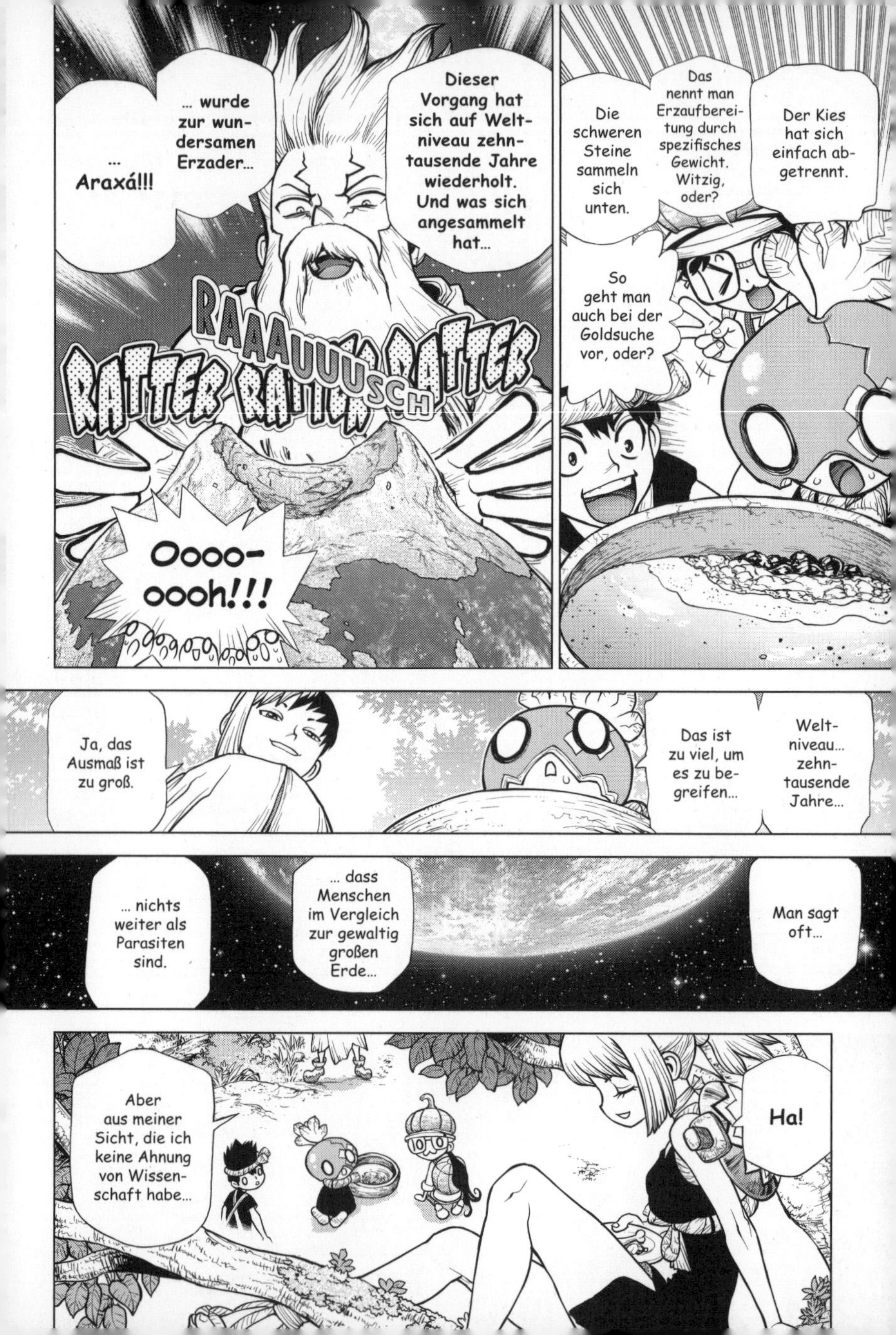
Der Kies hat sich einfach abgetrennt.
Das nennt man Erzaufbereitung durch spezifisches Gewicht. Witzig, oder?
Die schweren Steine sammeln sich unten.
So geht man auch bei der Goldsuche vor, oder?
Dieser Vorgang hat sich auf Weltniveau zehntausende Jahre wiederholt. Und was sich angesammelt hat...
... wurde zur wundersamen Erzader...
... Araxá!!!
RAAAUUUSCH
RATTER RATTER RATTER
Ooooooooh!!!
Weltniveau... zehntausende Jahre...
Das ist zu viel, um es zu begreifen...
Ja, das Ausmaß ist zu groß.
Man sagt oft...
... dass Menschen im Vergleich zur gewaltig großen Erde...
... nichts weiter als Parasiten sind.
Ha!
Aber aus meiner Sicht, die ich keine Ahnung von Wissenschaft habe...

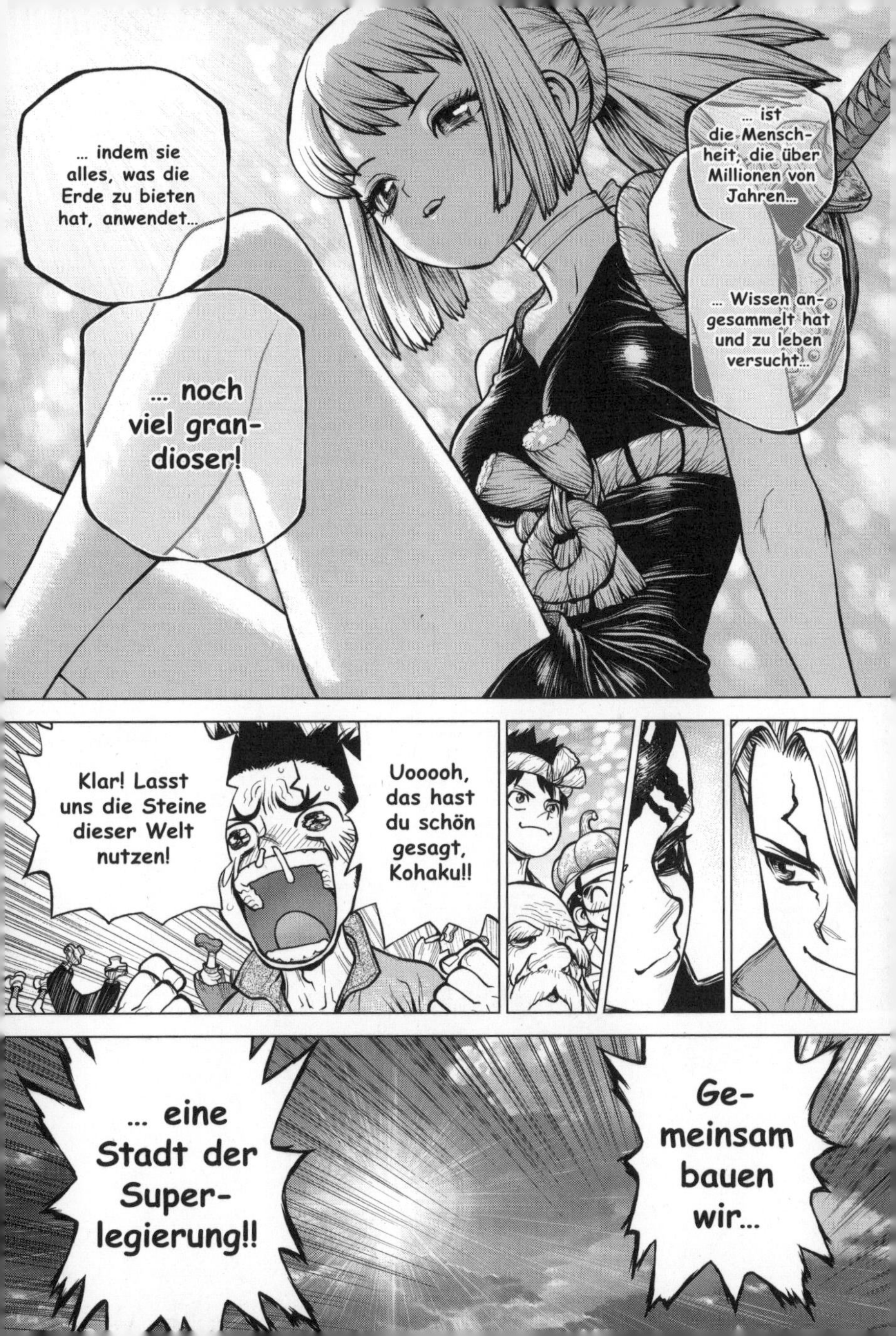
… ist die Mensch-heit, die über Millionen von Jahren…
… Wissen an-gesammelt hat und zu leben versucht…
… indem sie alles, was die Erde zu bieten hat, anwendet…
… noch viel gran-dioser!
Uooooh, das hast du schön gesagt, Kohaku!!
Klar! Lasst uns die Steine dieser Welt nutzen!
Ge-meinsam bauen wir…
… eine Stadt der Super-legierung!!

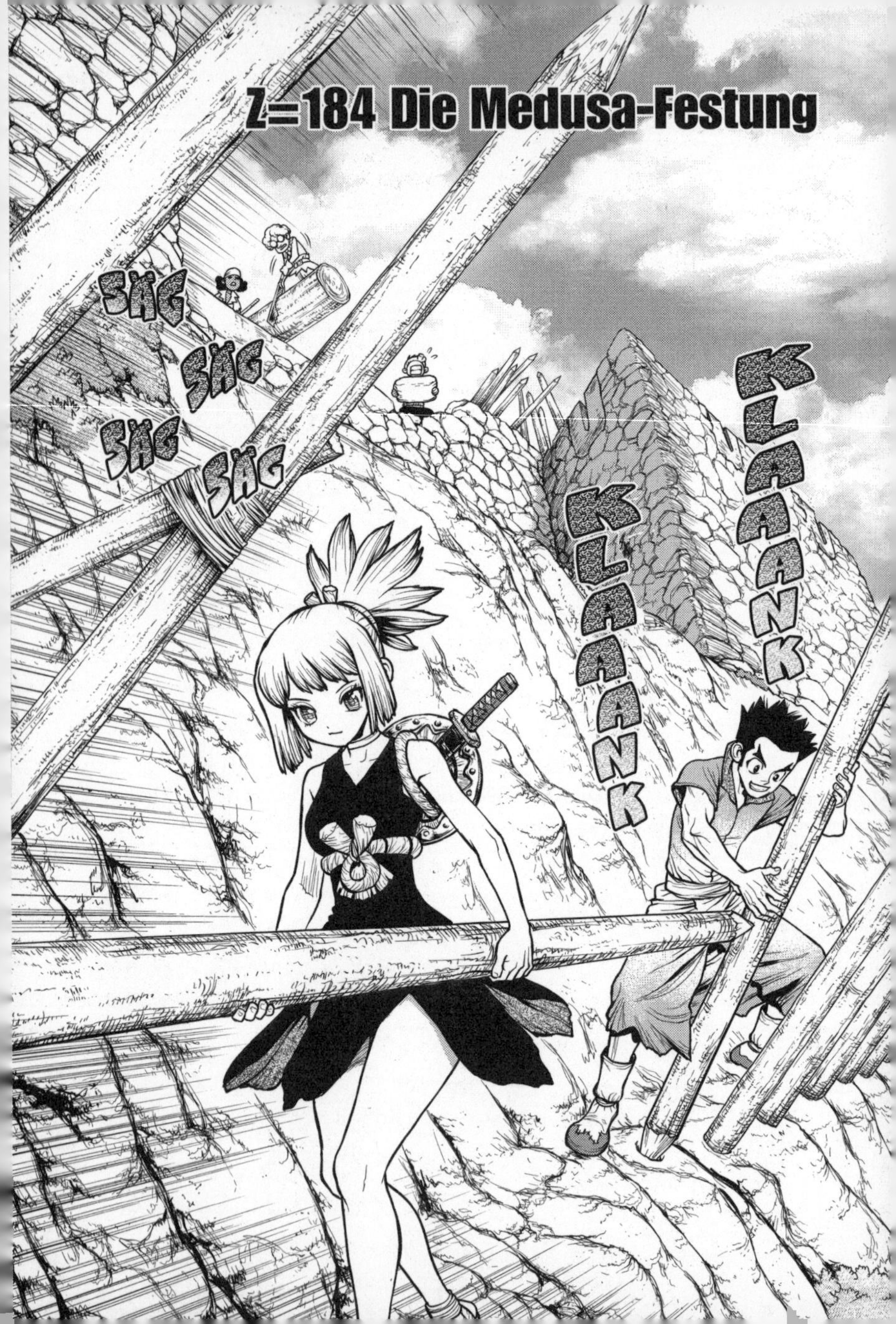
Z=184 Die Medusa-Festung
SÄG
SÄG
SÄG
SÄG
KLAAANK
KLAAANK

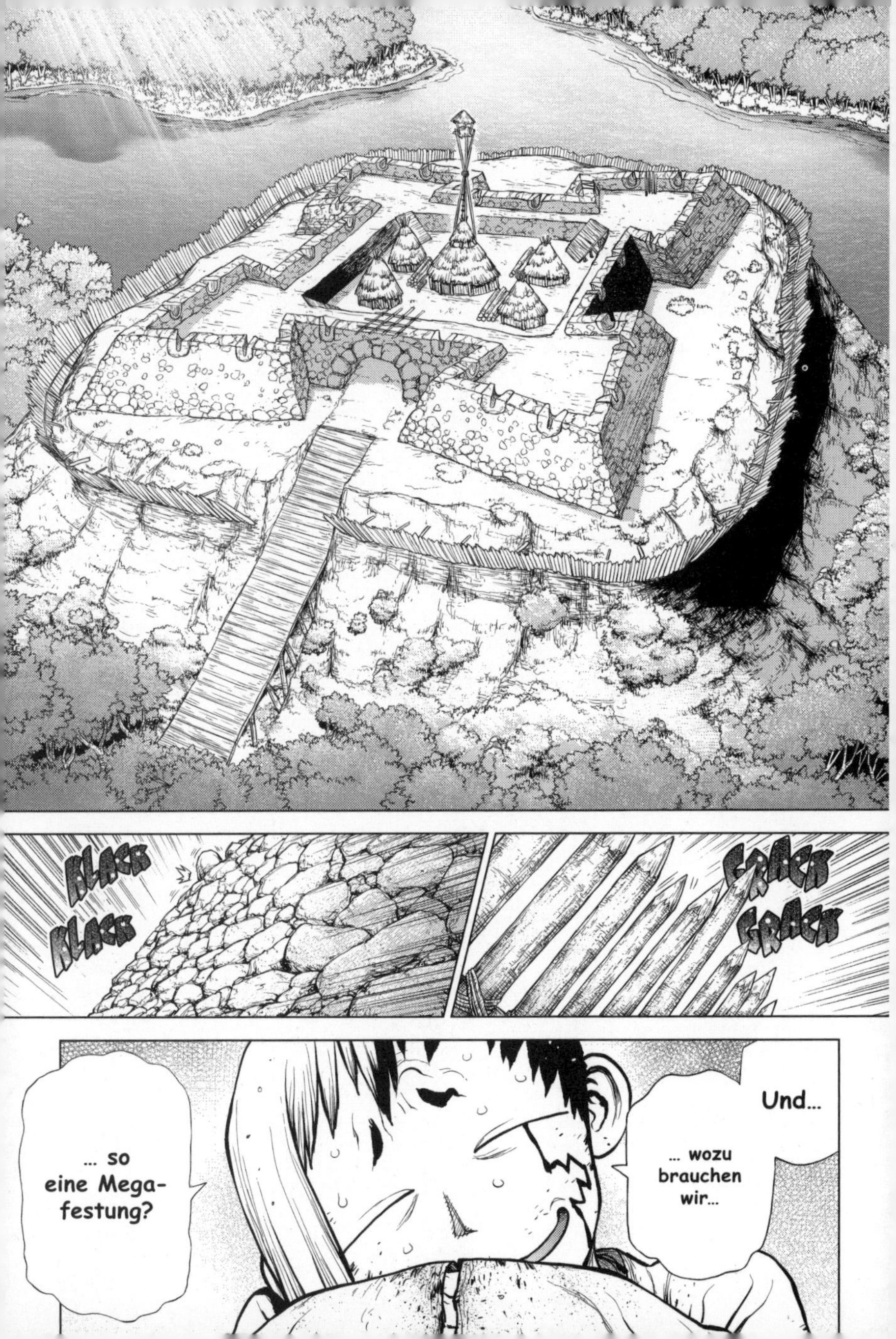

CRACK CRACK
KLACK KLACK
Und...
... wozu brauchen wir...
... so eine Mega-festung?

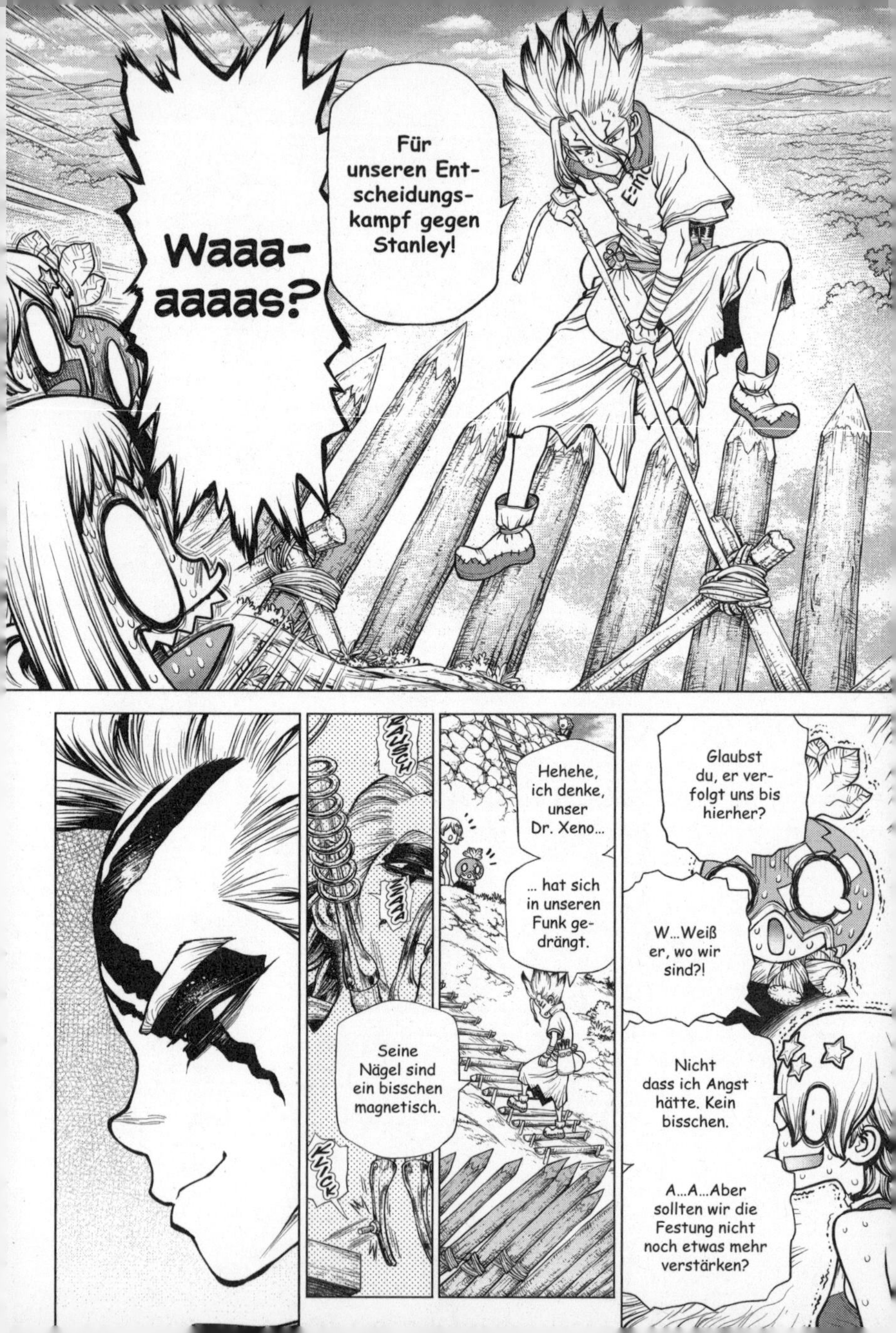

Für unseren Entscheidungskampf gegen Stanley!
Waaa-aaaas?
Glaubst du, er verfolgt uns bis hierher?
W…Weiß er, wo wir sind?!
Nicht dass ich Angst hätte. Kein bisschen.
A…A…Aber sollten wir die Festung nicht noch etwas mehr verstärken?
Hehehe, ich denke, unser Dr. Xeno…
… hat sich in unseren Funk gedrängt.
Seine Nägel sind ein bisschen magnetisch.

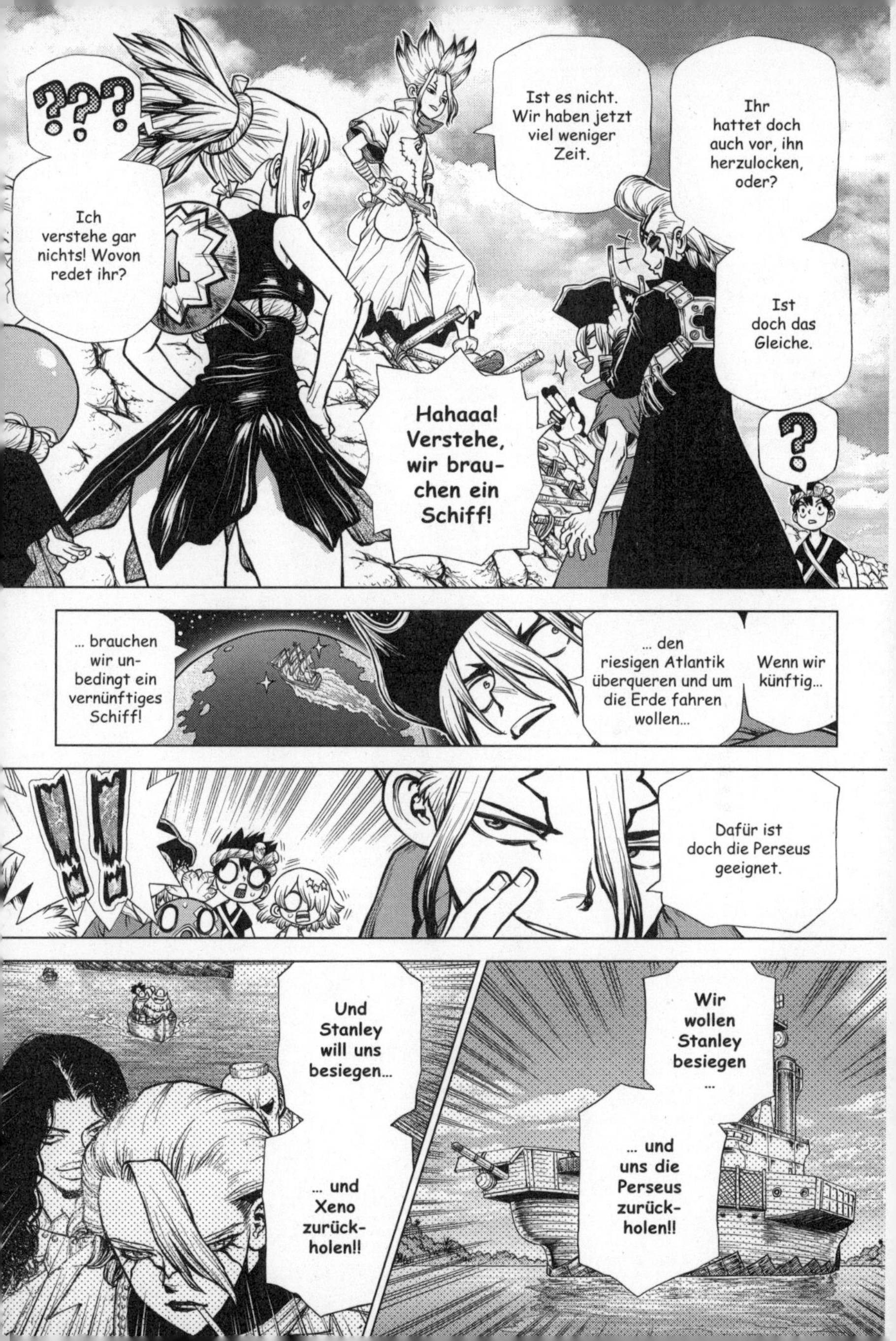
Ihr hattet doch auch vor, ihn herzulocken, oder?
Ist es nicht. Wir haben jetzt viel weniger Zeit.
Ist doch das Gleiche.
?
Hahaaa! Verstehe, wir brau-chen ein Schiff!
???
Ich verstehe gar nichts! Wovon redet ihr?
Wenn wir künftig...
... den riesigen Atlantik überqueren und um die Erde fahren wollen...
... brauchen wir un-bedingt ein vernünftiges Schiff!
Dafür ist doch die Perseus geeignet.
Wir wollen Stanley besiegen ...
... und uns die Perseus zurück-holen!!
Und Stanley will uns besiegen...
... und Xeno zurück-holen!!

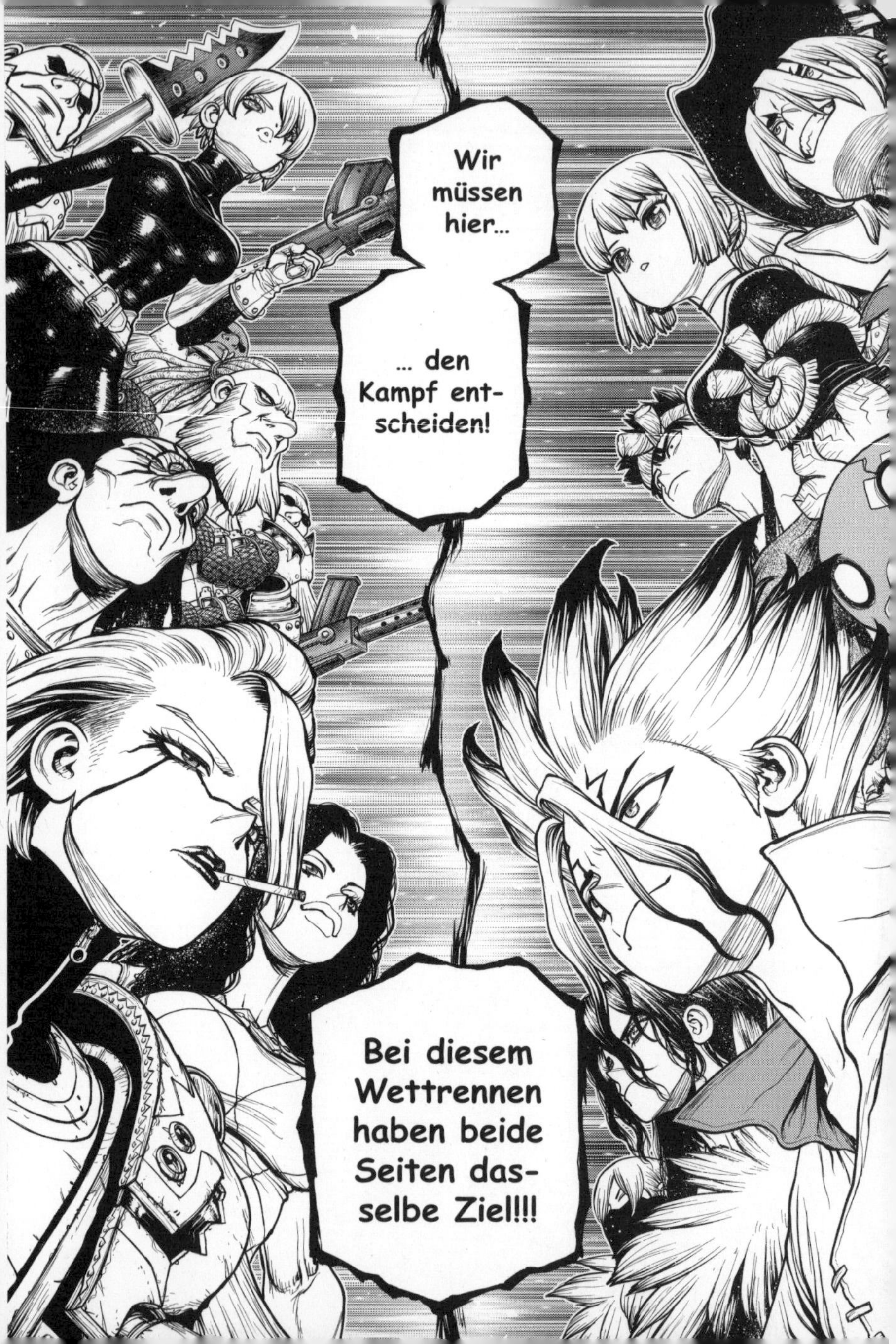
Wir müssen hier...
... den Kampf ent-scheiden!
Bei diesem Wettrennen haben beide Seiten das-selbe Ziel!!!

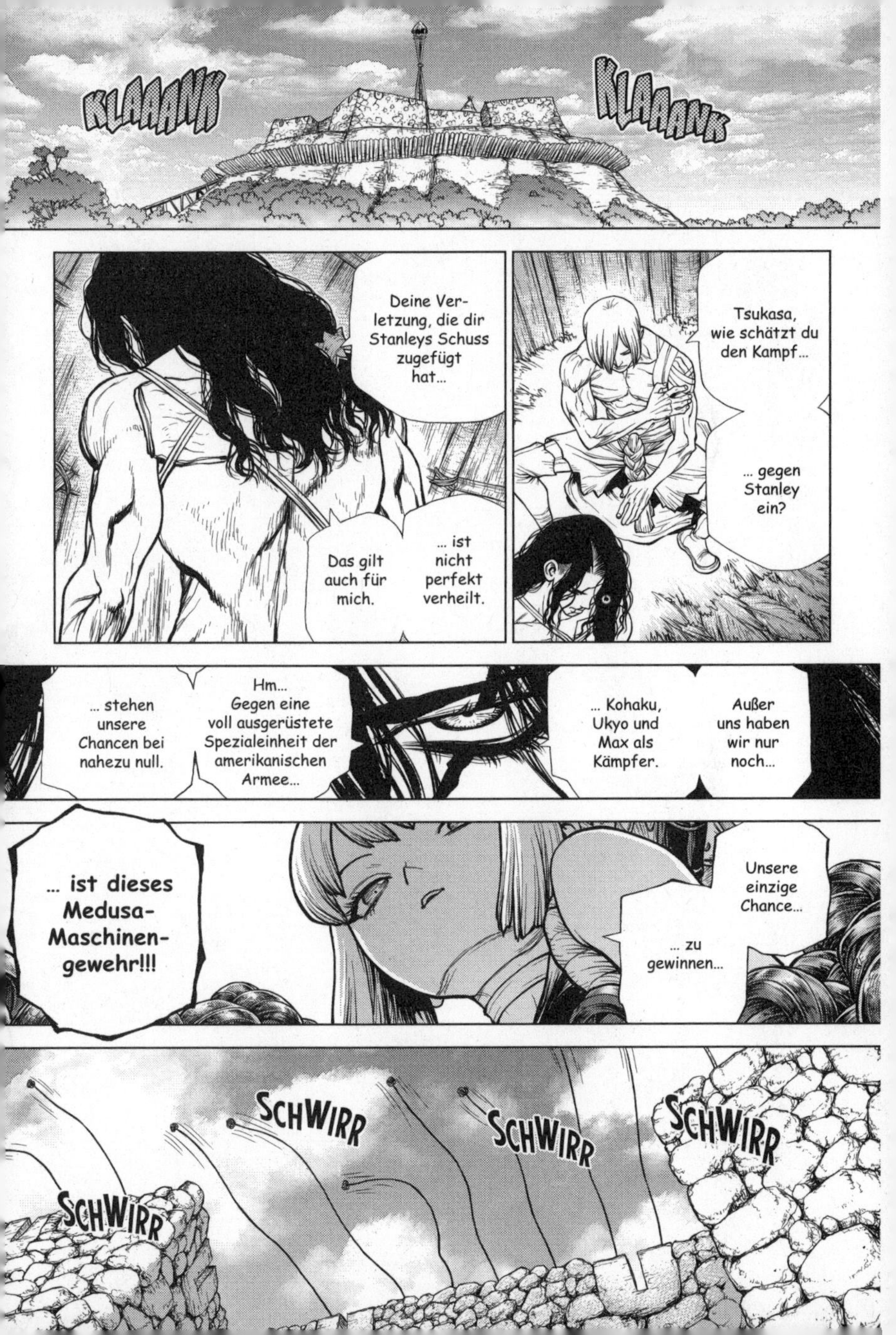
KLAAANK
KLAAANK
Tsukasa, wie schätzt du den Kampf...
... gegen Stanley ein?
Deine Verletzung, die dir Stanleys Schuss zugefügt hat...
... ist nicht perfekt verheilt.
Das gilt auch für mich.
Außer uns haben wir nur noch...
... Kohaku, Ukyo und Max als Kämpfer.
Hm... Gegen eine voll ausgerüstete Spezialeinheit der amerikanischen Armee...
... stehen unsere Chancen bei nahezu null.
Unsere einzige Chance...
... zu gewinnen...
... ist dieses Medusa-Maschinengewehr!!!
SCHWIRR
SCHWIRR
SCHWIRR
SCHWIRR

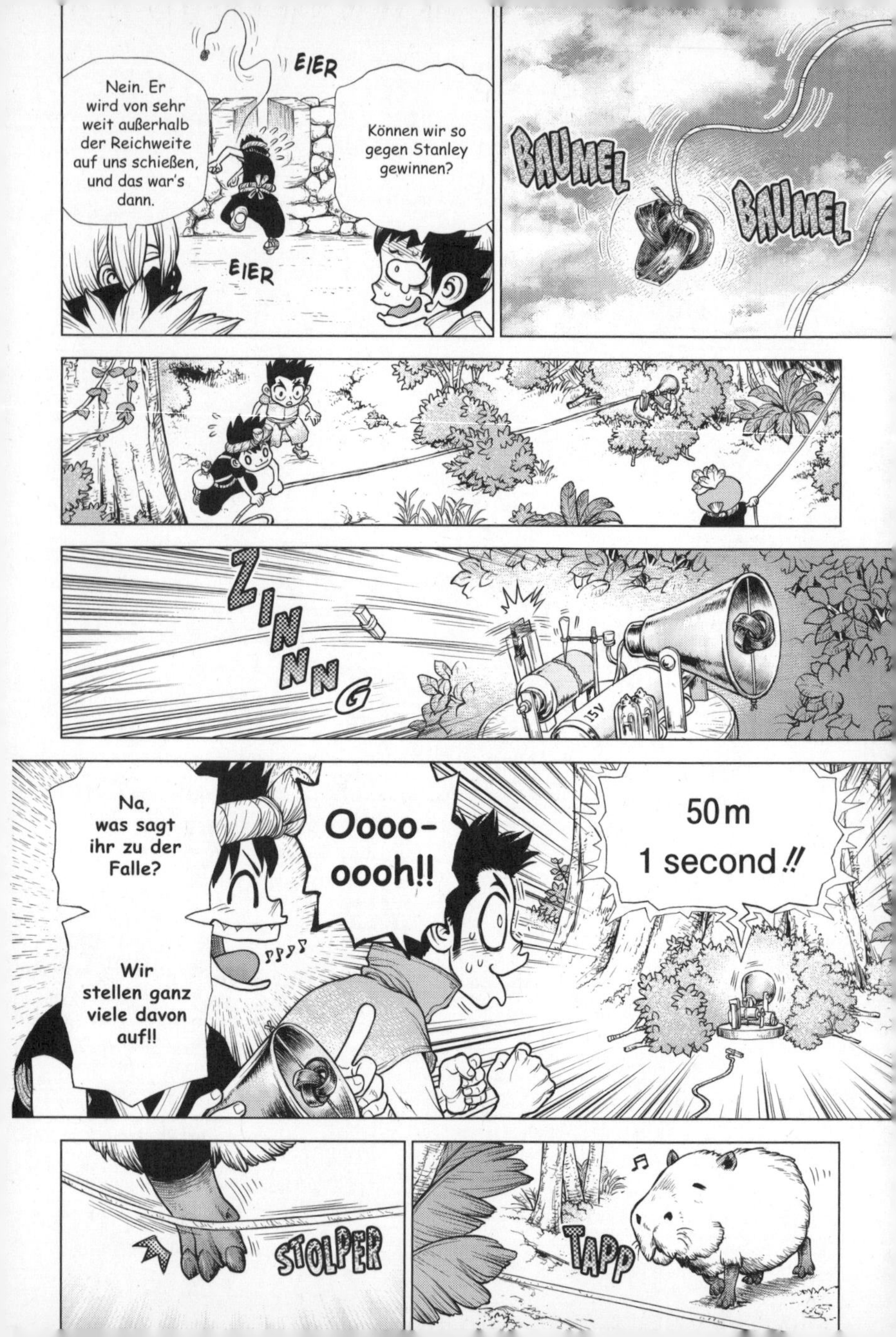
BAUMEL
BAUMEL
EIER
Können wir so gegen Stanley gewinnen?
Nein. Er wird von sehr weit außerhalb der Reichweite auf uns schießen, und das war's dann.
EIER
ZINNNG
15V
50m 1 second!!
Oooo-oooh!!
Na, was sagt ihr zu der Falle?
Wir stellen ganz viele davon auf!!
TAPP
STOLPER

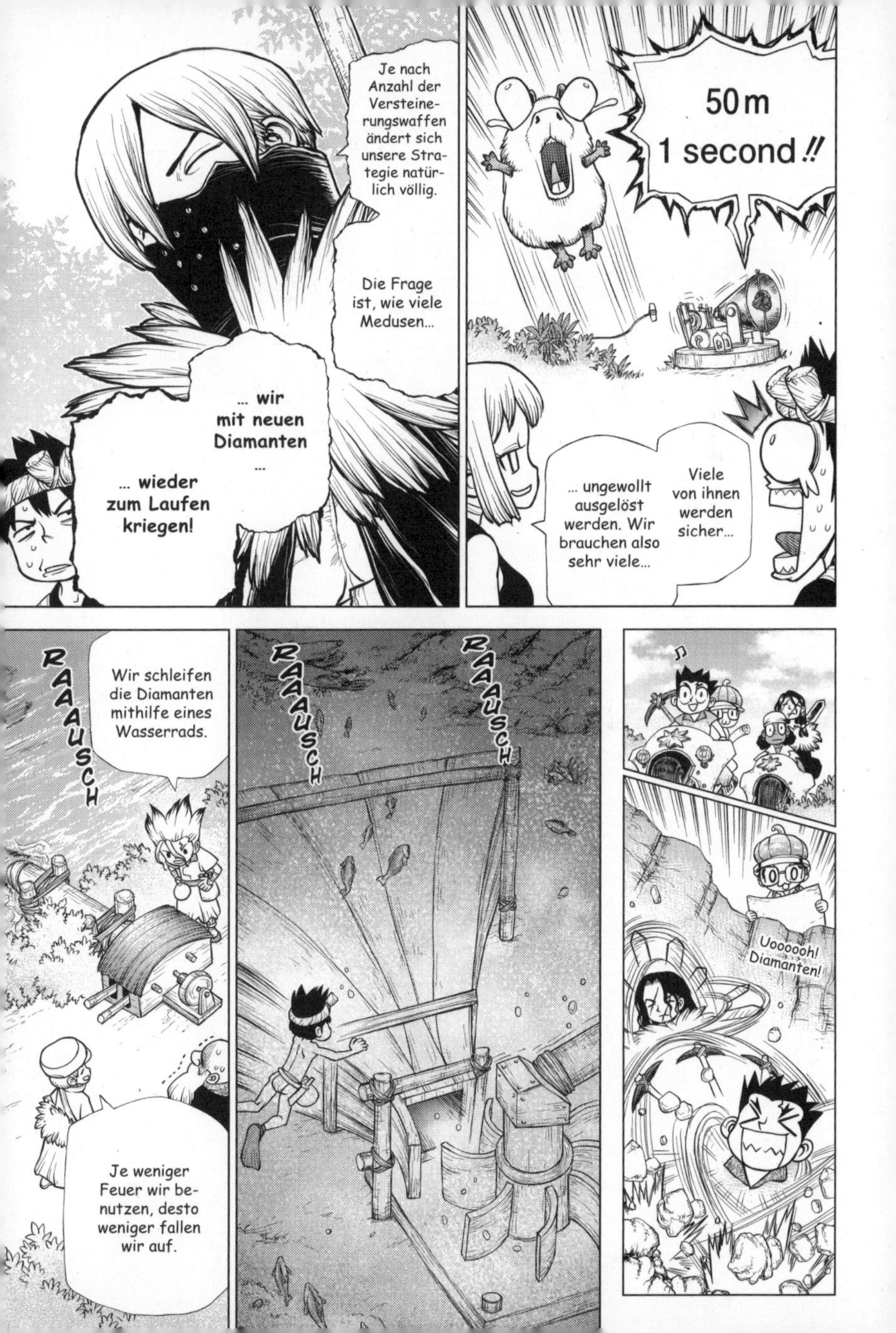
50 m
1 second!!
Viele von ihnen werden sicher...
... ungewollt ausgelöst werden. Wir brauchen also sehr viele...
Je nach Anzahl der Versteinerungswaffen ändert sich unsere Strategie natürlich völlig.
Die Frage ist, wie viele Medusen...
... wir mit neuen Diamanten ...
... wieder zum Laufen kriegen!
Uoooooh! Diamanten!
RAAAUSCH
RAAAUSCH
RAAAUSCH
Wir schleifen die Diamanten mithilfe eines Wasserrads.
Je weniger Feuer wir benutzen, desto weniger fallen wir auf.

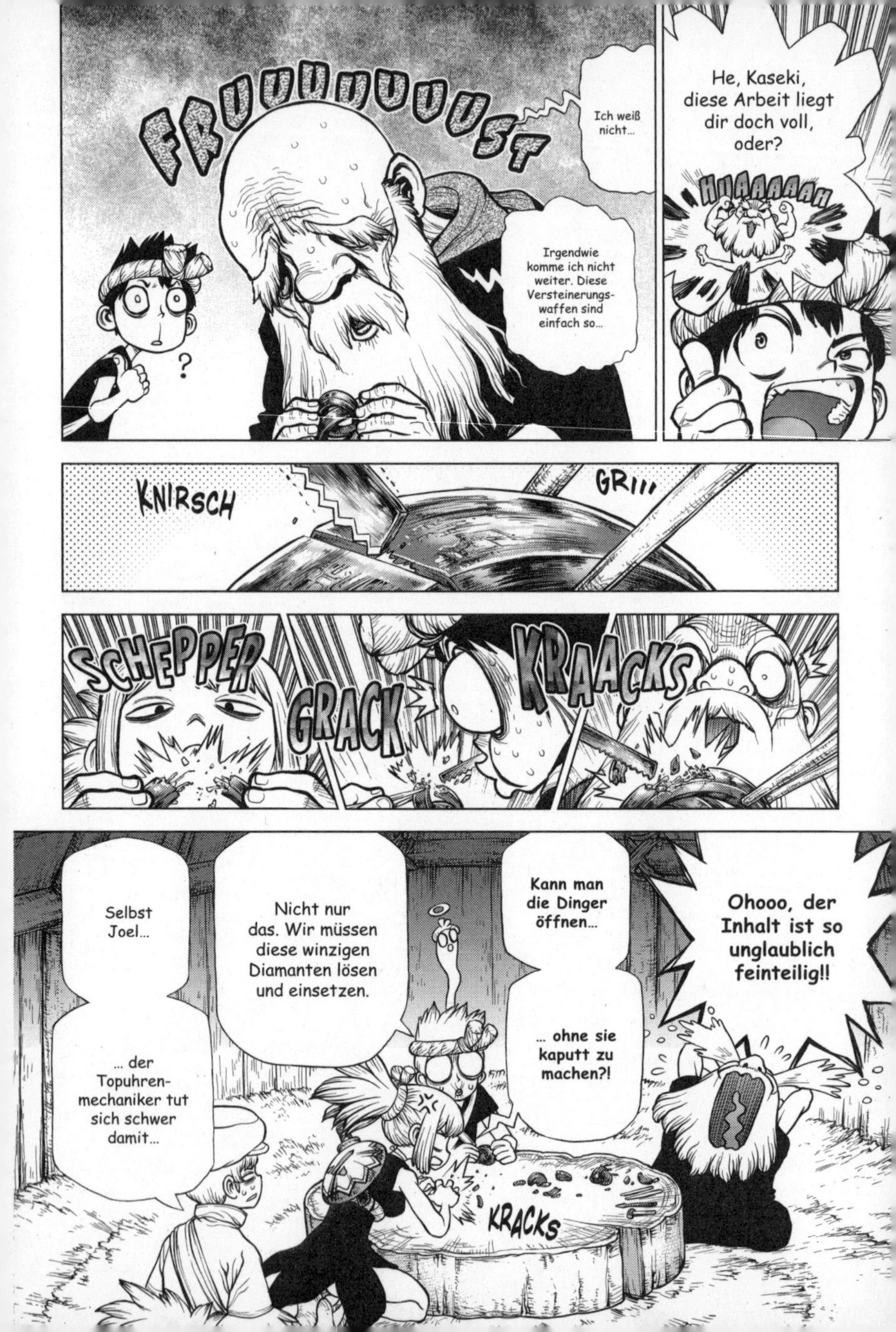
He, Kaseki, diese Arbeit liegt dir doch voll, oder?
HUAAAAAH
FRUUUUUUUUST
Ich weiß nicht…
Irgendwie komme ich nicht weiter. Diese Versteinerungs-waffen sind einfach so…
?
GRIII
KNIRSCH
KRAACKS
GRACK
SCHEPPER
Ohooo, der Inhalt ist so unglaublich feinteilig!!
Kann man die Dinger öffnen…
… ohne sie kaputt zu machen?!
Nicht nur das. Wir müssen diese winzigen Diamanten lösen und einsetzen.
Selbst Joel…
… der Topuhren-mechaniker tut sich schwer damit…
KRACKS

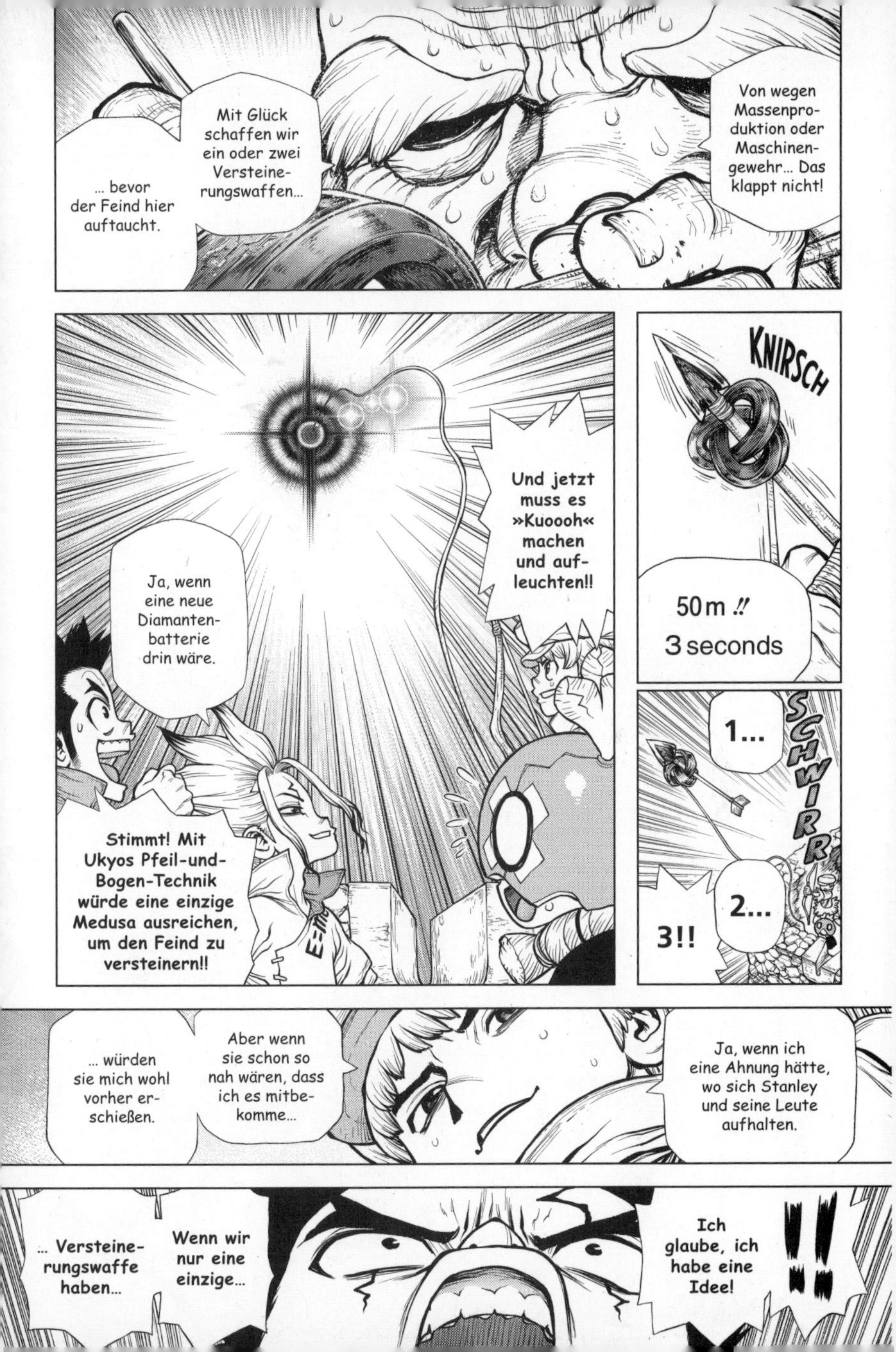
Von wegen Massenproduktion oder Maschinengewehr… Das klappt nicht!
Mit Glück schaffen wir ein oder zwei Versteinerungswaffen…
… bevor der Feind hier auftaucht.
KNIRSCH
50 m !!
3 seconds
SCHWIRR
1…
2…
3!!
Und jetzt muss es »Kuoooh« machen und aufleuchten!!
Ja, wenn eine neue Diamantenbatterie drin wäre.
Stimmt! Mit Ukyos Pfeil-und-Bogen-Technik würde eine einzige Medusa ausreichen, um den Feind zu versteinern!!
Ja, wenn ich eine Ahnung hätte, wo sich Stanley und seine Leute aufhalten.
Aber wenn sie schon so nah wären, dass ich es mitbekomme…
… würden sie mich wohl vorher erschießen.
Ich glaube, ich habe eine Idee!
Wenn wir nur eine einzige…
… Versteinerungswaffe haben…

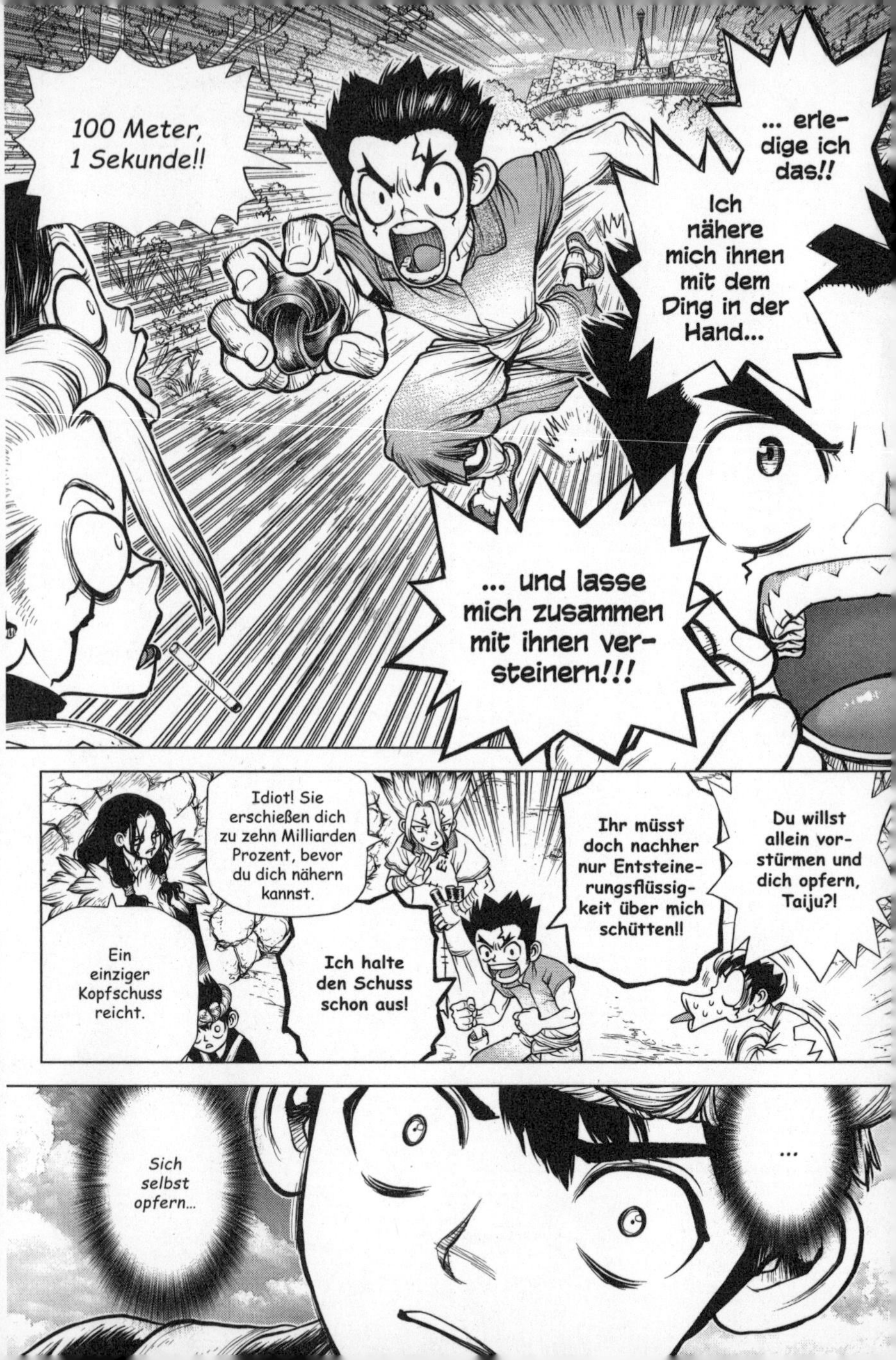
... erledige ich das!!
100 Meter, 1 Sekunde!!
Ich nähere mich ihnen mit dem Ding in der Hand...
... und lasse mich zusammen mit ihnen versteinern!!!
Du willst allein vorstürmen und dich opfern, Taiju?!
Ihr müsst doch nachher nur Entsteinerungsflüssigkeit über mich schütten!!
Ich halte den Schuss schon aus!
Idiot! Sie erschießen dich zu zehn Milliarden Prozent, bevor du dich nähern kannst.
Ein einziger Kopfschuss reicht.
...
Sich selbst opfern...

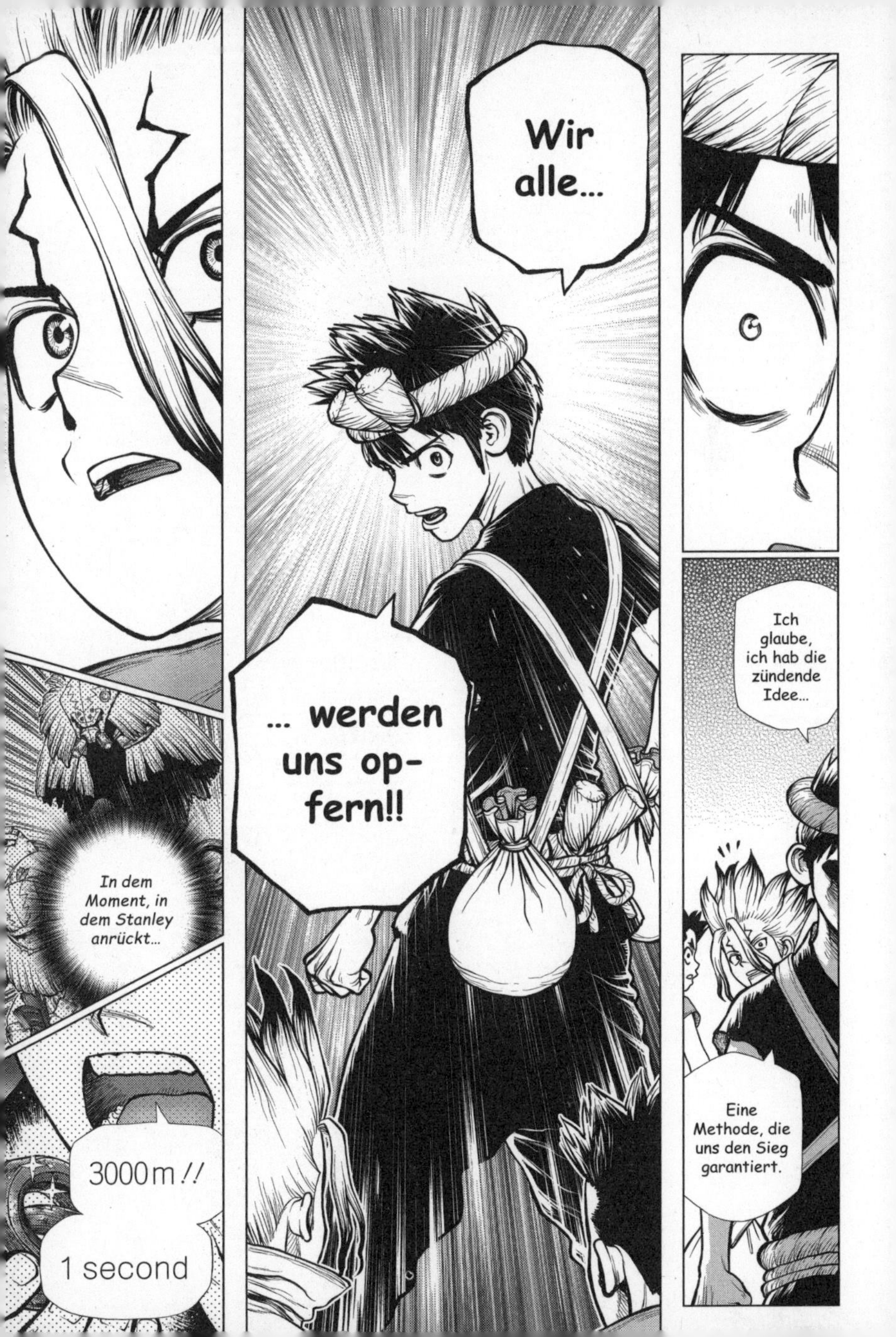
Ich glaube, ich hab die zündende Idee…
Eine Methode, die uns den Sieg garantiert.
Wir alle…
… werden uns op-fern!!
In dem Moment, in dem Stanley anrückt…
3000m!!
1 second

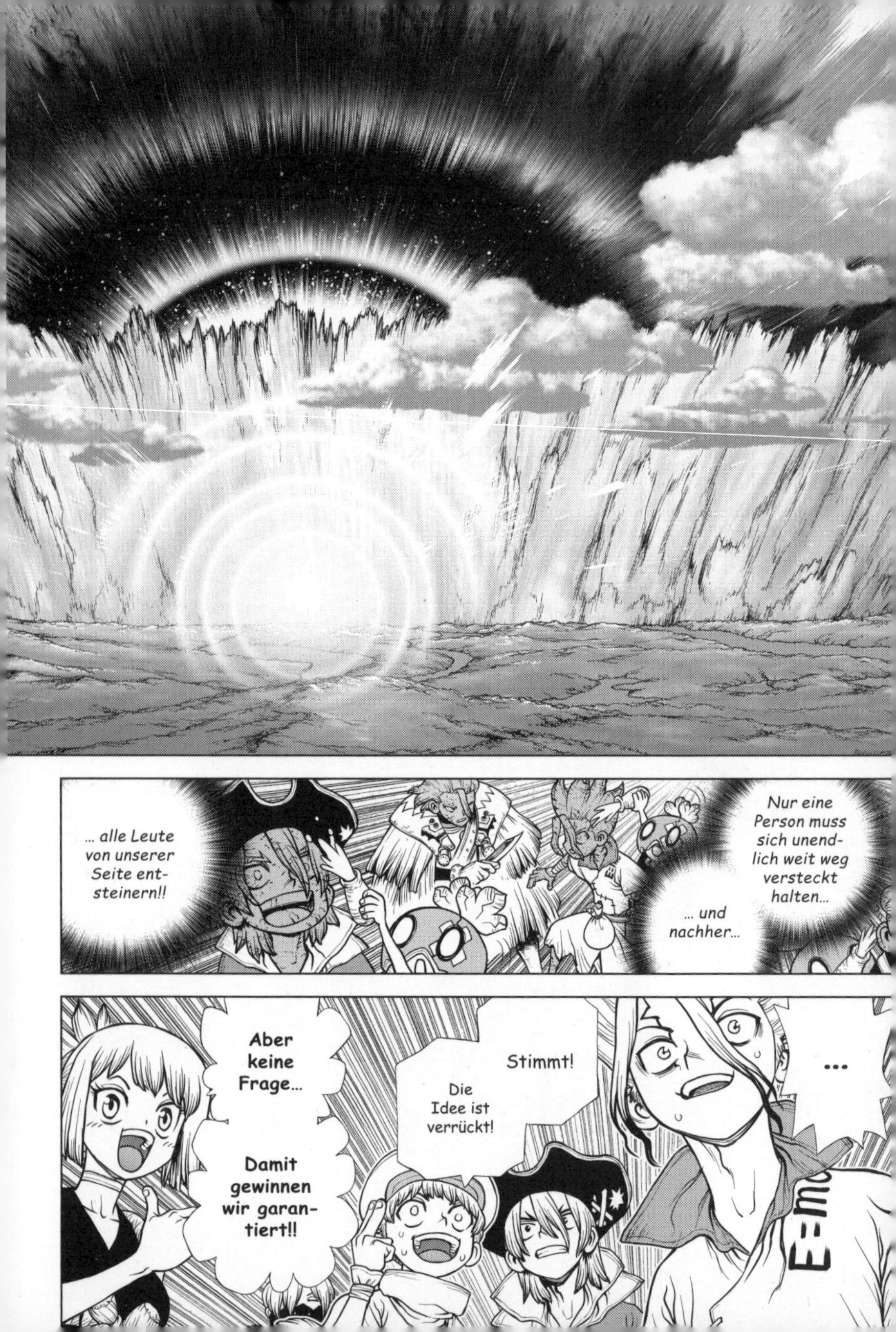
Nur eine Person muss sich unendlich weit weg versteckt halten...
... und nachher...
... alle Leute von unserer Seite entsteinern!!
...
Stimmt!
Die Idee ist verrückt!
Aber keine Frage...
Damit gewinnen wir garantiert!!
E=mc

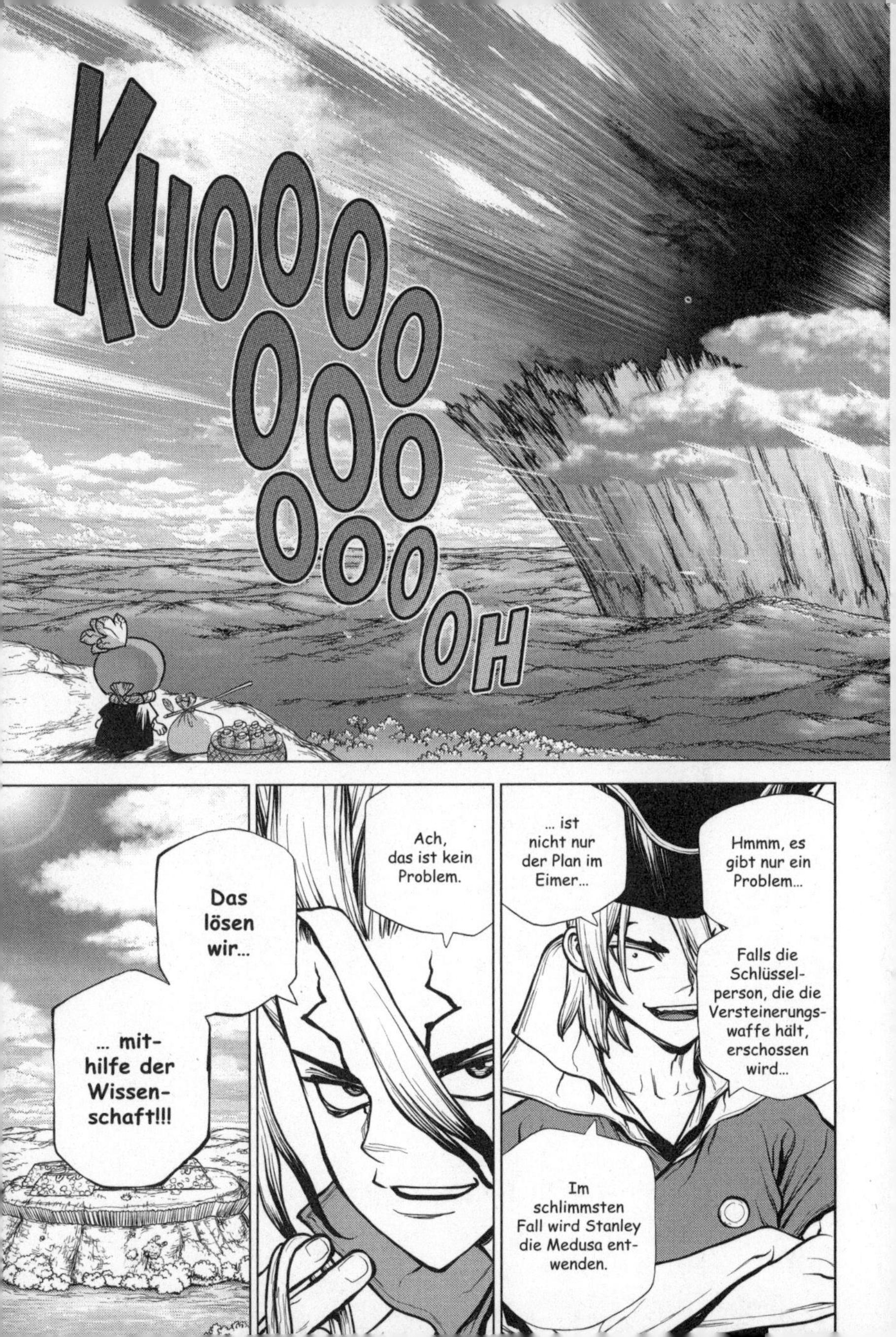
KUOOOOOOOOOOOH
Hmmm, es gibt nur ein Problem…
Falls die Schlüssel-person, die die Versteinerungs-waffe hält, erschossen wird…
… ist nicht nur der Plan im Eimer…
Im schlimmsten Fall wird Stanley die Medusa ent-wenden.
Ach, das ist kein Problem.
Das lösen wir…
… mit-hilfe der Wissen-schaft!!!

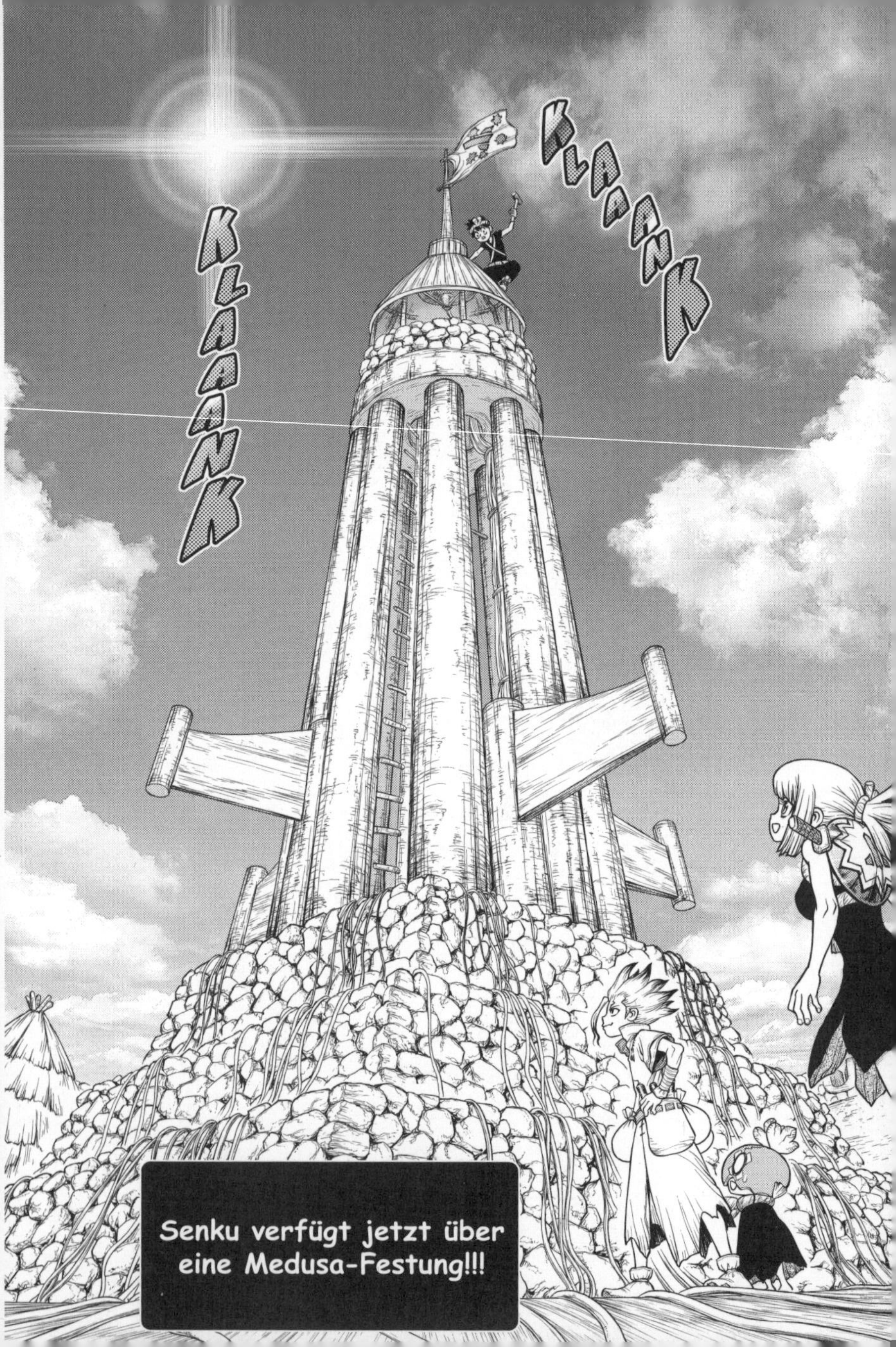
KLAAANK
KLAAANK
Senku verfügt jetzt über
eine Medusa-Festung!!!

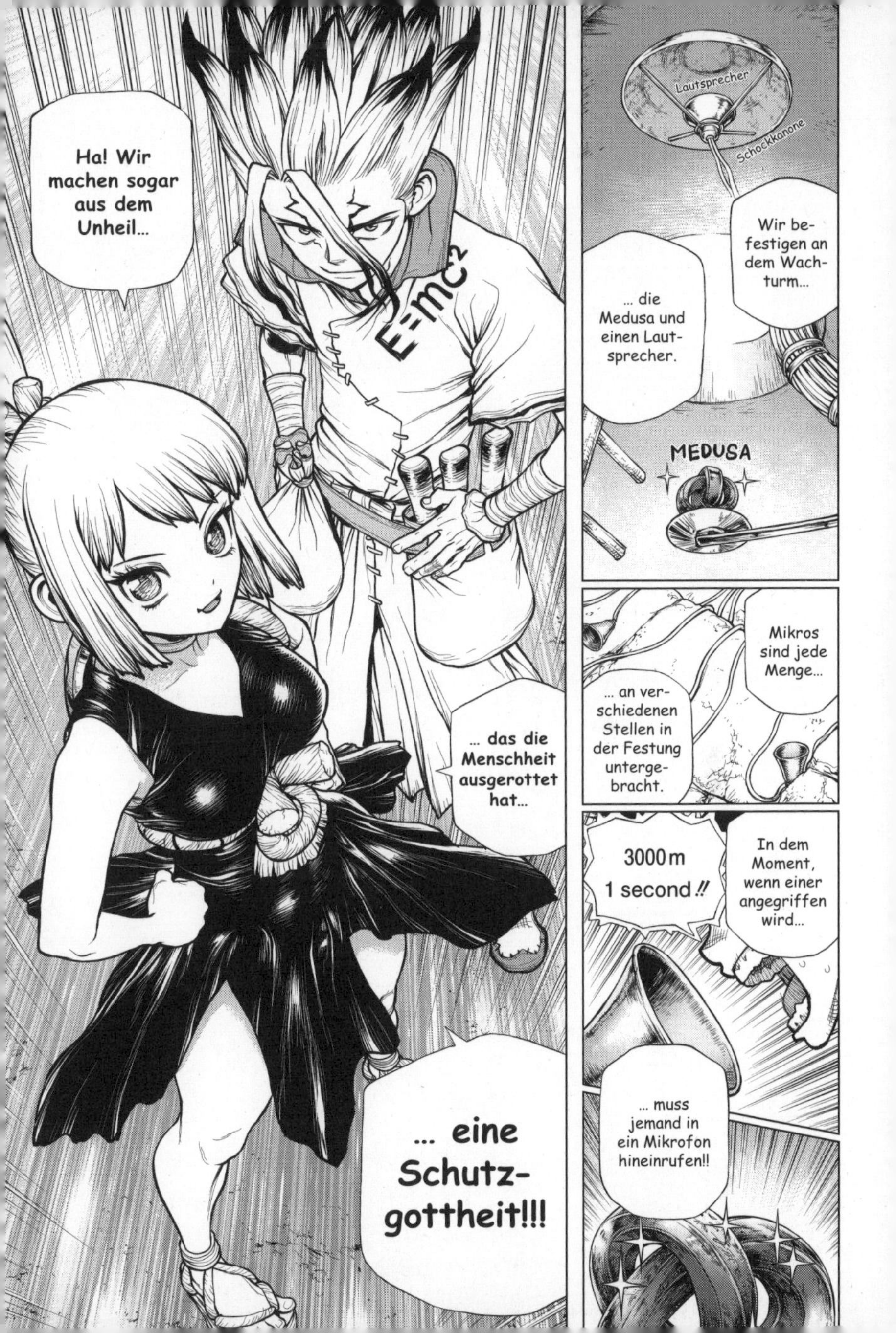
Lautsprecher
Schockkanone
Wir befestigen an dem Wachturm...
... die Medusa und einen Lautsprecher.
MEDUSA
Mikros sind jede Menge...
... an verschiedenen Stellen in der Festung untergebracht.
In dem Moment, wenn einer angegriffen wird...
3000 m
1 second!!
... muss jemand in ein Mikrofon hineinrufen!!
Ha! Wir machen sogar aus dem Unheil...
... das die Menschheit ausgerottet hat...
... eine Schutzgottheit!!!

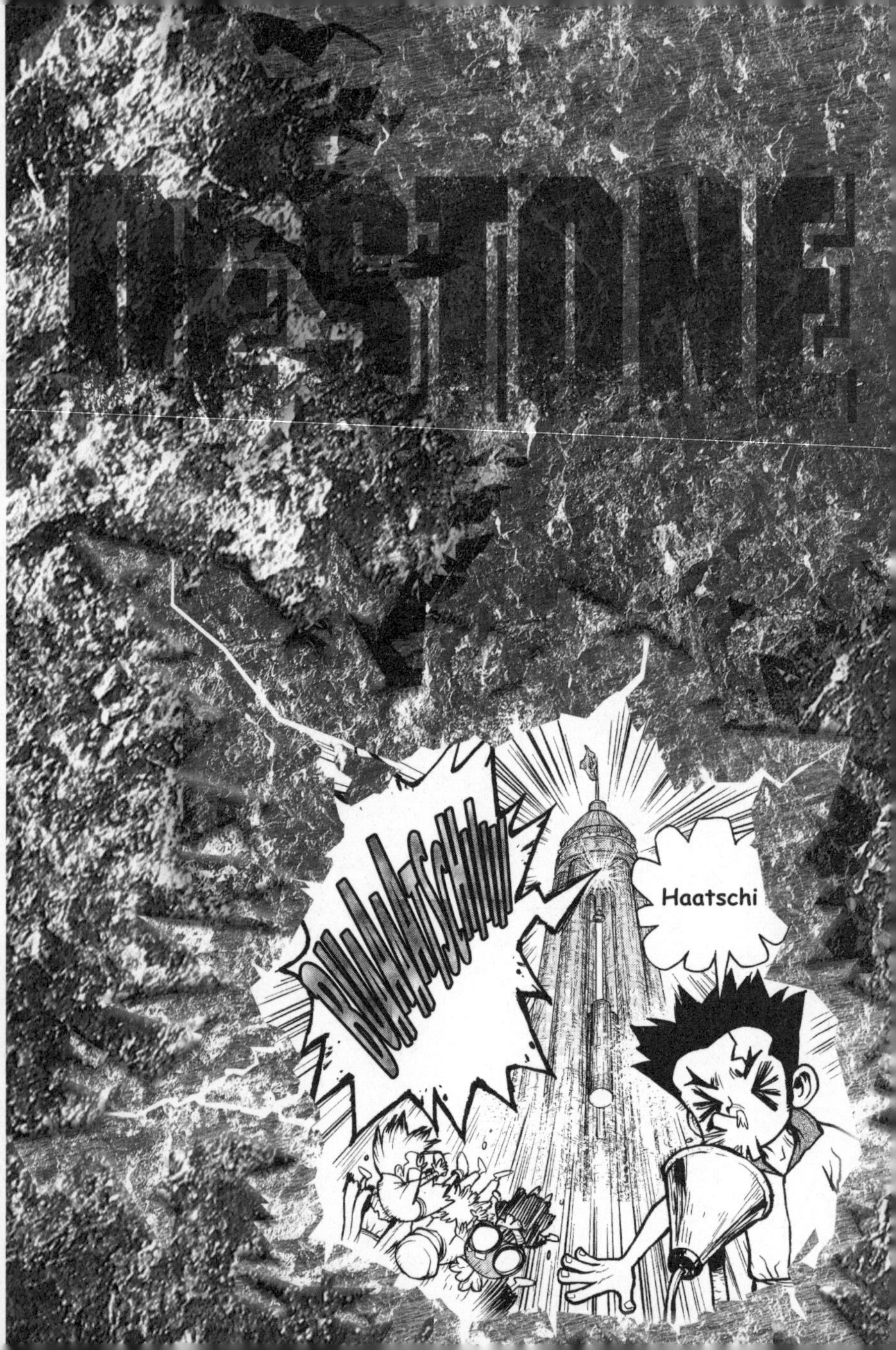
Haatschi

Z=185 Die Schönheit der Spaltfläche

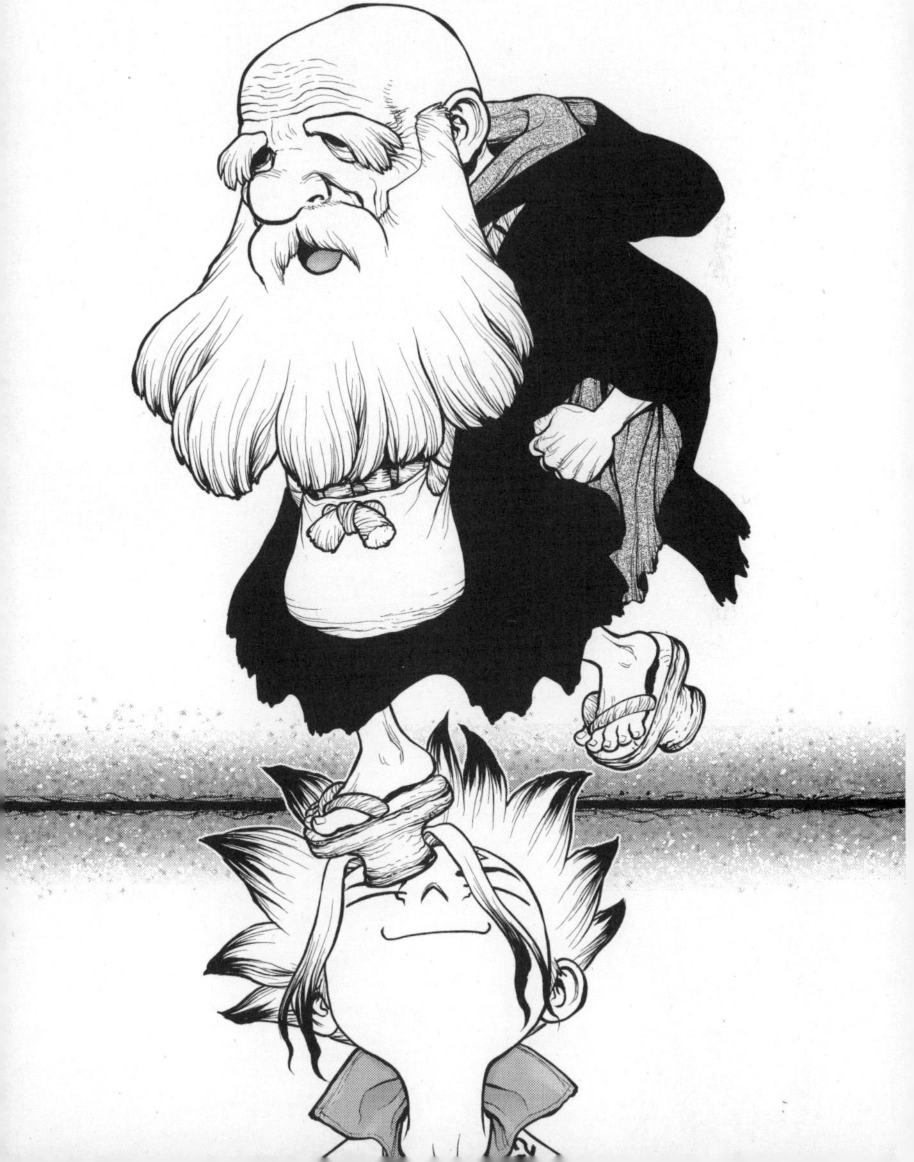

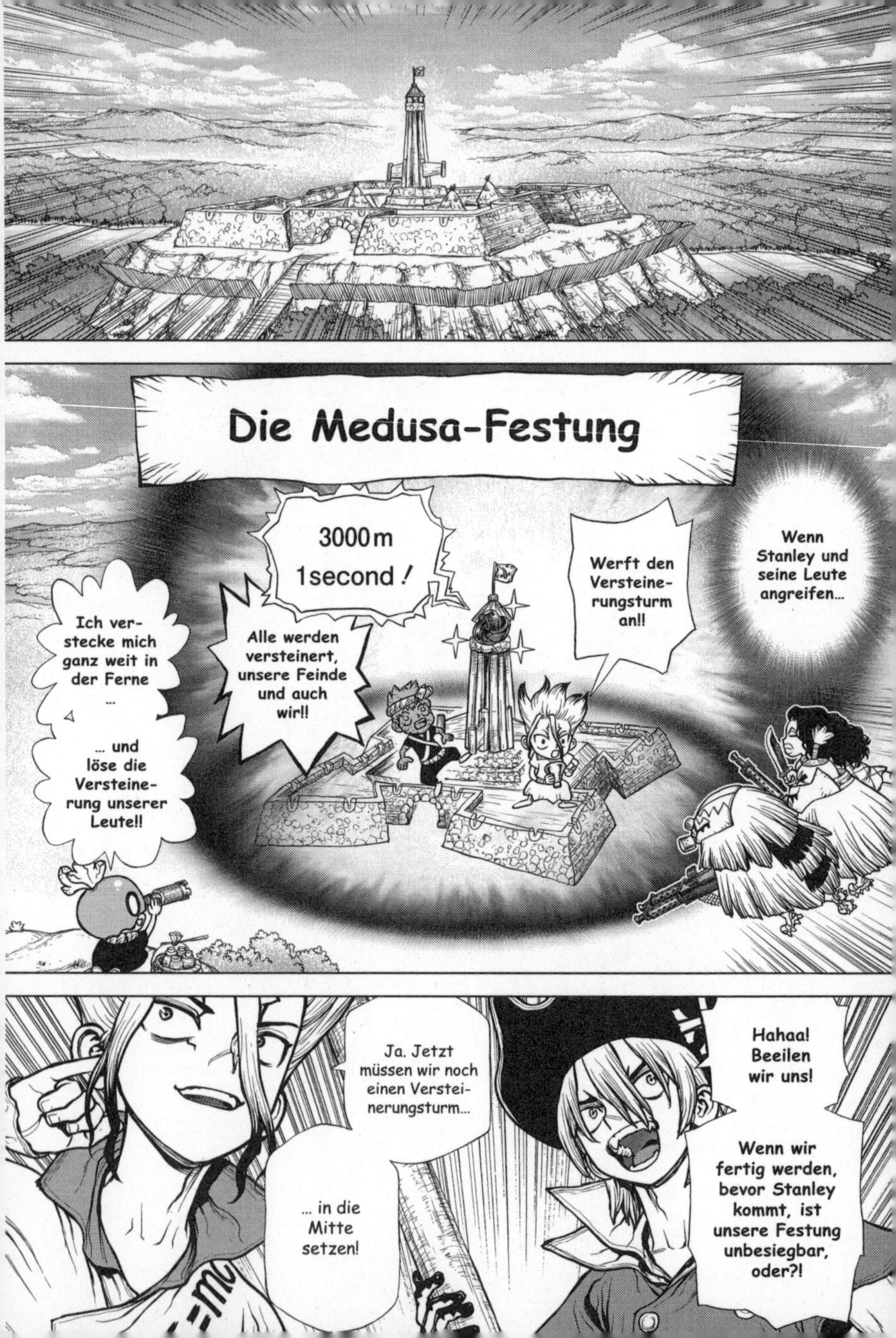
Die Medusa-Festung
Wenn Stanley und seine Leute angreifen...
Werft den Versteinerungsturm an!!
3000m 1second!
Alle werden versteinert, unsere Feinde und auch wir!!
Ich verstecke mich ganz weit in der Ferne ...
... und löse die Versteinerung unserer Leute!!
Hahaa! Beeilen wir uns!
Wenn wir fertig werden, bevor Stanley kommt, ist unsere Festung unbesiegbar, oder?!
Ja. Jetzt müssen wir noch einen Versteinerungsturm...
... in die Mitte setzen!

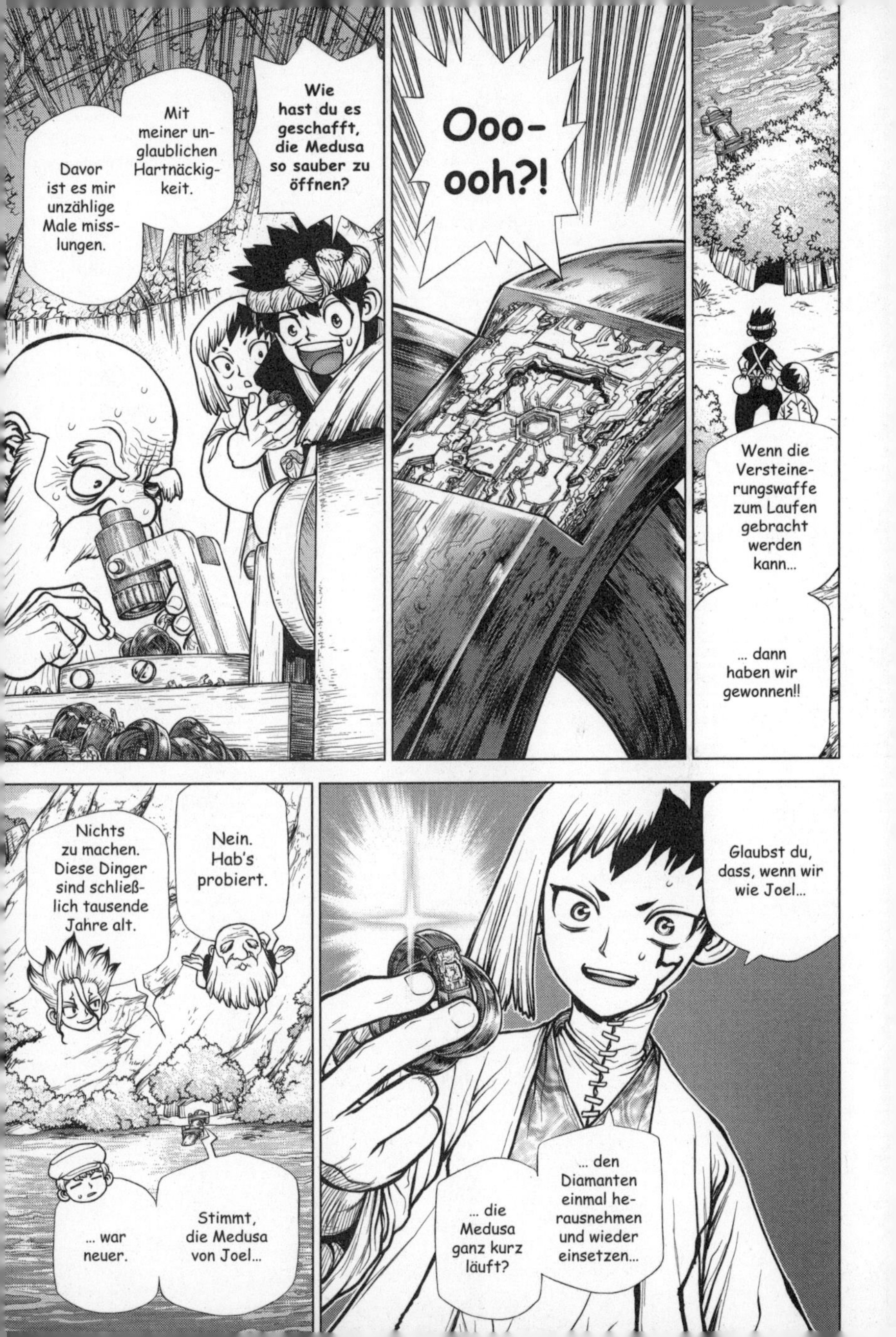

Wenn die Versteinerungswaffe zum Laufen gebracht werden kann...
... dann haben wir gewonnen!!
Ooo-ooh?!
Wie hast du es geschafft, die Medusa so sauber zu öffnen?
Mit meiner unglaublichen Hartnäckigkeit.
Davor ist es mir unzählige Male misslungen.
Glaubst du, dass, wenn wir wie Joel...
... den Diamanten einmal herausnehmen und wieder einsetzen...
... die Medusa ganz kurz läuft?
Nein. Hab's probiert.
Nichts zu machen. Diese Dinger sind schließlich tausende Jahre alt.
Stimmt, die Medusa von Joel...
... war neuer.

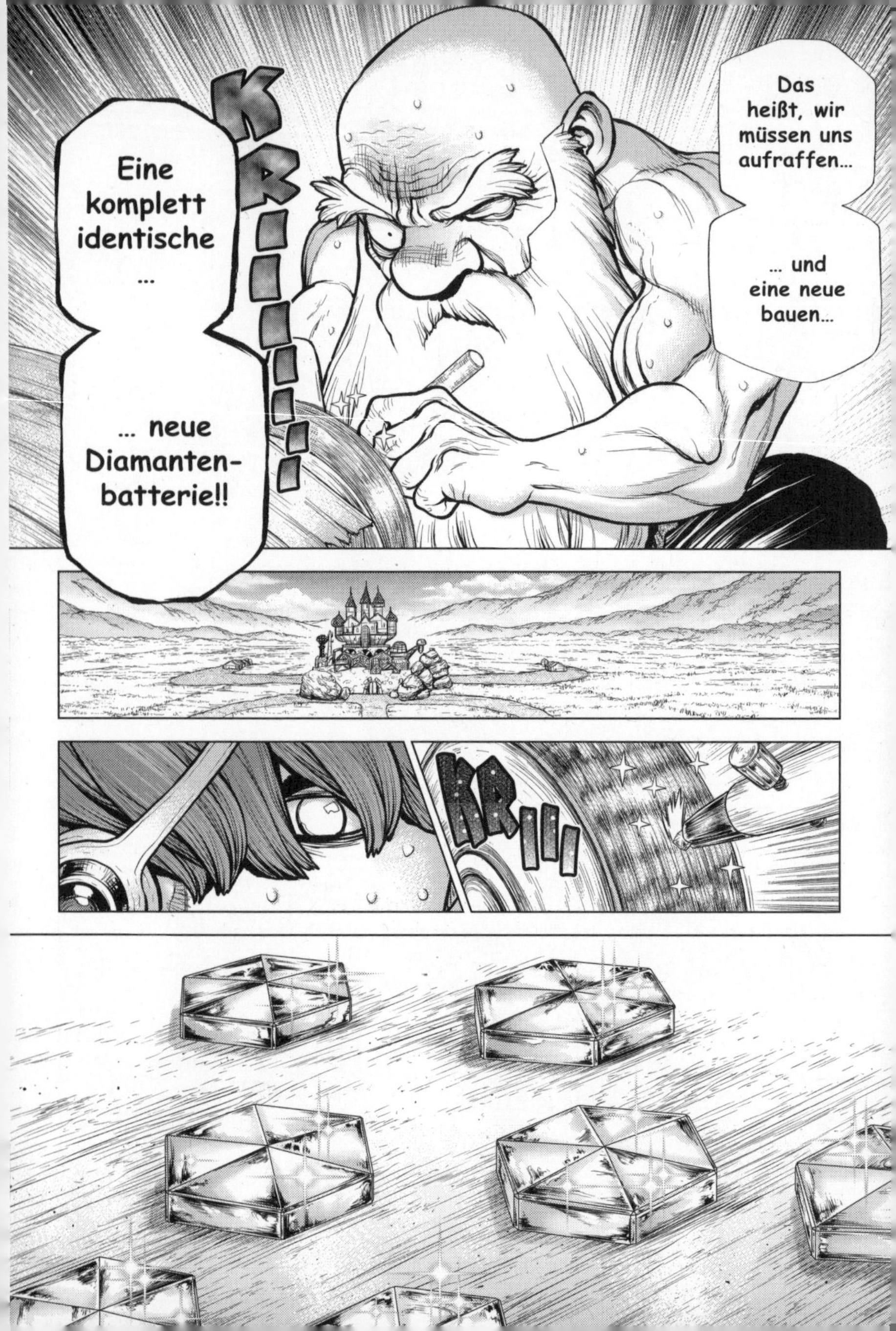

Das heißt, wir müssen uns aufraffen...
... und eine neue bauen...
Eine komplett identische ...
... neue Diamanten-batterie!!
KRIIIIIII
KRIIII

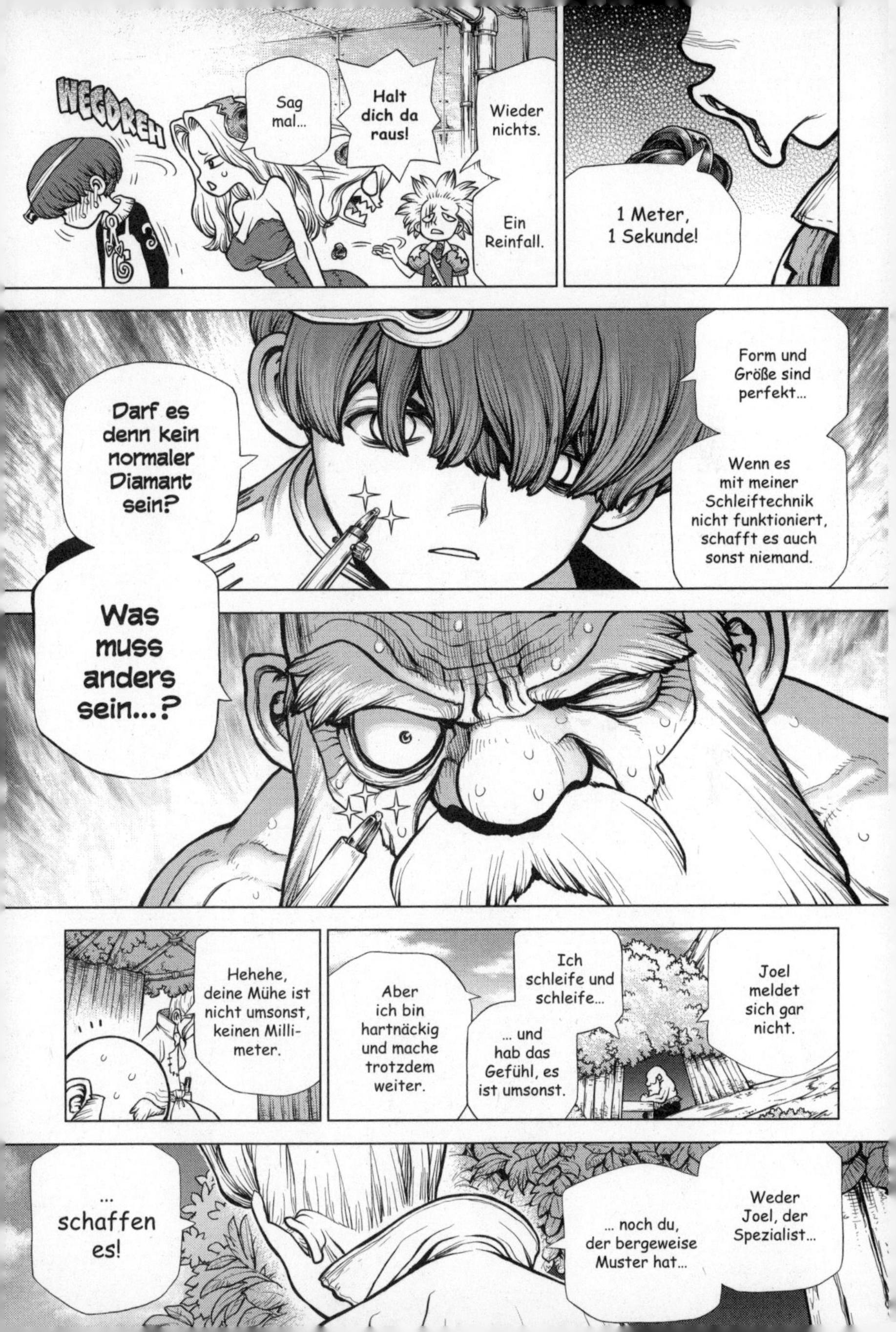
1 Meter, 1 Sekunde!
Wieder nichts.
Ein Reinfall.
Halt dich da raus!
Sag mal...
WEGDREH
Form und Größe sind perfekt...
Wenn es mit meiner Schleiftechnik nicht funktioniert, schafft es auch sonst niemand.
Darf es denn kein normaler Diamant sein?
Was muss anders sein...?
Joel meldet sich gar nicht.
Ich schleife und schleife...
... und hab das Gefühl, es ist umsonst.
Aber ich bin hartnäckig und mache trotzdem weiter.
Hehehe, deine Mühe ist nicht umsonst, keinen Millimeter.
Weder Joel, der Spezialist...
... noch du, der bergeweise Muster hat...
... schaffen es!

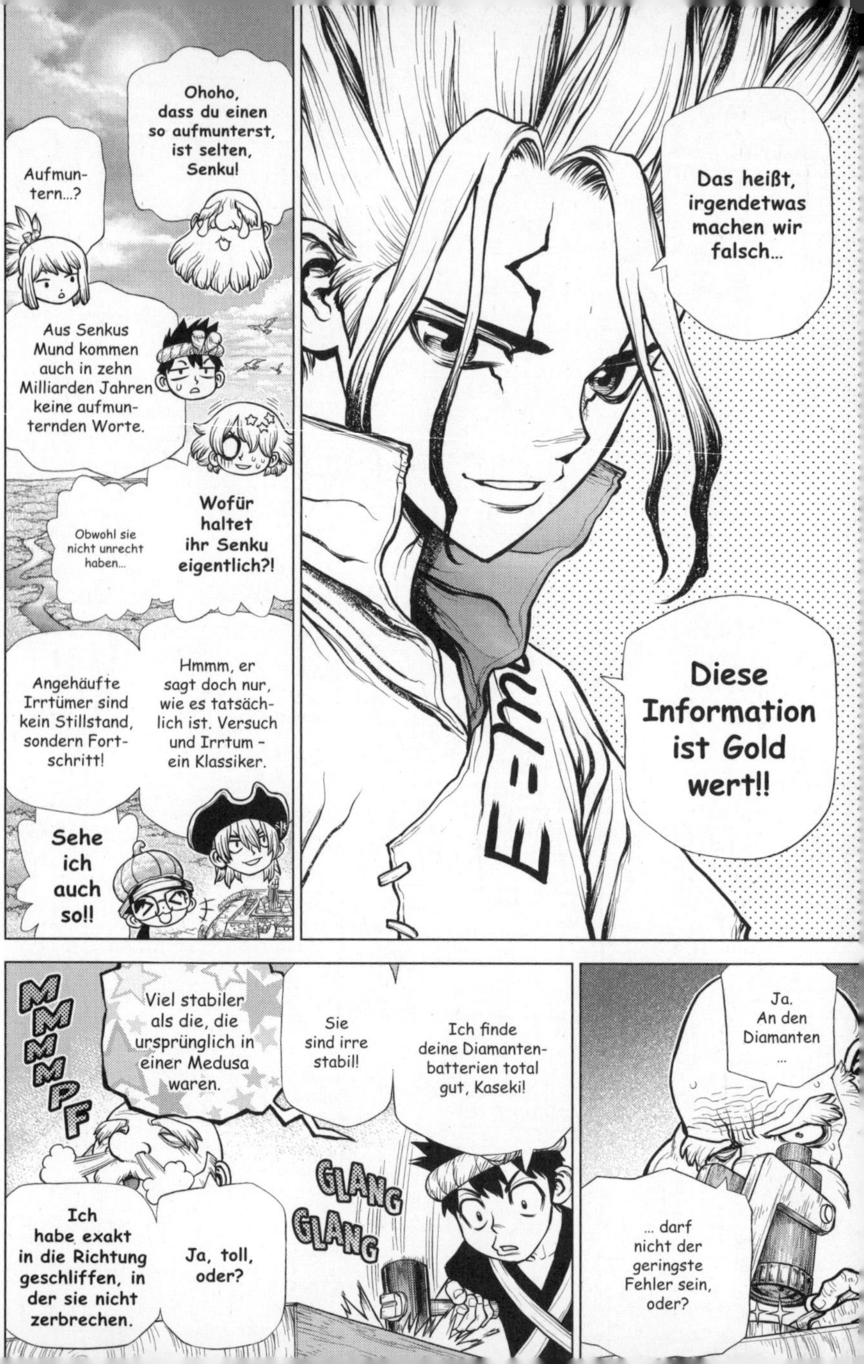
Das heißt, irgendetwas machen wir falsch…
Diese Information ist Gold wert!!
Ohoho, dass du einen so aufmunterst, ist selten, Senku!
Aufmuntern…?
Aus Senkus Mund kommen auch in zehn Milliarden Jahren keine aufmunternden Worte.
Wofür haltet ihr Senku eigentlich?!
Obwohl sie nicht unrecht haben…
Hmmm, er sagt doch nur, wie es tatsächlich ist. Versuch und Irrtum – ein Klassiker.
Angehäufte Irrtümer sind kein Stillstand, sondern Fortschritt!
Sehe ich auch so!!
Ja. An den Diamanten …
… darf nicht der geringste Fehler sein, oder?
Ich finde deine Diamantenbatterien total gut, Kaseki!
Sie sind irre stabil!
GLANG GLANG
Viel stabiler als die, die ursprünglich in einer Medusa waren.
MMMMPF
Ja, toll, oder?
Ich habe exakt in die Richtung geschliffen, in der sie nicht zerbrechen.

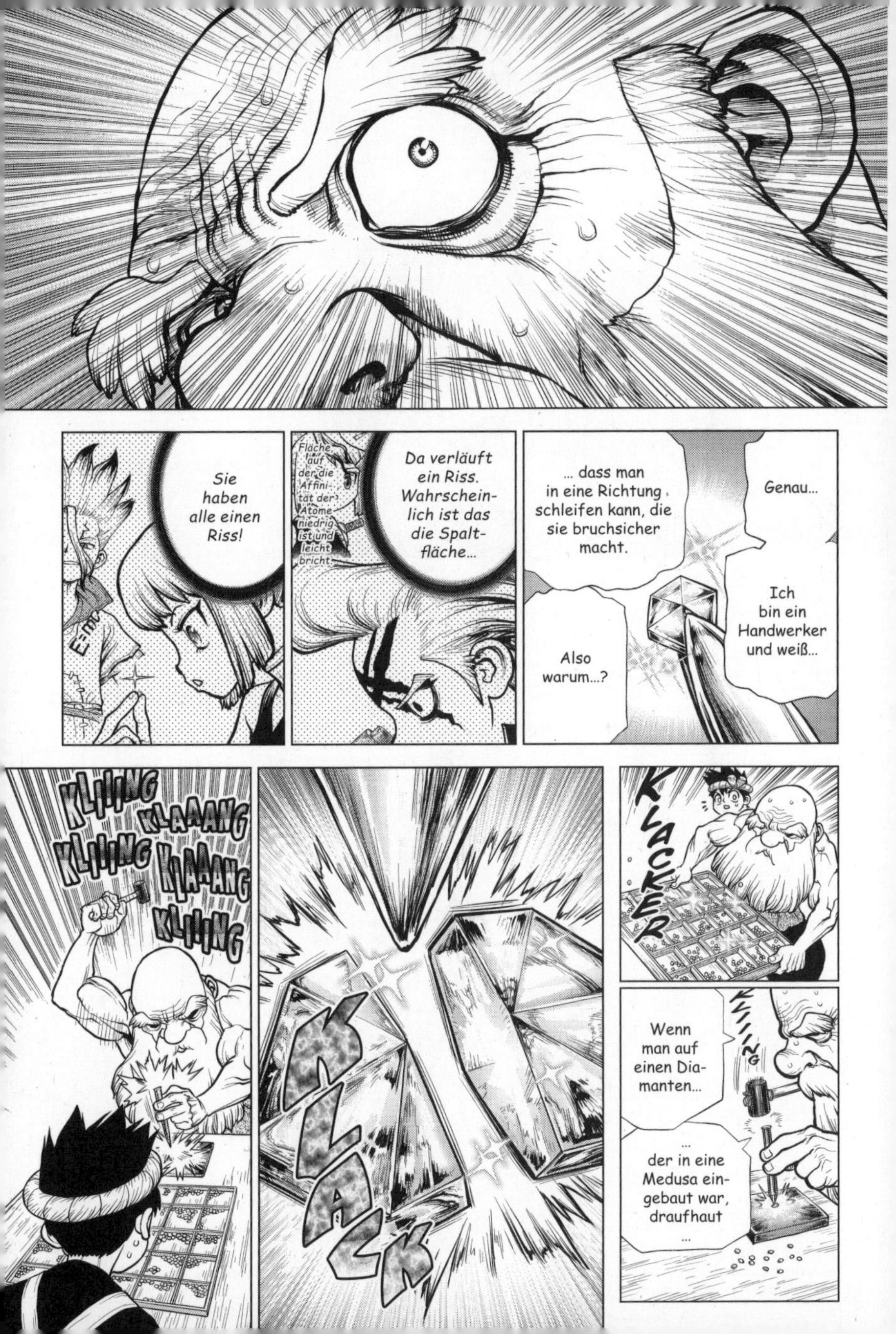
Genau…
Ich bin ein Handwerker und weiß…
… dass man in eine Richtung schleifen kann, die sie bruchsicher macht.
Also warum…?
Da verläuft ein Riss. Wahrschein-lich ist das die Spalt-fläche…
Fläche auf der die Affini-tät der Atome niedrig ist und leicht bricht.
Sie haben alle einen Riss!
KLACKER
KLIIING
Wenn man auf einen Dia-manten…
… der in eine Medusa ein-gebaut war, draufhaut …
KLACK
KLIIING KLAAANG KLIIING KLAAANG KLIIING

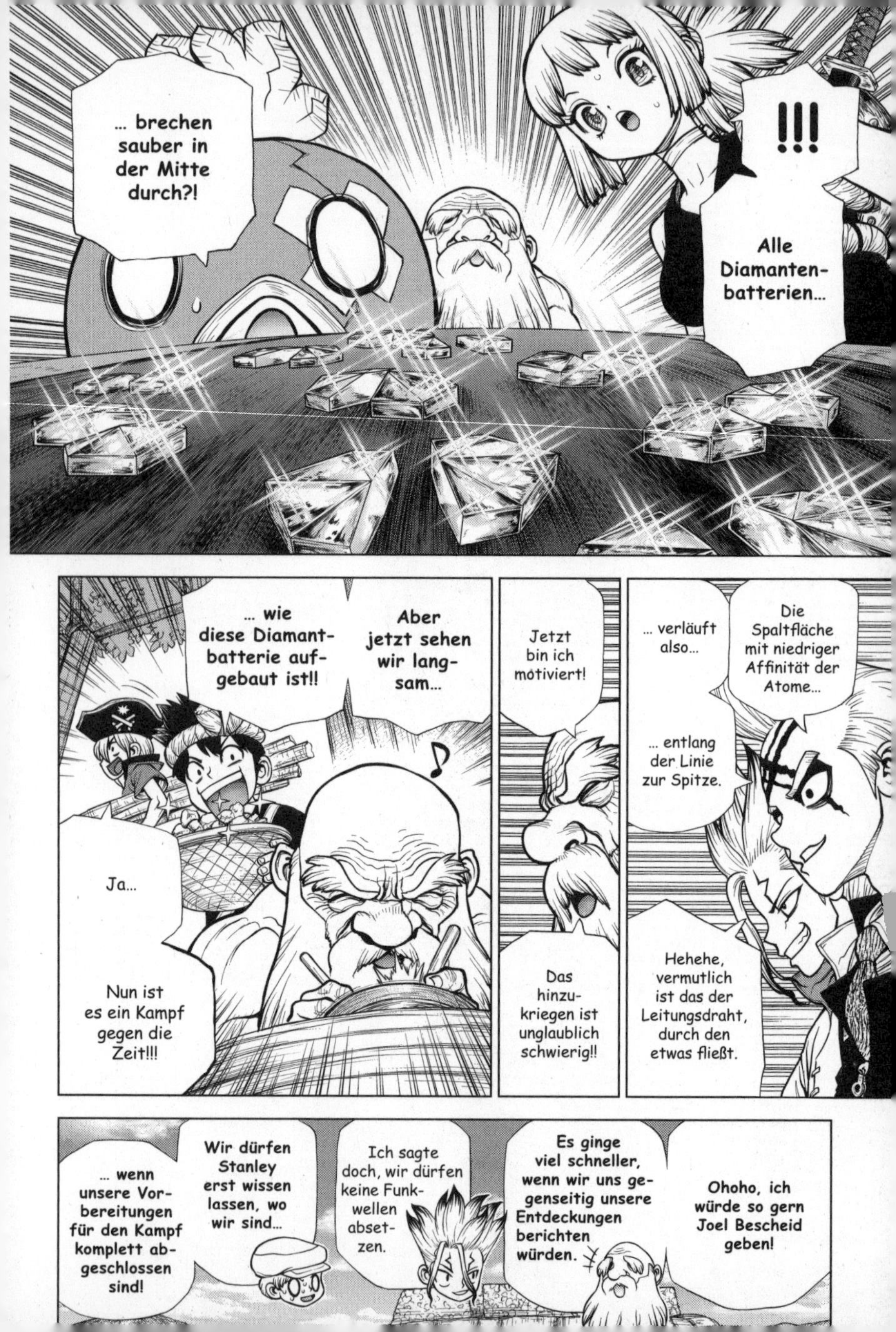
!!!
Alle Diamantenbatterien...
... brechen sauber in der Mitte durch?!
Die Spaltfläche mit niedriger Affinität der Atome...
... verläuft also...
... entlang der Linie zur Spitze.
Hehehe, vermutlich ist das der Leitungsdraht, durch den etwas fließt.
Jetzt bin ich motiviert!
Das hinzukriegen ist unglaublich schwierig!!
Aber jetzt sehen wir langsam...
... wie diese Diamantbatterie aufgebaut ist!!
Ja...
Nun ist es ein Kampf gegen die Zeit!!!
Ohoho, ich würde so gern Joel Bescheid geben!
Es ginge viel schneller, wenn wir uns gegenseitig unsere Entdeckungen berichten würden.
Ich sagte doch, wir dürfen keine Funkwellen absetzen.
Wir dürfen Stanley erst wissen lassen, wo wir sind...
... wenn unsere Vorbereitungen für den Kampf komplett abgeschlossen sind!

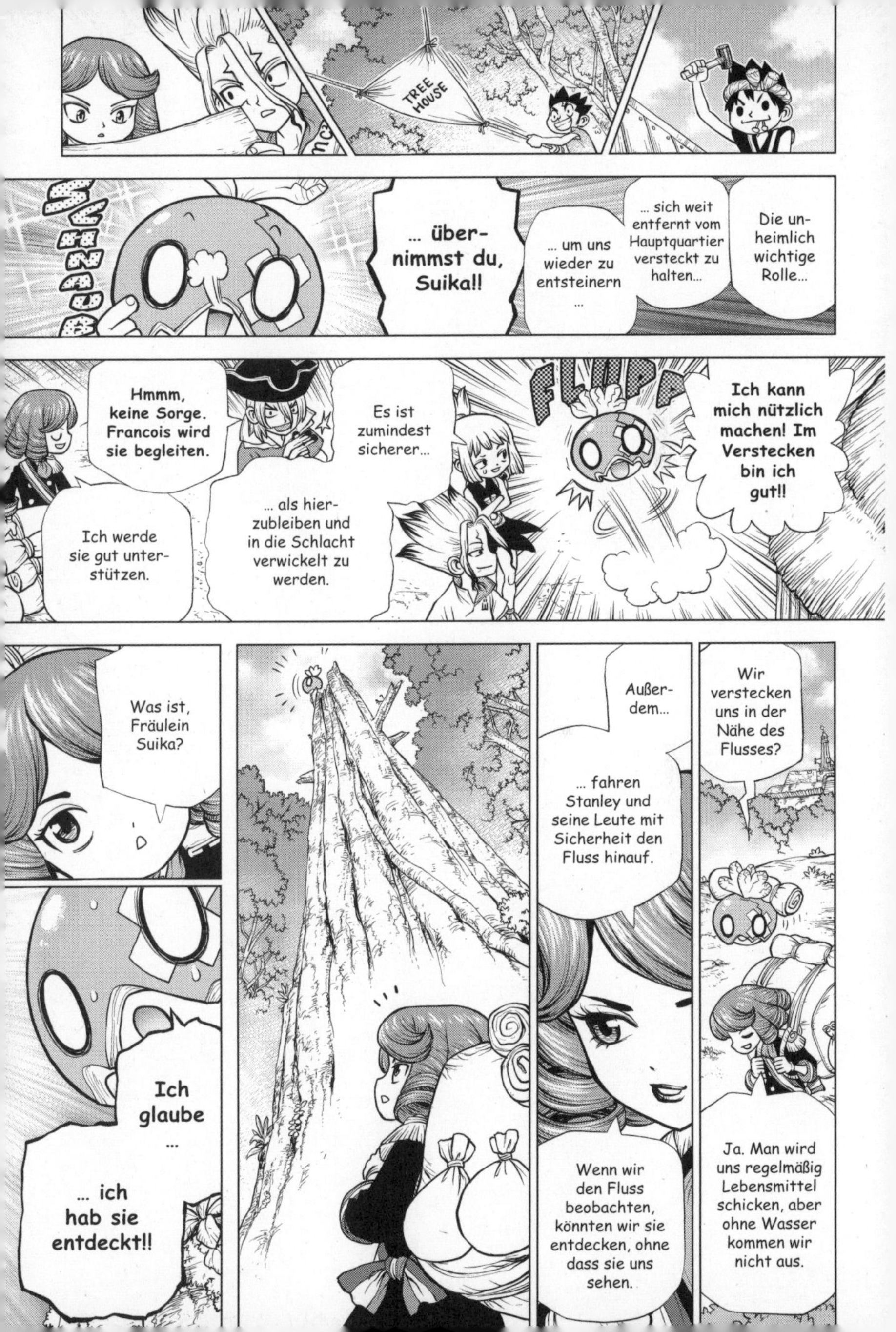
TREE HOUSE
Die unheimlich wichtige Rolle...
... sich weit entfernt vom Hauptquartier versteckt zu halten...
... um uns wieder zu entsteinern ...
... übernimmst du, Suika!!
Ich kann mich nützlich machen! Im Verstecken bin ich gut!!
FLUPP
Es ist zumindest sicherer...
... als hierzubleiben und in die Schlacht verwickelt zu werden.
Hmmm, keine Sorge. Francois wird sie begleiten.
Ich werde sie gut unterstützen.
Wir verstecken uns in der Nähe des Flusses?
Ja. Man wird uns regelmäßig Lebensmittel schicken, aber ohne Wasser kommen wir nicht aus.
Außerdem...
... fahren Stanley und seine Leute mit Sicherheit den Fluss hinauf.
Wenn wir den Fluss beobachten, könnten wir sie entdecken, ohne dass sie uns sehen.
Was ist, Fräulein Suika?
Ich glaube ...
... ich hab sie entdeckt!!

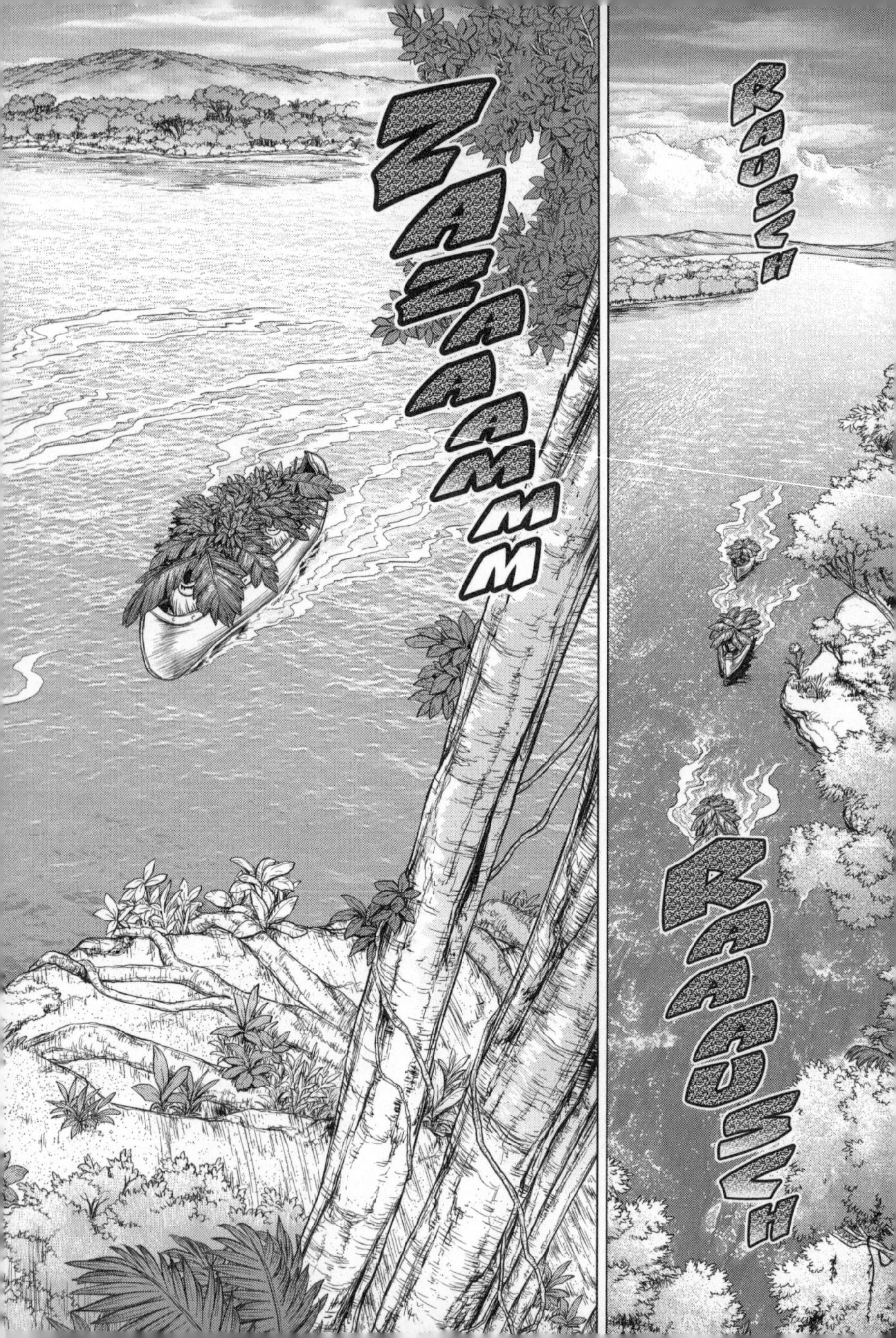
RAUSCH
RAAAUSCH
ZAZAAAMMM

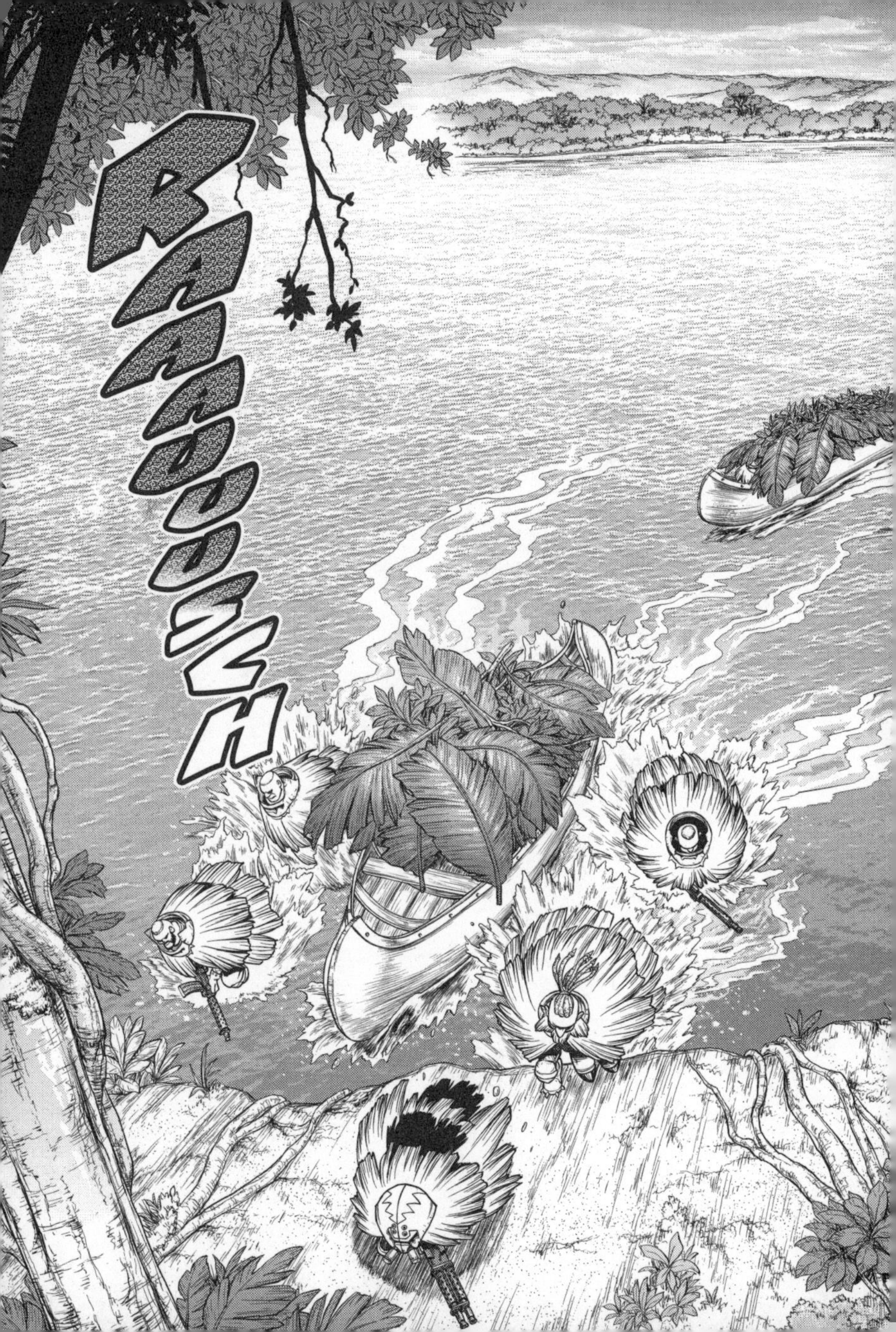
RAAAUUSCH

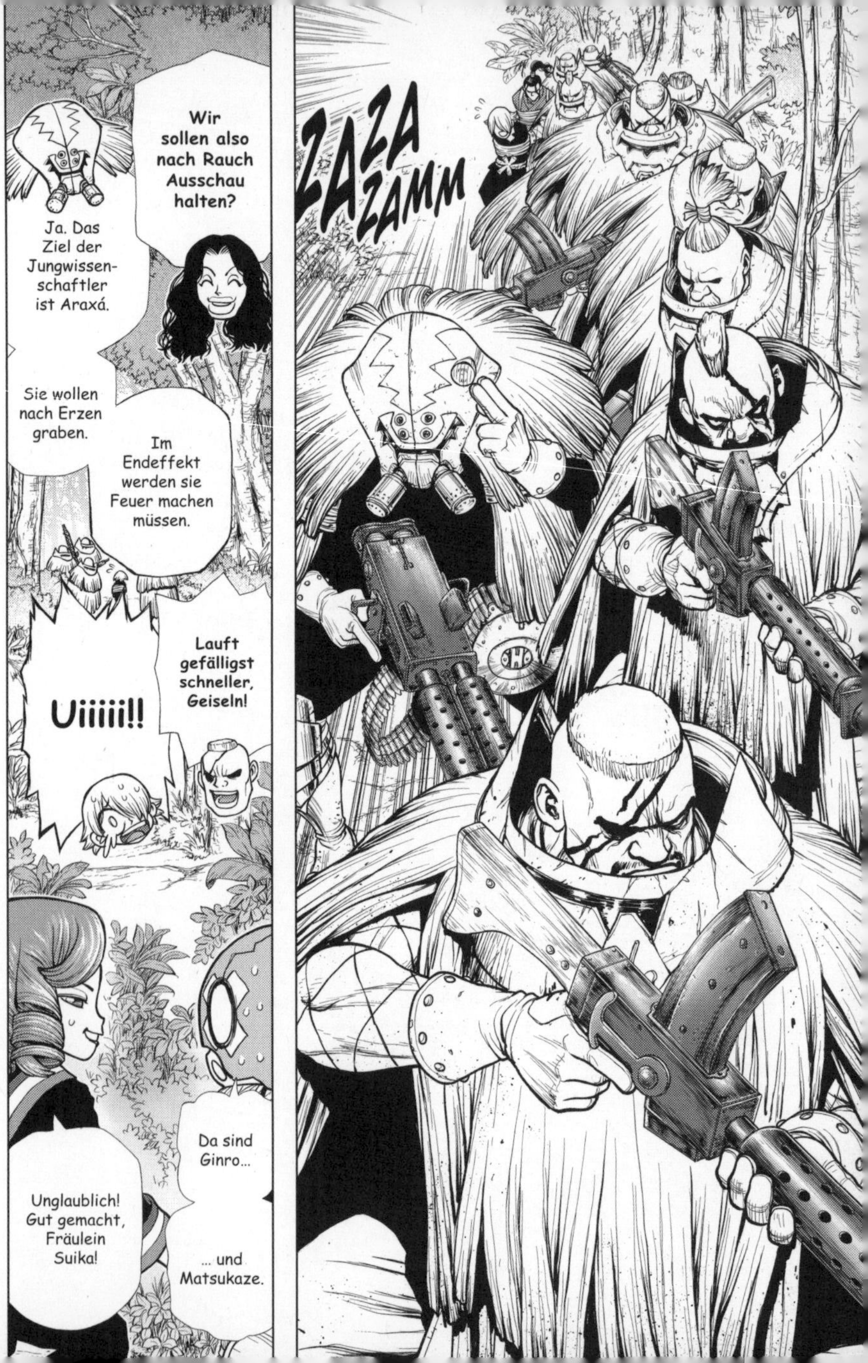
ZAZA
ZAMM
Wir sollen also nach Rauch Ausschau halten?
Ja. Das Ziel der Jungwissen-schaftler ist Araxá.
Sie wollen nach Erzen graben.
Im Endeffekt werden sie Feuer machen müssen.
Lauft gefälligst schneller, Geiseln!
Uiiiii!!
Da sind Ginro...
... und Matsukaze.
Unglaublich! Gut gemacht, Fräulein Suika!

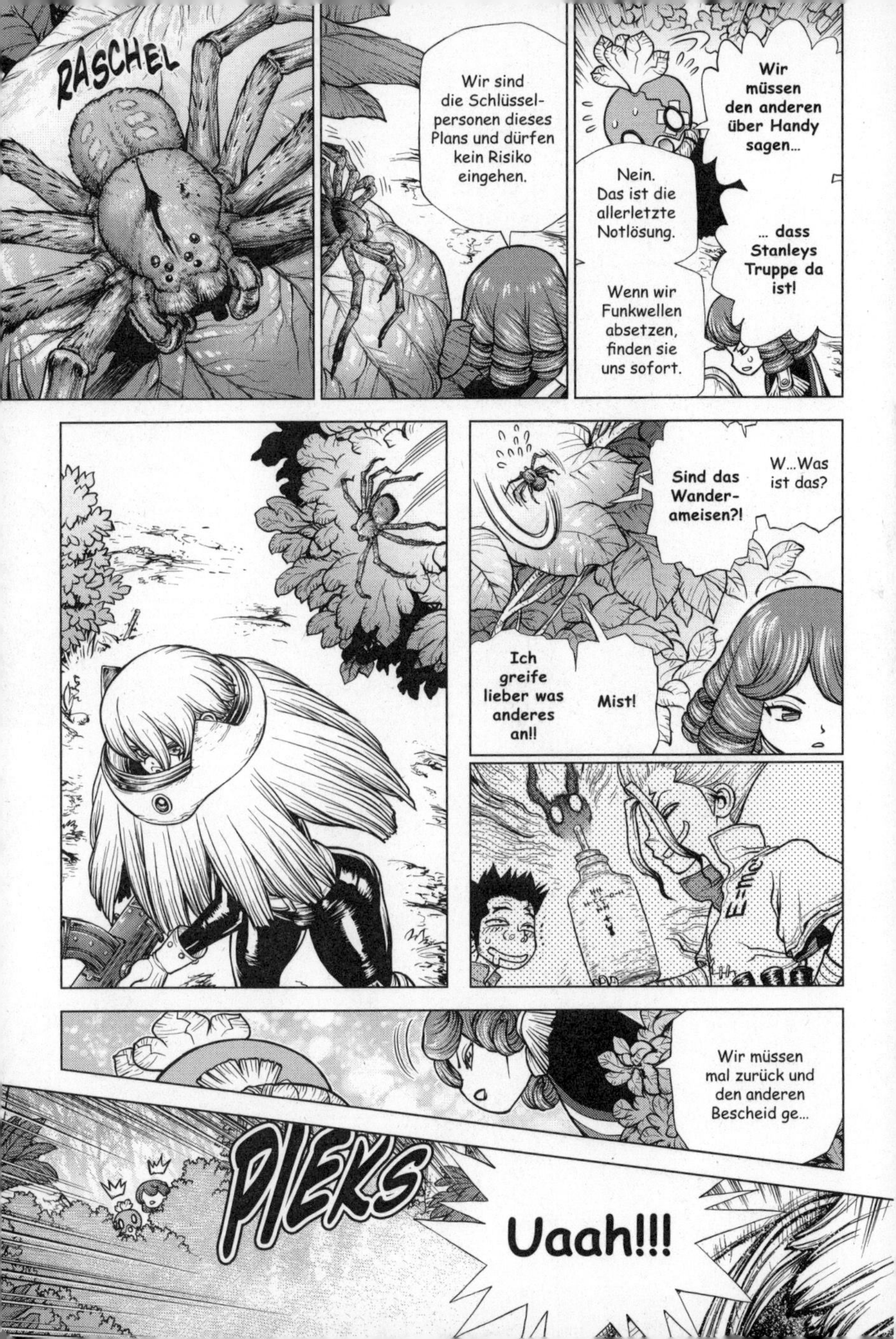
Wir müssen den anderen über Handy sagen...
... dass Stanleys Truppe da ist!
Nein. Das ist die allerletzte Notlösung.
Wenn wir Funkwellen absetzen, finden sie uns sofort.
Wir sind die Schlüsselpersonen dieses Plans und dürfen kein Risiko eingehen.
RASCHEL
W...Was ist das?
Sind das Wanderameisen?!
Mist!
Ich greife lieber was anderes an!!
Wir müssen mal zurück und den anderen Bescheid ge...
PIEKS
Uaah!!!

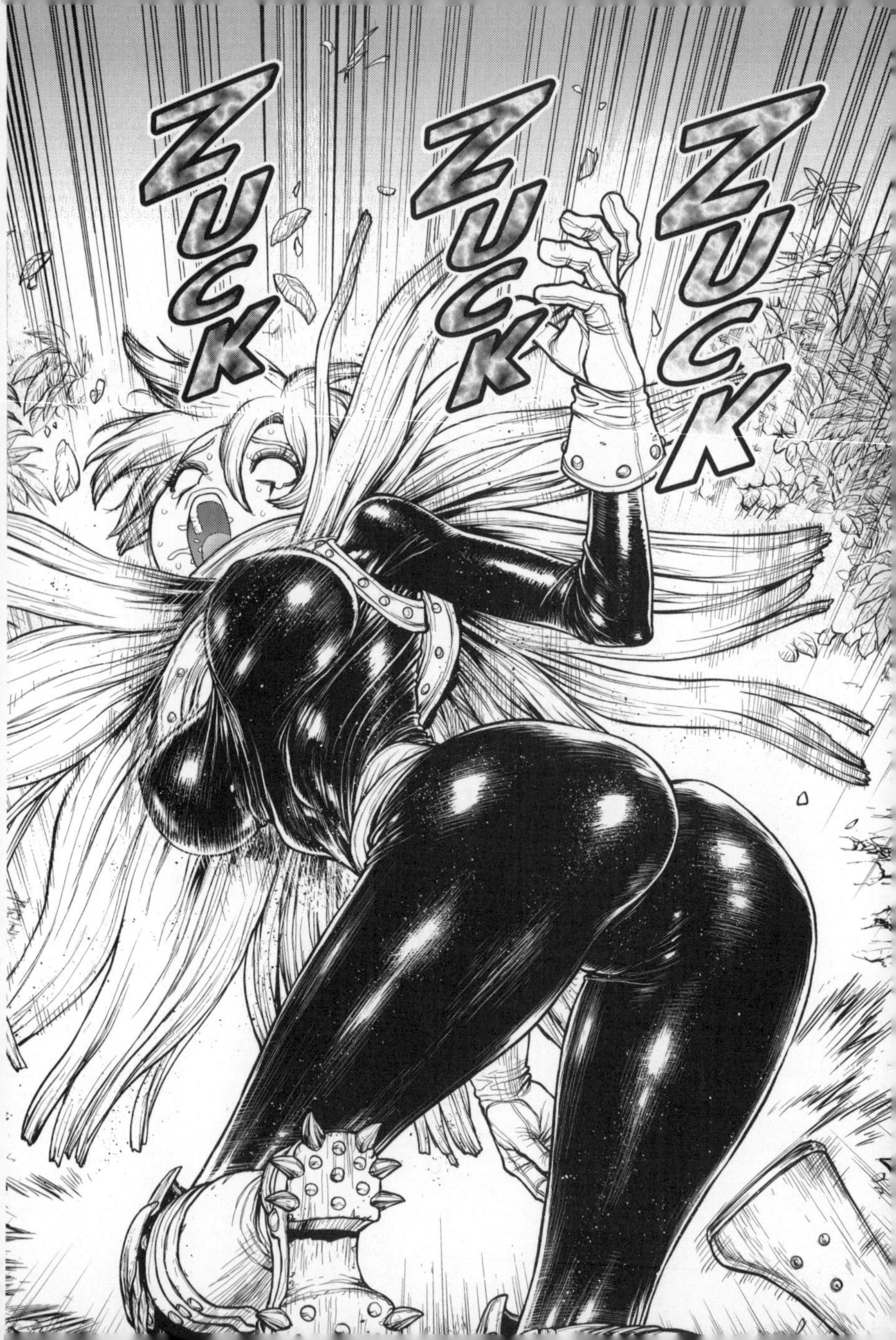
ZUCK
ZUCK
ZUCK

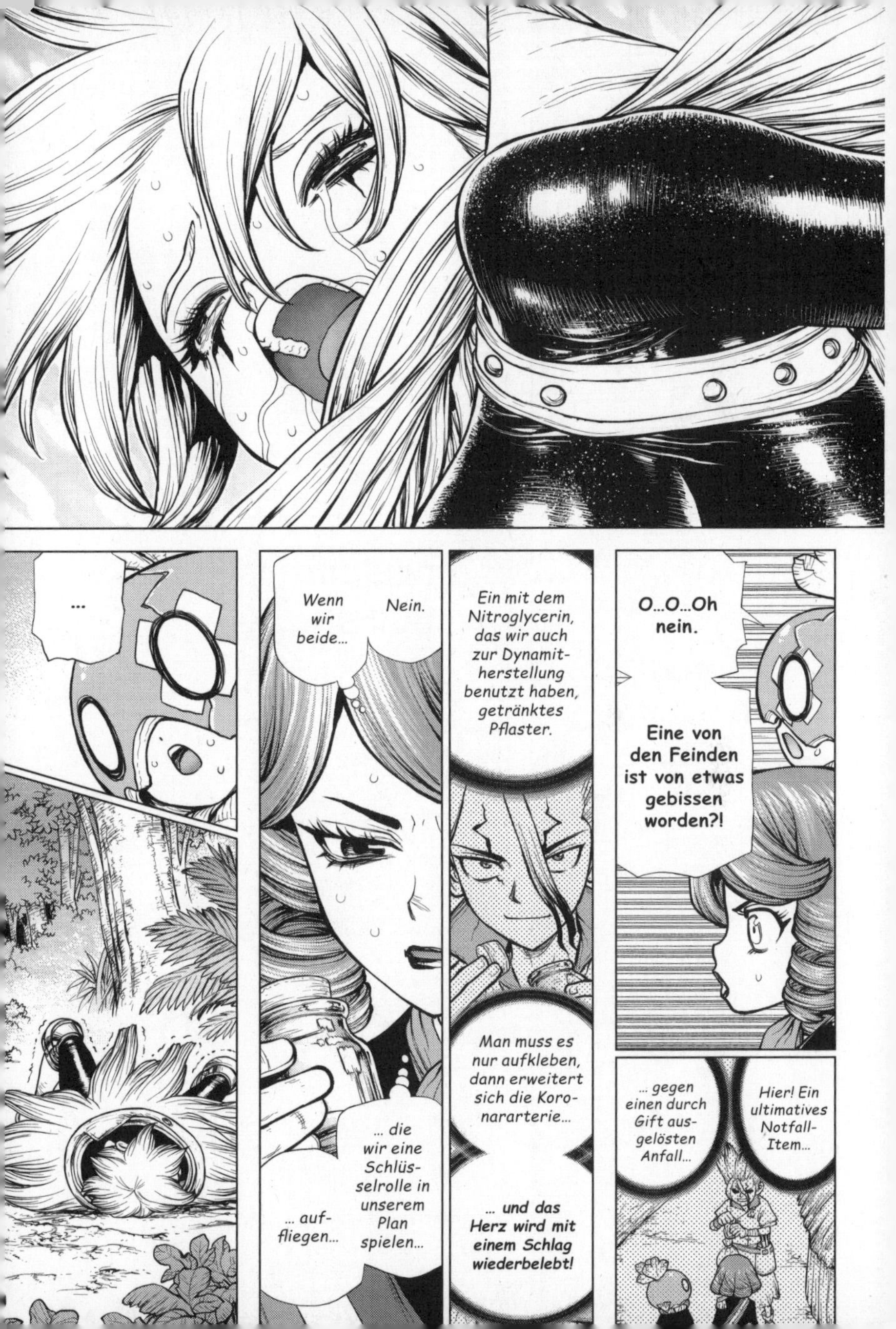
O...O...Oh nein.
Eine von den Feinden ist von etwas gebissen worden?!
Hier! Ein ultimatives Notfall-Item...
... gegen einen durch Gift ausgelösten Anfall...
Ein mit dem Nitroglycerin, das wir auch zur Dynamitherstellung benutzt haben, getränktes Pflaster.
Man muss es nur aufkleben, dann erweitert sich die Koronararterie...
... und das Herz wird mit einem Schlag wiederbelebt!
Nein.
Wenn wir beide...
... die wir eine Schlüsselrolle in unserem Plan spielen...
... auffliegen...
...

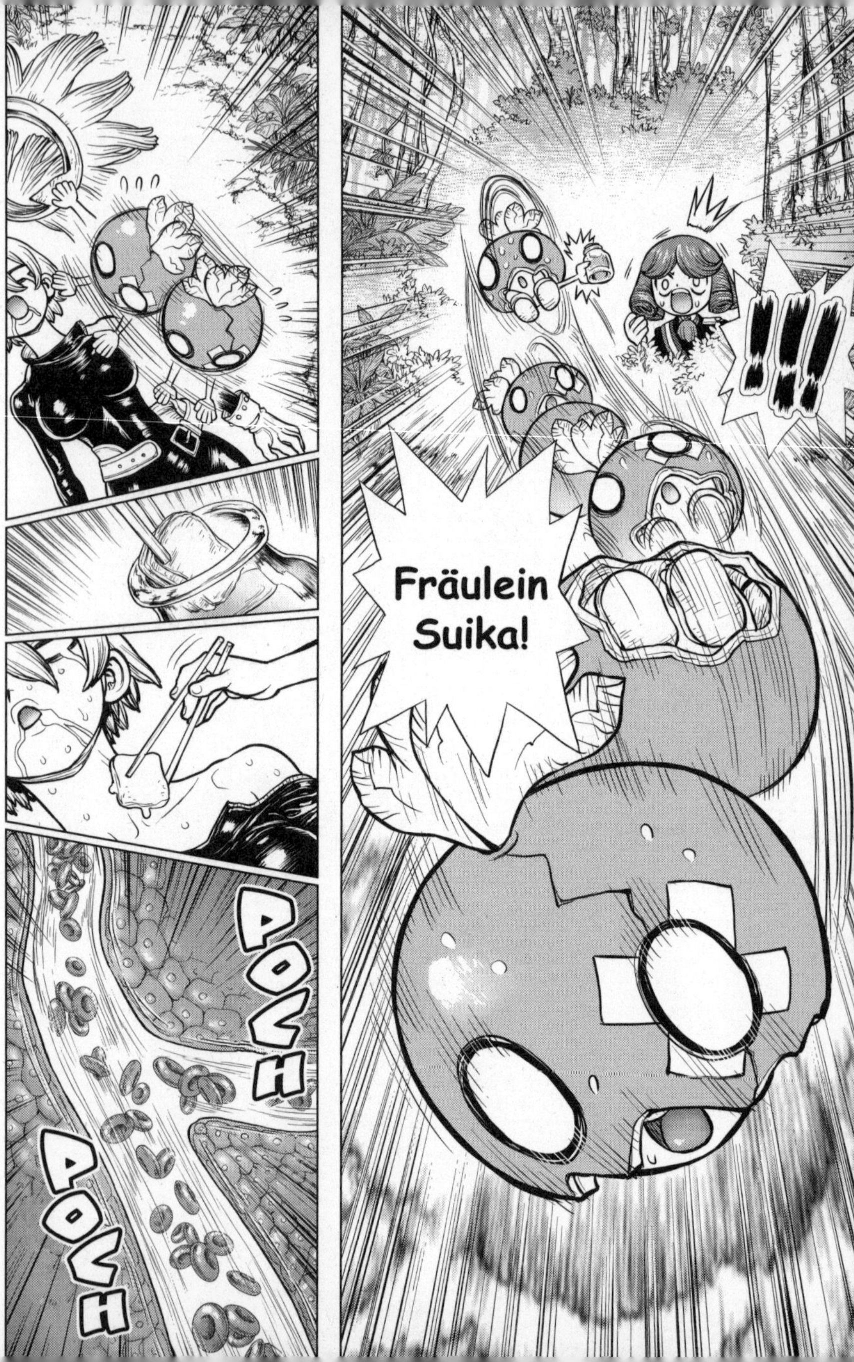
!!
Fräulein Suika!
POCH
POCH

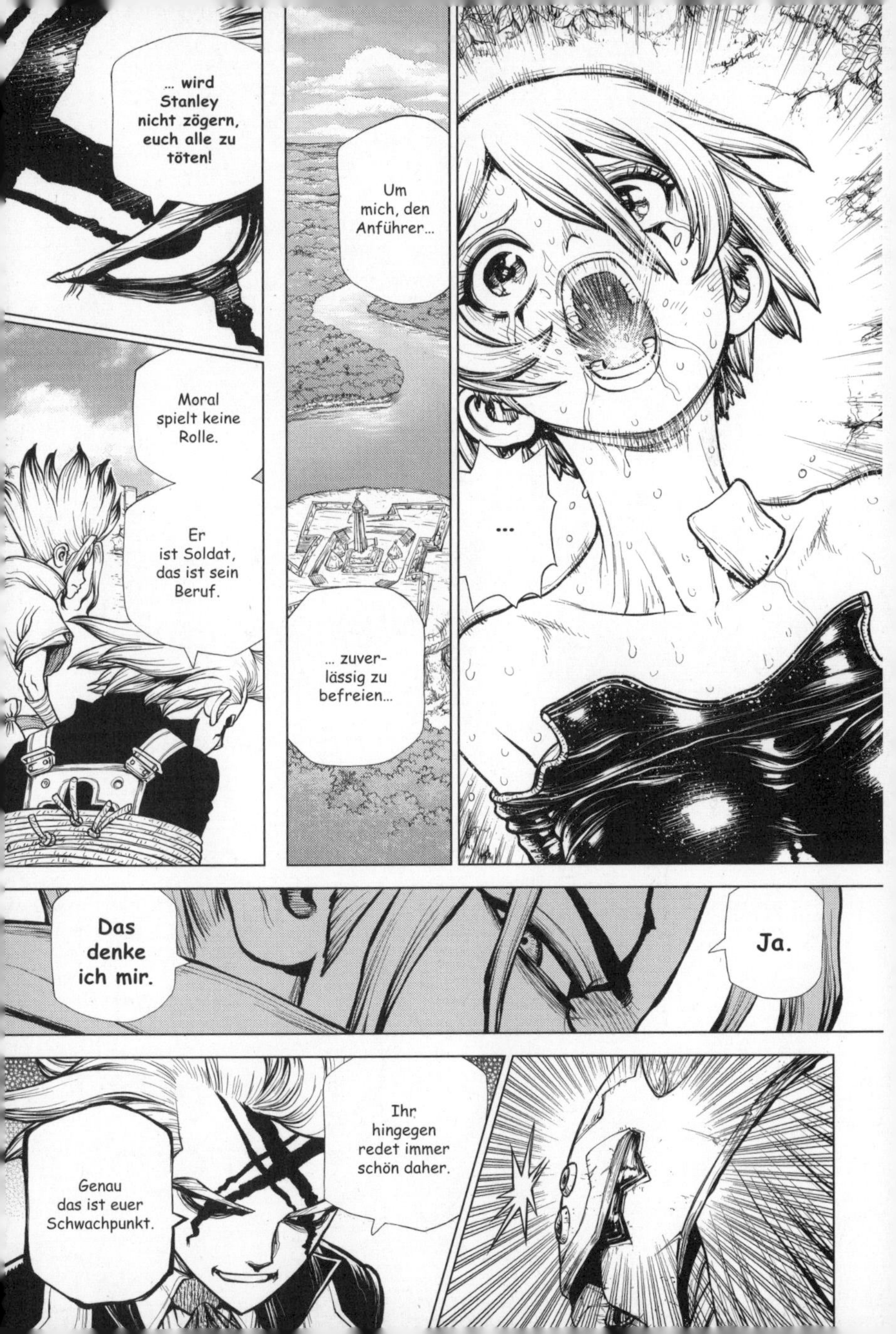
...
Um mich, den Anführer...
... zuverlässig zu befreien...
... wird Stanley nicht zögern, euch alle zu töten!
Moral spielt keine Rolle.
Er ist Soldat, das ist sein Beruf.
Ja.
Das denke ich mir.
Ihr hingegen redet immer schön daher.
Genau das ist euer Schwachpunkt.

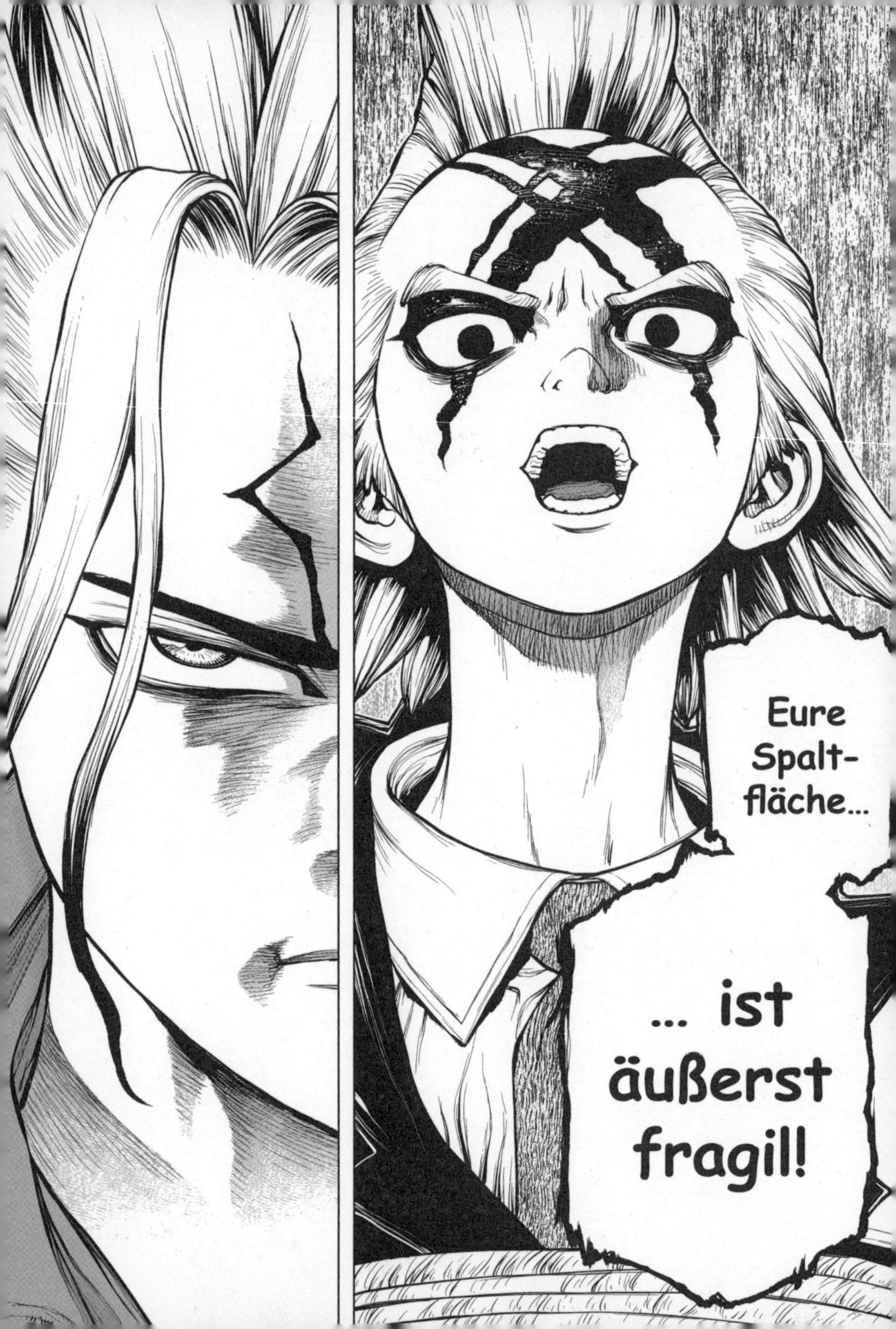
Eure Spalt-fläche...
... ist äußerst fragil!

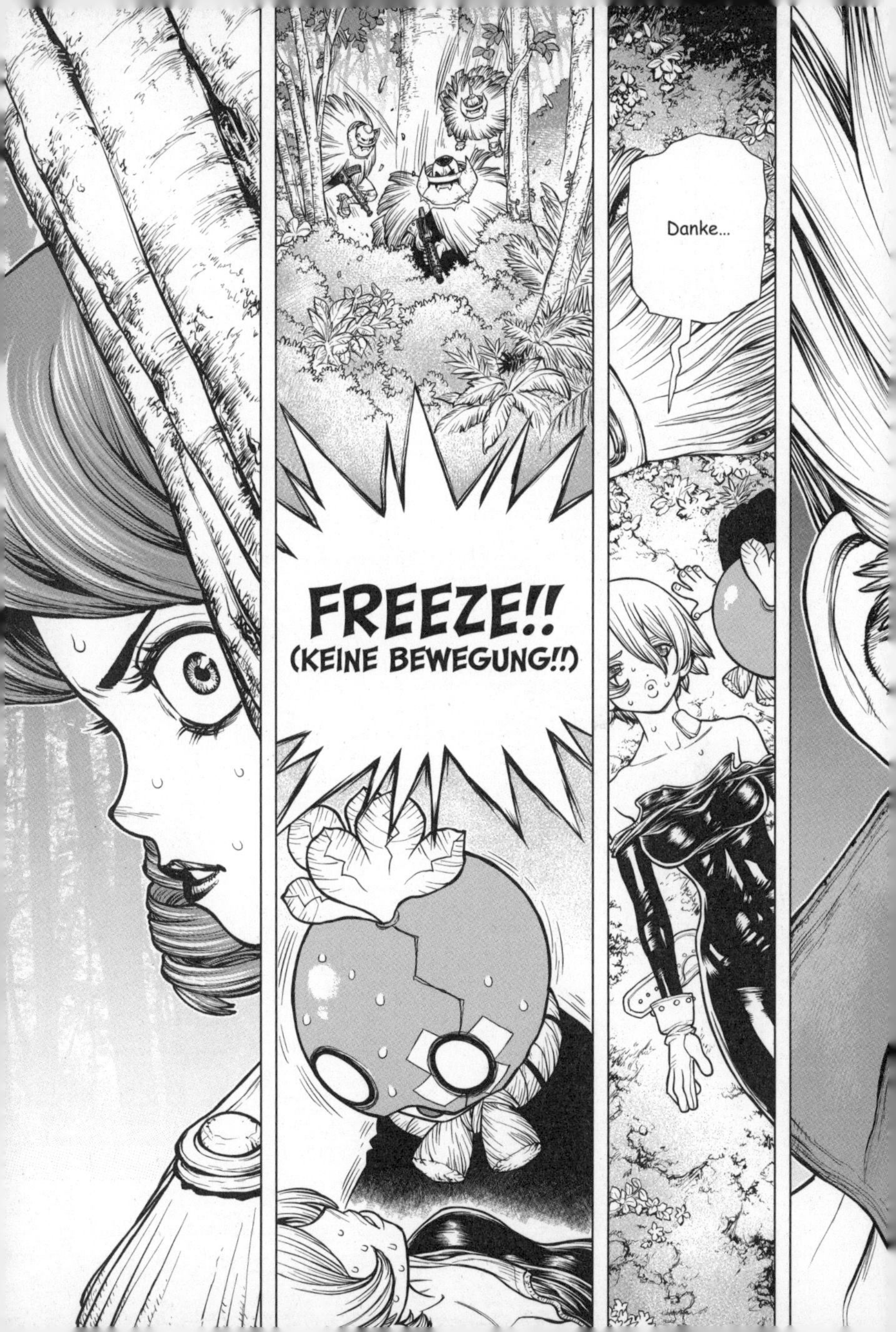
Danke...
FREEZE!!
(KEINE BEWEGUNG!!)

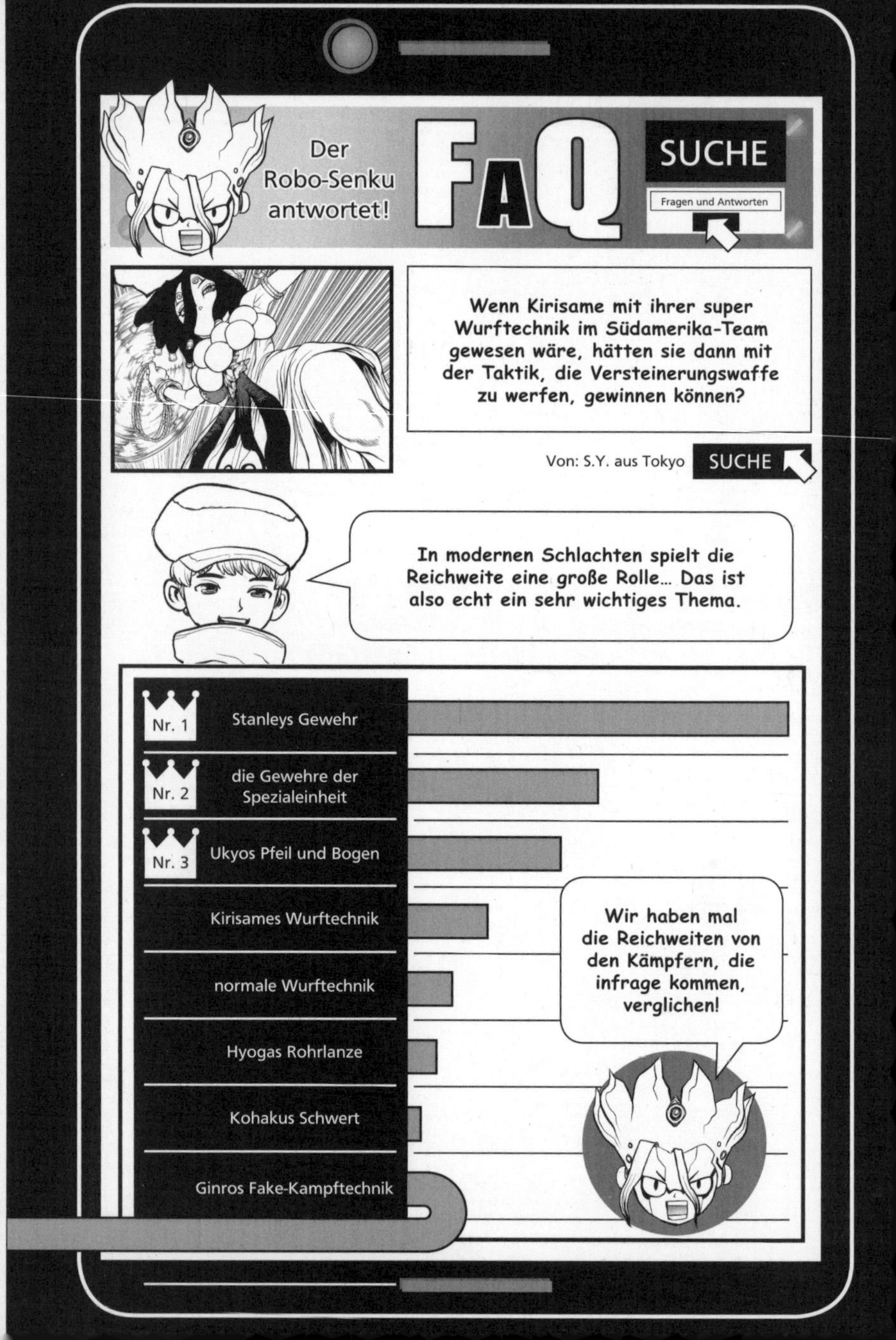

Der Robo-Senku antwortet!
FaQ
SUCHE
Fragen und Antworten
Wenn Kirisame mit ihrer super Wurftechnik im Südamerika-Team gewesen wäre, hätten sie dann mit der Taktik, die Versteinerungswaffe zu werfen, gewinnen können?
Von: S.Y. aus Tokyo
SUCHE
In modernen Schlachten spielt die Reichweite eine große Rolle… Das ist also echt ein sehr wichtiges Thema.
Nr. 1 Stanleys Gewehr
Nr. 2 die Gewehre der Spezialeinheit
Nr. 3 Ukyos Pfeil und Bogen
Kirisames Wurftechnik
normale Wurftechnik
Hyogas Rohrlanze
Kohakus Schwert
Ginros Fake-Kampftechnik
Wir haben mal die Reichweiten von den Kämpfern, die infrage kommen, verglichen!

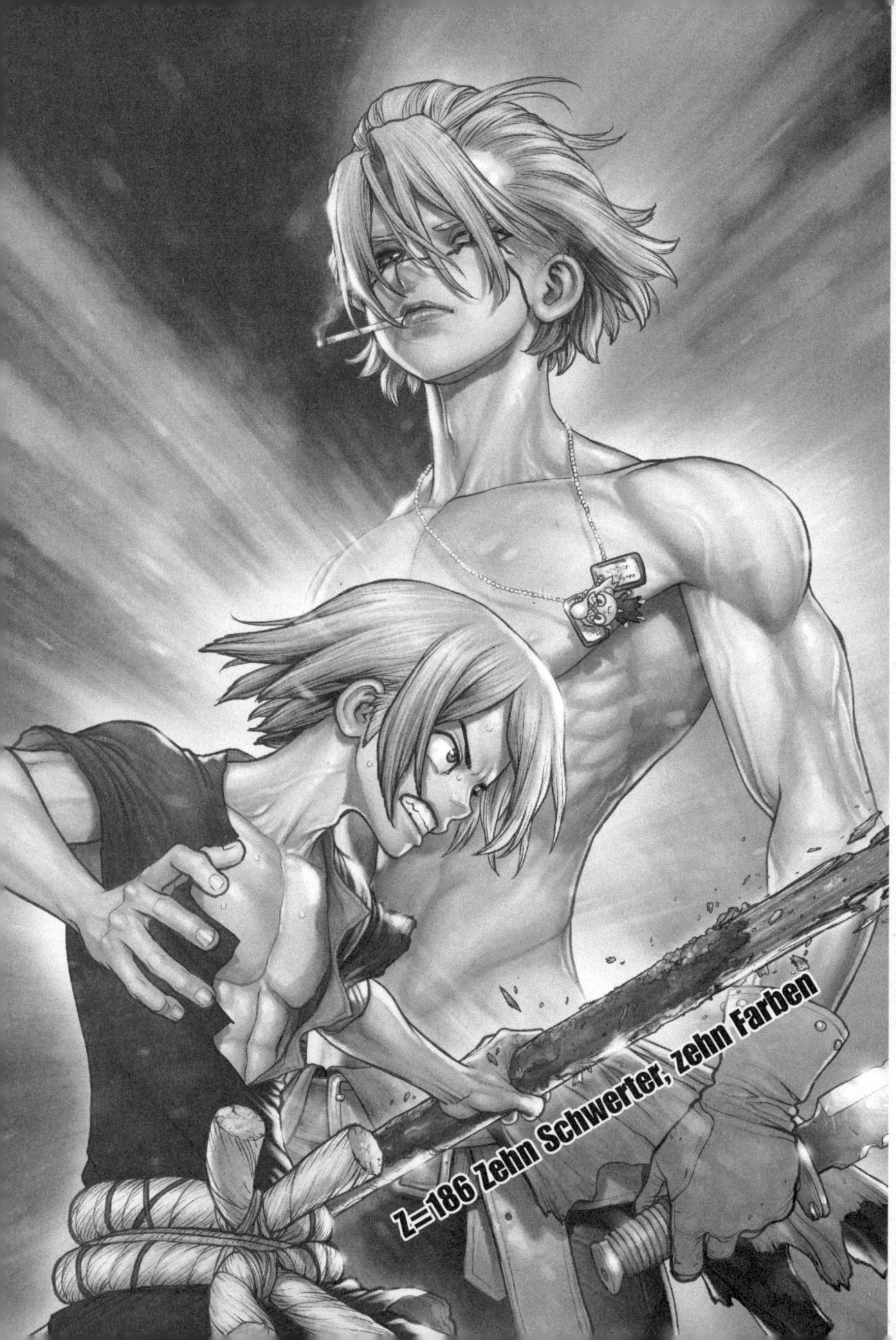
Z=186 Zehn Schwerter, zehn Farben

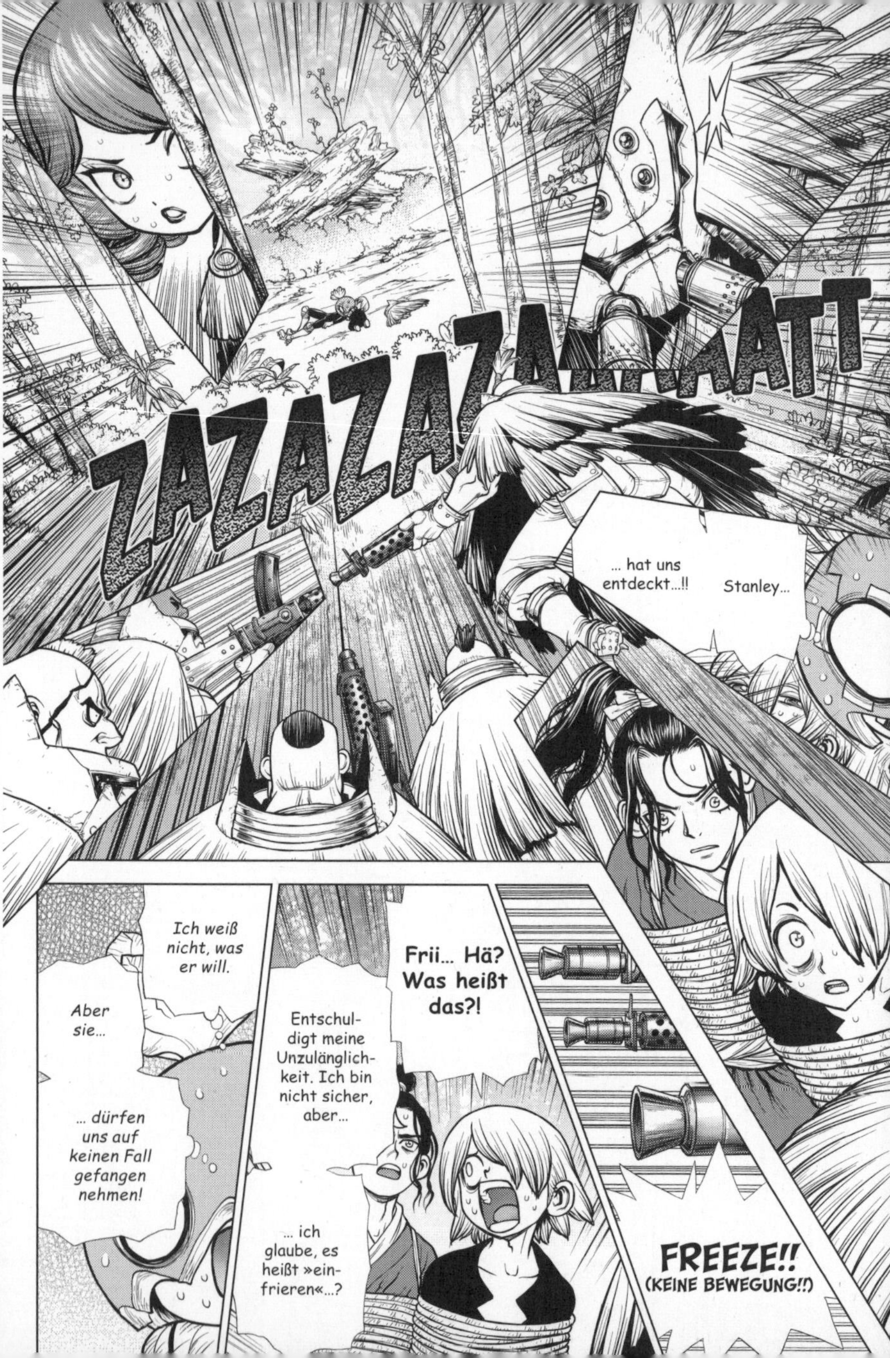

ZAZAZAZA...AATT
Stanley...
... hat uns entdeckt...!!
FREEZE!!
(KEINE BEWEGUNG!!)
Frii... Hä? Was heißt das?!
Entschuldigt meine Unzulänglichkeit. Ich bin nicht sicher, aber...
... ich glaube, es heißt »einfrieren«...?
Ich weiß nicht, was er will.
Aber sie...
... dürfen uns auf keinen Fall gefangen nehmen!

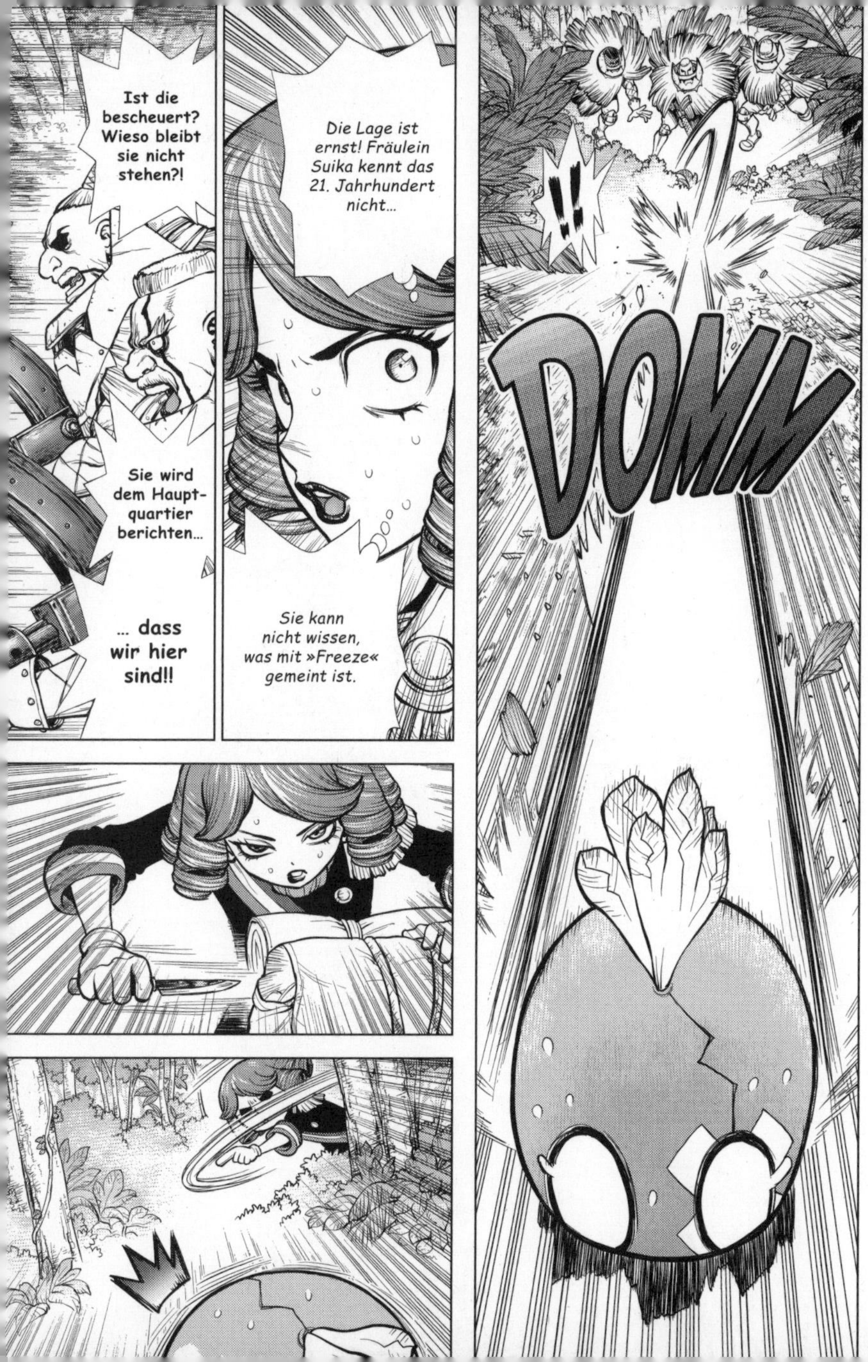

DOMM
!!
Die Lage ist ernst! Fräulein Suika kennt das 21. Jahrhundert nicht...
Sie kann nicht wissen, was mit »Freeze« gemeint ist.
Ist die bescheuert? Wieso bleibt sie nicht stehen?!
Sie wird dem Hauptquartier berichten...
... dass wir hier sind!!

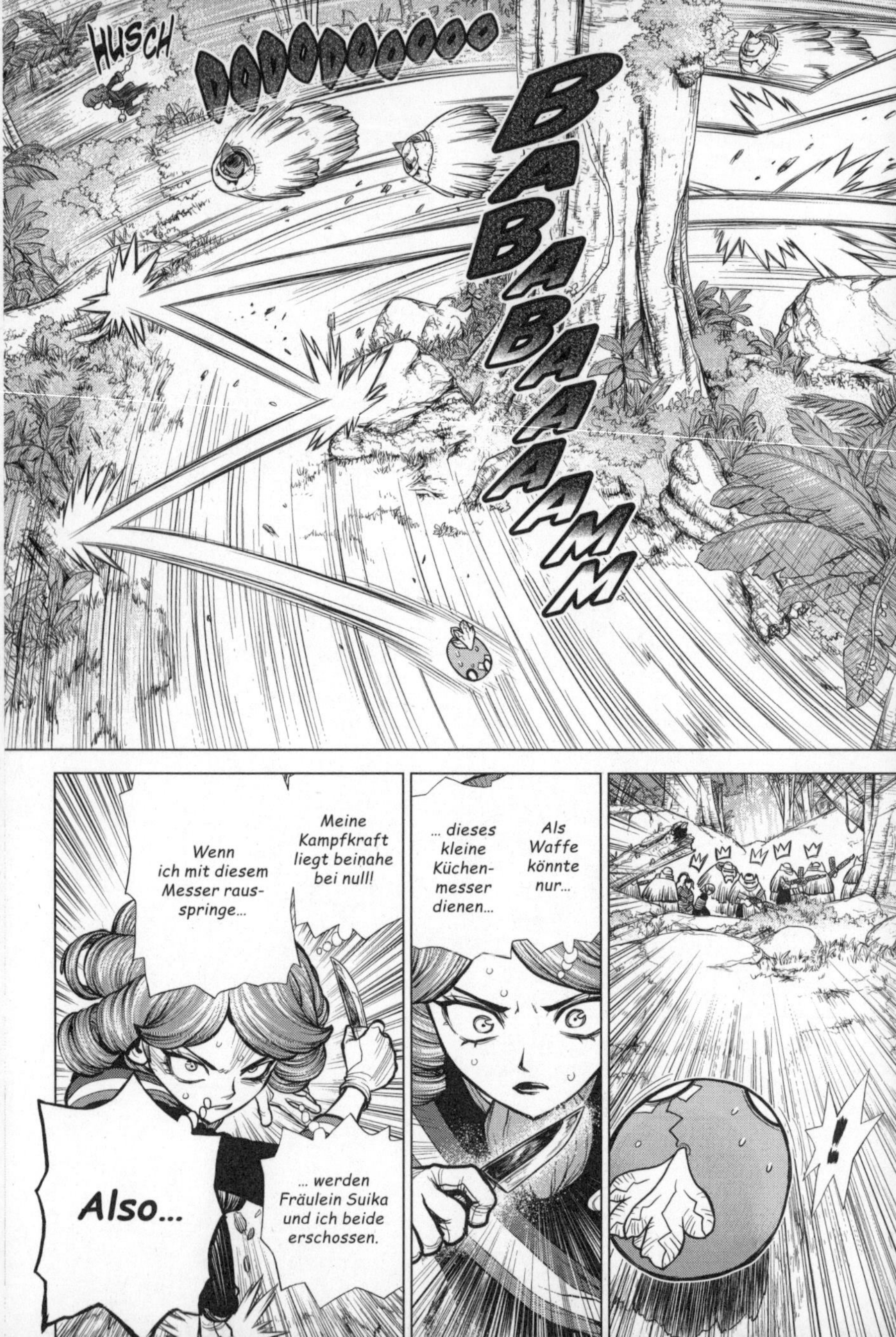
HUSCH
DODODOOOOOO
BABABAAAAMM
!
Als Waffe könnte nur...
... dieses kleine Küchenmesser dienen...
Meine Kampfkraft liegt beinahe bei null!
Wenn ich mit diesem Messer rausspringe...
... werden Fräulein Suika und ich beide erschossen.
Also...

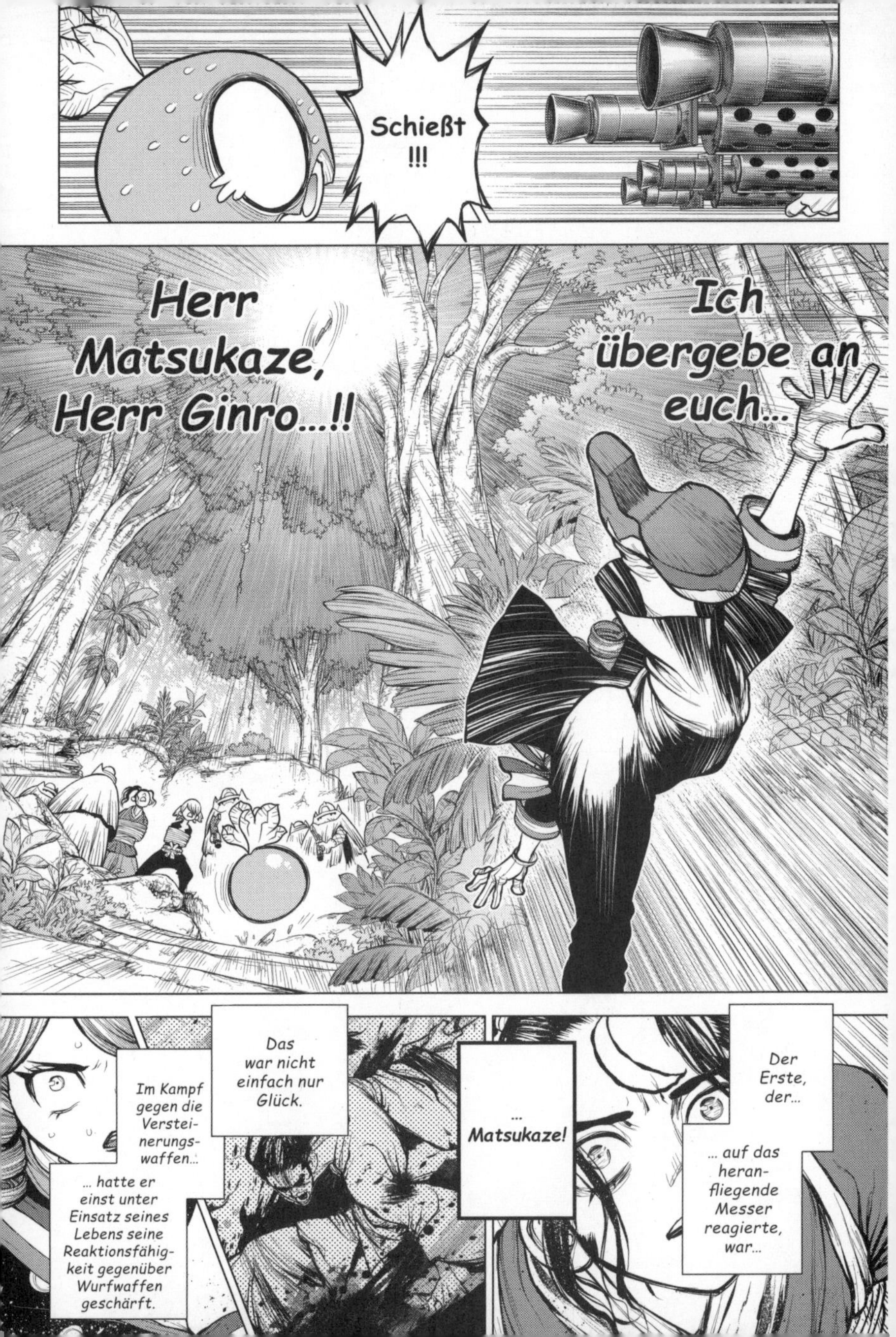

Schießt !!!
Ich übergebe an euch...
Herr Matsukaze, Herr Ginro...!!
Der Erste, der...
... auf das heran- fliegende Messer reagierte, war...
... Matsukaze!
Das war nicht einfach nur Glück.
Im Kampf gegen die Verstei- nerungs- waffen...
... hatte er einst unter Einsatz seines Lebens seine Reaktionsfähig- keit gegenüber Wurfwaffen geschärft.

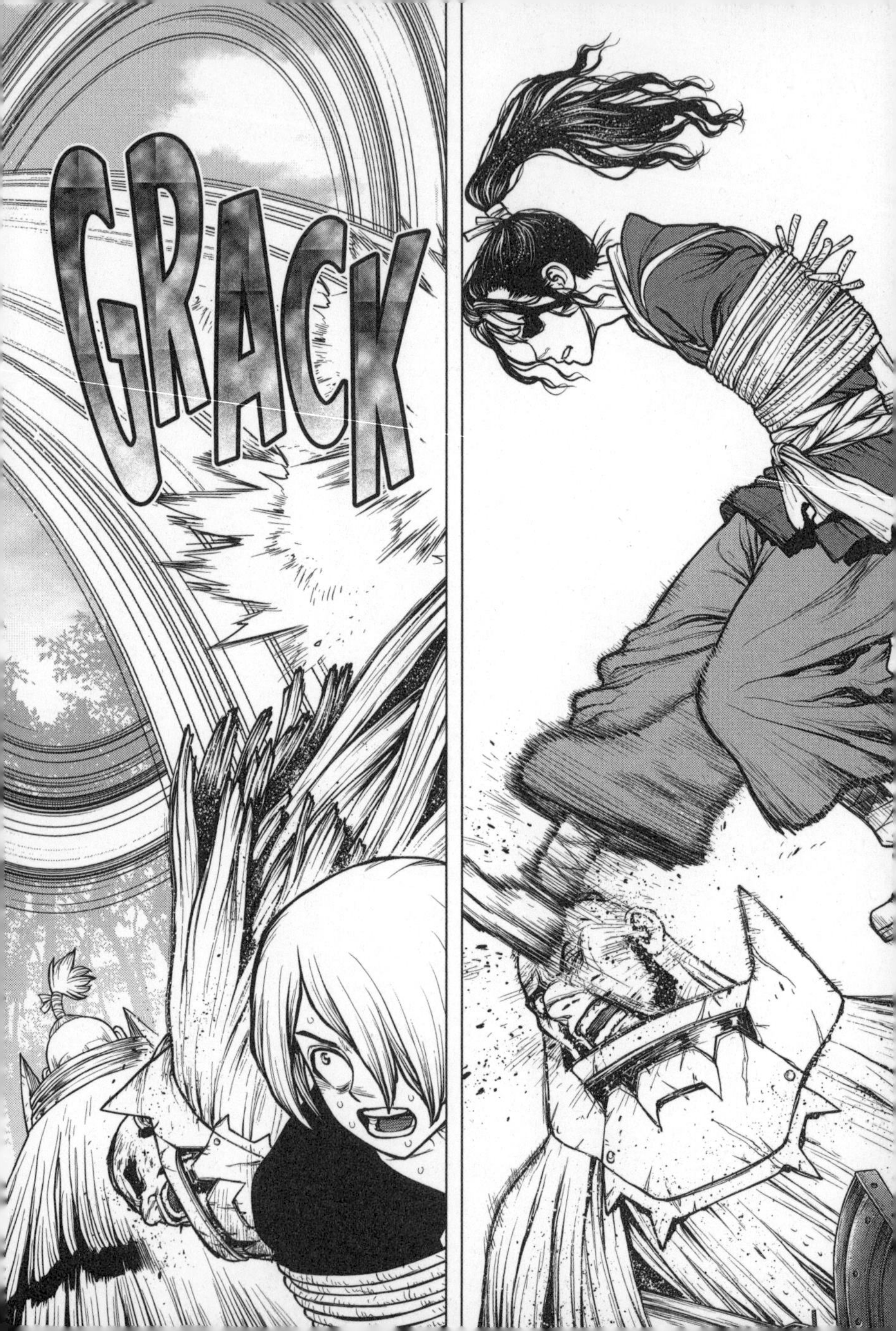
GRACK

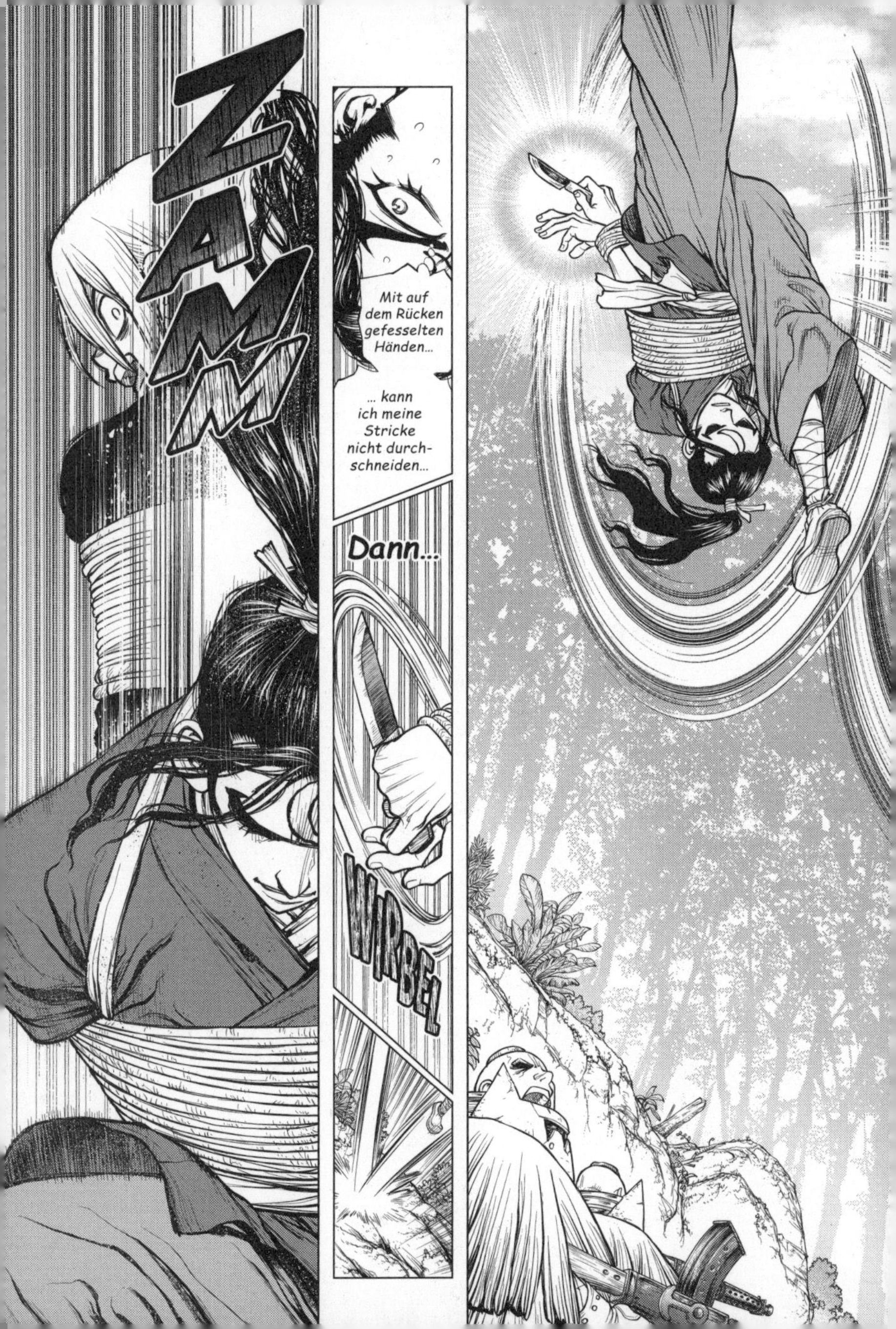
Mit auf dem Rücken gefesselten Händen...
... kann ich meine Stricke nicht durchschneiden...
Dann...
WIRBEL
ZAMM

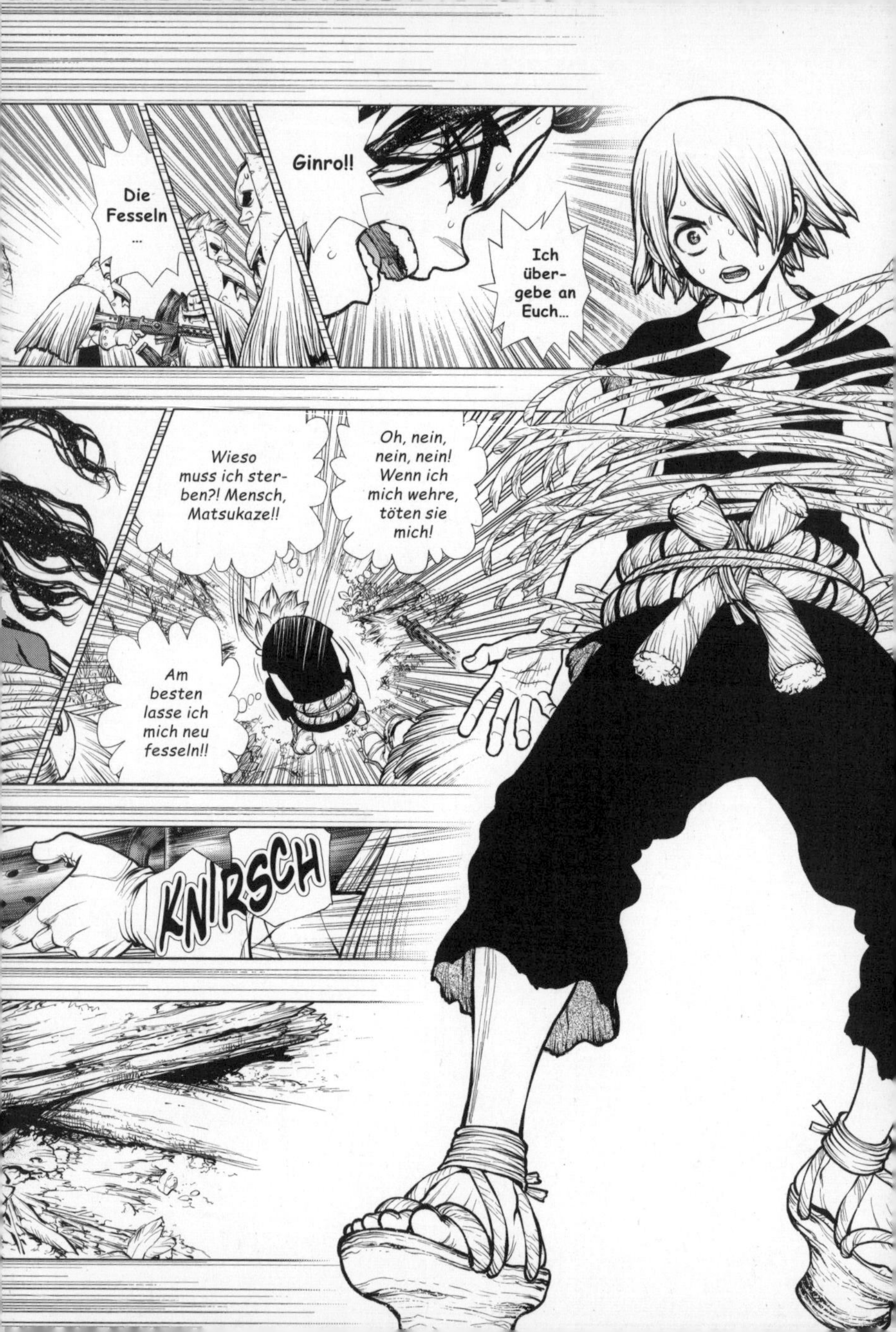
Ich übergebe an Euch...
Ginro!!
Die Fesseln ...
Oh, nein, nein, nein! Wenn ich mich wehre, töten sie mich!
Wieso muss ich sterben?! Mensch, Matsukaze!!
Am besten lasse ich mich neu fesseln!!
KNIRSCH

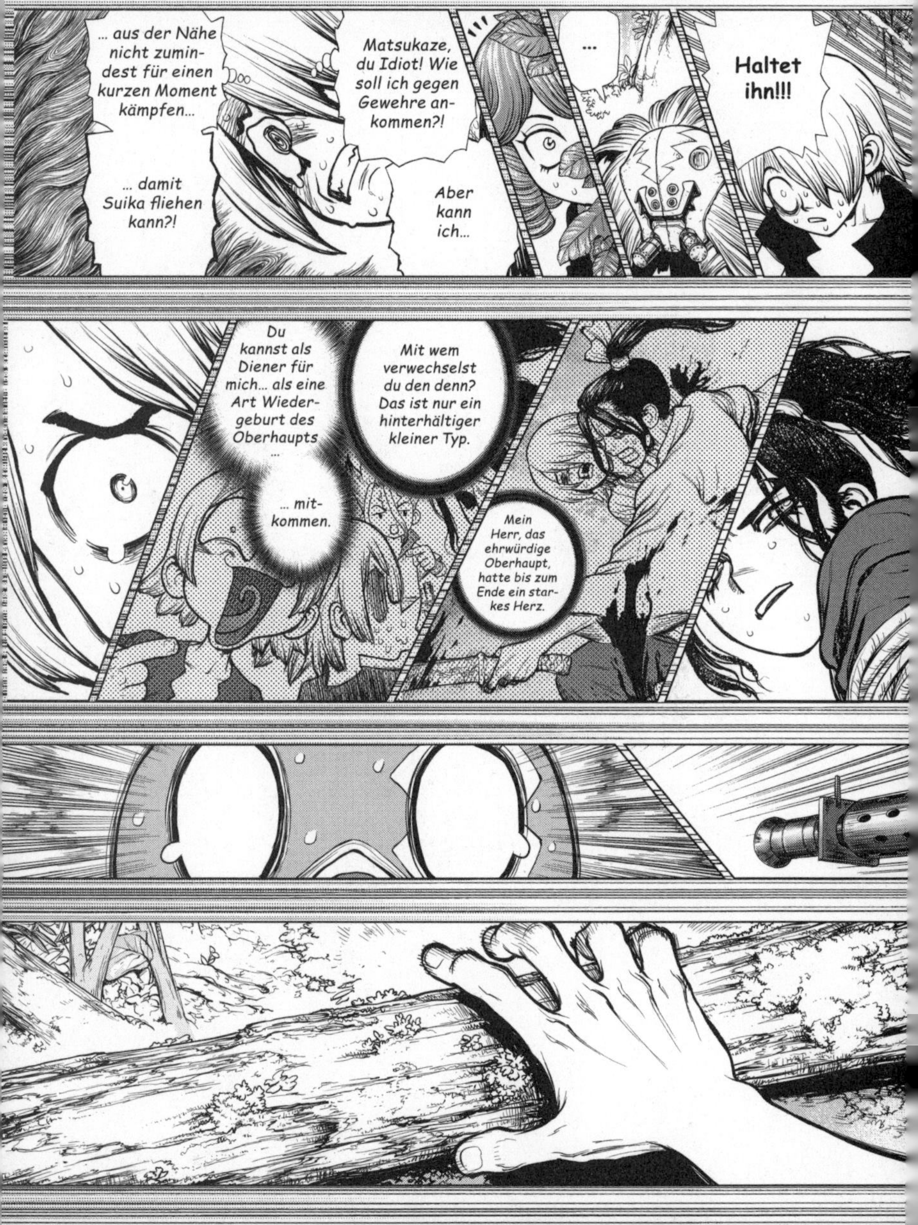

Haltet ihn!!!
...
Matsukaze, du Idiot! Wie soll ich gegen Gewehre ankommen?!
Aber kann ich...
... aus der Nähe nicht zumindest für einen kurzen Moment kämpfen...
... damit Suika fliehen kann?!
Mein Herr, das ehrwürdige Oberhaupt, hatte bis zum Ende ein starkes Herz.
Mit wem verwechselst du den denn? Das ist nur ein hinterhältiger kleiner Typ.
Du kannst als Diener für mich... als eine Art Wiedergeburt des Oberhaupts ...
... mitkommen.

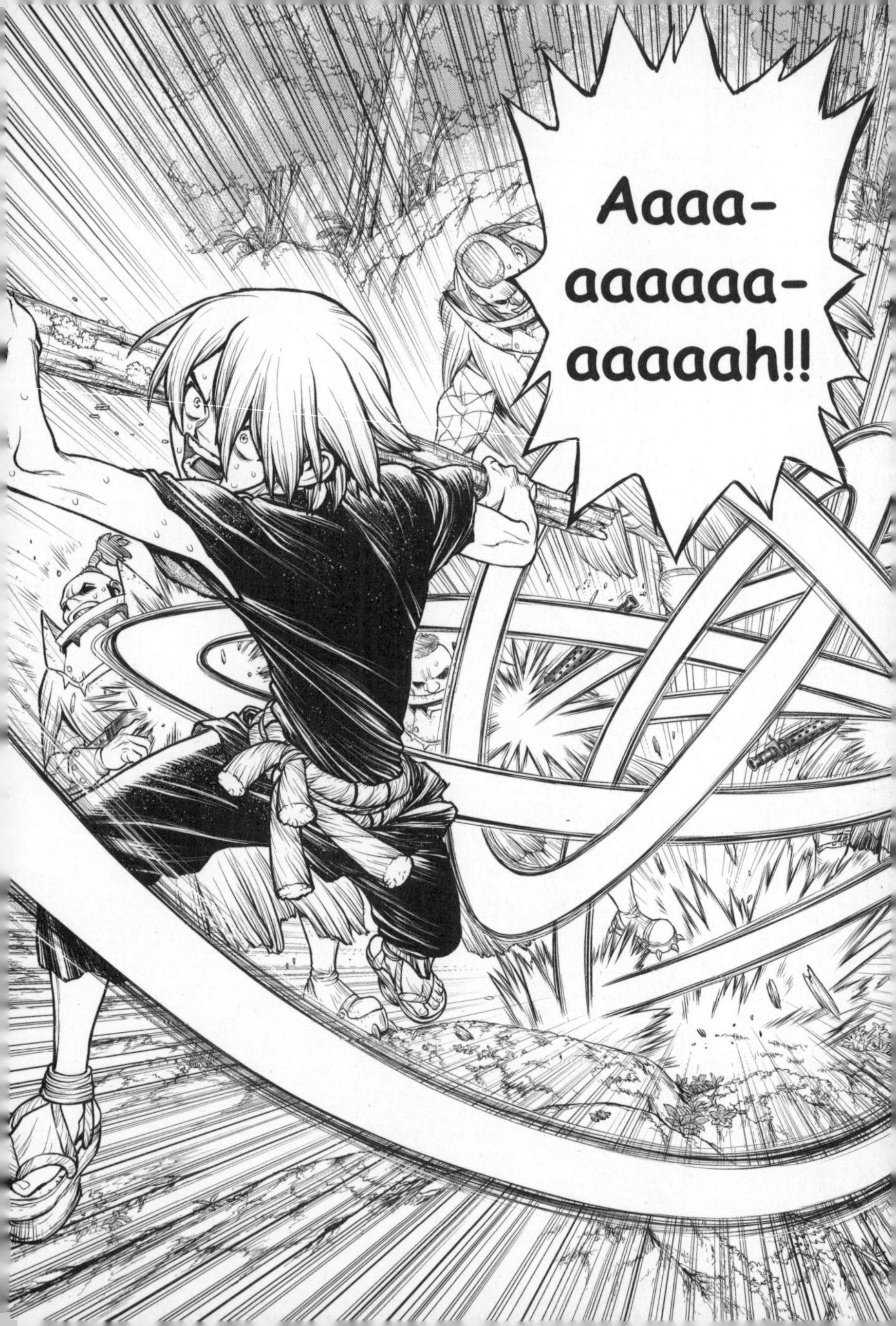
Aaaa-
aaaaaa-
aaaaah!!

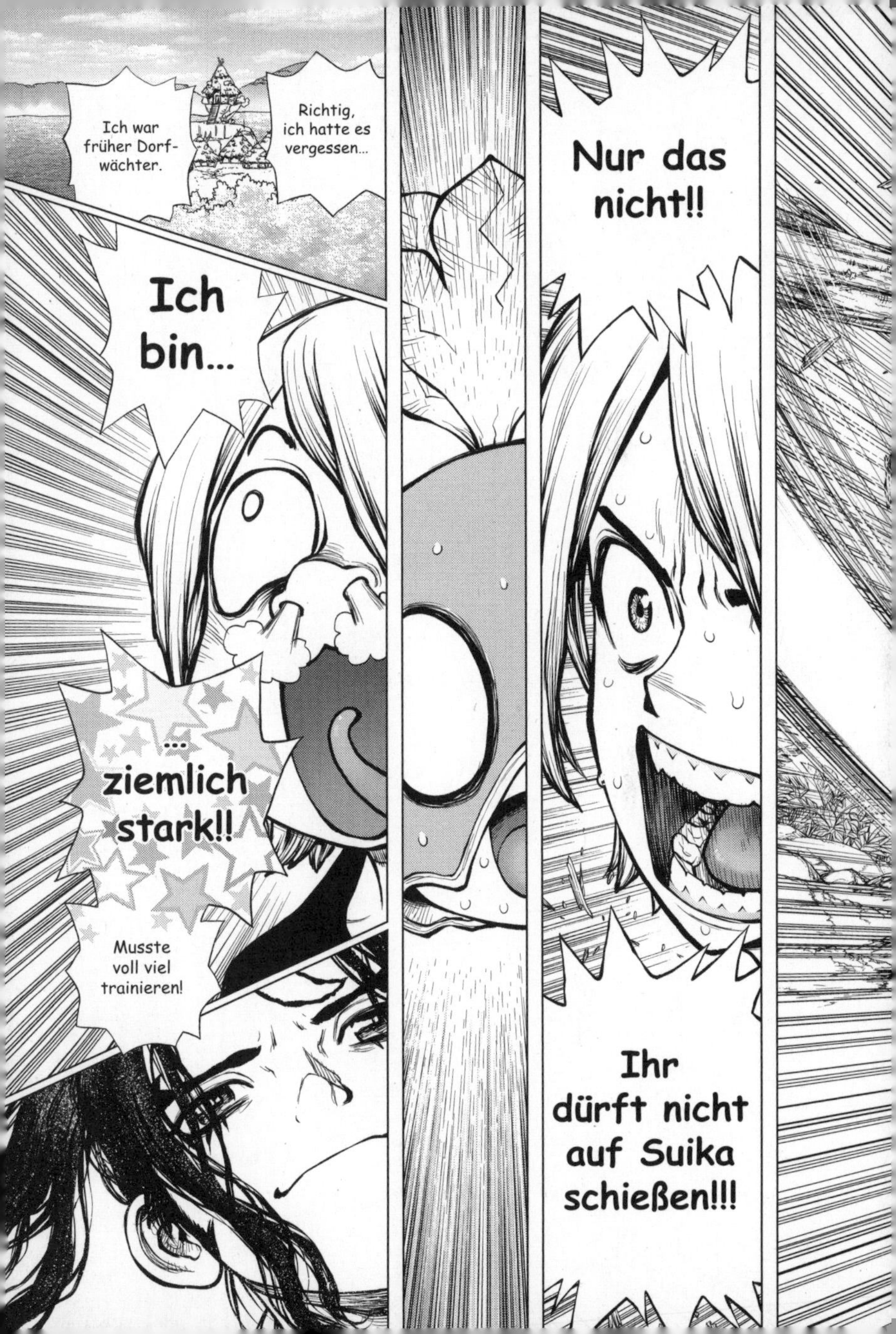

Richtig, ich hatte es vergessen...
Ich war früher Dorfwächter.
Ich bin...
... ziemlich stark!!
Musste voll viel trainieren!
Nur das nicht!!
Ihr dürft nicht auf Suika schießen!!!

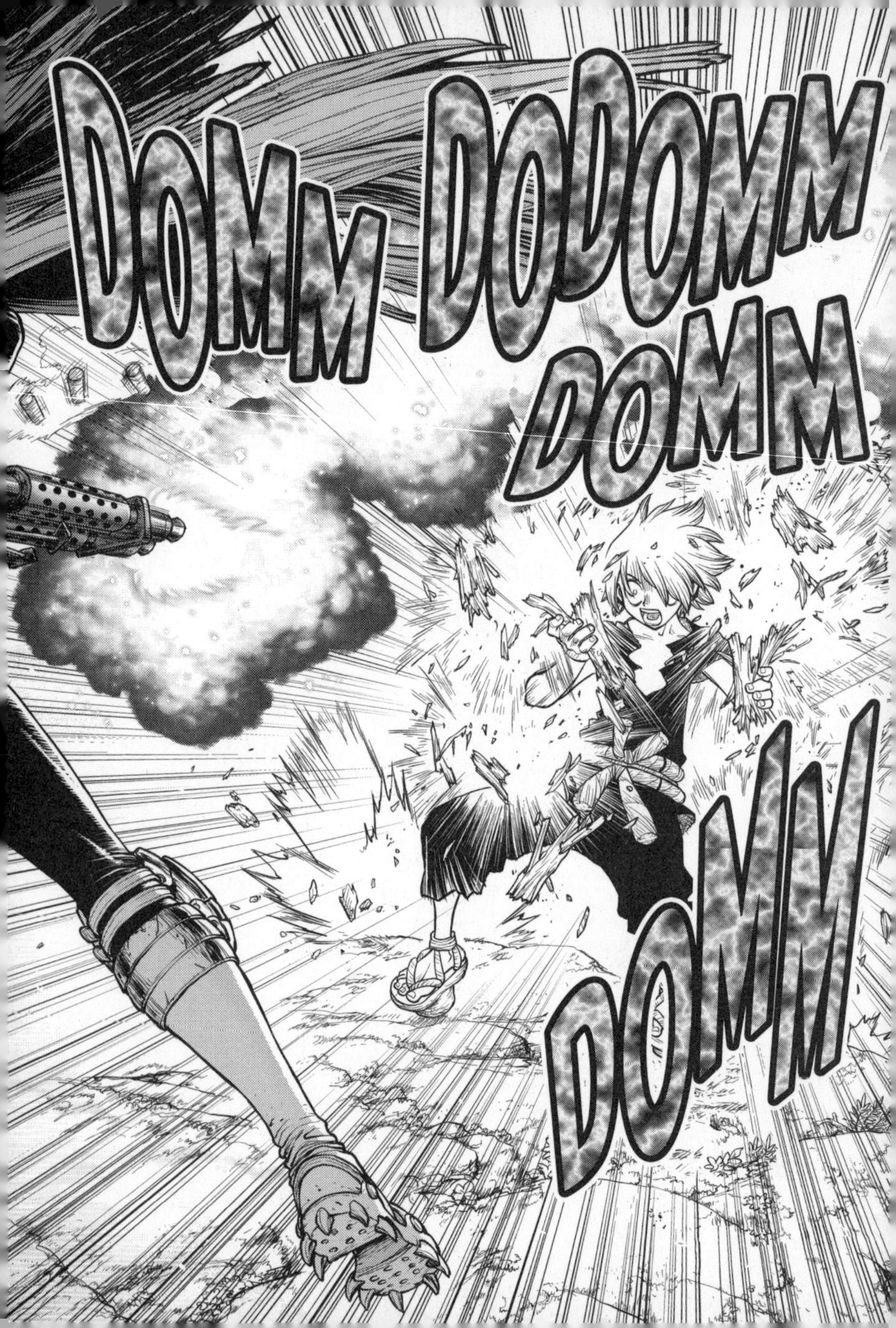
DOMM DODOMM
DOMM
DOMM

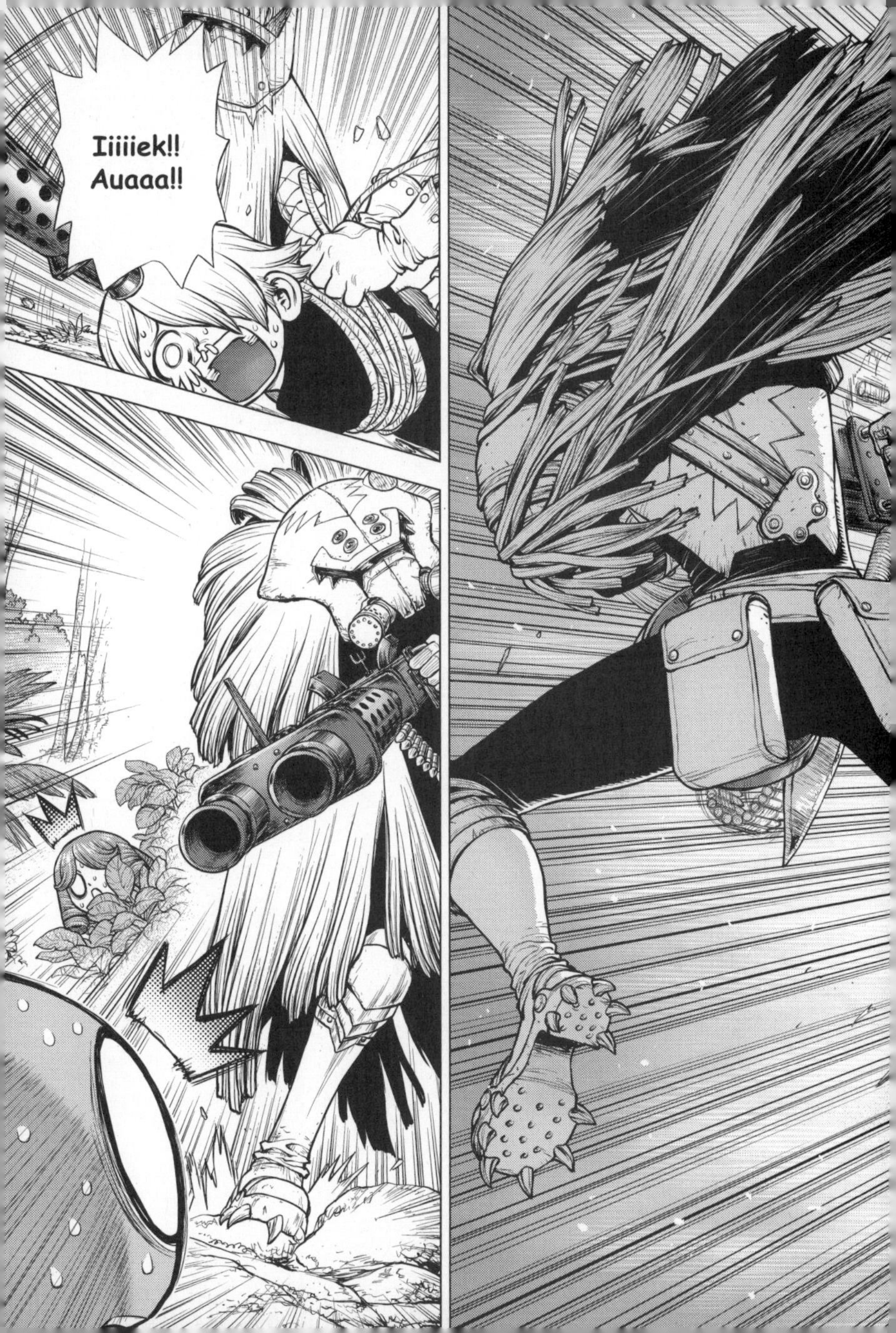
Iiiiiek!! Auaaa!!

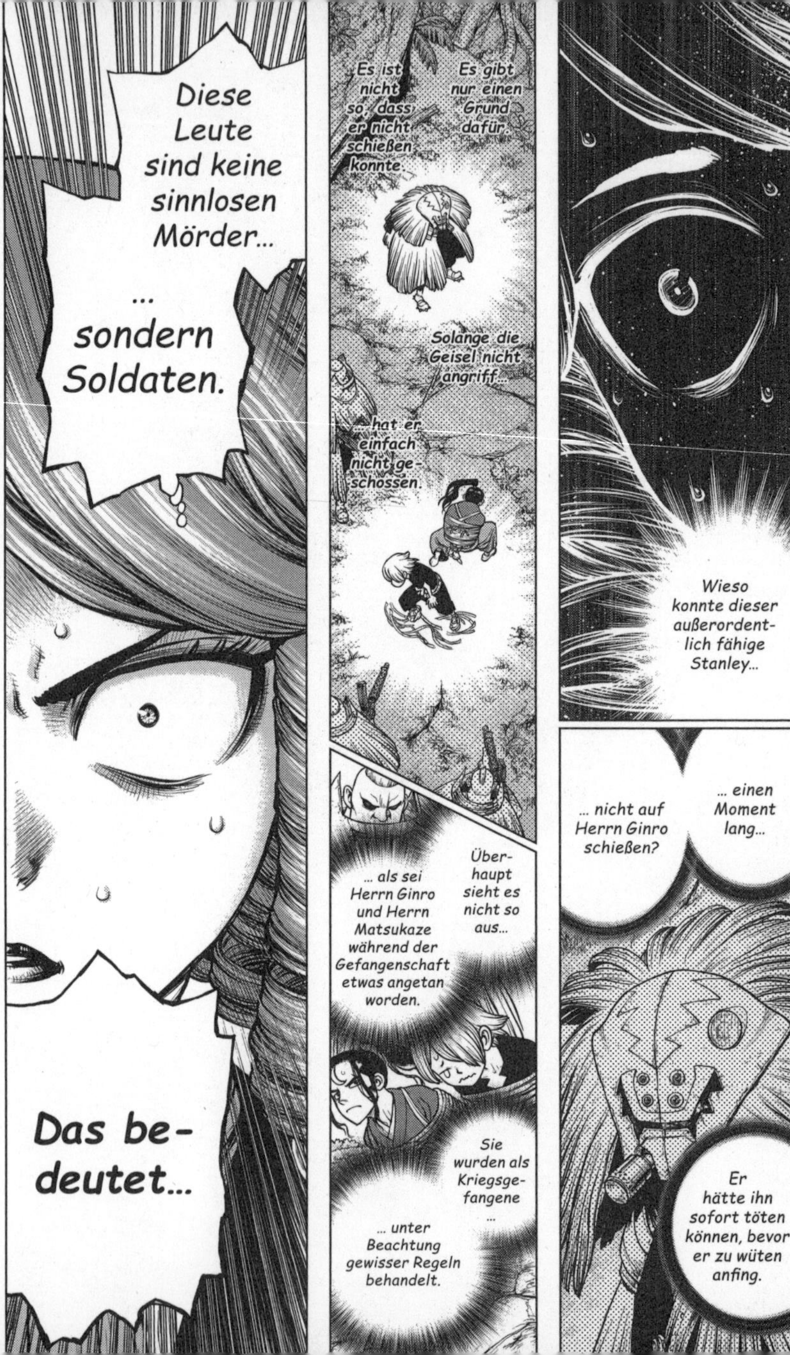
Wieso konnte dieser außerordent-lich fähige Stanley...
... einen Moment lang...
... nicht auf Herrn Ginro schießen?
Er hätte ihn sofort töten können, bevor er zu wüten anfing.
Es gibt nur einen Grund dafür.
Es ist nicht so, dass er nicht schießen konnte.
Solange die Geisel nicht angriff...
... hat er einfach nicht ge-schossen.
Über-haupt sieht es nicht so aus...
... als sei Herrn Ginro und Herrn Matsukaze während der Gefangenschaft etwas angetan worden.
Sie wurden als Kriegsge-fangene ...
... unter Beachtung gewisser Regeln behandelt.
Diese Leute sind keine sinnlosen Mörder...
... sondern Soldaten.
Das be-deutet...

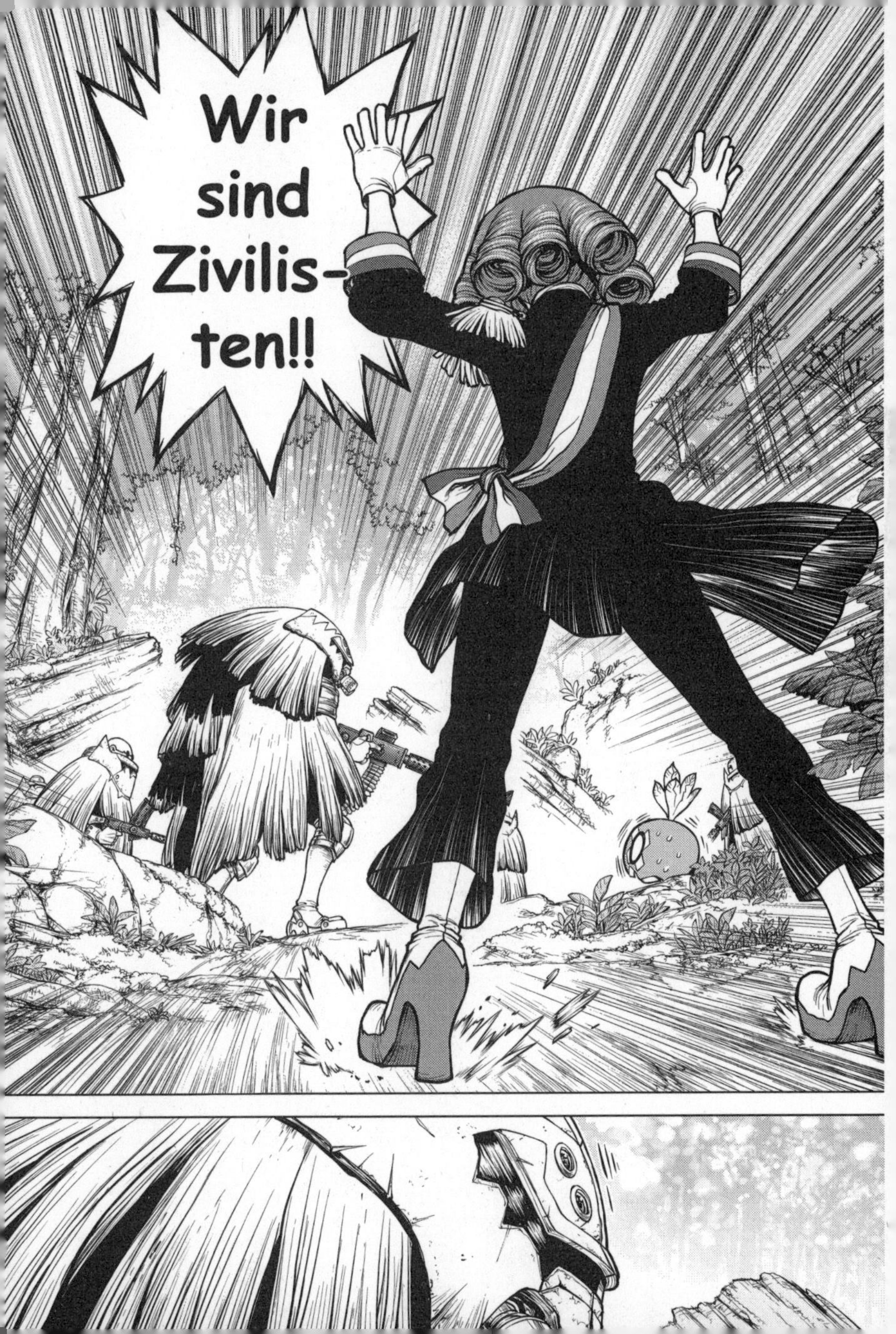
Wir sind Zivilis-ten!!

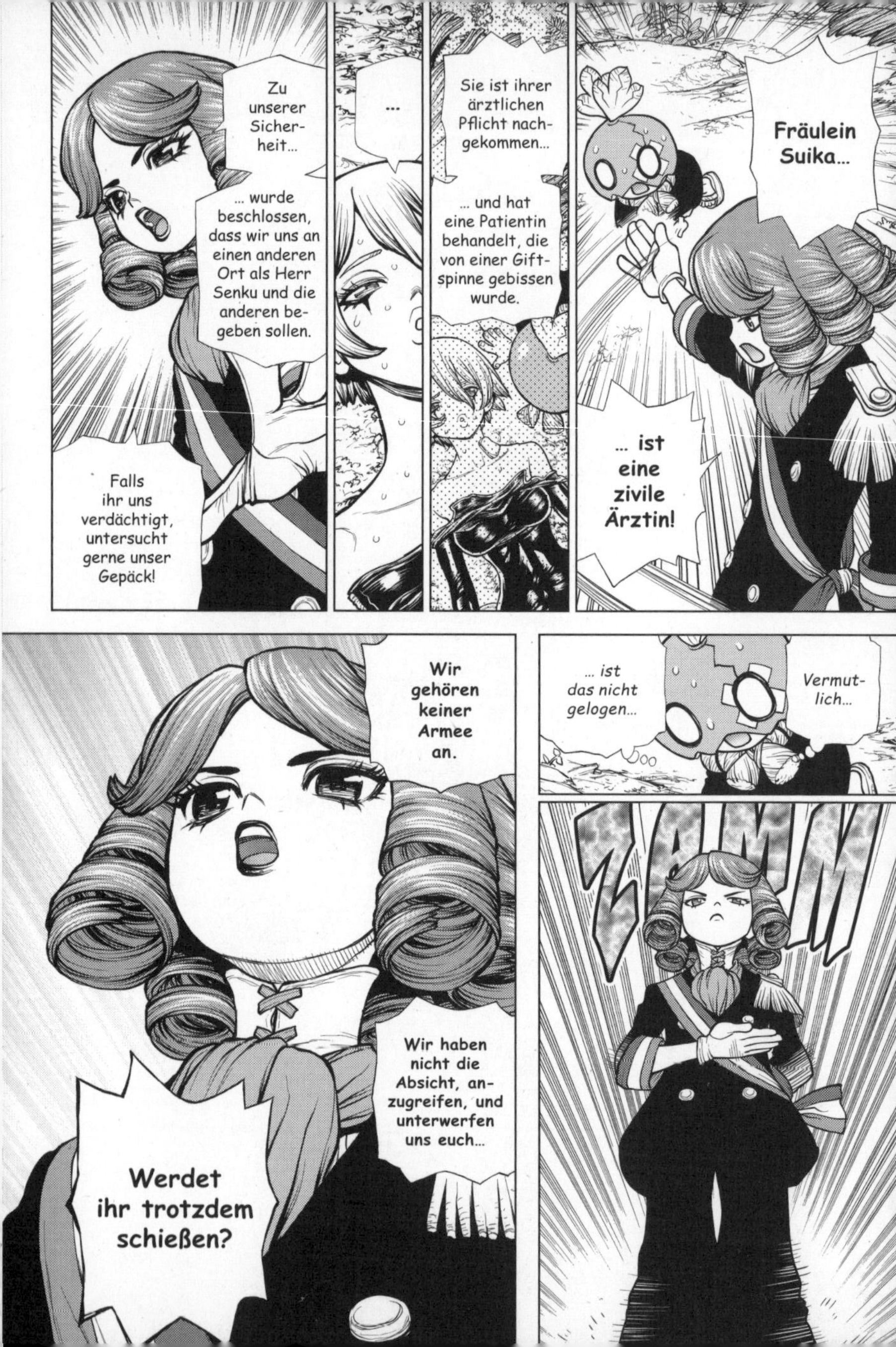
Fräulein Suika...
... ist eine zivile Ärztin!
Sie ist ihrer ärztlichen Pflicht nachgekommen...
... und hat eine Patientin behandelt, die von einer Giftspinne gebissen wurde.
...
Zu unserer Sicherheit...
... wurde beschlossen, dass wir uns an einen anderen Ort als Herr Senku und die anderen begeben sollen.
Falls ihr uns verdächtigt, untersucht gerne unser Gepäck!
Vermutlich...
... ist das nicht gelogen...
ZAMM
Wir gehören keiner Armee an.
Wir haben nicht die Absicht, anzugreifen, und unterwerfen uns euch...
Werdet ihr trotzdem schießen?

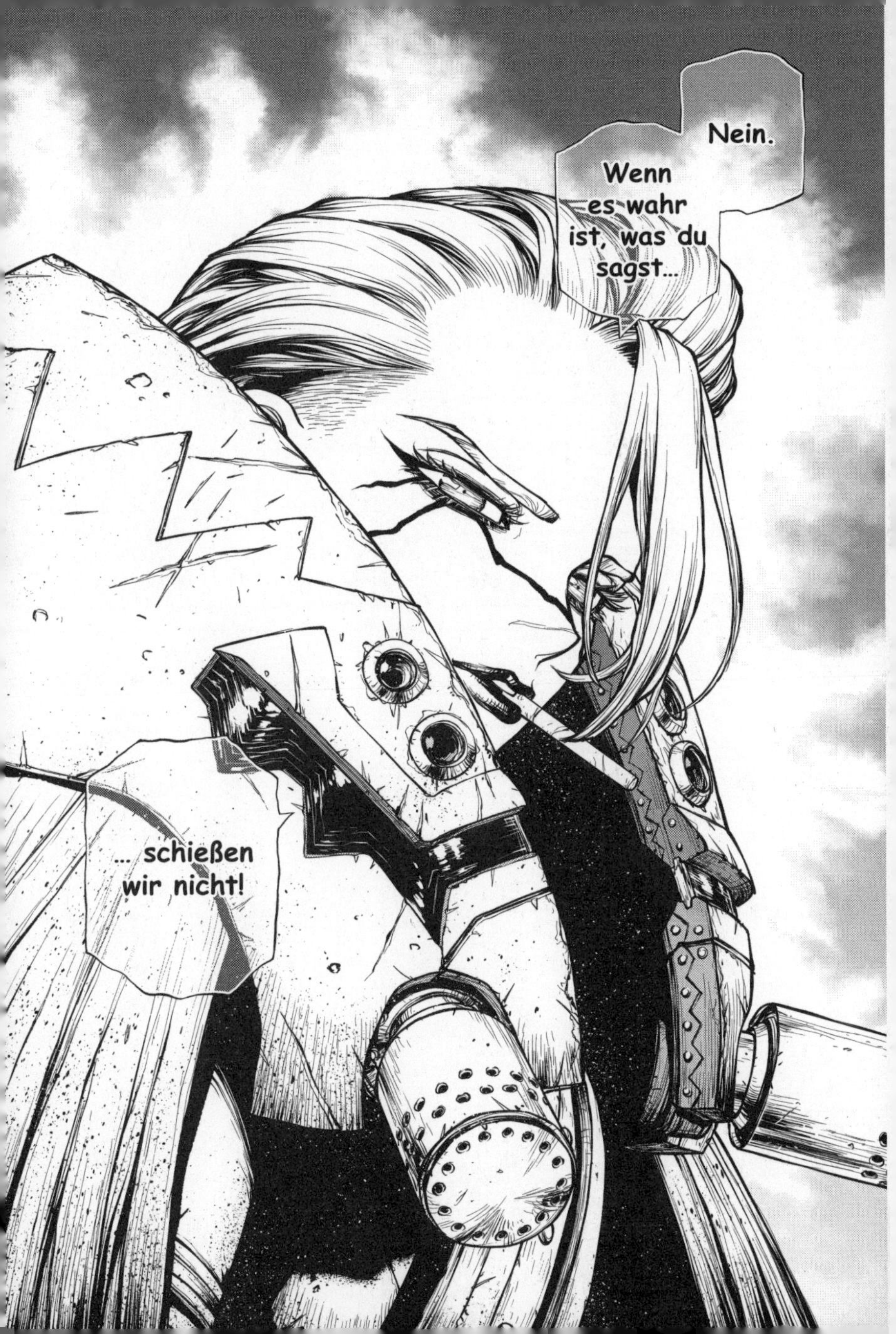
Nein.
Wenn es wahr ist, was du sagst...
... schießen wir nicht!

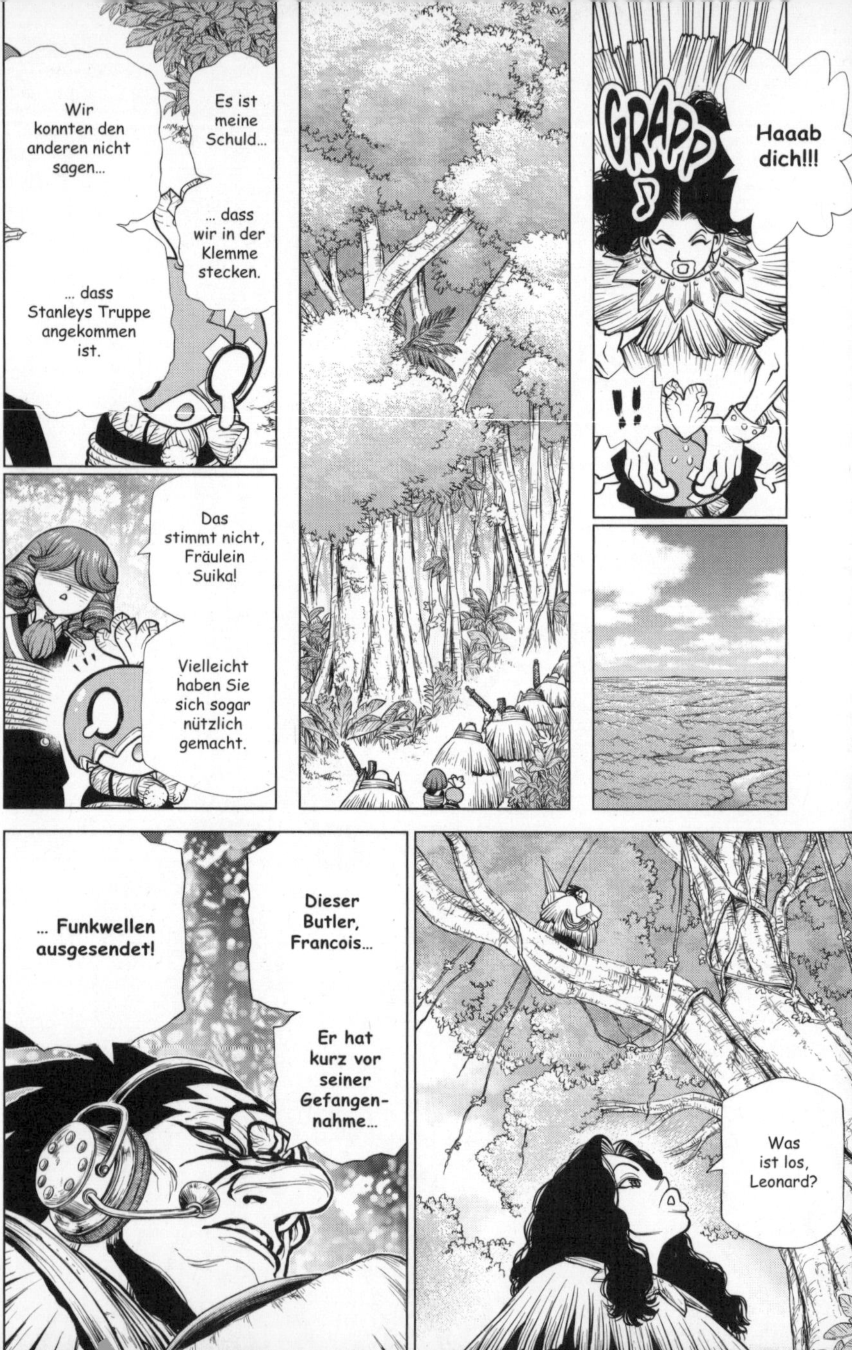

GRAPP
Haaab dich!!!
!!
Es ist meine Schuld...
... dass wir in der Klemme stecken.
Wir konnten den anderen nicht sagen...
... dass Stanleys Truppe angekommen ist.
Das stimmt nicht, Fräulein Suika!
Vielleicht haben Sie sich sogar nützlich gemacht.
Was ist los, Leonard?
Dieser Butler, Francois...
Er hat kurz vor seiner Gefangen-nahme...
... Funkwellen ausgesendet!

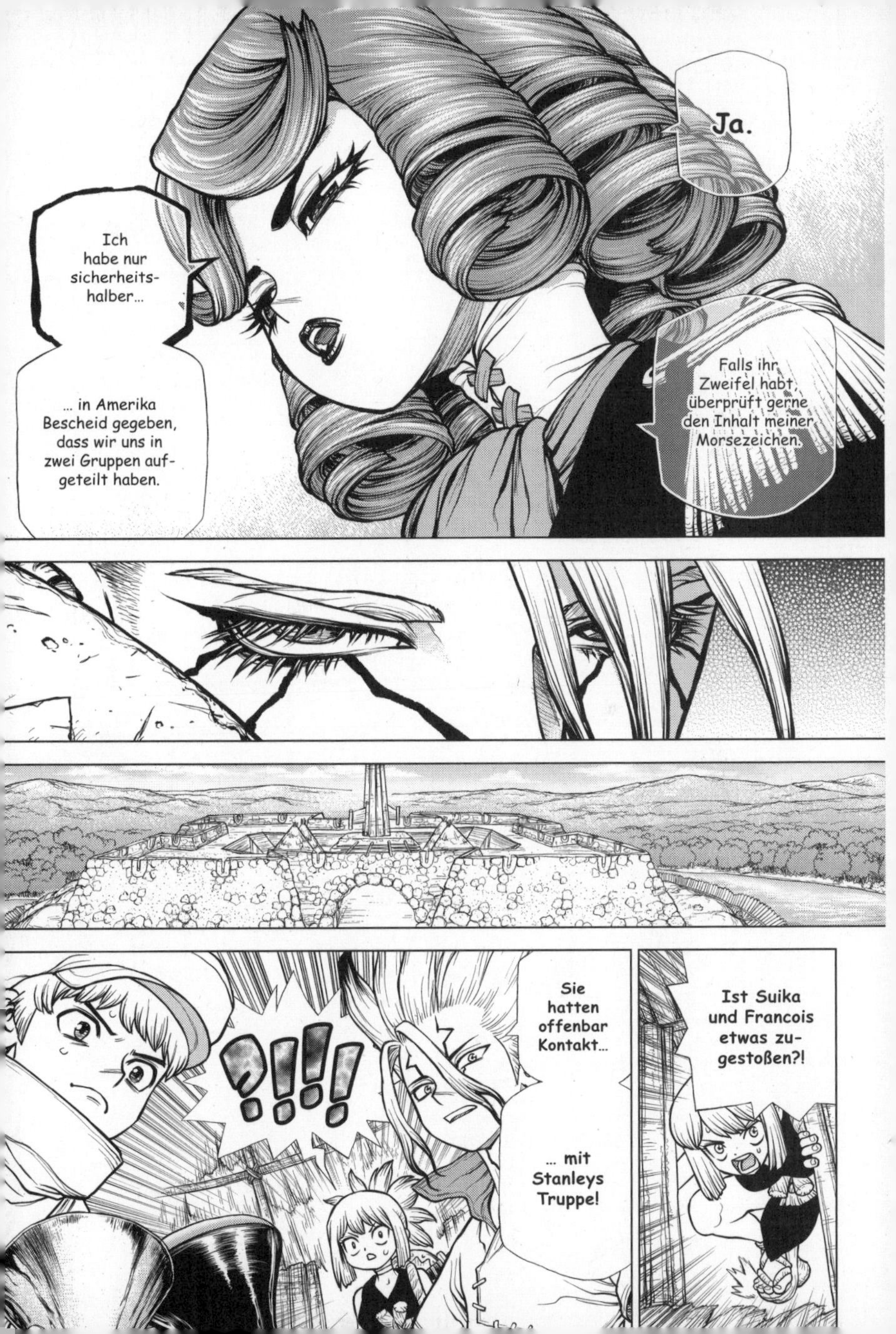
Ja.
Ich habe nur sicherheitshalber...
... in Amerika Bescheid gegeben, dass wir uns in zwei Gruppen aufgeteilt haben.
Falls ihr Zweifel habt, überprüft gerne den Inhalt meiner Morsezeichen.
Ist Suika und Francois etwas zugestoßen?!
Sie hatten offenbar Kontakt...
... mit Stanleys Truppe!
?!!!!

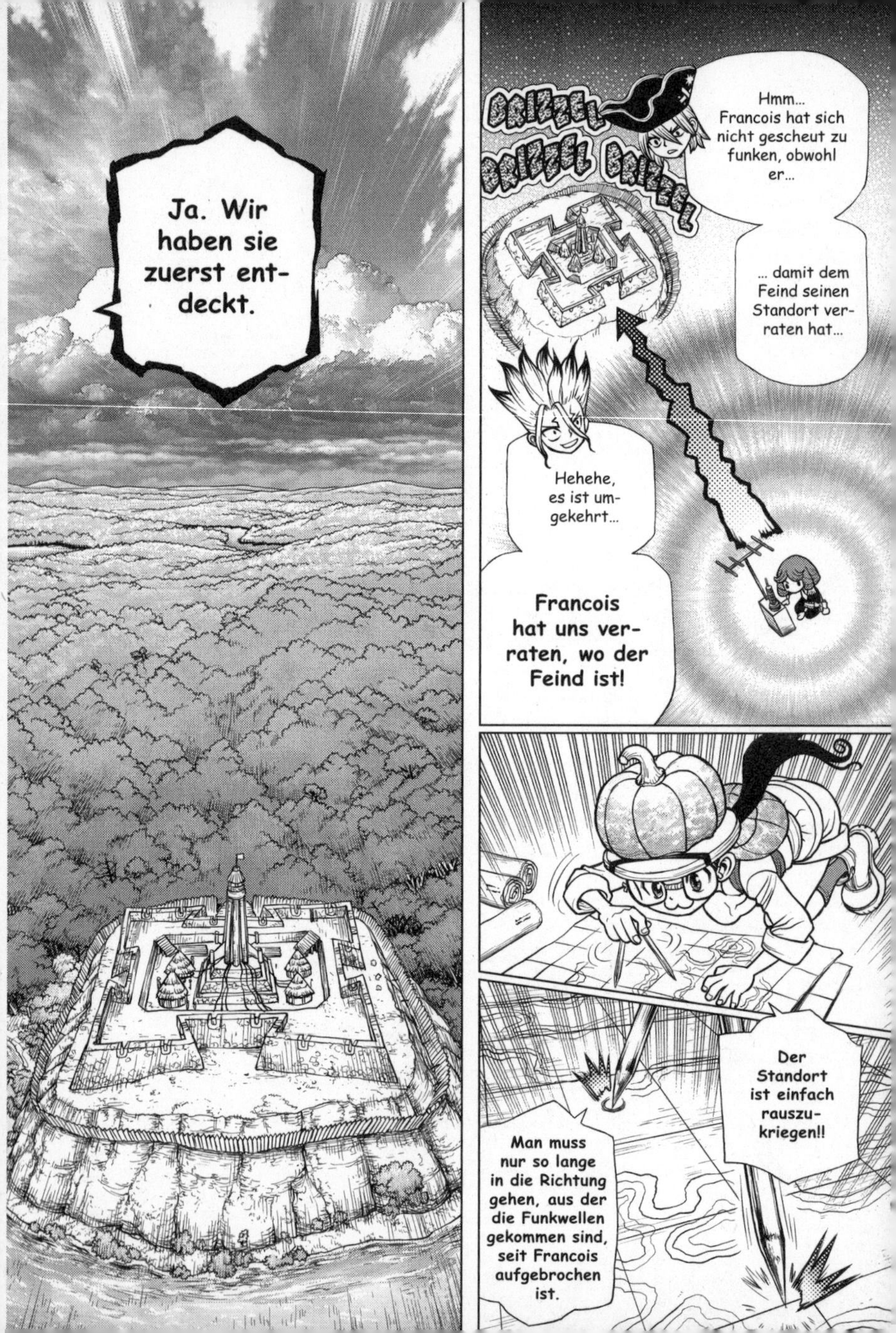
Hmm... Francois hat sich nicht gescheut zu funken, obwohl er...
BRIZZEL BRIZZEL BRIZZEL
... damit dem Feind seinen Standort verraten hat...
Hehehe, es ist umgekehrt...
Francois hat uns verraten, wo der Feind ist!
Ja. Wir haben sie zuerst entdeckt.
Der Standort ist einfach rauszukriegen!!
Man muss nur so lange in die Richtung gehen, aus der die Funkwellen gekommen sind, seit Francois aufgebrochen ist.

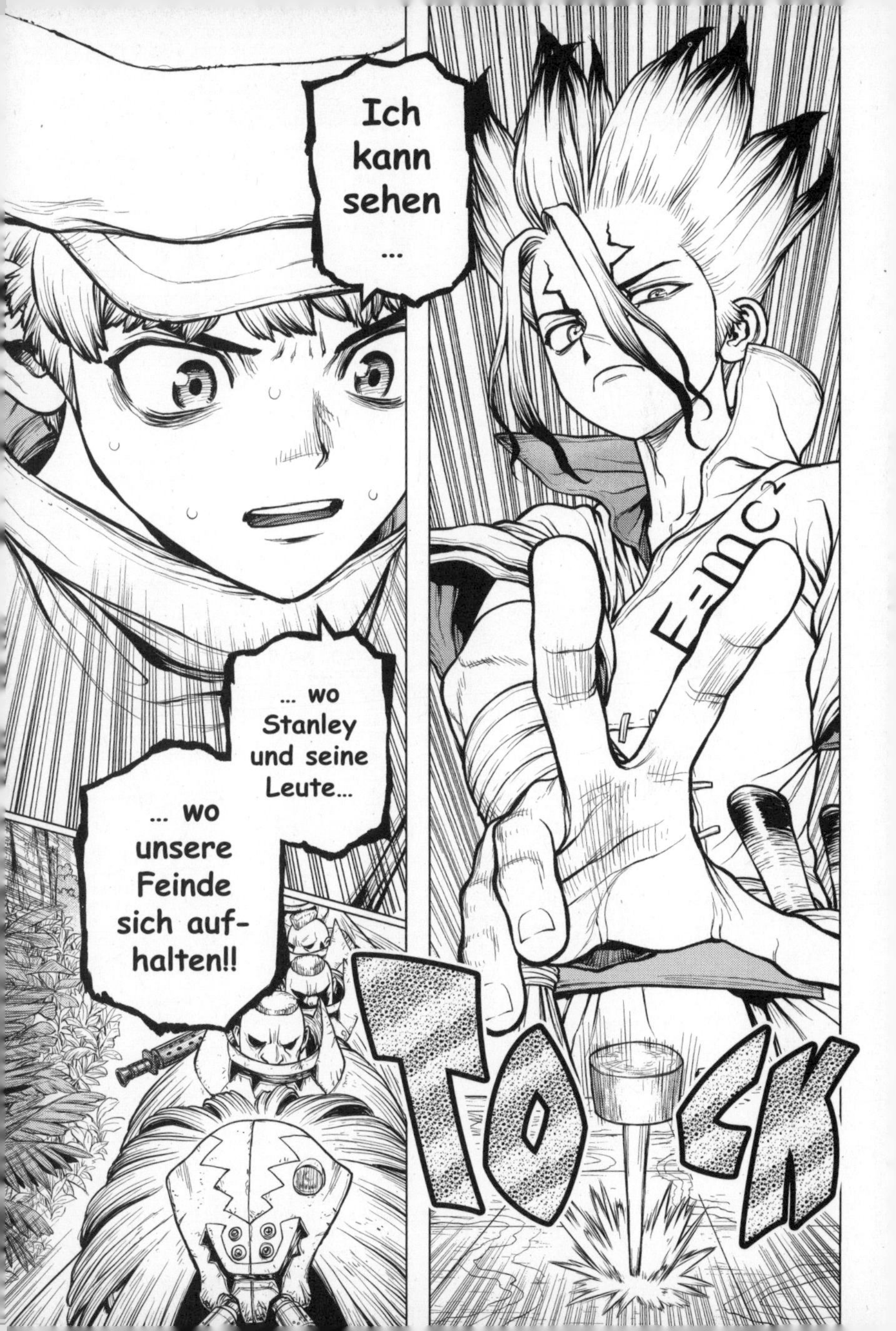
Ich kann sehen …
… wo Stanley und seine Leute…
… wo unsere Feinde sich auf-halten!!
E=mc²
TOCK

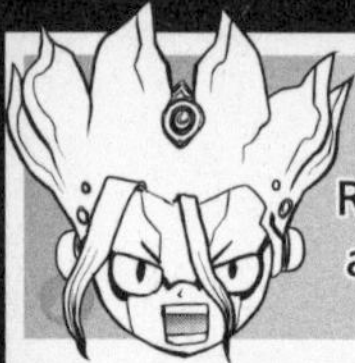

Der Robo-Senku antwortet!

FAQ

SUCHE

Fragen und Antworten

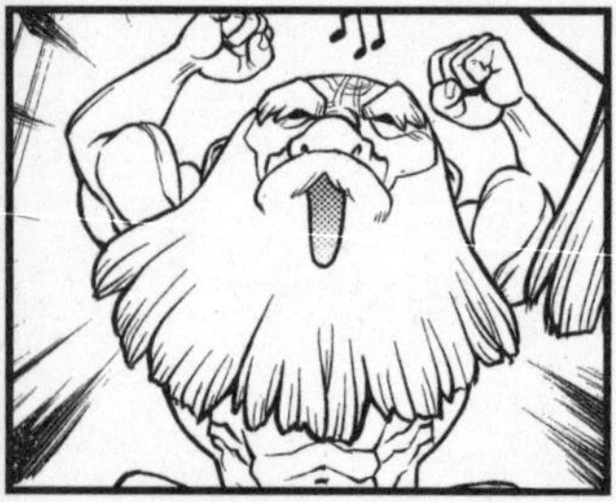

Kaseki ist so muskulös, dass er im Kampf bestimmt sehr stark wäre. Wieso kämpft er nicht?

Von: K.O. aus Nagasaki SUCHE

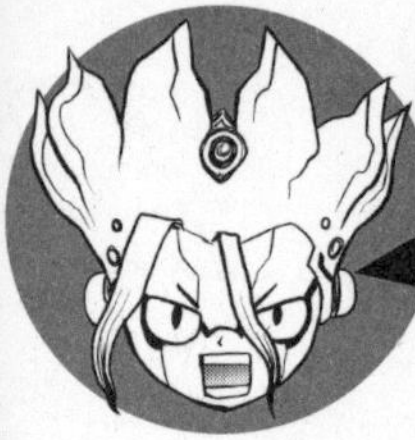

In den Muskeln von Kaseki steckt die Aufregung darüber, etwas Handwerkliches herzustellen!

Bestimmt würden die Muskeln beim Kampf wieder zusammenschrumpfen.

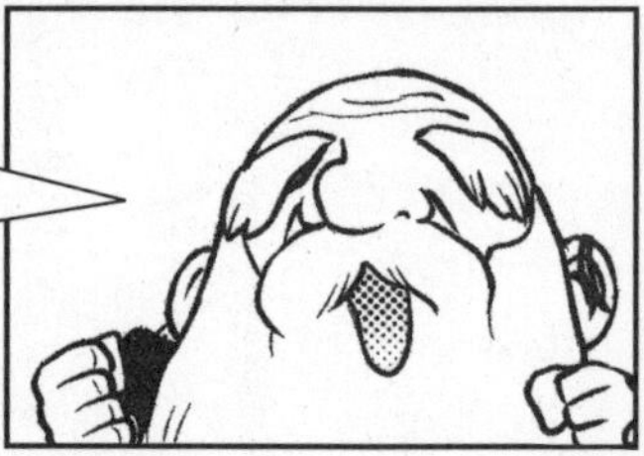

Auch im nächsten Band beantwortet Robo-Senku spannende und verrückte Fragen von japanischen Fans!

Das ist mehr als bloß unnützes Wissen, ihr Mistkerle!

Z=187 Cyber-Guerillas

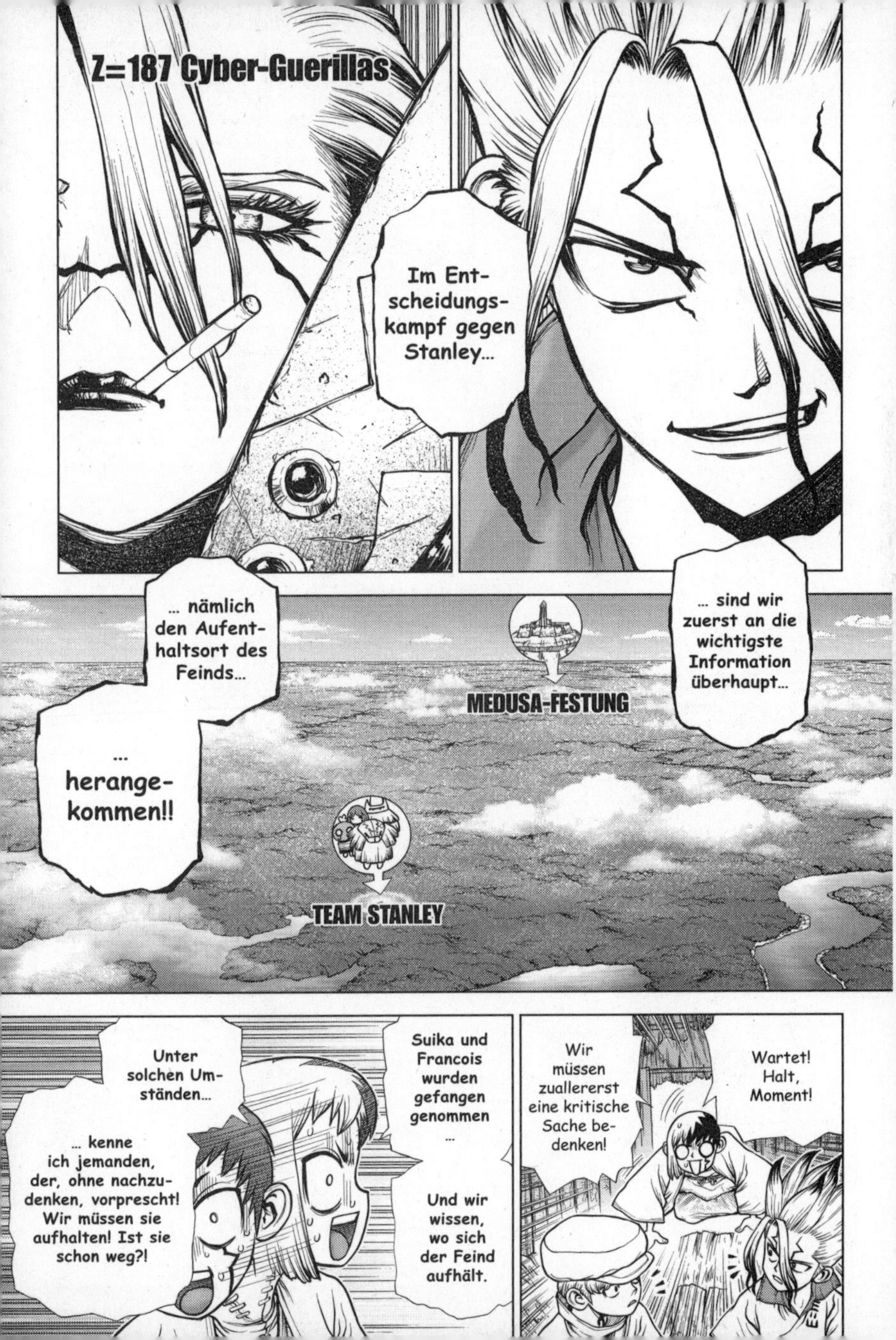

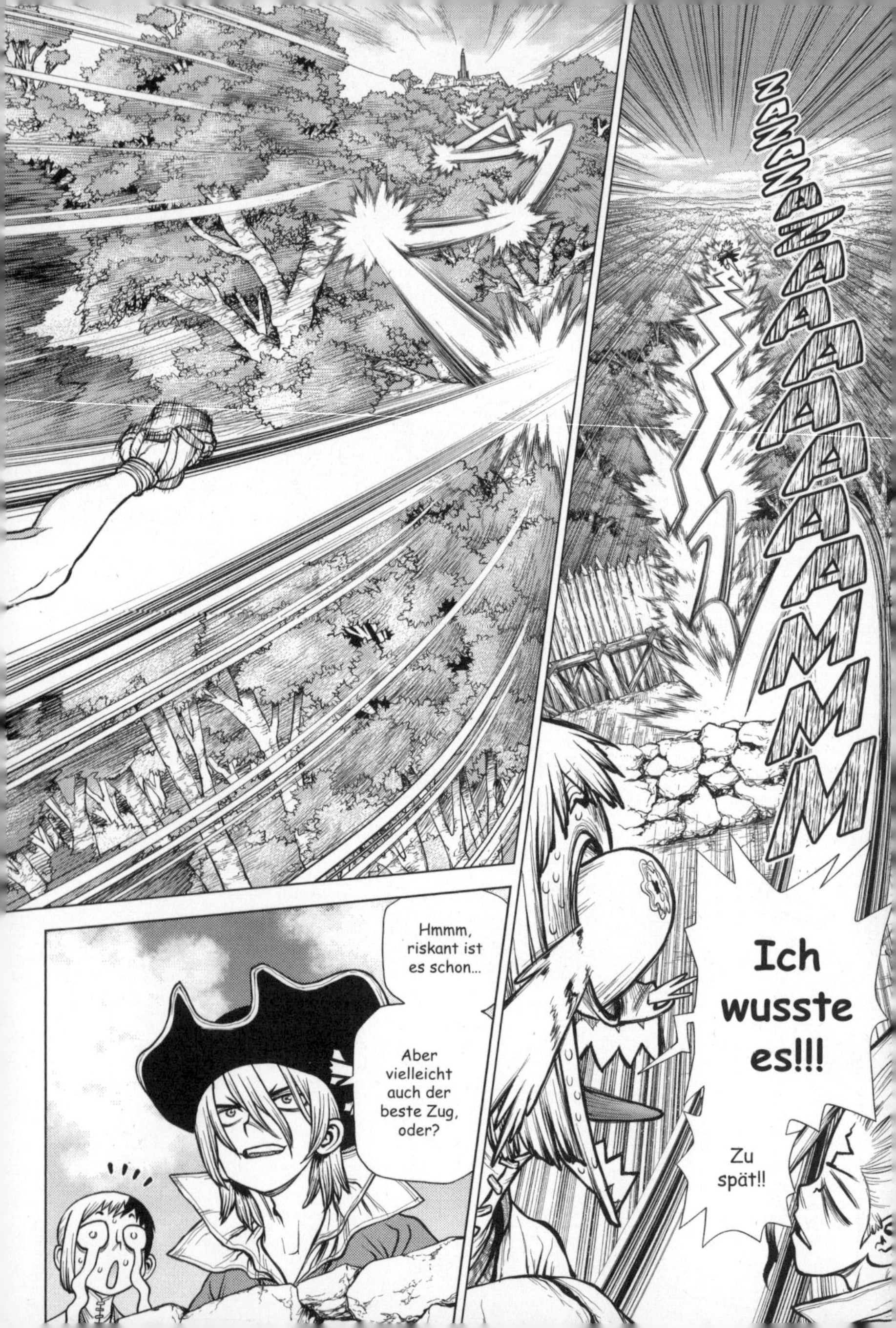
ZAZAZAZAZAAAAAAAMMM
Ich wusste es!!!
Zu spät!!
Hmmm, riskant ist es schon...
Aber vielleicht auch der beste Zug, oder?

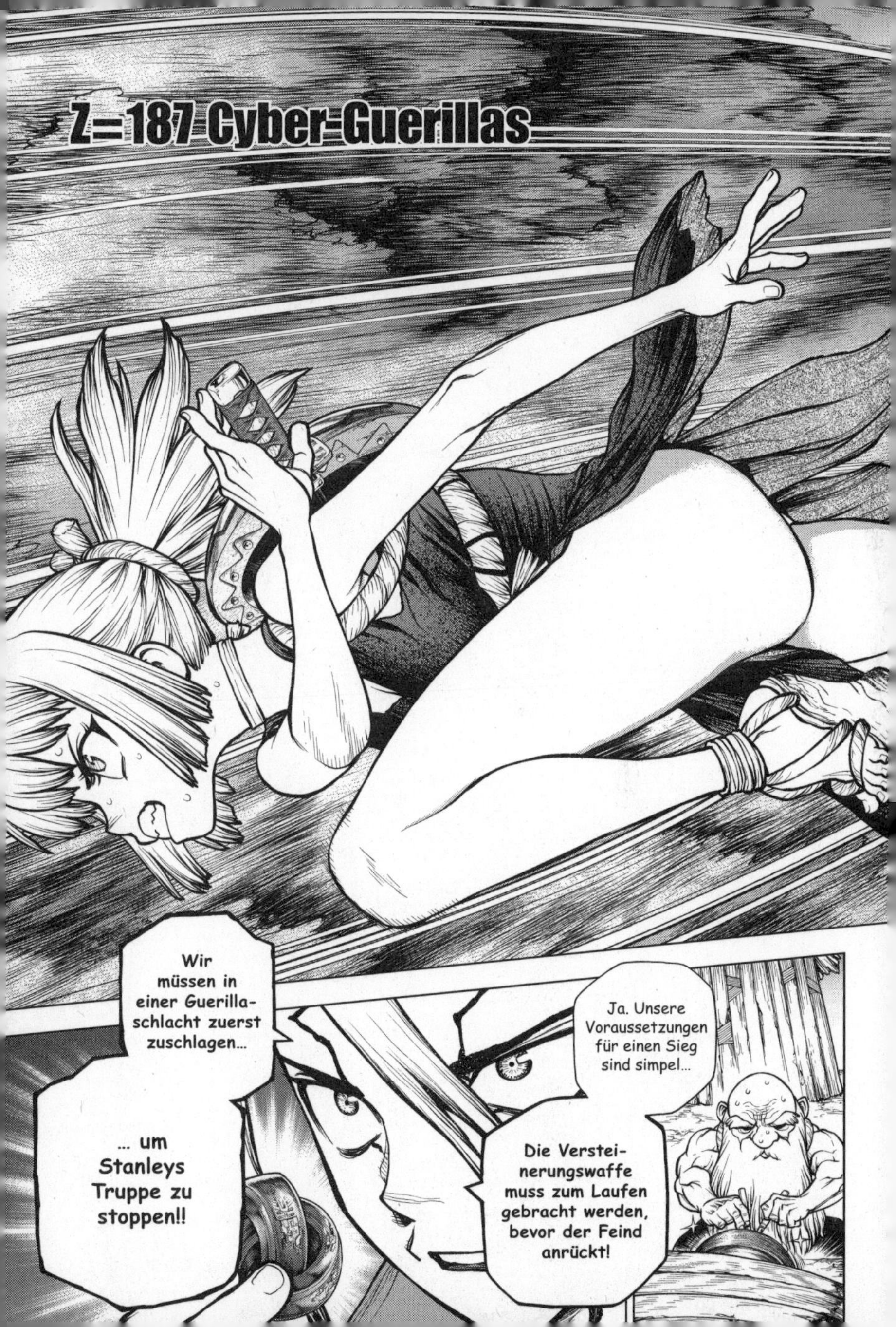
Z=187 Cyber-Guerillas
Wir müssen in einer Guerilla-schlacht zuerst zuschlagen…
… um Stanleys Truppe zu stoppen!!
Ja. Unsere Voraussetzungen für einen Sieg sind simpel…
Die Versteinerungswaffe muss zum Laufen gebracht werden, bevor der Feind anrückt!

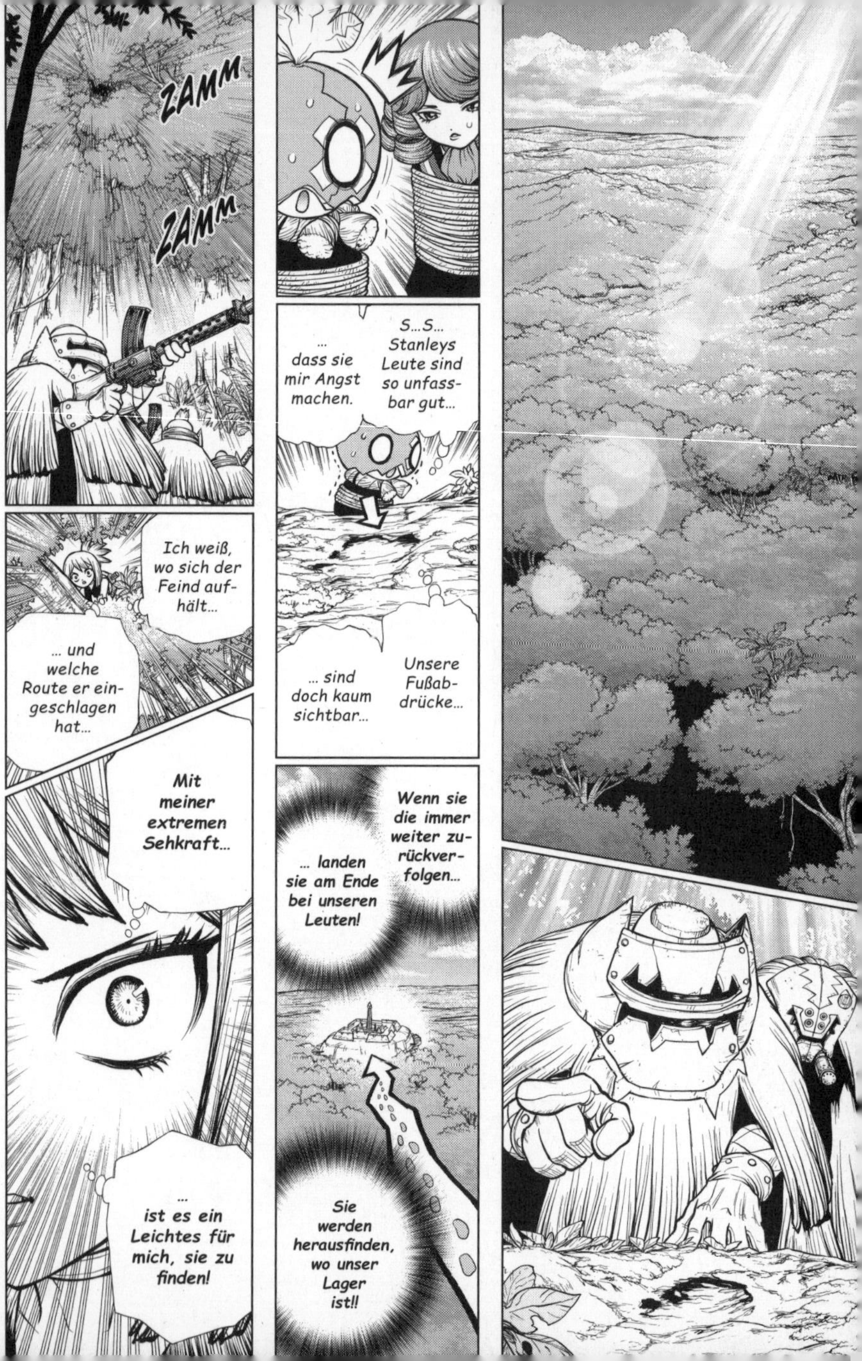
S...S... Stanleys Leute sind so unfassbar gut...
... dass sie mir Angst machen.
Unsere Fußabdrücke...
... sind doch kaum sichtbar...
Wenn sie die immer weiter zurückverfolgen...
... landen sie am Ende bei unseren Leuten!
Sie werden herausfinden, wo unser Lager ist!!
ZAMM
ZAMM
Ich weiß, wo sich der Feind aufhält...
... und welche Route er eingeschlagen hat...
Mit meiner extremen Sehkraft...
... ist es ein Leichtes für mich, sie zu finden!

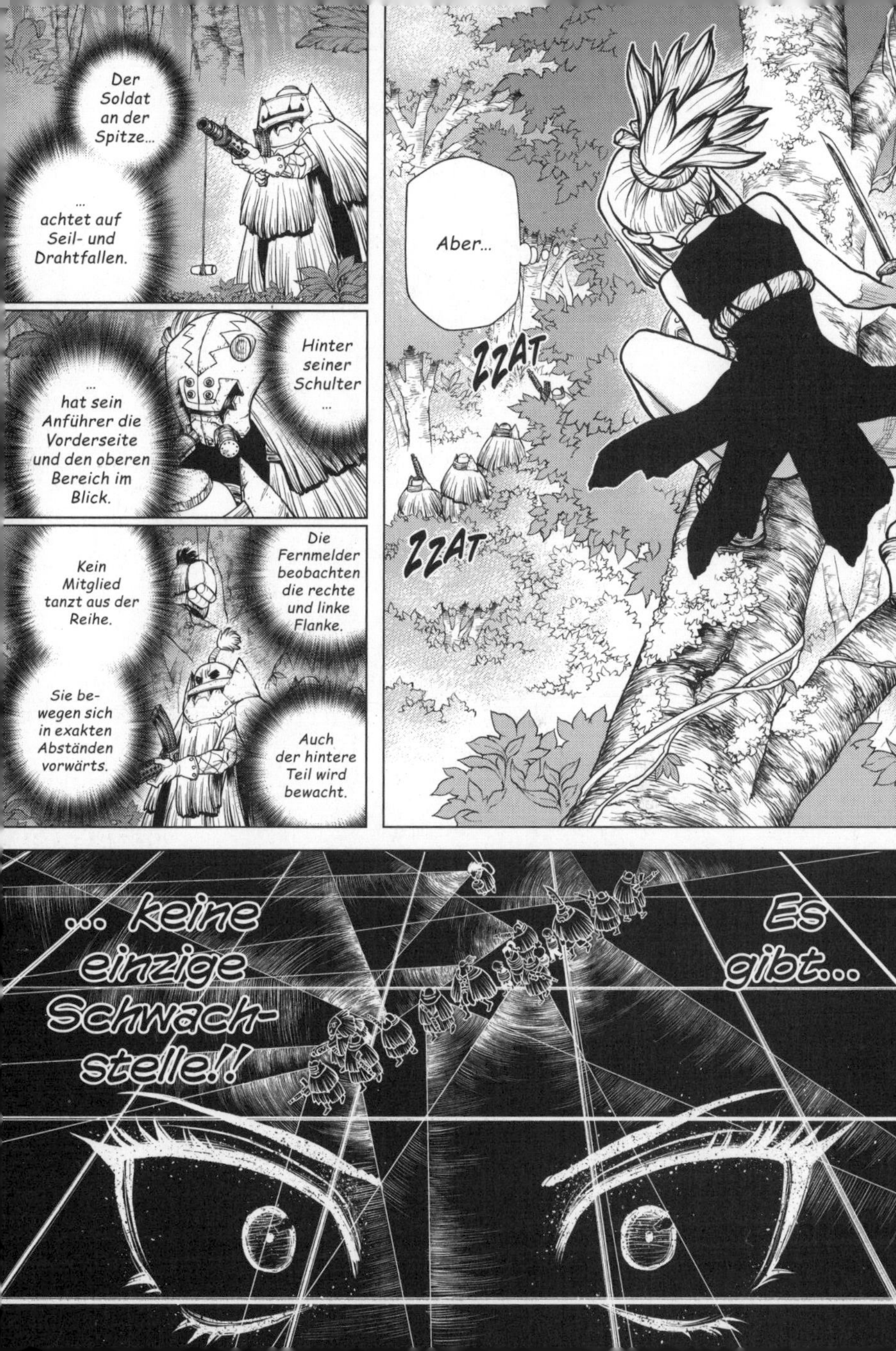

Der Soldat an der Spitze...
... achtet auf Seil- und Drahtfallen.
Hinter seiner Schulter ...
... hat sein Anführer die Vorderseite und den oberen Bereich im Blick.
Die Fernmelder beobachten die rechte und linke Flanke.
Kein Mitglied tanzt aus der Reihe.
Auch der hintere Teil wird bewacht.
Sie bewegen sich in exakten Abständen vorwärts.
Aber...
ZZAT
ZZAT
Es gibt...
... keine einzige Schwachstelle!!

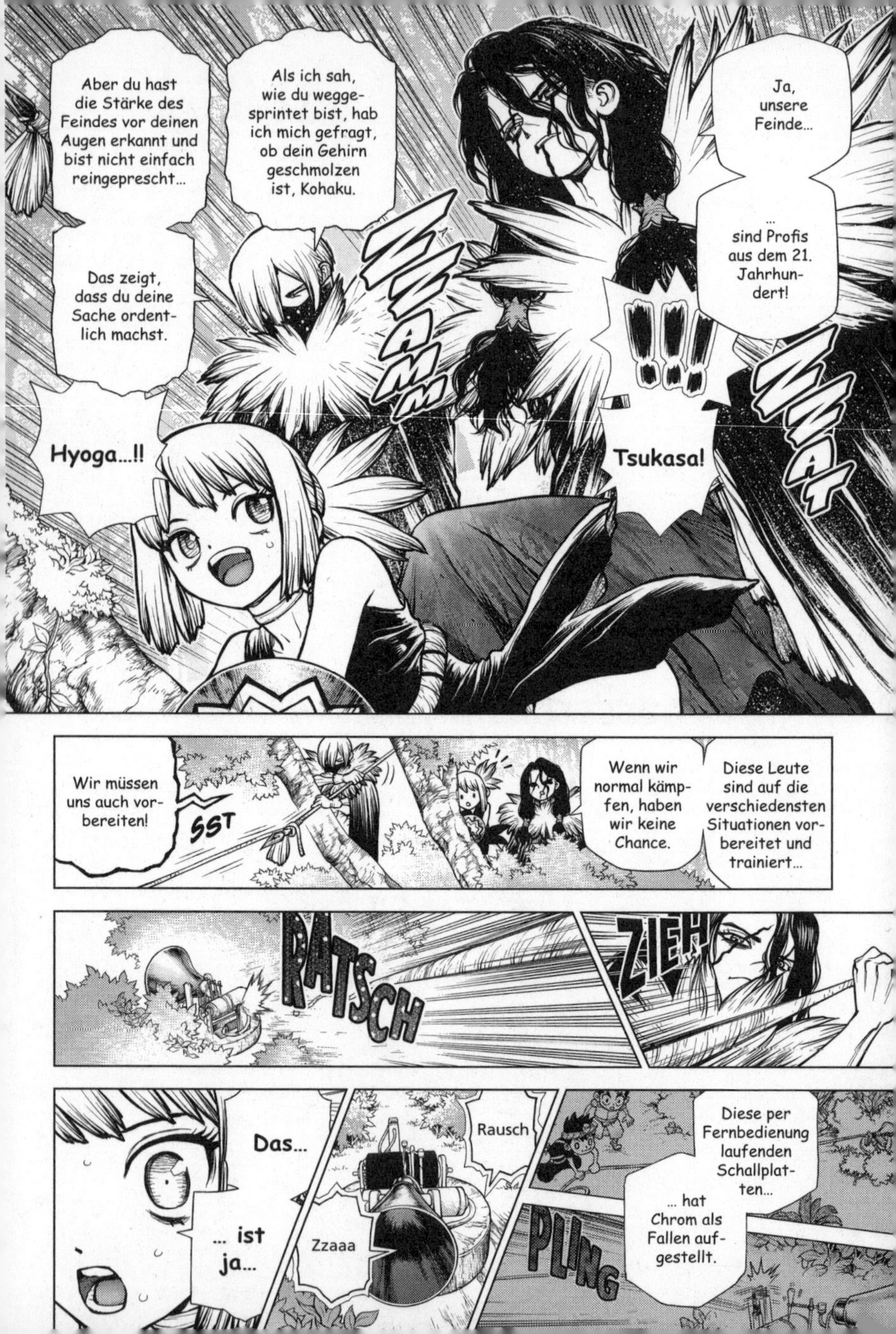

Ja, unsere Feinde...
... sind Profis aus dem 21. Jahrhundert!
Als ich sah, wie du weggesprintet bist, hab ich mich gefragt, ob dein Gehirn geschmolzen ist, Kohaku.
Aber du hast die Stärke des Feindes vor deinen Augen erkannt und bist nicht einfach reingeprescht...
Das zeigt, dass du deine Sache ordentlich machst.
!!!
Tsukasa!
Hyoga...!!
Diese Leute sind auf die verschiedensten Situationen vorbereitet und trainiert...
Wenn wir normal kämpfen, haben wir keine Chance.
SST
Wir müssen uns auch vorbereiten!
ZIEH
RATSCH
Diese per Fernbedienung laufenden Schallplatten...
... hat Chrom als Fallen aufgestellt.
PLING
Rausch
Zzaaa
Das...
... ist ja...

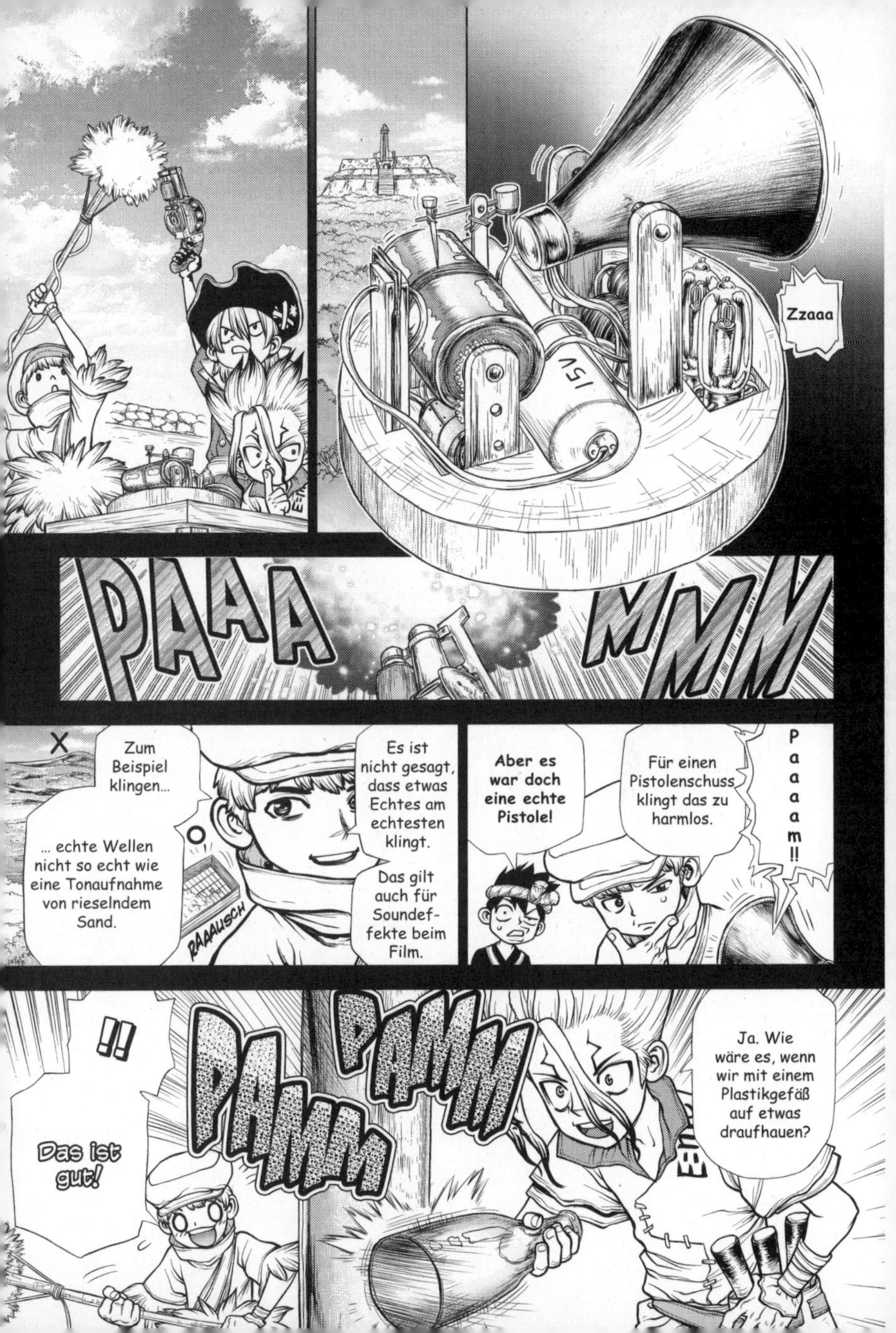

Zzaaa
15V
PAAAMMM
Es ist nicht gesagt, dass etwas Echtes am echtesten klingt.
Das gilt auch für Soundeffekte beim Film.
Zum Beispiel klingen...
... echte Wellen nicht so echt wie eine Tonaufnahme von rieselndem Sand.
RAAAUSCH
Paaaam!!
Für einen Pistolenschuss klingt das zu harmlos.
Aber es war doch eine echte Pistole!
Ja. Wie wäre es, wenn wir mit einem Plastikgefäß auf etwas draufhauen?
PAMM
PAMM
!!
Das ist gut!

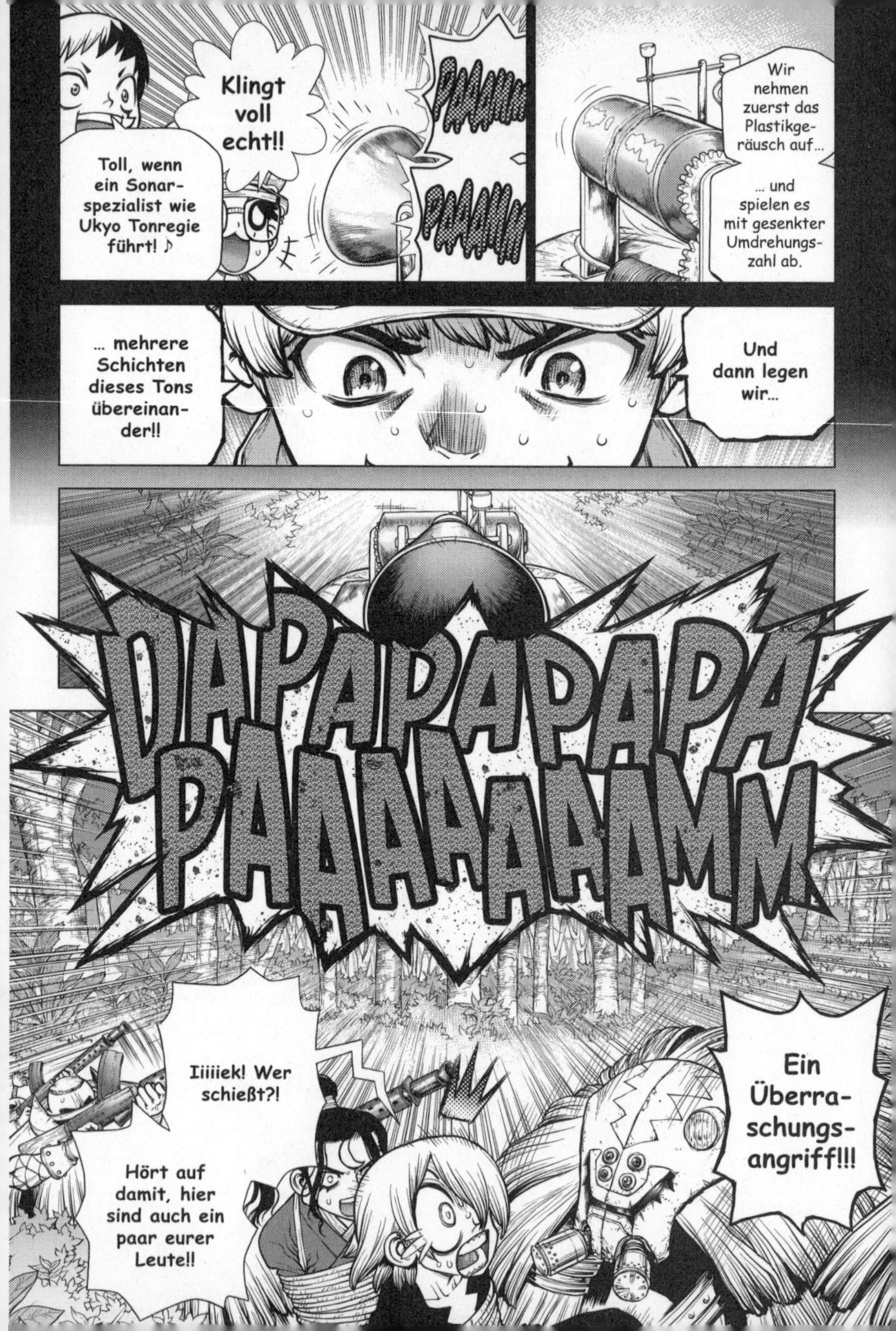
Wir nehmen zuerst das Plastikgeräusch auf...
... und spielen es mit gesenkter Umdrehungszahl ab.
Klingt voll echt!!
Toll, wenn ein Sonarspezialist wie Ukyo Tonregie führt! ♪
Und dann legen wir...
... mehrere Schichten dieses Tons übereinander!!
DAPAPAPAPA PAAAAAMM
Ein Überraschungsangriff!!!
Iiiiek! Wer schießt?!
Hört auf damit, hier sind auch ein paar eurer Leute!!

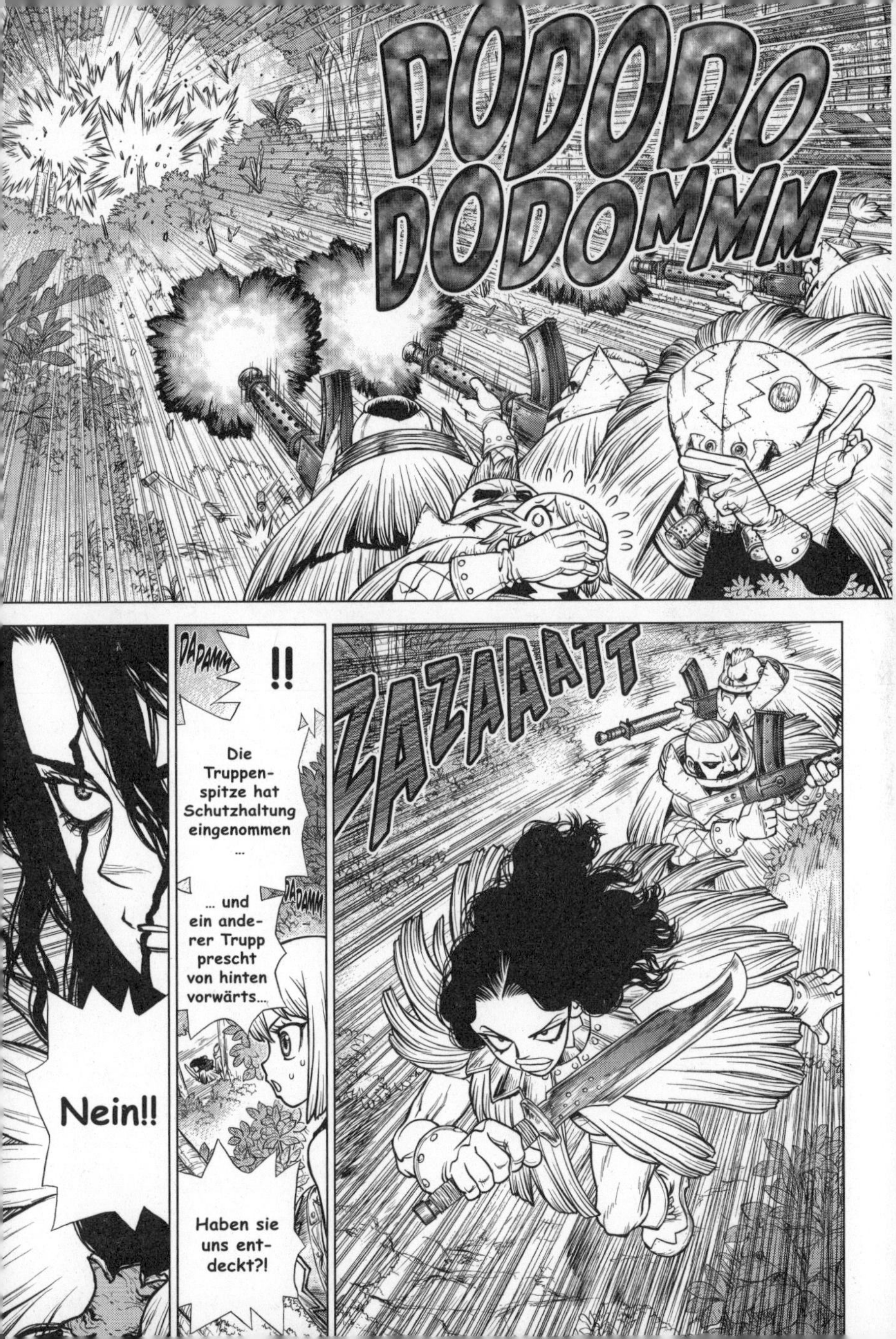
DODODO DODOMMM
ZAZAAATT
DADAMM
!!
Die Truppenspitze hat Schutzhaltung eingenommen ...
DADAMM
... und ein anderer Trupp prescht von hinten vorwärts...
Haben sie uns entdeckt?!
Nein!!

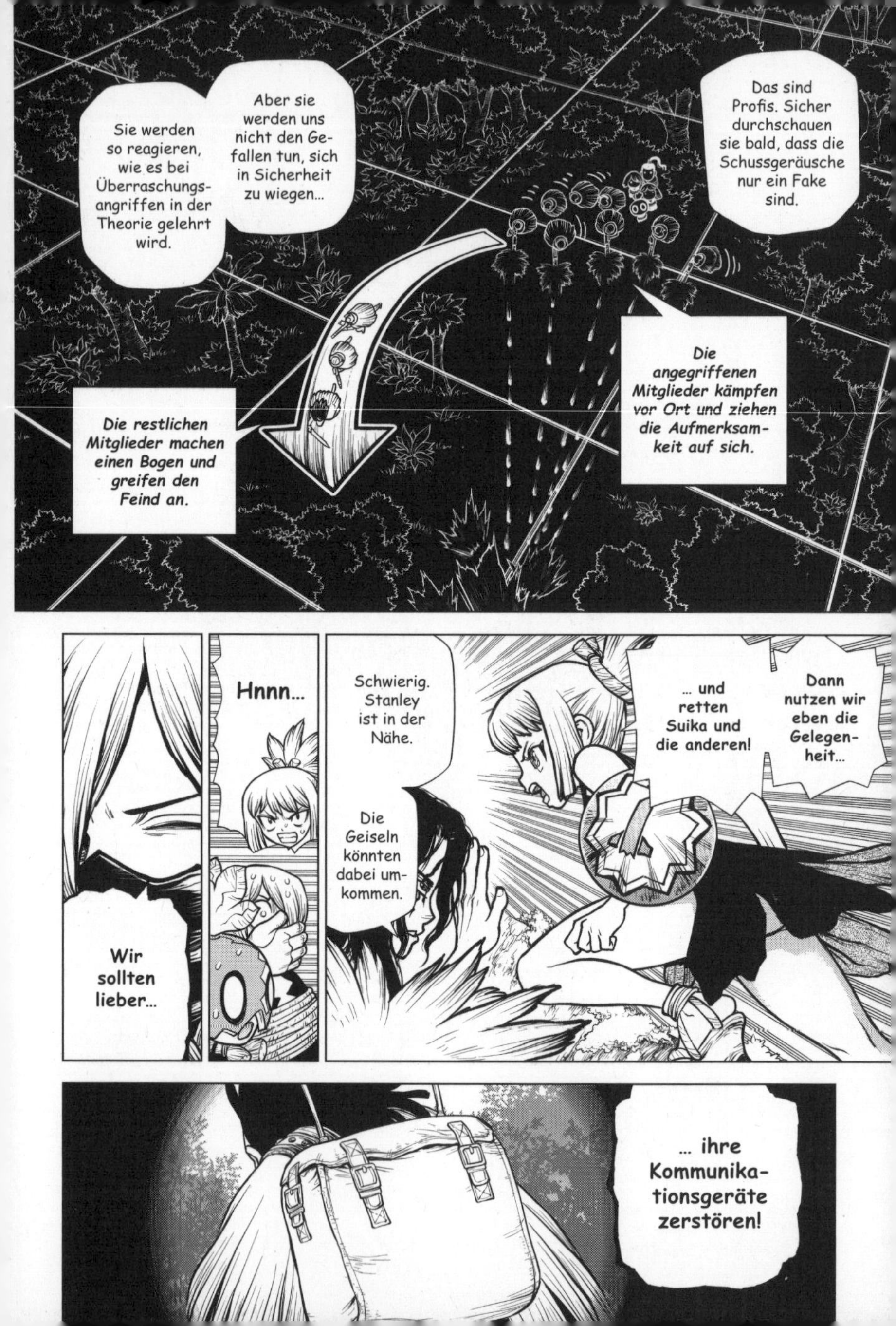
Das sind Profis. Sicher durchschauen sie bald, dass die Schussgeräusche nur ein Fake sind.
Sie werden so reagieren, wie es bei Überraschungsangriffen in der Theorie gelehrt wird.
Aber sie werden uns nicht den Gefallen tun, sich in Sicherheit zu wiegen...
Die angegriffenen Mitglieder kämpfen vor Ort und ziehen die Aufmerksamkeit auf sich.
Die restlichen Mitglieder machen einen Bogen und greifen den Feind an.
Dann nutzen wir eben die Gelegenheit...
... und retten Suika und die anderen!
Schwierig. Stanley ist in der Nähe.
Die Geiseln könnten dabei umkommen.
Hnnn...
Wir sollten lieber...
... ihre Kommunikationsgeräte zerstören!

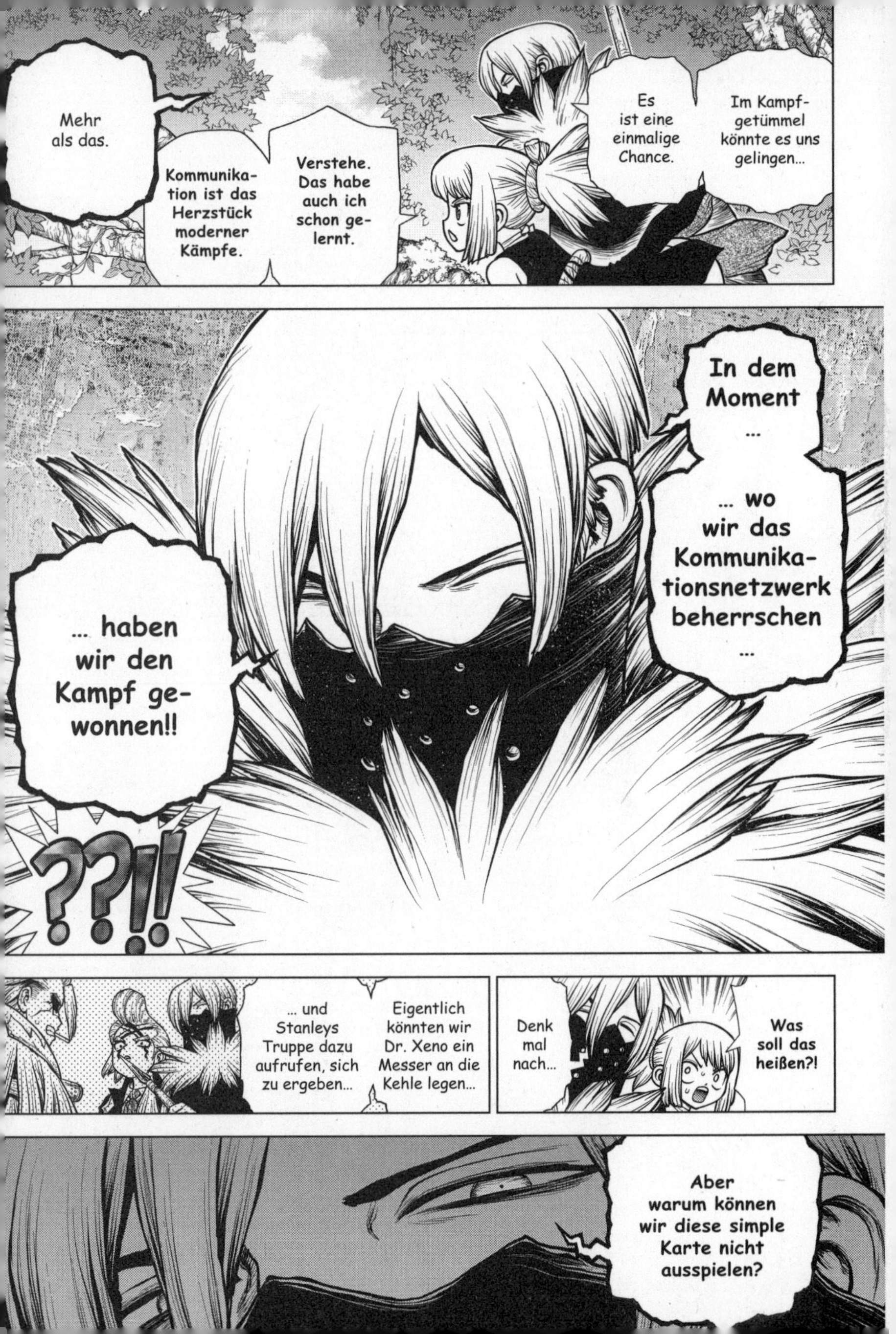
Im Kampf-getümmel könnte es uns gelingen...
Es ist eine einmalige Chance.
Verstehe. Das habe auch ich schon gelernt.
Kommunika-tion ist das Herzstück moderner Kämpfe.
Mehr als das.
In dem Moment ...
... wo wir das Kommunika-tionsnetzwerk beherrschen ...
... haben wir den Kampf ge-wonnen!!
??!!
Was soll das heißen?!
Denk mal nach...
Eigentlich könnten wir Dr. Xeno ein Messer an die Kehle legen...
... und Stanleys Truppe dazu aufrufen, sich zu ergeben...
Aber warum können wir diese simple Karte nicht ausspielen?

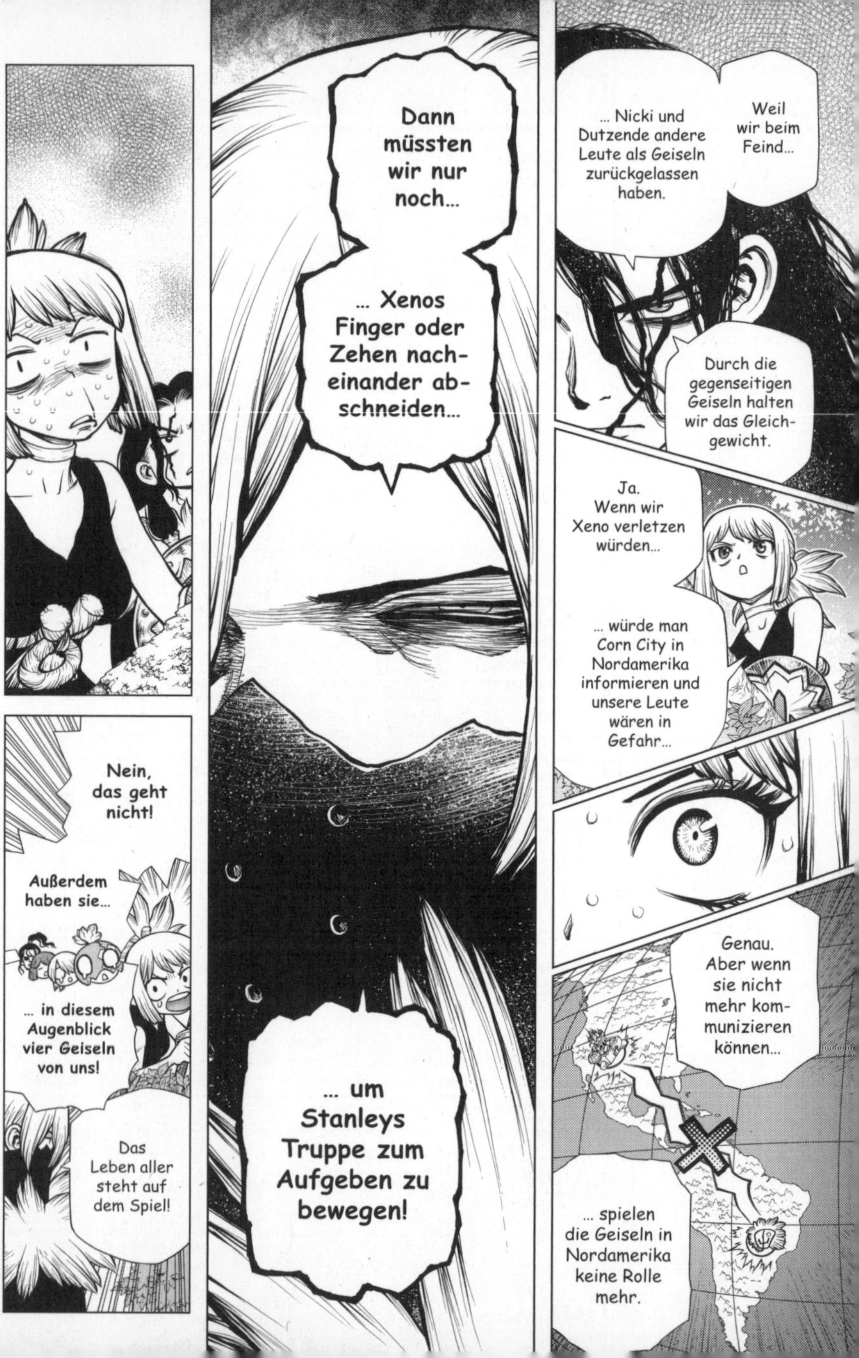
Weil wir beim Feind…
… Nicki und Dutzende andere Leute als Geiseln zurückgelassen haben.
Durch die gegenseitigen Geiseln halten wir das Gleichgewicht.
Ja. Wenn wir Xeno verletzen würden…
… würde man Corn City in Nordamerika informieren und unsere Leute wären in Gefahr…
Genau. Aber wenn sie nicht mehr kommunizieren können…
… spielen die Geiseln in Nordamerika keine Rolle mehr.
Dann müssten wir nur noch…
… Xenos Finger oder Zehen nacheinander abschneiden…
… um Stanleys Truppe zum Aufgeben zu bewegen!
Nein, das geht nicht!
Außerdem haben sie…
… in diesem Augenblick vier Geiseln von uns!
Das Leben aller steht auf dem Spiel!

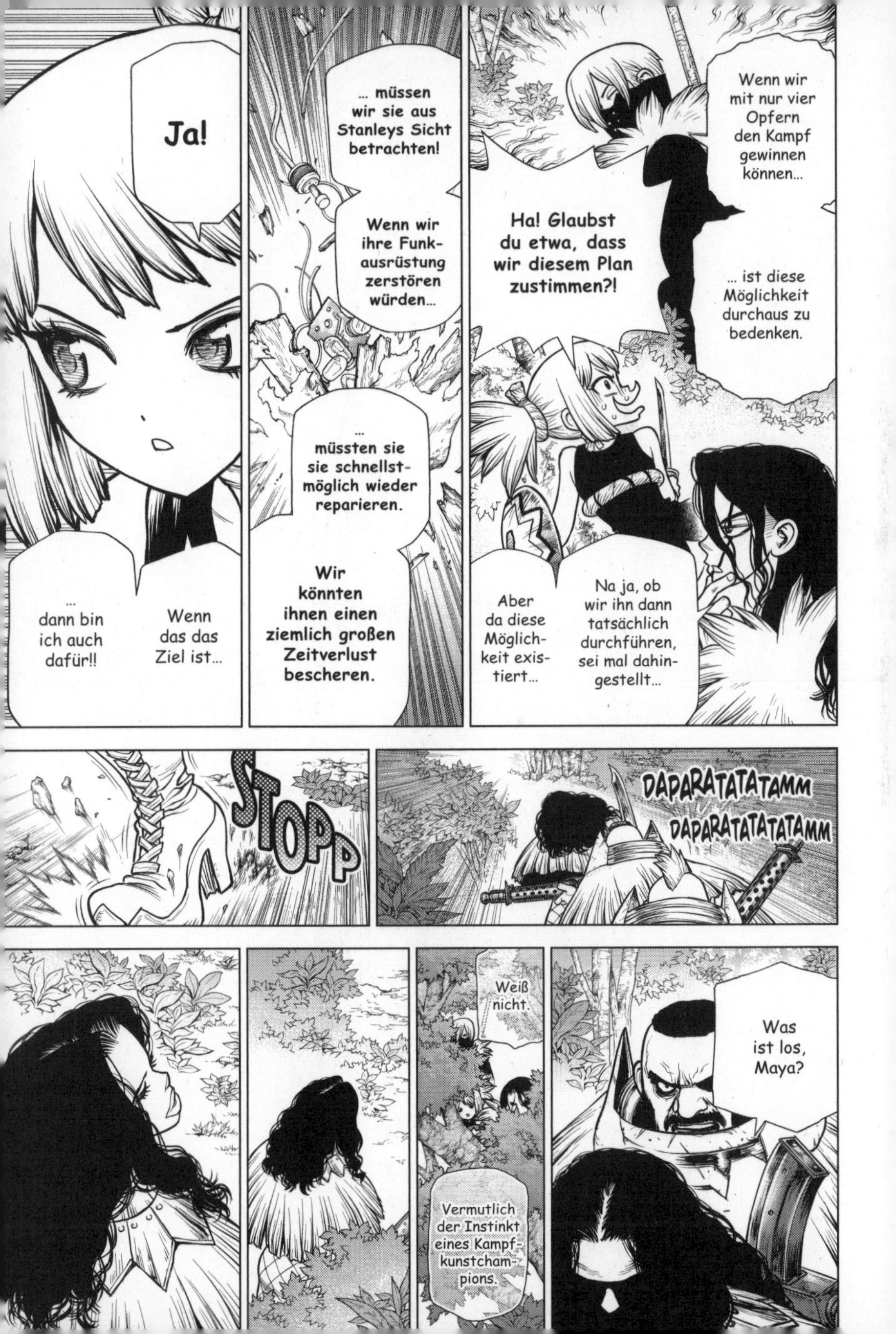
Wenn wir mit nur vier Opfern den Kampf gewinnen können...
... ist diese Möglichkeit durchaus zu bedenken.
Ha! Glaubst du etwa, dass wir diesem Plan zustimmen?!
Na ja, ob wir ihn dann tatsächlich durchführen, sei mal dahingestellt...
Aber da diese Möglichkeit existiert...
... müssen wir sie aus Stanleys Sicht betrachten!
Wenn wir ihre Funkausrüstung zerstören würden...
... müssten sie sie schnellstmöglich wieder reparieren.
Wir könnten ihnen einen ziemlich großen Zeitverlust bescheren.
Ja!
Wenn das das Ziel ist...
... dann bin ich auch dafür!!
DAPARATATATATAMM
DAPARATATATATAMM
STOPP
Was ist los, Maya?
Weiß nicht.
Vermutlich der Instinkt eines Kampfkunstchampions.

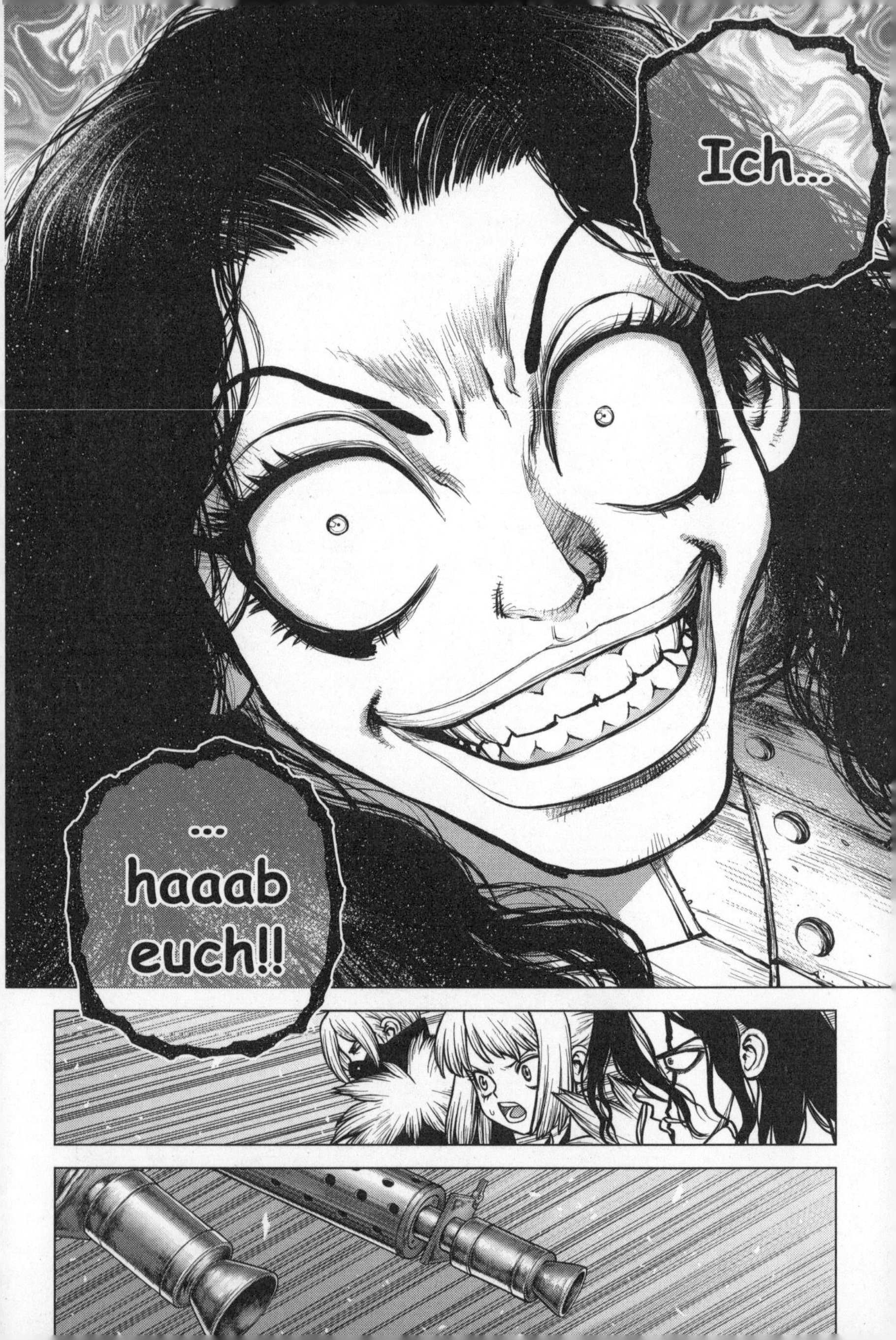
Ich...
... haaab euch!!

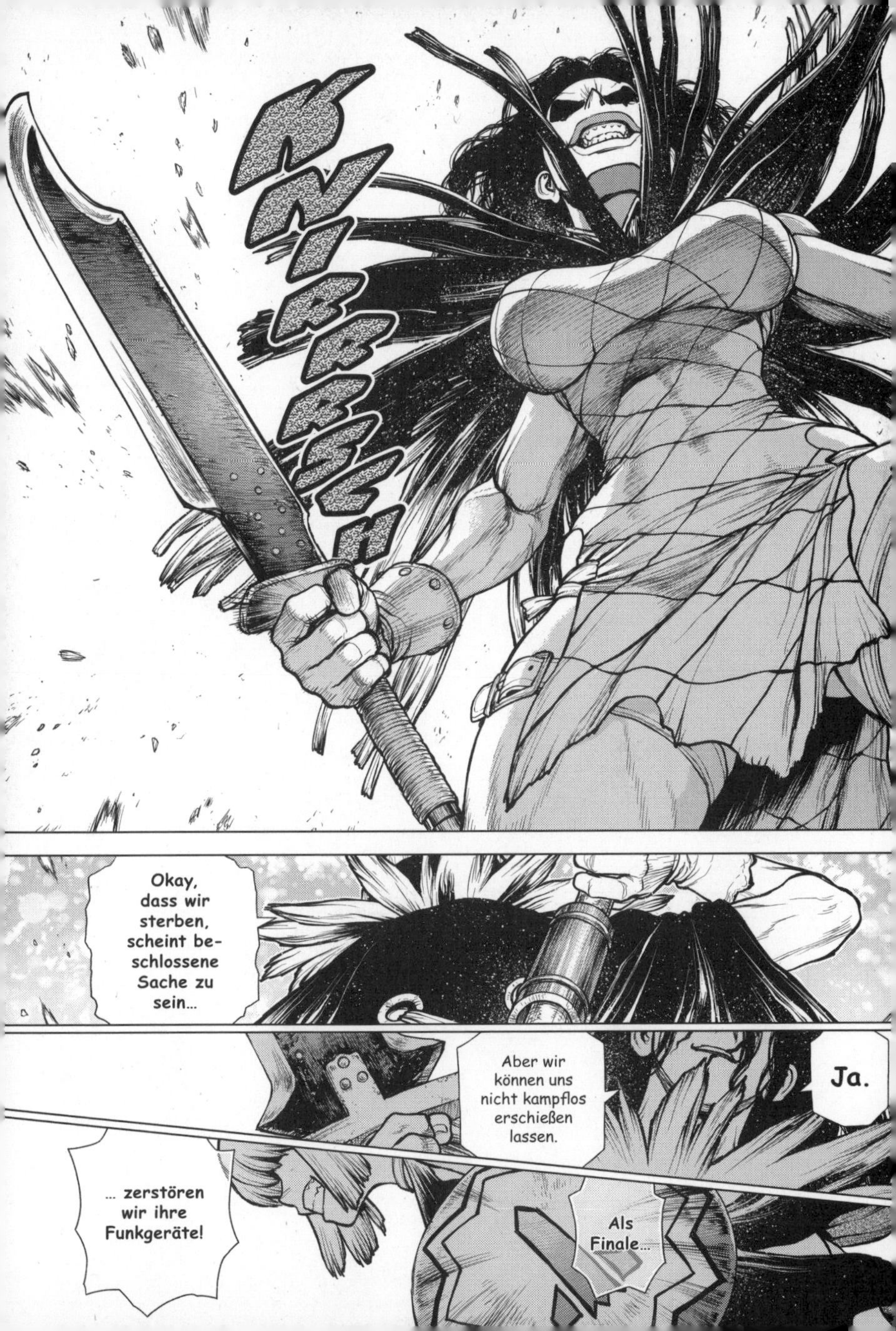
KNIRRRSCH
Okay, dass wir sterben, scheint beschlossene Sache zu sein...
Ja.
Aber wir können uns nicht kampflos erschießen lassen.
Als Finale...
... zerstören wir ihre Funkgeräte!

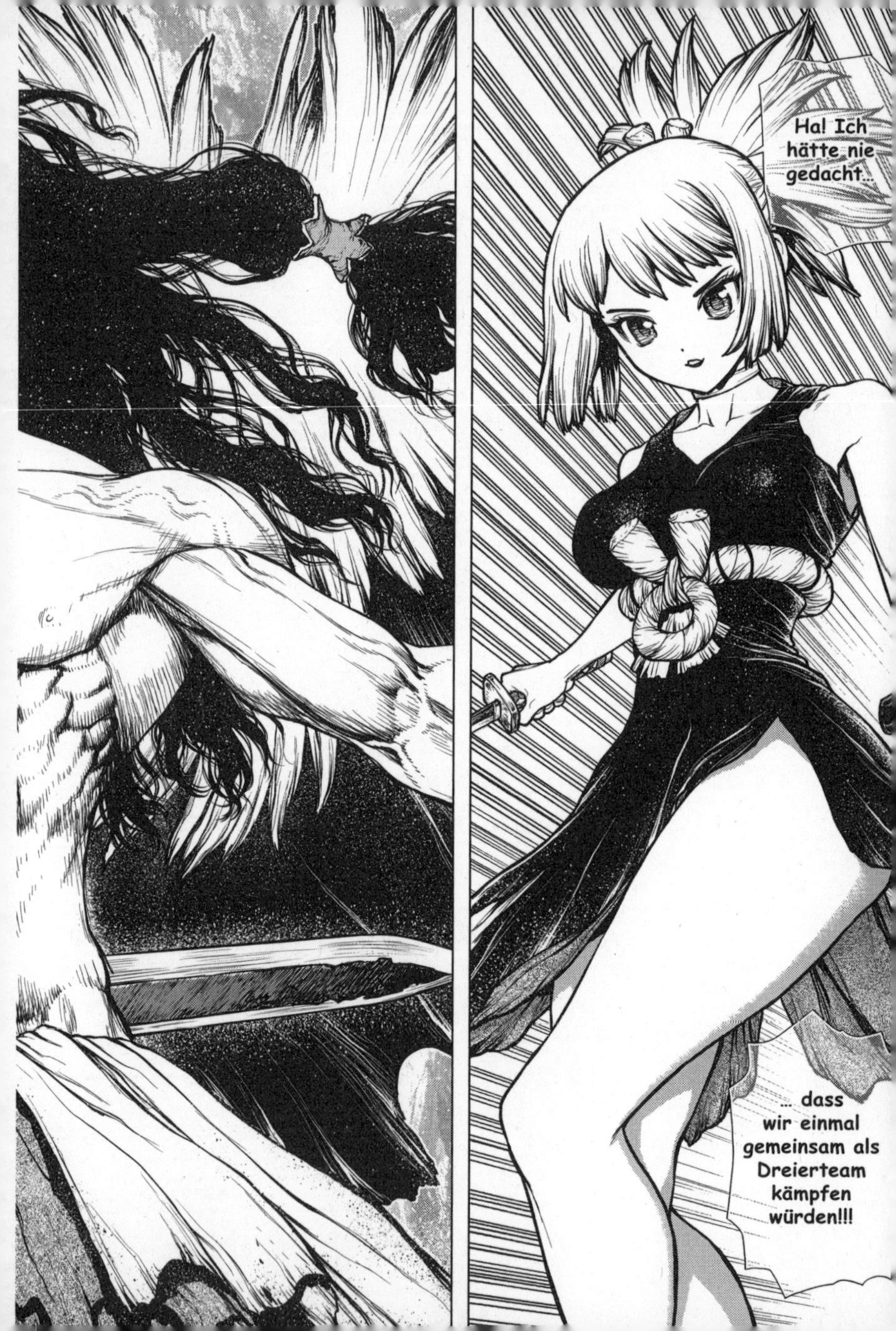
Ha! Ich hätte nie gedacht...
... dass wir einmal gemeinsam als Dreierteam kämpfen würden!!!

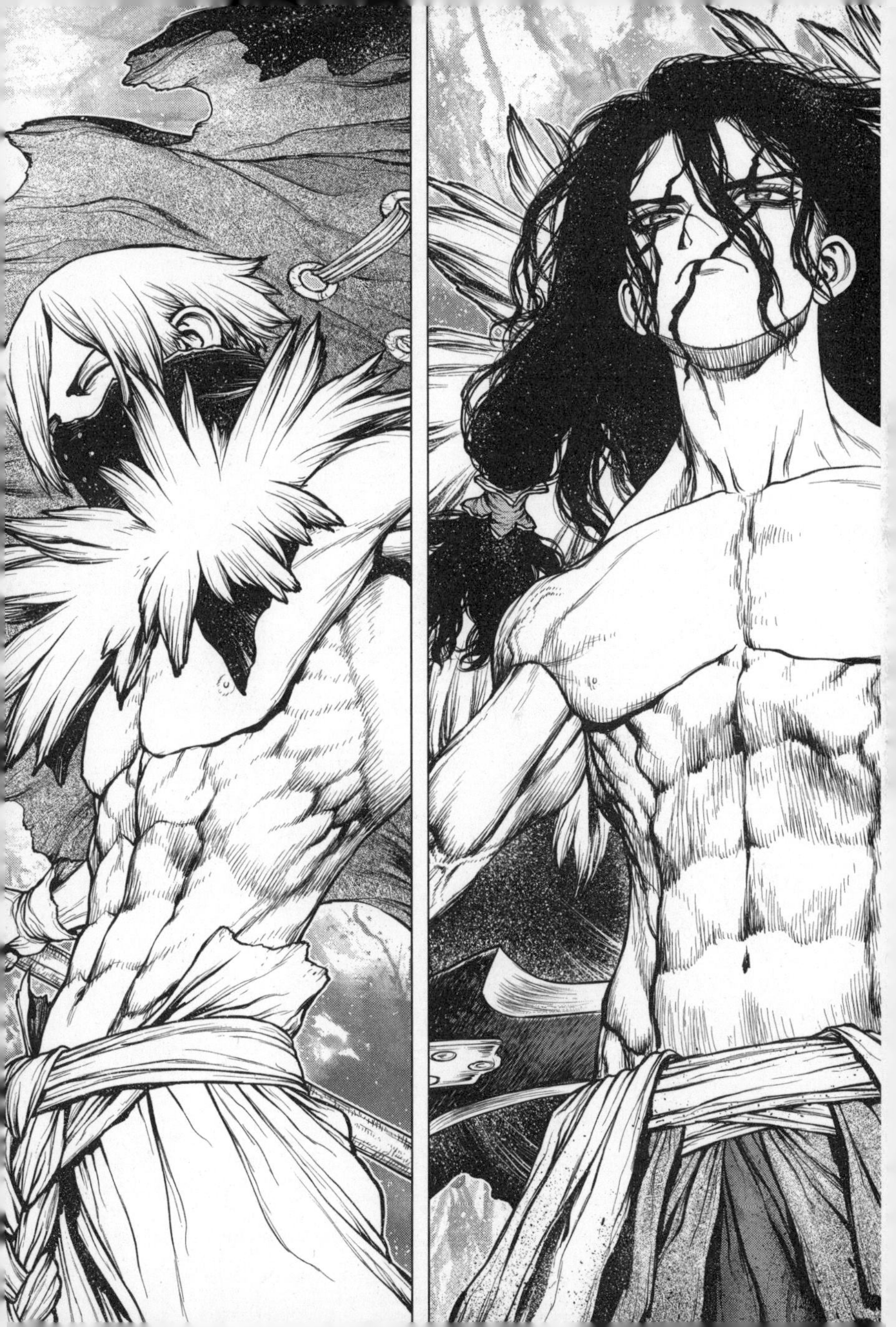

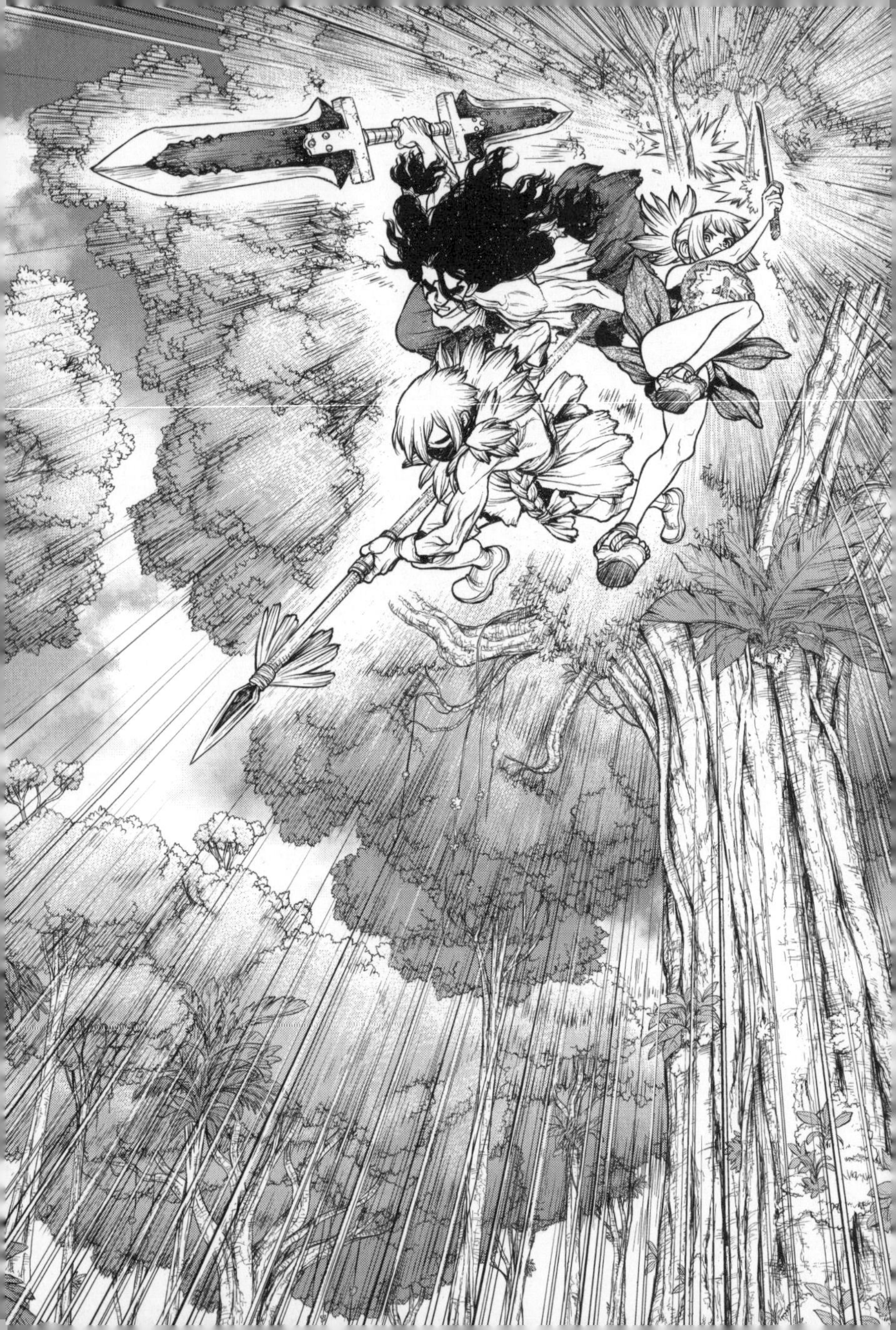

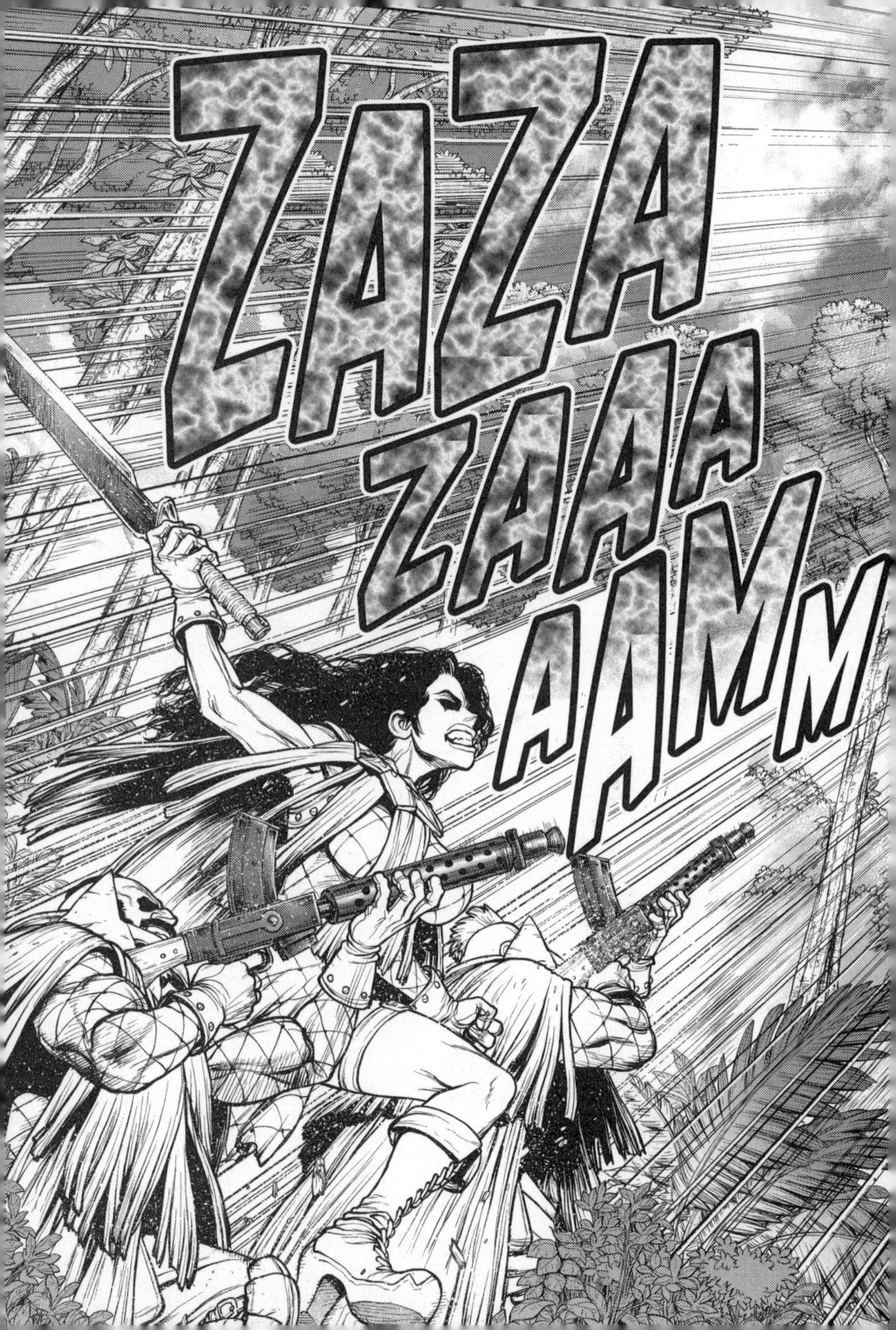
ZAZA ZAAA AAMM

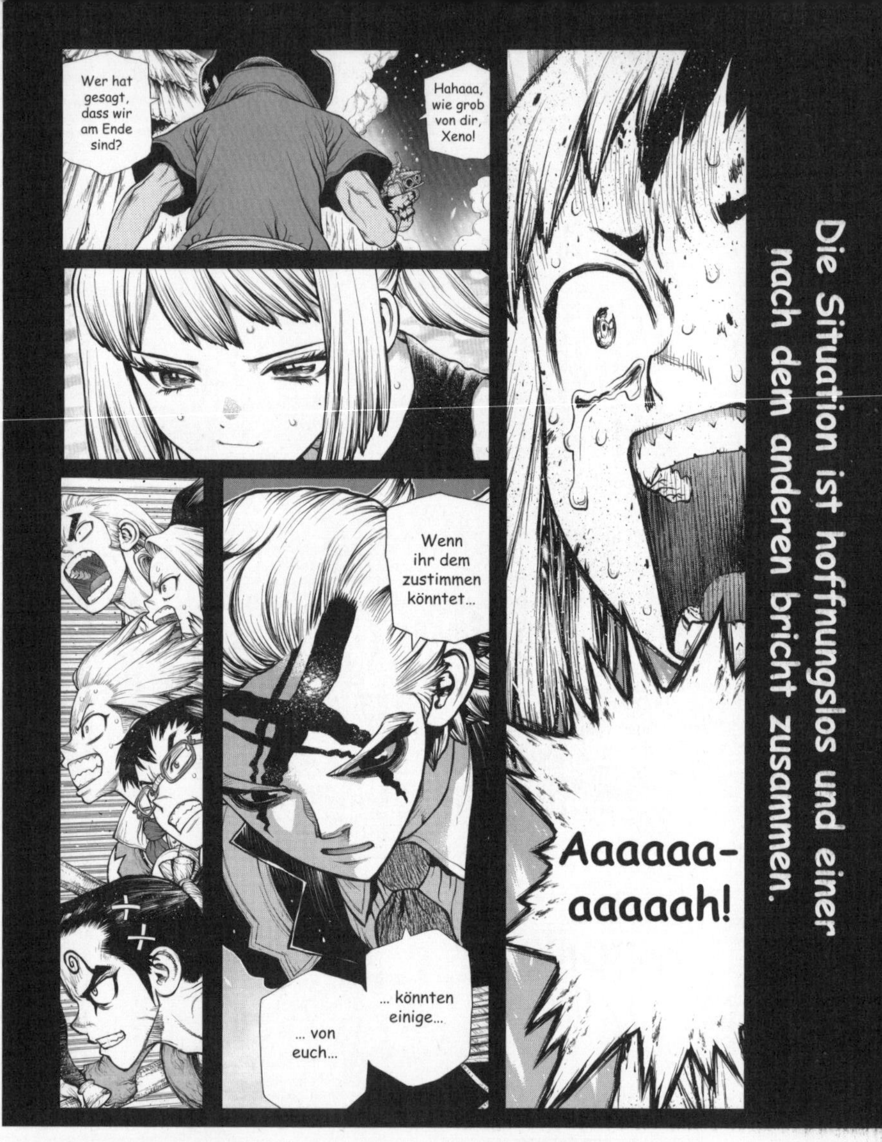

erscheint im Februar!

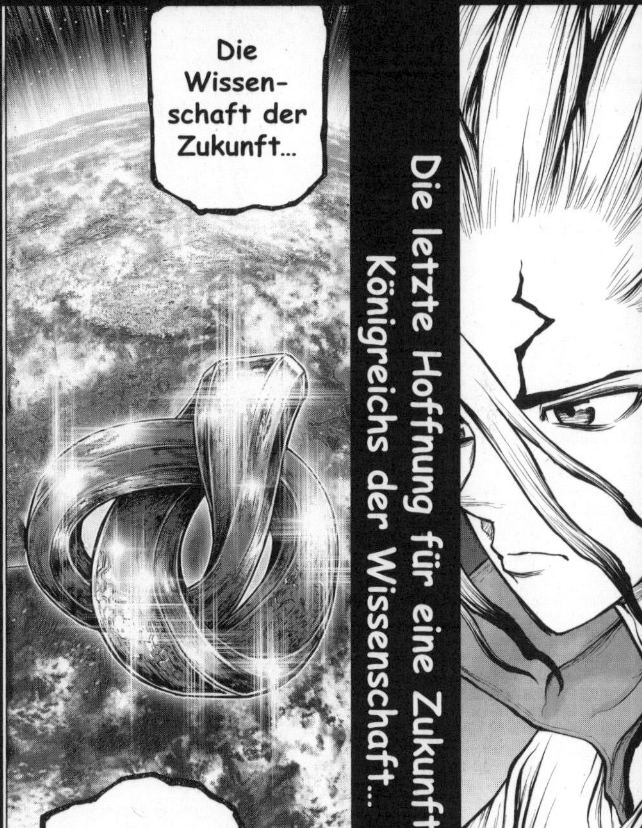

… ist das unheilvolle Licht!!

Dr.STONE 22

reiche Serien

Boruto
von Masashi Kishimoto, Ukyo Kodachi und Mikio Ikemoto

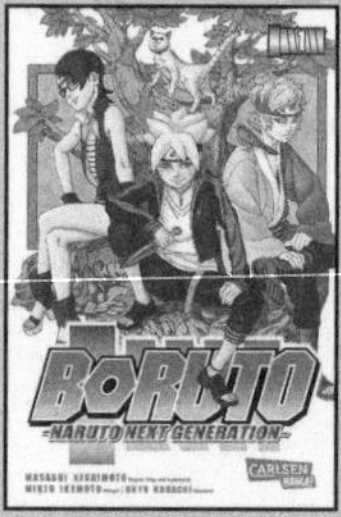

Narutos Sohn Boruto gilt als Wunderkind und ist genauso rebellisch wie einst sein Vater. Er bittet Sasuke ihn zu trainieren, um ein besserer Ninja als Naruto zu werden…

Naruto
von Masashi Kishimoto

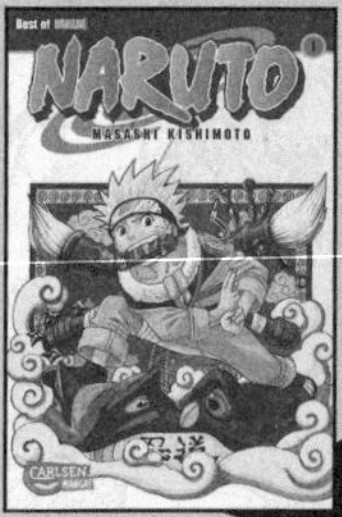

Naruto will der beste Ninja der Welt werden. Weil in ihm ein mächtiges Geheimnis schlummert, wird er von vielen bösen und gefährlichen Ninja verfolgt…

Fairy Tail
von Hiro Mashima

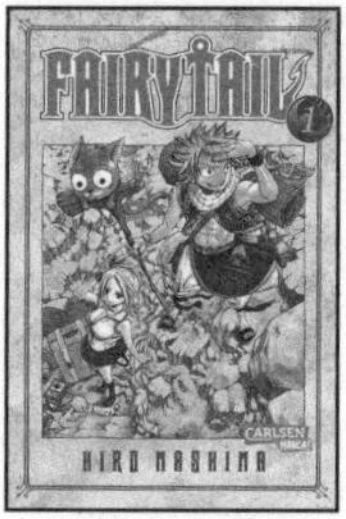

Verrückte Magier, geflügelte Katzen und gefährliche Monster – das ist die Welt von »Fairy Tail«. So nennt sich eine Gilde von sympathischen Outlaws, die mit ihren Zauberkünsten gegen das Böse in der Welt kämpfen, dabei aber mehr als einmal über das Ziel hinausschießen.

Edens Zero
von Hiro Mashima

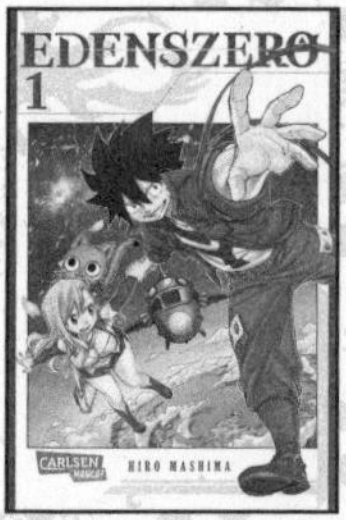

Im Reich der Träume, dem Vergnügungspark Granbell, lebt Shiki allein unter Robotern, doch dann treffen die ersten Gäste seit 100 Jahren ein: Rebecca und ihre blaue Katze Happy. Die drei verstehen sich auf Anhieb gut und werden Freunde… Allerdings birgt dieses kleine Aufeinandertreffen große Veränderungen für ihr Schicksal!

Assassination Classroom
von Yusei Matsui

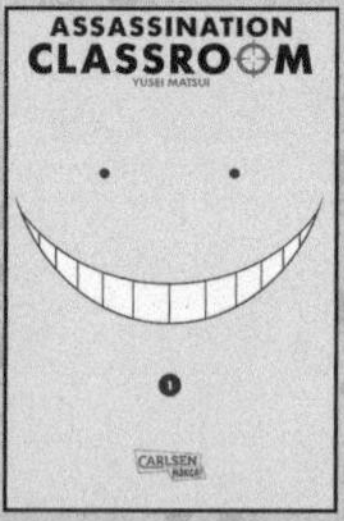

Ein übermächtiges Tentakelmonster mit Smileygesicht droht die Erde zu zerstören. Aber erst nächstes Jahr … Bis dahin unterrichtet das Monster die Klasse 9-E der Kunugigaoka Junior Highschool.

Soul Eater Massiv
von Atsushi Ohkubo

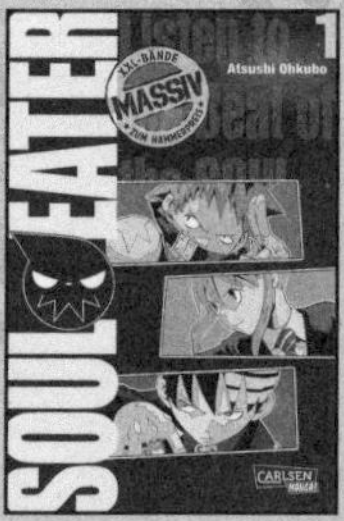

Maka ist Waffenschmiedin in einer spezieller Ausbildung. Ihre Sense namens Soul Eater hat ein Eigenleben und nimmt außerhalb des Kampfes die Gestalt eines ultracoolen Jungen an.

Manga Heroes

Action

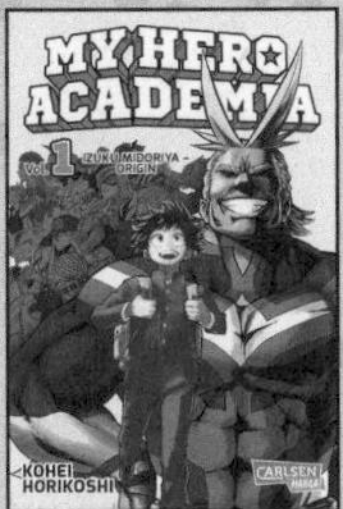

My Hero Academia

von Kohei Horikoshi

In der Welt von Izuku Midoriya besitzt 80% der Bevölkerung Superkräfte. Doch wie und wo könnten die Helden lernen, ihre Fähigkeiten, die sogenannten »Macken« (jp. Kosei) effizienter zu nutzen? Natürlich an der MY HERO ACADEMIA!

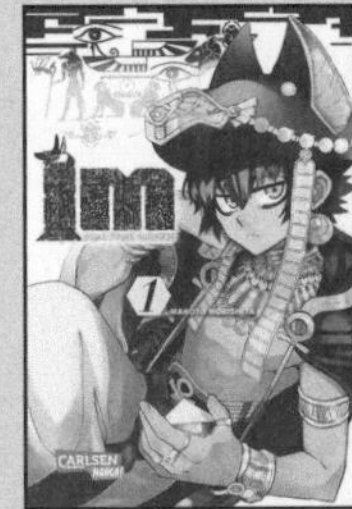

IM – Great Priest Imhotep

von Makoto Morishita

Der Hohepriester Imhotep aus dem antiken Ägypten weilt wieder unter den Lebenden. Im modernen Japan gestrandet, ist er ein Jäger, der die Menschen vor dem uralten Übel der Magai bewahren soll – gottgleichen Wesen, die nach der Vernichtung der Menschen trachten.

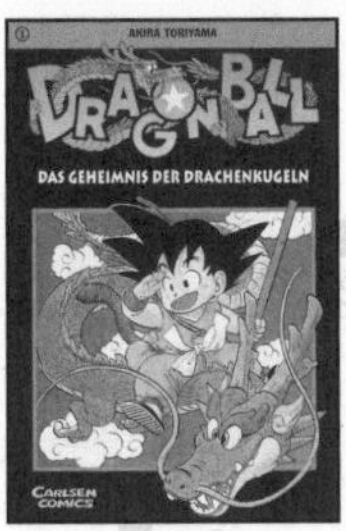

Dragon Ball

von Akira Toriyama

Der Legende nach gibt es sieben »Dragon Balls« auf der Welt. Bringt man alle zusammen, so erscheint der mächtige Drache Shenlong und erfüllt einen Wunsch. Nicht auszudenken, was passiert, sollten die »Dragon Balls« in falsche Hände geraten ...

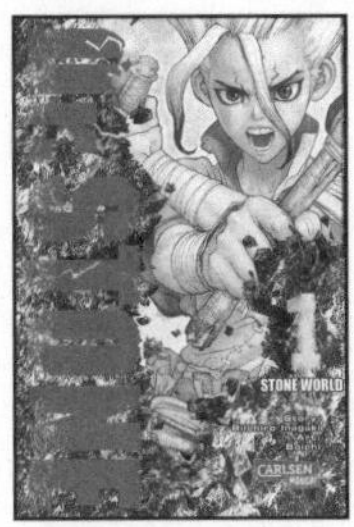

Dr. Stone

von Riichiro Inagaki und Boichi

Ein Augenblick, und die Menschheit erstarrt auf mysteriöse Weise zu Stein. Als die beiden Highschool-Schüler Senku und Taiju mehr als dreitausend Jahre später erwachen, beschließen sie, die menschliche Zivilisation im Alleingang neu aufzubauen!

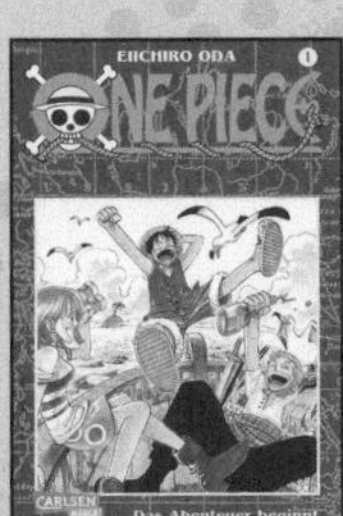

One Piece

von Eiichiro Oda

Monkey D. Ruffy und seine lustige Piraten-Crew sind auf der Suche nach dem größten Schatz der Welt: dem One Piece! Klar, dass sie da nicht die einzigen Piraten auf den Meeren sind...

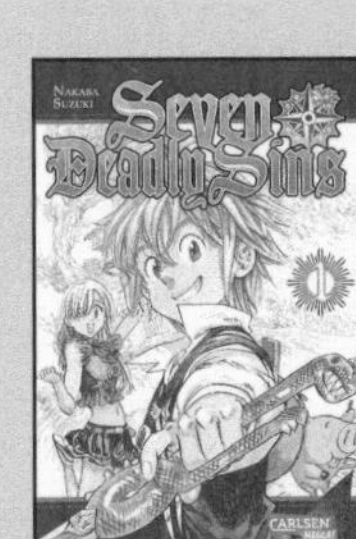

Seven Deadly Sins

von Nakaba Suzuki

Die »Seven Deadly Sins« gelten als die schlimmsten Verbrecher Britannias, Prinzessin Elisabeth macht sich dennoch auf die Suche nach ihnen, denn sie braucht dringend ihre Hilfe...

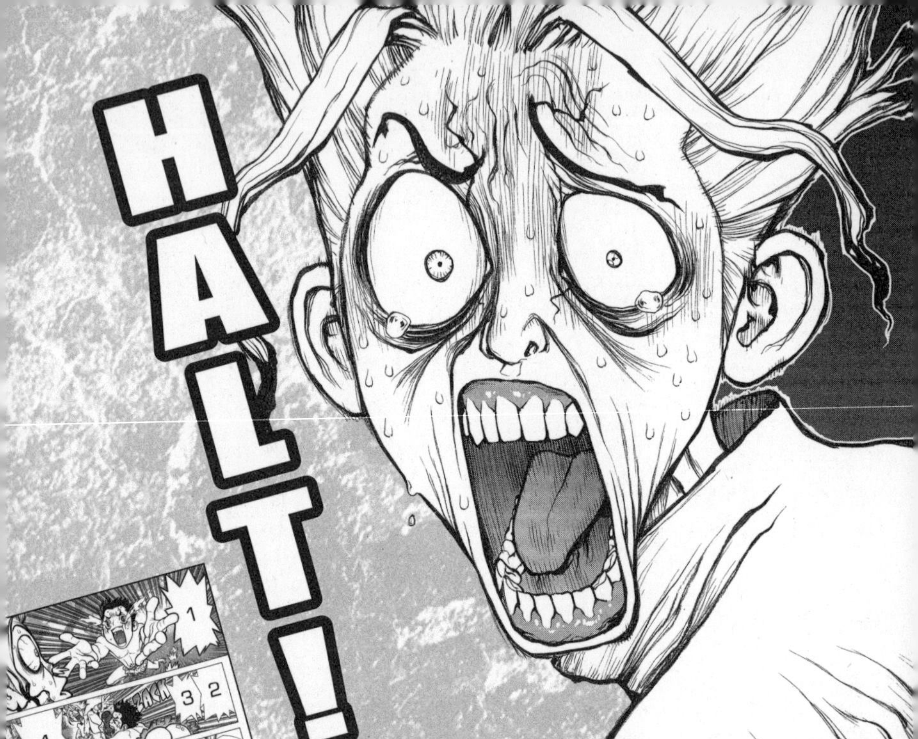

Dieser Comic beginnt nicht auf dieser Seite. **Dr. Stone** ist ein japanischer Comic. Da in Japan von »hinten« nach »vorne« gelesen wird und von rechts nach links, müsst ihr auch diesen Comic auf der anderen Seite aufschlagen und von »hinten« nach »vorne« blättern. Auch die Bilder und Sprechblasen werden von rechts oben nach links unten gelesen, so wie es die Grafik hier zeigt.
Viel Spaß mit **Dr. Stone**!

Carlsen Manga! News – jeden Monat neu per E-Mail!
www.carlsenmanga.de
www.carlsen.de

CARLSEN MANGA
Deutsche Ausgabe/German Edition
© Carlsen Verlag · Hamburg 2022
Aus dem Japanischen von Yuki Kowalsky
DR. STONE © 2017 by Riichiro Inagaki, Boichi
All rights reserved.
First published in Japan in 2017 by SHUEISHA Inc., Tokyo.
German translation rights in Germany, Austria, Luxembourg and German-speaking Switzerland arranged by SHUEISHA Inc. through VME PLB SAS, France.
Redaktion: Philipp Nakata
Textbearbeitung: Steffen Haubner
Herstellung: Tobias Hametner
Alle deutschen Rechte vorbehalten
ISBN: 978-3-551-75315-1

MIX
Papier aus verantwortungsvollen Quellen
FSC
www.fsc.org
FSC® C083411
Klimaneutrales Produkt